Steven Dunne
Gnadenmord

PIPER

Zu diesem Buch

Eigentlich hatte sich DI Damen Brook eine Auszeit genommen, um sich um die schwierige Beziehung zu seiner Tochter Terri zu kümmern. Doch dann erhält er einen dringenden Anruf, der ihn zurück in den Dienst beordert: Ein älteres Ehepaar wurde tot aufgefunden. Beide Opfer wurden zeitgleich mit einem Schuss durchs Herz hingerichtet, die Leichen daraufhin einander liebevoll umschlingend drapiert. Da der leitende Detective in diesem Fall pensioniert wird, soll Brook die Ermittlungen übernehmen, aber die mangelnde Kooperationsbereitschaft der neuen Kollegen, die schlampige Ermittlungsführung seines Vorgängers und verloren gegangene Beweise machen ihm die Arbeit dabei nicht gerade leichter. Als sich dann auch noch unerwartete Verbindungen zu zwei alten Fällen zeigen, befürchtet Damen Brook, dass er den Killer in den eigenen Reihen suchen muss – denn die damaligen Täter sind bereits tot oder hinter Gittern.

Seit dem Abschluss seines Studiums an der Kent University hat *Steven Dunne* immer geschrieben. Inzwischen ist in Großbritannien jedes seiner Bücher ein Bestseller. »Gnadenmord« ist der vierte Fall um Ermittler Damen Brook. Steven Dunne lebt mit seiner Frau in Derby und arbeitet als Englischlehrer.

Steven Dunne

GNADEN MORD

Thriller

Übersetzung aus dem Englischen
von Juliane Pahnke

PIPER

Mehr über unsere Autoren und Bücher:
www.piper.de

Von Steven Dunne liegen im Piper Verlag vor:
Abgott
Ein unruhiges Grab
Todesmond
Gnadenmord

MIX
Papier aus verantwor-
tungsvollen Quellen
FSC® C083411

Deutsche Erstausgabe
ISBN 978-3-492-31271-4
Juni 2018
© Steven Dunne 2016
Titel der englischen Originalausgabe:
»Death Do Us Part«, Headline Publishing Group, London 2016
© der deutschsprachigen Ausgabe:
Piper Verlag GmbH, München 2018
Umschlaggestaltung: zero-media.net, München
Umschlagabbildung: Getty Images/seraficus und FinePic®, München
Satz: Satz für Satz, Wangen im Allgäu
Gesetzt aus der Joanna
Druck und Bindung: CPI books GmbH, Leck
Printed in the EU

Für Keith und Christine

1

Oktober

Reardon Thorogood packte den Türknauf und versuchte, ihn zu drehen, doch ihre Hand rutschte an dem kalten Metall ab. Sie starrte auf das Blut an ihren zitternden Fingern, konnte sich aber nicht erinnern, was das war, zu wem es gehörte, wie es dorthin gelangt war. Instinktiv wollte sie das klebrige Zeug an ihrer Kleidung abwischen, aber dann fiel ihr wieder ein, dass sie keine trug.

»Schon in Ordnung, schon in Ordnung«, keuchte sie und versuchte, die Lüge zu glauben. »Du bist am Leben. Du bist am Leben.« Ihr Blick huschte durch den Raum, glitt über den blutenden Kadaver, der halb auf, halb neben dem Bett lag, die Knie auf dem Boden, nackt bis zu den Knöcheln. Die Jeans war zerknittert und zu Falten zusammengeschoben wie ein Akkordeon. Sein Gesicht war zur Seite gedreht, die Augen standen glasig offen.

Sie lief los und holte ihr Handy, das kaputt auf dem Fußboden lag, und versuchte, es zusammenzusetzen. Doch nach der gewaltsamen Kollision mit der Wand würde es keinen Mucks mehr von sich geben.

Sie schloss die Augen und sog tief die Luft ein, damit sie ruhiger wurde, bevor sie über JJs lange Beine stieg und barfuß ins Badezimmer tapste, wo sie kaltes Wasser über ihre Hände laufen ließ. Sie trocknete sich mit einem feuchten Badetuch ab. Blutflecke verschmierten die hellgelbe Baumwolle. Ihr Blut oder das von JJ? Sie war nicht sicher.

Als sie im Spiegel ihr ramponiertes Gesicht sah, schrak sie entsetzt zurück, weil eine Fremde sie anstarrte. Ihr Mund war blutig und geschwollen, aus der Nase rann eine Mischung aus Schnodder und Blut, ihr linkes Auge hatte ein Veilchen und schwoll bereits zu. Das Haar fiel ihr in feuchten Strähnen über die Schultern, es hatte etwas von dem arteriellen Blut aufgenommen, das aus JJs Hals gespritzt war. Mit dem blutigen Handtuch wischte sie sich weitere rote Spritzer von den Brüsten und den Schultern ab, bevor sie es in die Wanne fallen ließ. In dem Luftzug flackerten ein paar der Teelichter, die auf dem Porzellanrand brannten.

Sie konnte nicht in ihr entstelltes Gesicht sehen, und so ging sie zum Schrank auf der Suche nach etwas zum Anziehen. Sie riss an den Türen, doch sie ließen sich nicht öffnen, weil JJs riesige Füße im Weg waren. Sie bückte sich, um sie beiseitezuschieben, aber dann zog sie die Hand zurück, denn es widerstrebte ihr, seinen noch warmen Körper zu berühren. Für einen Moment war sie wie versteinert beim Anblick des Bluts, das an seinem muskulösen Schenkel hinablief und sich in seiner Kniekehle sammelte. Sein entsetzter Gesichtsausdruck fixierte sie, die erstarrte Miene schien immer noch begreifen zu wollen, woher der stechende Schmerz an seinem Hals kam, dort, wo das Messer über seine Kehle gezogen worden war.

»Was zur Hölle, JJ …«, murmelte sie. Kraftlos trat sie gegen seinen Oberschenkel und erinnerte sich an die Schläge, die ihr Exfreund aus der Schule ihr zugefügt hatte, von dem sie sich vor langer Zeit, noch als Teenager, getrennt hatte.

Sie ballte die Hände zu Fäusten, damit sie nicht länger zitterten, und sammelte sich. Luke Coulson war immer noch irgendwo da draußen und durchwühlte das Haus. Noch ein alter Schulkamerad, obwohl sie ihn kaum kannte. Luke war immer der Stille gewesen, geradezu unheimlich. Niemand lud ihn zu Partys ein oder in den Pub, damals als die Teenager in das Leben als Erwachsene reinschnupperten.

Ihr Bruder Ray kannte ihn besser. Er war sowohl mit Luke als auch mit JJ in der Grundschule rumgezogen, und später auch noch.

Wie lange war das her? Siebzehn Jahre seit ihrem ersten Tag an der Grundschule. Sie erinnerte sich daran, als wäre es gestern gewesen.

Ray, ein Jahr älter als sie, hatte die Anweisung bekommen, seine Schwester an ihrem ersten Tag zu begleiten. Noch Wochen später war er deshalb auf Mum und Dad sauer gewesen, und sie erinnerte sich, wie er sie über die Landstraßen hetzte. Er wollte schnell da sein, damit er die Nabelschnur durchtrennen und mit seinen Kumpeln Fußball spielen konnte.

JJ war jedoch in ihrer Klasse gewesen, und an jenem ersten Tag war er ins Klassenzimmer spaziert, als gehörte ihm das Ganze. Das einzige Kind, das sich von diesem ersten Schritt Richtung Erwachsensein nicht einschüchtern ließ. Selbst mit seinen fünf Jahren hatte JJ keine Angst vor den Lehrern mit ihren gewaltigen Klassenräumen und noch gewaltigeren Stimmen.

Reardon starrte auf seine leblose Leiche. Es erstaunte sie, dass sie sich überhaupt mal hatte vorstellen können, ihn zu lieben. Es war nicht gut gegangen.

JJ hatte mit fünfzehn angefangen, in den örtlichen Pubs zu trinken, und dort fand er seine wahre Liebe. Alkohol. Von dem Tag an war er regelmäßig betrunken, und wenn JJ trank, verließ er sich auf seine Fäuste. Bei seiner Größe und Kraft hatten eine Menge Leute die Wucht seiner zerstörerischen Wut zu spüren bekommen. Und obwohl er sie während ihrer Beziehung niemals verprügelt hatte, gab es gelegentlich einen Schubser oder Stoß. Zum Ende hin war sein Verhalten einfach nur aggressiv gewesen, und das eine Mal, als er ihr mit einer Ohrfeige drohte, nahm sie zum Anlass, ihn wegen seiner Grobheit abzuservieren.

Bis er auch bei der Polizei eine gewisse Bekanntheit erlangte, war sein Leben bereits umgeschlagen. Mit sechzehn verließ er ohne Abschluss und mit wenig Aussichten die Schule. Reardon war bis zum Abitur geblieben und ging danach zur Universität, und als sich ihre Wege trennten, verloren sie einander auch aus den Augen.

Ray hatte ihn allerdings im Blick behalten, und es war keine Überraschung, als er ihr erzählte, dass JJ übergangslos in ein Leben voller Kleinkriminalität abgerutscht war und mit achtzehn eine zweijährige Haftstrafe wegen Einbruch und Körperverletzung hatte verbüßen müssen.

Sie schloss die Augen angesichts des geronnenen Bluts, nur um sie sofort wieder zu öffnen. Konzentrier dich. Luke war immer noch irgendwo da draußen – und er hatte ein Messer.

Du musst verschwinden. Sie sah sich um. Die Klamotten, die sie getragen hatte, als JJ in ihr Schlafzimmer geplatzt war, kamen nicht infrage – das T-Shirt und die knappe Shorts lagen auf dem Boden, von seinen kraftvollen Händen in Fetzen gerissen.

Stattdessen nahm sie JJs Sweatshirt, das dieser vor nicht mal zehn Minuten fröhlich abgestreift hatte, und zog es sich über den Kopf. Es stank nach seinen Körperausdünstungen, und sie erinnerte sich blitzartig wieder daran, wie er die Zähne zusammenbiss, als er mit ihr rang, um sie zu beschwichtigen. Sein Atem stank nach billigem Brandy und Zigaretten, unter den Armen roch er muffig und scharf.

Sie fand eine annehmbare Baumwollunterhose in einer Schublade und stieg hinein, wobei sie sorgfältig das Gleichgewicht wahrte, dann zog sie sie behutsam über ihre Oberschenkel.

Barfuß tapste sie zur Tür, öffnete sie, betrat vorsichtig den Flur und schloss die Schlafzimmertür hinter sich. Sie schlich über den dicken Wollteppich Richtung Küche, wobei sie ihre nackten Füße bewusst neben die Spur aus blutigen Fußabdrücken setzte, die aus der entgegengesetzten Richtung kamen, und versuchte dabei, die Bilder über deren Herkunft zu unterdrücken. Alles fühlte sich so unwirklich an, so unvereinbar mit der tiefen Stille an einem Montagmittag in Derbyshire auf dem Land.

Während sie lief, bemerkte sie kaum das dumpfe Ticken der Standuhr in der Eingangshalle, bis es halb eins schlug und sie vor Schreck zusammenfuhr. Sie drückte sich gegen die Wand und versuchte, wieder zu Atem zu kommen.

Halb eins? Erst? Kaum zu glauben, dass JJ erst vor zwanzig Minuten in ihr Zimmer geplatzt war – seitdem schien ein ganzes Leben an ihr vorbeigezogen zu sein.

Sie blickte zu der Überwachungskamera am Ende des Gangs hoch. Das allgegenwärtige rote Leuchten war verschwunden, die Kamera war ausgeschaltet. Im selben Moment sah sie die Tür zu ihrer Rechten und versuchte, den Knauf zu drehen. Sie ging auf, und Reardon stürzte hinein, schloss die Tür hinter sich und schaltete erst dann das Licht in dem kleinen, fensterlosen Raum an, der kaum größer als ein Schrank war. Der ideale Ort für den Kontrollraum des Hofs.

Es war Ray, der darauf beharrt hatte, dass seine Eltern die Kameras installierten, nachdem jemand in einige der Nebengebäude eingebrochen war. Er hatte sogar persönlich die Installation überwacht. Aber jetzt war die Reihe der Überwachungsmonitore schwarz. Reardon setzte sich an die Tastatur und überprüfte die Steuerung. Der Hauptschalter des Systems war ausgestellt, und sie schaltete ihn wieder ein und drückte auf die Taste für den Neustart. Das Dröhnen der Maschinerie, die hochfuhr, kam prompt.

»Komm schon, komm schon.« Sie schaute sich nervös um, wartete darauf, dass die Monitore wieder zum Leben erwachten, und rechnete damit, dass Luke jeden Moment hereinstürmte, um herauszufinden, woher dieses Geräusch kam, das ihr ohrenbetäubend erschien. Schließlich flackerten die Monitore, und das Bild war da. Hektisch klickte sie auf den Schaltknopf zur Vergrößerung der Videoübertragung, die ihr Raum für Raum des einstöckigen Gebäudes zeigte. Wohnzimmer, Esszimmer, Flure, die zu den anderen Schlafzimmern in dem ausgedehnten Bungalow führten. Es gab keine Lebenszeichen. »Wo steckst du?«

Schließlich lud sie die Küchenkamera, und eine Sekunde lang musste sie den Kopf wegdrehen. Sie schaute erneut auf das körnige Bild ihres Vaters, der über den verdrehten Körper ihrer Mutter drapiert lag. Dunkle Flecken bedeckten seinen Hals und Rücken. Beide wirkten leblos.

Keuchend scrollte sie noch einmal durch die anderen Kameras, doch auch dieses Mal fand sie keine Spur des herumschleichenden Luke. Sie überprüfte die Haustür und die Hintertür, die ebenfalls frei schienen, ebenso die Einfahrt. Rays silberner Porsche war nicht da. Nur der Range Rover ihres Vaters stand auf dem Kies.

Sie schaltete das Licht in der Kammer aus, und bevor sie die Tür öffnete, spähte sie durch den Spalt. Der Eingangsbereich war immer noch frei, also jagte sie zur Haustür, wobei sie sich nach allen Richtungen umsah. Ihre Sinne waren zum Zerreißen gespannt.

Sie blickte zur Kamera über dem Eingang hoch. Das rote Licht zwinkerte ihr nun zu. »Ray?«, formte sie kaum hörbar in Richtung Linse, als könnte er sie sehen. »Wo steckst du?« Zerrissen zwischen Flucht und Furcht öffnete sie die schwere Haustür und ließ den beißenden Herbstwind von draußen herein, der feucht und wohltuend war. Ein paar große Blätter wirbelten auf die Fußmatte, vom Luftzug angesaugt.

Mit einem tiefen Atemzug trat Reardon barfuß über die Schwelle und berührte die kalten Steinfliesen draußen vor der Tür. Im letzten Moment, als sie im Begriff war zu fliehen, fiel ihr Blick auf die verschlossene Küchentür. Sie zögerte.

Was, wenn Mum und Dad noch leben? Sie konnte nicht einfach gehen. Nicht, solange sie es nicht wusste. Sie nahm sich kurz Zeit, um sich zu sammeln, und näherte sich der Doppeltür im Ranchstil. Nachdem sie das Ohr gegen das lackierte Holz gepresst hatte, drehte sie den Knauf und trat ein.

Anders als bei der schwarz-weißen Welt des Sicherheitsmonitors wurde sie hier von einem Bild empfangen, das von Farben triefte. Der Boden war von Blut überschwemmt, das sich teilweise unter den Köpfen ihrer Eltern sammelte, teilweise zu einem glitschenden Muster verschmiert war, wo ihr Vater über die Terrakottafliesen gekrochen war, um seine sterbende Frau zu erreichen. Seine Arme umschlossen sie, und sein Kopf war neben ihrem zu Boden gesunken. Ihre Wangen berührten sich.

Reardon schloss die Augen und presste eine Träne hervor, die über ihre Wange rollte. Sie wischte sie weg und näherte sich vorsichtig. Für ihre nackten Füße fühlte sich der Boden heiß an, und die blutigen Fußspuren von Mörder und Opfern gerannen bereits zu Flecken.

Reardon bemerkte die orangen Crocs ihrer Mutter am Rand der roten Lache; sie schlüpfte hinein und näherte sich durch das gerinnende Blut ihren Eltern. Sie kniete in der warmen, klebrigen Flüssigkeit, hielt ihren Handrücken gegen den Mund gepresst.

Der Geruch des Todes, lebhaft und eindringlich, bestürmte plötzlich ihre Nase.

Sie drückte die Finger gegen das Handgelenk ihres Vaters, dann gegen das ihrer Mutter. Keiner von beiden hatte noch einen Puls. Sie hielt die Hand vor Mund und Nase ihrer Mutter, doch sie spürte keinen Atem. Sie zog die Hand zurück, als sie bemerkte, dass diese zitterte.

Schließlich kniete sie sich neben ihren Vater und beugte sich vor, um auf seinen Atem zu lauschen. Ihre langen Haare schleiften durch das Blut. Kein Lebenszeichen. Ihre Eltern waren tot.

Sie hockte sich auf die Fersen, küsste ihre Finger und drückte sie nacheinander auf die Lippen ihrer Eltern. Ihr Blick wurde vom Telefon an der Wand angezogen, und sie stand auf, hielt sich den Hörer ans Ohr und lehnte einen Arm gegen den angrenzenden Heizkörper, um ihre geschundene Stirn abzustützen; sie war kurz vor dem Zusammenbruch. Der Festnetzanschluss war so tot wie ihre Eltern.

Blind schob sie den blutigen Hörer ungefähr in die Richtung der Telefongabel. Sie verfehlte sie, und der Hörer fiel zu Boden. Die Schnur hing in der Luft, sie verdrehte sich und hüpfte wie ein Bungeespringer. Jetzt bedeckte sie ihr Gesicht mit beiden Händen, ihre Schultern bebten von den unterdrückten Gefühlen, sie sank gegen die Wand und versuchte doch, sich aufrecht zu halten.

Als sie sich umdrehte, bemerkte sie die Handtasche ihrer Mutter auf dem Küchentisch, lief hin und leerte sie vollständig auf der narbigen Holzplatte aus. Sie wühlte darin herum und zog das veraltete Handy aus dem Krimskrams hervor, den ihre Mum aus Gewohnheit in der Tasche aufbewahrte – Pfefferminzbonbons, leere Lippenstifte, billige Mascara und Eyeliner. Ihr Daumen zitterte, als sie die Knöpfe drückte.

»Komm schon, komm schon.« Ein Warnton vom Telefon. Der Akku war leer. Reardon schleuderte das Gerät gegen die Wand und schrie und drückte sich sofort eine Hand auf den Mund, als ihr bewusst wurde, dass jemand sie hören konnte.

Sie versuchte nachzudenken. Ihr fiel der Range Rover ein, der in der Einfahrt stand, und sie wühlte in dem Kram auf dem Tisch nach den Schlüsseln. Sie waren nicht da. Sie sah sich um, trat dann zu den bodentiefen Fenstern und blickte über den rückwärtigen Teil des Hofs, auf den gestutzten Rasen und die Backsteinbauten und weiter zu den hügeligen Feldern bis hinüber nach Findern, Richtung Sicherheit. Sie probierte den Türgriff, doch die Fenstertüren waren verschlossen und die Schlüssel nicht da. Schlimmer noch, Sargent war nicht draußen, er tollte nicht über den Rasen oder kratzte am Glas, weil er spazieren gehen oder einem Ball nachjagen wollte. Sie schloss die Augen. *Bitte, Gott, lass es Sargent gut gehen.*

Sie drehte sich wieder um, und ihr Blick fiel auf das starr prüfende Auge der an der Wand montierten Kamera. »Wo steckst du, Ray?«, flehte sie die Linse an, als könnte sie ihr antworten. »Hilf mir!« Sie folgte ihren Spuren zurück in den Flur, hielt dabei den Blick von der Grausamkeit abgewandt und stürmte durch die Haustür nach draußen, direkt in die Arme des stämmigen Luke Coulson.

Sie schrie und drückte sich von ihm weg, hob abwehrend die Arme und riss vor Angst die Augen auf.

Luke war klein und etwas pummelig, doch dank seiner breiten Schultern auch kräftig. Seine Nase war mit schwarzen Mitessern übersät, seine fettigen Haare hatte er sich aus dem pockennarbigen Gesicht gestrichen. Reardon versuchte, nicht auf das blutige Schlachtermesser zu starren, das er in der geröteten Hand hielt.

Seine Kleidung war seltsamerweise überhaupt nicht blutig, und sie erkannte, dass er Sachen von ihrem Vater trug – eine Cordhose und ein kariertes Hemd –, die an ihm etwas schlabberig wirkten. Gleichzeitig bemerkte sie die Plastiktüte in seiner anderen Hand, die ausgebeult war von den blutigen Sachen, die er getragen hatte, als er JJ das Messer über die Kehle gezogen hatte. Die Plastikgriffe der Tüte waren fest verknotet, doch Blut hatte sich in einem Zipfel gesammelt und tropfte durch das Plastik auf den Boden.

»Hallo, Reardon«, sagte Luke schüchtern. Sein Blick glitt an ihren langen, schlanken Beinen rauf und runter, und erst lächelte er noch, dann jedoch verzerrte Bestürzung seine Gesichtszüge, als er ihr geschwollenes Gesicht sah. Er streckte eine Hand aus, doch sie wich zurück. »Du bist verletzt«, sagte er. Der Sprachfehler, der ihn bei der mündlichen Mitarbeit in der Schule immer behindert hatte, war in der tödlichen Stille des Hofs unüberhörbar.

»Ja, ich bin verdammt noch mal verletzt«, fauchte sie. Die Wut half ihr. Sie war entsetzt, wie belegt ihre Stimme klang, als hätte sie beim Zahnarzt Gas eingeatmet, und Blut und Speichel spritzten aus ihrem verletzten Mund. »Wo ist Sargent?«

»Dein Hund? JJ hat ihm etwas Fleisch gegeben. Ich weiß nicht, was da drin war. Ich glaube, es geht ihm gut.« Reardon bewegte sich etwas nach links, um freie Sicht auf die Tür zu haben, doch Luke war wachsam. »Wo willst du hin?«

»Ich muss weg«, sagte sie vorsichtig und ließ ihn nicht aus den Augen. Die Freiheit war nur wenige Meter entfernt.

Luke blickte nach unten auf die blutigen Crocs an ihren Füßen. »Du hast sie gesehen.« Reardon schluckte und senkte den Kopf. Sie brachte kein Wort hervor. »Es tut mir leid«, murmelte er und lächelte sie beschwichtigend an. »Sie waren nett.« Er blickte zu der Überwachungskamera hoch, dann sah er wieder Reardon an. »Aber dein Dad hätte nicht schreien dürfen. Er hätte mich nicht jagen dürfen.«

»Was?«, stieß Reardon entgeistert hervor.

»Er hat mir kaum 'ne andere Wahl gelassen«, sagte Luke. Bestürzt über ihre entsetzte Miene, lächelte er erneut und versuchte, unbeschwert zu wirken. »Ich musste mir ein paar von seinen Sachen leihen. Ich hoffe, es macht dir nichts aus.«

Verwirrt schüttelte sie den Kopf. »Was hast du mit Ray gemacht?«, fragte sie und formte die Worte, als würde sie eine Sprache unterrichten.

»Deinem Bruder? Nix.«

»Er war hier«, sagte Reardon. »Aber jetzt ist sein Wagen verschwunden.«

Luke grinste. »Dann sind es nur noch du und ich.«

»Was hast du mit ihm gemacht?«, fragte sie energischer.

Lukes Gesicht verzerrte sich vor Wut. »Das habe ich dir doch gesagt.«

Reardon schluckte und sah scharf auf das Messer. Sie streckte besänftigend die Hände aus. »Bitte nimm das Messer runter.«

»Messer?« Luke schaute sie fragend an, dann sah er überrascht auf die Waffe in seiner blutigen Hand. Seine Miene verfinsterte sich. »Das wollte ich nicht. Ich hatte keine Wahl. Du hättest JJ das nicht erlauben dürfen. Er liebt dich nicht.«

Reardon zitterte, weil Luke plötzlich so lebhaft war. Ihr wurde bewusst, dass sie nicht stark genug war, um sich gegen ihn zur Wehr zu setzen. Da sie glaubte, dass Schwäche ihn nur noch mehr reizen würde, versuchte sie, Aggression in ihre Stimme zu legen. »Sieh mir ins Gesicht, Luke. Ich habe ihm das nicht *erlaubt*. Er hat mich gezwungen.«

Luke starrte sie an, und dann huschte ein verstehendes Lächeln über seine Züge. »Er hat dich gezwungen. Dich geschlagen.«

»Ja, er hat mich geschlagen.«

»Dann liebst du ihn gar nicht.«

»Natürlich liebe ich ihn nicht, verdammt noch mal«, zischte sie und hielt mühsam die Tränen zurück.

»Aber er war doch dein Freund«, beharrte Luke.

»Das ist eine Ewigkeit her. Aber ich liebe ihn nicht mehr. Was glaubst du, warum er mich geschlagen hat?«

»Ich wusste ja nicht …«

»Sag mir, wo mein Bruder ist.«

»Ich habe ihn nicht gesehen«, antwortete Luke mit Nachdruck. In seiner Stimme schwang Verärgerung mit. »Warum fragst du mich das immer?«

»Weil ich mir Sorgen um ihn mache.« Sie blickte zur Haustür, doch der Weg war immer noch versperrt. Dann zurück zur Küche, wo ihre Eltern abgeschlachtet dalagen. Sie saß in der Falle. Sie musste an Luke vorbei und zur Einfahrt gelangen. »Sein Auto ist verschwunden.«

»Auto?«

»Der silberne Porsche.«

»Nette Karre«, sagte Luke beifällig. Er zog eine Baumwolltasche unter dem Gürtel hervor und kramte darin. Sie sah die Uhren ihres Vaters und ihrer Mutter, die Ringe und ein Bündel Geldscheine. Eine Sekunde später hielt er den Schlüsselanhänger mit dem Autoschlüssel des Range Rover hoch. »Das war in der Handtasche deiner Mum.«

»Der ist für den Range Rover«, sagte Reardon leise.

»Ich hätte lieber den Porsche genommen«, sagte Luke launisch.

»Kann ich den dann haben?«, fragte Reardon und nickte zu dem Schlüsselanhänger.

Luke schüttelte den Kopf. »Werd ich wohl noch brauchen.« Seine Unterlippe bebte, und plötzlich schien er den Tränen nahe zu sein. »Ich stecke in Schwierigkeiten, oder?«

Reardon versuchte, sich eine Antwort auszudenken, bei der Luke sie nicht anschließend erstechen würde.

»Oder?«, kreischte er.

Sie zuckte zusammen vor Schreck und nickte. Ihre Stimme klang abgehackt und atemlos. »Ja, Luke. Das tust du.«

Sie wappnete sich für die Konsequenzen ihres Eingeständnisses, aber plötzlich schwand Lukes Wut und seine Augen funkelten. »Du erinnerst dich an meinen Namen.«

»Was?«

»Du erinnerst dich an mich«, sagte Luke grinsend. »Aus der Schule.«

Reardon zögerte. »Natürlich erinnere ich mich an dich. Du bist JJs Freund. Du warst in Rays Stufe.«

»Ich war in *deiner* Stufe«, knurrte er und packte den Griff des Messers fester.

»Ja, jetzt erinnere ich mich«, keuchte Reardon und hielt die Hände abwehrend hoch. Sie rang darum, ihre Sinne zusammenzuhalten. »Du wirktest auf mich nur so viel älter.«

Lukes Grinsen erschien wieder. »Älter?«

»Viel älter«, sagte Reardon. Ihre List machte sie atemlos. »Ich bin überrascht.«

»In der Schule hast du mich also bemerkt.«

»Natürlich.«

Lukes Miene verhärtete sich. »Das ist lustig, denn immer, wenn ich in deiner Nähe war, hast du dich so verhalten, als wäre ich nicht da.«

»Ich … Das war nicht freiwillig, Luke.« Sie suchte hektisch nach etwas Beschwichtigendem. »Aber du warst sehr ruhig. Du hast auch nie mit mir gesprochen.«

Luke blickte zu Boden und nickte. »Ich konnte nicht. Hab mich nicht getraut.« Er zeigte auf seinen Mund. »Nicht mit dem.« Er sah verlegen auf seine Füße. »Ich liebe dich, Reardon. Von der ersten Minute an, als ich dich sah. Du warst wunderschön.« Er musterte sie von oben bis unten. »Bist du immer noch!«

»Das wusste ich nicht«, sagte Reardon und versuchte, ihre Stimme mitfühlend klingen zu lassen.

»Das musst du aber.«

»Habe ich nicht, ich schwör's. Du … du hättest es mir sagen sollen.«

»Ach ja?«, spöttelte Luke. »Und dann hätten die Leute sich über mich kaputtgelacht, so wie JJ es gemacht hat. Er hat sich eingepisst. Sagte mir, du wärst beliebt. Reardon ist schlau und sexy, hat er gesagt. Ein Mädchen wie sie würde einen Freak wie dich nie angucken, hat er gesagt. Nicht, ohne sich selbst einzupinkeln.«

»Ich hätte nicht gelacht.«

»Du *hast* gelacht«, sagte Luke, und sein Blick bohrte sich in ihren. »JJ hat Ray erzählt, dass ich dich liebe. Er sagte, Ray hätte gelacht. Und am nächsten Tag hat Ray ihm erzählt, er hat es dir erzählt und dass du so heftig gelacht hast, dass du dich fast übergeben hast …«

»Das stimmt nicht.«

»Er hat JJ gesagt, er soll mir sagen, du hast gesagt, ich wäre ein verdammter Loser.« Luke hob das Messer, und Reardon machte einen Schritt zur Seite, wodurch sie der Haustür näher kam. Ihre Hände hielt sie ausgestreckt, die Handflächen offen.

»Ray hat nie etwas gesagt, Luke. Das musst du mir glauben. Bist du deshalb hier? Um es mir heimzuzahlen für etwas, das nie passiert ist?«

»Ich … es war JJs Idee. Mit ihm hast du dasselbe gemacht.«

»Das ist nicht wahr.«

»Er hat gesagt, du hast ihn wie Scheiße behandelt, und er wollte mit dir reden. Wollte dir sagen, wie er sich fühlt.«

»Er hat gelogen, Luke. Er wollte mir gar nichts sagen. Er wollte mir nur wehtun. Sieh doch!«, rief sie und zeigte auf ihr Gesicht.

Luke blickte beschämt zu Boden. »Als er dir wehgetan hat, hab ich mich schlecht gefühlt.«

»Ich weiß.«

»Ich konnte nicht bloß so dastehen«, fuhr er ermutigt fort. »Ich musste ihn aufhalten.«

»Du hast etwas Gutes getan, Luke«, sagte sie langsam und deutlich. Plötzlich kam ihr eine Idee. »Du hast mich gerettet.«

Ein schüchternes Lächeln huschte über Lukes Gesicht. »Das habe ich, oder? Das war, weil ich dich liebe.«

»Das weiß ich. Jetzt.« Sie machte eine Pause und versuchte zu lächeln. »Aber wenn du mich wirklich liebst, Luke, lässt du mich gehen.«

»Du hast nicht über mich gelacht?«

»Niemals. Du und Ray, ihr wart einfach Kinder. Er hat nie ein Wort über dich gesagt. Er hat dich verarscht. Das machen Teenager doch so. Und jetzt nimm bitte das Messer runter.«

Luke senkte das Messer, und die Anspannung in Reardons Schultern ließ etwas nach. »Ich hätte dir nie wehgetan, Reardon. Versprochen.«

»Ich weiß.« Sie atmete jetzt leichter und bewegte sich Richtung Tür. »Ich gehe jetzt.«

Lukes Augen füllten sich mit Tränen. »Du hast Angst vor mir.«

»Nein. Es ist nur …«

»Doch, hast du! Und das ist nicht das, was ich wollte. Ist es wegen dem, was ich JJ angetan habe?«

»Nein, ich …«

»Ich musste das tun. Ich bin nicht wie er. Das musst du mir glauben.«

Reardon schluckte schwer, als er die Arme ausbreitete und sich ihr näherte. Sie brachte es nicht über sich, auf ihn zuzugehen, doch das war egal, denn er war schon heran und drückte sein Gesicht gegen ihren Hals und seufzte wie ein satter Welpe. Er stank nach Angst und Schweiß und Blut. Sie spürte seinen heißen Atem an ihrem

Hals, als seine Hände sich auf ihre Schulterblätter drückten, er ihren Körper an sich zog. Sie beäugte das Messer, doch es war außer Reichweite. Stattdessen legte sie eine Hand auf seinen breiten Rücken, drehte ihren Kopf weg. Er legte seinen Mund an ihr Ohr.

Sie schob ihn weg und starrte ihn an, ihr Blick war auf seine flehende Miene geheftet. Schließlich nickte sie. »Natürlich tue ich das.«

»Kein Lebenszeichen«, murmelte DC Kevin Drinkwater, ließ das Fernglas sinken und duckte sich in der Einfahrt zu dem Hof.

»Das Thorogood-Mädchen hat gesagt, es war ein Massaker.« Detective Sergeant Rachel Caskey kniff die Augen zusammen und hielt unbewusst den Schmuckanhänger unter ihrer Bluse fest. »Sie hat einen Hund erwähnt.«

Drinkwater schaltete sein Funkgerät ein und stellte eine Frage. Eine Stimme krächzte aus dem Lautsprecher.

»Sie haben den Hund gefunden«, teilte Drinkwater mit. »Scheint noch zu atmen. Sieht aus, als wurde er betäubt.«

»Das ist übel«, sagte Caskey.

»Sarge?«

»Betäubungsmittel riecht nach Planung, und Planung ist übel. Eine Gelegenheitstat ist das eine …« Caskey wandte sich an den dick gepolsterten uniformierten Sergeant mit Baseballkappe, der ein paar Schritte entfernt auf den Fersen hockte. »Was denkst du, Tink?«

»Sieht ruhig aus«, sagte der Einsatzleiter Ellis Tinkerman. »Und keine Fahrzeuge. Der Vogel könnte ausgeflogen sein.«

»Das Opfer sagte, es gab einen Range Rover und vielleicht einen Porsche«, sagte Drinkwater. »Wir haben sie zur Fahndung ausgeschrieben. Bisher noch nichts.«

»Dann sollte mein Team sich besser aufrüsten«, murmelte Tinkerman. Er drückte mit dem Daumen auf das Funkgerät an seiner Schulterklappe. »Hier ist Bronze Commander …«

»Sollten wir nicht lieber auf den Hubschrauber warten?«, fragte Caskey.

»Wo ist der?«

»Etwa zehn Minuten hinter Bradford.«

Tinkerman dachte nach. »Das dauert zu lange.« Er drückte wieder die Taste seines Funkgeräts und gab das Einsatzsignal. »Schnell und geduckt«, fügte er hinzu und richtete sich mit seiner riesigen Gestalt aus der Hocke auf – was mühsamer war, als es aussah mit seiner unbequemen schwarzen Kampfhose, den schweren schwarzen Kampfstiefeln und der schwarzen Splitterschutzweste –, dann trabte er davon, wobei der Karabiner lässig unter seinem rechten Arm klemmte. Ähnlich gekleidete und bewaffnete Kollegen standen zugleich rings um das Bauernhaus auf und näherten sich aus allen Richtungen dem Gelände. Alle bewegten sich zügig, ohne zu rennen, doch jeder lief geduckt, um ein möglichst kleines Ziel zu bieten.

Drei Beamte erreichten die Haustür, während andere hinter dem Gebäude verschwanden. Vorne wartete einer seiner Leute mit dem Rammbock, während ein anderer die Hand auf die Türklinke legte. Als die Tür aufging, drückte er sie ganz auf, und der zweite Beamte legte den Rammbock ab, und alle verschwanden in der Dunkelheit dahinter. Die Waffen gezückt, schauten sie in alle Richtungen, während sie das Gebäude betraten.

Caskey und Drinkwater warteten geduckt und lauschten angestrengt auf ein eventuelles Feuergefecht, doch alles, was sie hörten, war das Wort gesichert, das in kurzen Intervallen gerufen wurde. Sie bewegten sich langsam auf das Gebäude zu.

»Klingt, als wäre er ausgeflogen, Chefin«, sagte Drinkwater.

»Dann lassen Sie uns hoffen, dass er einen Plan hat«, sagte Caskey.

»Chefin?«

»Ein Amokläufer, der nicht weiß, wo er hinsoll, ist ein gefährliches Tier.«

»Er hatte ein paar Stunden Vorsprung. Könnte inzwischen überall sein.«

Caskey nickte leicht und wischte kurz über ihr Smartphone, dann hielt sie es sich ans Ohr. »Immer noch nichts von DI Ford«, fluchte sie.

»Vielleicht ist er …« Drinkwater zögerte, bevor er verstummte. Er wünschte, er hätte gar nichts gesagt.

Caskey warf ihm einen mahnenden Blick zu, bevor sie eine Entscheidung traf. »Schicken Sie jemanden zu ihm nach Hause, Kev. Holen Sie ihn her.«

»Chefin«, sagte er zur Bestätigung und wandte sich ab, um ihren Befehl auszuführen.

Caskeys Funkgerät knackte. *Alles gesichert. Drei gefunden, alle tot.* Sie bestätigte die Durchsage, bevor sie Richtung Bauernhaus ging.

»Das ist eine verdammt große Menge Lebenssaft«, sagte Tinkerman und starrte auf die ineinander verkeilten Leichen von Monty und Patricia Thorogood. Er stand am Rand der Blutlache. Caskey starrte mit aufgerissenen Augen auf das Szenario, unfähig, darauf etwas zu erwidern.

»Ist doch nicht viel«, antwortete Drinkwater, dessen Blick ebenfalls auf dem Gemetzel klebte.

»Wenn man eine Arterie so erwischt, gibt's kein Zurück«, sagte Tinkerman und zeigte auf Reardons Mutter. »Sieht aus, als hätte ihr Mann versucht, sie vor dem Täter zu schützen.«

»Wahre Liebe«, witzelte Drinkwater.

»Sorry, habe ich einen Witz gemacht?«, gab Tinkerman zurück. Drinkwater errötete.

»Überprüf doch mal, ob es irgendwas Neues über den Range Rover gibt, Kev«, sagte Caskey. Drinkwater schlurfte an der Blutlache vorbei Richtung Haustür.

»Alles okay, Rachel?«

Caskey blinzelte und wandte sich an Tinkerman. »Was auch immer er getan hat, es hat nicht gereicht, um sie zu retten.«

»Wenigstens hat er's versucht.«

Caskey nickte. »Das ist schon was. Irgendwas auf dem Grundstück?«

Im Gehen sprach Tinkerman in sein Funkgerät. »Wir haben die Umgebung abgesucht.« An der Tür drehte er sich um und warf einen letzten Blick auf die verschlungenen Leichen. »Das Gelände ist sicher. Der andere Tote ist in einem der Schlafzimmer. Eine Blutspur verläuft von hier bis dorthin. Sieht aus, als hätte einer der Täter erst die Eltern erledigt. Dann wollte er sich um die Tochter kümmern und musste feststellen, dass der andere schneller war.«

»Und dann entspann sich eine Meinungsverschiedenheit«, bemerkte Caskey.

»Ihr Freund?«

»Nicht laut Aussage des Thorogood-Mädchens. Beide waren Täter.«

»Einer hat also den anderen ihretwegen getötet«, fasste Tinkerman zusammen. »Es gibt keine Ehre unter Vergewaltigern. Ich beneide Sie nicht, dass Sie den Scheiß aufräumen müssen, Rachel. Sie sollten bei der Kriminalpolizei aufhören und wieder dazu übergehen, böse Jungs zu erschießen. Das Leben beim Sondereinsatzkommando ist viel leichter.«

»Das Leben ist nie leicht«, sagte Caskey und versuchte, sich ein Lächeln abzuringen.

»Verstanden«, sagte Tinkerman. »Bin draußen, wenn Sie uns noch brauchen.«

»Chefin!«, rief DC Drinkwater und kam hereingelaufen. »Eine Verkehrskontrolle hat den Range Rover auf der M25 rausgezogen. Die Identität unseres Verdächtigen wurde vorläufig bestätigt. Sie haben ihn.«

Caskey schaute auf ihre Uhr. »M25 – er hat sich nicht viel Zeit gelassen. Gab's Probleme?«

Drinkwater schüttelte den Kopf. »Mucksmäuschenstill.«

»Da haben die Jungs von der Streife einen bei uns gut. Was ist passiert?«

»Eine Streife hat den Wagen bemerkt, der in South Mimms stand, und hat ihn observiert. Sieht so aus, als wollte der Kerl Limonade und Marsriegel kaufen. Er ist ihnen direkt in die Arme gelaufen.«

»Hervorragend.«

»Es kommt noch besser«, sagte Drinkwater. »Er hatte in einer Tüte im Kofferraum Sachen dabei, die er wegwerfen wollte, aber das hatte er noch nicht geschafft. Sie waren total blutverkrustet.

Und er hatte gravierte Uhren, Goldmünzen und Bargeld bei sich. Ein Volltreffer.«

Caskeys Lächeln war nur schwach, aber beständig. »Das reicht. Wird ein hübscher Erfolg für den Boss. Auf geht's, Kev. Holen Sie ein Team von der Spurensicherung, sofort.«

2

Dreizehn Monate später

»Hab keine Angst, Edith!«

Edith Gibson erwachte aus ihrem Schlummer. Sie war dankbar für das kleine Nickerchen. Seit es mit der Gesundheit ihres Mannes bergab ging, blieb ihr wenig Zeit zum Ausruhen. Sie genehmigte sich ein Schläfchen, wann immer es möglich war. Nur so überstand sie den Tag. Berts Herzkrankheit machte ihm Probleme mit der Blutzirkulation in den Beinen, deshalb musste sie nachts wach liegen und lauschte seinem ständigen Gezappel, während er nach einer Position suchte, die sein Unbehagen linderte. Gelegentlich konnte er den Schmerz ignorieren, der ihn immer im Bett erfasste, und wenn sein Gebrabbel und Stöhnen aufhörte, konnte Edith sich ein paar Stunden Schlaf klauen, aber diese Nächte waren selten.

Wenn sie dann schlief, träumte sie von ihren Enkeln Michael und Jessie – inzwischen waren sie Teenager –, die in der Sonne von Westaustralien aufwuchsen.

Bert, der einen denkbar leichten Schlaf hatte, sagte, er höre sie manchmal im Schlaf ihre Namen rufen. Er erzählte ihr auch, einmal habe er sogar gesehen, wie sie die Arme anwinkelte, als würde sie einen der Zwillinge als Baby halten, so wie sie die beiden damals zum letzten Mal am Flughafen gehalten hatte, bevor sie und Bert sich tränenreich von ihrem Sohn und ihrer Schwiegertochter und den beiden ahnungslosen Kindern verabschiedeten.

Sie hatten Fotos bekommen, natürlich. Pete und Jeanie waren in den ersten Jahren peinlich darauf bedacht gewesen, ihnen Schnappschüsse von Michael und Jessie zu schicken, die ihr neues Leben Tausende Meilen von ihren untröstlichen Großeltern entfernt lebten – wie sie riesige Gambas vom Grill aßen oder in dem kleinen Pool im Garten ihres neuen Zuhauses in Perth tobten.

Aber diese Fotos wurden seltener, als die digitale Fotografie Einzug hielt und Bert sich standhaft weigerte, einen Computer anzuschaffen.

»Was wollen wir denn mit so einem Ding?«, hatte er gesagt.

»Pete kann uns damit Fotos von Michael und Jessie schicken«, hatte sie geantwortet. »Und es gibt etwas, das man Skype nennt, Bert. Es erlaubt einem, persönlich miteinander zu sprechen, und dabei können wir sie auf dem Monitor sehen.«

»Muss ja ein Vermögen kosten.«

»Es ist kostenlos.«

»Ja, schön. Wenn er Fotos schicken will, kann er sie per Post senden.«

Und das war alles. Seitdem musste sie warten, bis das alljährliche Paket zu Weihnachten kam, damit sie Fotos von ihren Enkeln zu sehen bekam.

»Edith«, sagte die Stimme.

Sie öffnete die Augen und leckte sich die Lippen. Sie konnte immer noch den Alkohol schmecken. »Ich habe Durst.«

»Hier.« Sie streckte sich und trank das Glas Wasser. Sie sah Bert, der sich im Stuhl neben ihr regte.

»Geht's dir gut?«, krächzte er mit angestrengter Stimme.

»Was ist passiert?«, fragte sie.

»Sie haben ein wenig geschlafen«, sagte die Stimme. Eine Hand nahm ihr das Wasserglas ab.

»Habe ich das? Wäre das nicht die beste Gelegenheit gewesen?«

»Natürlich nicht. Das widerspricht dem Sinn. Die Musik ist so weit. Die Fotos auch.«

Edith schaute auf das gerahmte Bild in ihrem Schoß. Es zeigte ihren Sohn und ihre Schwiegertochter zusammen mit Michael und

Jessie, als sie noch klein waren. Sie lächelte und streichelte das Foto mit ihrer Hand voller Leberflecke. »Das ist mein Lieblingsfoto.« Sie blickte ernst hoch. »Dürfen wir uns an den Händen halten?«

»Ich wäre enttäuscht, wenn Sie das nicht täten.«

Edith legte ihre Hand auf die Stuhllehne, und Bert legte seine zitternd auf ihre. Er versuchte, etwas zu sagen, und hievte sich ein wenig aus dem Stuhl hoch, doch vor Anstrengung verzog er das Gesicht.

»Nein«, flüsterte er und sank zurück in das Schaumstoffpolster. »Das ist nicht richtig.«

»Beruhige dich, Bert«, sagte Edith. Eine Sekunde später erfüllten die Violinklänge von Barbers Adagio den Raum mit einem getragenen Lamento. »Das ist dein liebstes.«

Bert begann, sich energischer zu bewegen. »Nein, halt ...«

Edith drückte seine Hand. »Beruhige dich, Bert. Es bleibt keine Zeit mehr.«

»Aber Mutter ...«

»Nein, Bert. Hör nur dieses eine Mal auf zu hampeln. Und richte deine Krawatte.«

»Aber ...«

»Deine Krawatte, Bert. Du willst doch hübsch aussehen.« Sie beobachtete, wie er mit zitternden Händen daran herumnestelte, den Knoten noch weiter gegen seinen alten, knorrigen Hals schob. Sie lächelte über seine Anstrengungen, und eine Träne fiel. Er war mit der Krawatte fertig und legte seine Hand wieder auf ihre.

»Wie sehe ich aus?«

»Wie mein hübscher Junge.« Er grinste darüber, die falschen Zähne bewegten sich im Kiefer. »Weißt du noch, wie wir uns das erste Mal begegnet sind, Bert?«

Bei der Erinnerung kräuselte sich Berts Mund. »Schotts Tanzboden. Kurz nach dem Krieg.«

»Genau, mein Liebster«, sagte Edith. »Weißt du noch, was unser erster Tanz war?«

Sein Gesicht wurde vor Liebe ganz weich; einer Liebe, die er nicht aussprechen musste. »Ein Bossa nova.«

»Genau.« Edith kicherte. »Und weißt du, wie du Reggie Kane vergrault hast?«

»Dieser Möchtegernmillionär. Er konnte ja kaum die Hände von dir lassen, hat dir in den Hintern gekniffen, der Flegel.«

»Ich weiß«, kicherte Edith. »Mein Hintern war danach noch wochenlang grün und blau.«

Die Streichmusik wurde lauter.

»Ich liebe dich, Bert.«

»Lieb dich, Edith.«

Ihr zärtlicher Blick wurde von einem mechanischen Klicken abgelenkt, von zwei gedämpften Explosionen, die von dem Aufblitzen der Zündung begleitet wurden, als die Kugeln in sie eindrangen. Die beiden alten Leute wirkten kurz überrascht, dann lehnten sie sich mit einem erleichterten Seufzen zurück.

3

Dienstag, 1. November

DI Damen Brook nippte an seinem vierten Tee dieses Tages, während der Regen draußen vor dem Cottage niederprasselte. Vom Küchentisch aus sah er das offene Zigarettenpäckchen seiner Tochter, die Filter aufgereiht wie eine Linie gut aussehender Wachleute. Aber nachdem er den Aschenbecher ausgeleert hatte, war dank des zurückgebliebenen Gestanks nach alten Zigaretten jedes Verlangen erloschen, das er hätte verspürt haben können, die Tür zu seiner Sucht wieder zu öffnen. Er schloss die Schachtel und legte sie in eine Schublade. Die drei leeren Weinflaschen allerdings hatte er auf dem Küchentisch stehen lassen, denn er wollte sie später nutzen, um ein Gespräch zu beginnen. An den drei Abenden ihres Besuchs hatten Terri und er neun Flaschen Wein geleert, und Brook war sicher, dass er insgesamt nicht mehr als vier Gläser getrunken hatte.

27

Nachdem er seine Teetasse geleert hatte, schob er die Decke von seinen Schultern und ging zur Tür, um nach draußen auf die Terrasse und in die morgendliche Dunkelheit zu blicken. Es gab wenig zu sehen jenseits der Trockenmauer auf der anderen Seite der steilen, kleinen Landstraße, die sich von der Mitte des Dorfs zu seinem Cottage wand.

Die Wolken über Hartington hingen tief, und Brook war nicht abgeneigt, stundenlang durch den Regen zu marschieren, doch er wusste, dass Terri darauf nicht sehr erpicht sein würde. Wenn sie überhaupt in absehbarer Zeit aus ihrem Schlummer aufwachte.

Brook schaute auf die Uhr. Fast sieben. Normalerweise wäre er jetzt schon zu seinem morgendlichen Spaziergang unterwegs. Im Sommer, zwischen den Fällen, wäre das ein zügiger Sechsmeilenmarsch, bei dem er dem Ufer des Dove folgte, am Manifold-Valley-Bach abbog und zurück zu seinem Cottage auf den höher gelegenen Straßen entlang der Reynards Lane ging. Im Winter wählte er keine so hübsche Strecke, und wenn er mit einem Fall beschäftigt war, musste er sich zwingen, einmal den Ententeich zu umrunden.

Er wusch ab und kochte noch einen Tee und nahm gerade den ersten Schluck, als der Briefkasten klapperte. Einen Moment später legte er die Rechnungen auf den Tisch und untersuchte den billigen Umschlag, der von seinem Postfach weitergeleitet worden war.

Es war nicht die vertraute Handschrift, die bei ihm ein besorgtes Flattern hervorrief, sondern eher die Dicke des Umschlags. Um einen geschlagenen Gegner anzuspornen und ihm ein Geständnis abzuringen und damit die Familien der Opfer endlich zur Ruhe kamen, hatte Brook versprochen, mit dem eingesperrten Serienmörder Edward Mullen Fernschach zu spielen. Weil er zu argwöhnisch war, um seine Adresse preiszugeben, sei es die elektronische oder die geografische, hatte er darauf bestanden, dass die Spielzüge per Brief mitgeteilt wurden – und das auch nur, wenn sie über ein Postfach liefen.

Aber heute, als er den Umschlag drückte, spürte er, dass dieser mehr als das übliche Blatt billiges Schreibpapier mit dem nächsten Zug und einer zusätzlichen Reihe möglicher Folgezüge enthielt, je nachdem, wie Brooks erwartete Antwort ausfiel. Nur sehr selten gab es die eine oder andere Zeile Text, eine hinterhältige Stichelei darüber, wie Brook seine Beute umgarnt hatte, aber nie schwang darin etwas Bitteres mit. Erstaunlicherweise schien Mullen sich absolut wohlzufühlen und hatte ein Haus, das er ohnehin nicht verlassen wollte und um das er sich nicht kümmern konnte, gegen eine sichere Gefängniszelle und drei Mahlzeiten am Tag eingetauscht.

Mullen war eine wenig einnehmende Seele – demütig und milde, mit einem sanften, aber gequälten Verstand –, und wenn man ihn ansah, war es schwer zu akzeptieren, dass er der Rattenfänger war – ein Serienmörder, der Kinder entführt und lebendig in einer selbst gezimmerten Kiste begraben hatte.

Die Kinder waren im Laufe mehrerer Jahrzehnte entführt worden und einen langsamen und qualvollen Tod gestorben. Niemand war da gewesen, um ihr klagendes Schluchzen nach Hilfe zu hören. Aber Mullen tötete nicht für den Kick. Er tötete, um Gesellschaft zu haben. Für sich, ja, aber auch für einen Freund aus Kindertagen, der jung von der Hand seiner Schwester gestorben war. Eine Zeit lang hatte er sich den Lebensunterhalt als Medium verdient und behauptete, als er gefasst wurde, dass er die Geister der ermordeten Opfer sehen konnte, die sich an ihre Mörder klammerten. So wurde jedes tote Kind auf ewig zur Gesellschaft für Mullen, und er war damit zufrieden, im Wakefield-Gefängnis mit seiner Clique junger Opfer an der Seite vor sich hin zu rotten.

Aber heute war es anders.

Brook legte das Ohr an die Wohnzimmertür. Terri schnarchte immer noch leise auf der Couch, also ging er in das winzige Büro, wo auf einem kleinen, quadratischen Tisch ein Computer und ein Schachbrett bereitstanden; die Figuren waren mitten in der Partie erstarrt.

Er setzte sich mit dem Tee hin und öffnete den Umschlag. Der Zettel mit dem nächsten Zug seines Gegners fiel auf den Fußboden. Er ließ ihn liegen, während er die zwei DIN-A4-Bögen auseinanderfaltete.

Inspector Brook,

ich hoffe, der Aufseher, der die ausgehende Post prüft, ist inzwischen so an die Routine unserer kleinen Ablenkung gewöhnt, dass er meiner monatlichen Sendung keine Aufmerksamkeit schenkt und diesen Gedanken erlaubt, Sie unbehelligt zu erreichen.

Verzeihen Sie die Dreistigkeit, aber ich wusste nicht, an wen ich mich sonst hätte wenden können. Es ist ein paar Jahre her, seit Sie mich hier reingebracht haben, und ich verbringe meine Tage in herrlicher Abgeschiedenheit von den anderen Insassen, was mir viel Zeit zur Besinnung gelassen hat — wenn ich nicht gerade mit meiner Entourage aus Freunden und Bekannten von der anderen Seite beschäftigt bin, wie Sie wissen. Wie geht es übrigens Ihrer kleinen Horde aus jenseitigen Gefährten? Stellen Sie sich manchmal vor, wie sie Ihnen nahe sind und in der Dunkelheit aus dem Grab nach Ihnen greifen, wie sie nach Motiv und Trost suchen? Rauben sie Ihnen den Schlaf?

Ich schweife ab. Aus unseren vielen (meist angenehmen) Gesprächen war ich — trotz Ihres ausdrücklichen Zynismus und der abscheulichen Art, wie Sie mich ausgetrickst haben — von Ihrer moralischen Integrität und dem Wunsch überzeugt, die Wahrheit hinter einem Fall zu erforschen. Aus diesem Grund dachte ich, ich sollte Ihnen etwas erzählen, das mir vor einem Monat passiert ist und das Sie interessieren könnte.

In meiner Abteilung im Block für Isolationshaft hier in Wakefield gibt es, wie Sie wissen (oder auch nicht), vier Zellen — meine und drei weitere. Soweit ich es beurteilen kann, werden zwei nur gelegentlich genutzt, um die Tölpel in Isolation zu stecken, die ihre Situation offenbar nicht akzeptieren können. Ein paar Tage, die sie dort heulend und jammernd verbringen, ein bisschen Lärmen, und sie sind zu tieferer Introspektion fähig, und an diesem Punkt beruhigen sie sich dann so weit, dass sie zurück in den Vollzug können.

In anderen Fällen sind die zeitweiligen Insassen der Isolationshaft in Gefahr. Ihnen drohen Vergeltungsmaßnahmen, nachdem sie Drogen oder Kippen geklaut haben. Oder sie wurden Opfer sexueller Gewalt von einem anderen Insassen. Diese Knackis sind viel ruhiger, und obwohl sie verständlicherweise nicht gerade Aufmerksamkeit auf sich ziehen wollen, bekomme ich doch einiges von ihrem wehleidigen Geschniefe mit. (Ehrlich, das Maß an Kummer, das durch Sex und Drogen an diesem Ort verursacht wird, ist mir ein Rätsel, da die Insassen

30

theoretisch doch gar nicht in der Lage sein dürften, sich eins von beidem zu verschaffen. S. ermüdend.)

Jetzt will ich noch ganz klar sagen, dass die Dummköpfe, die sich in der Isolation ihr Mütchen kühlen sollen, normalerweise für mich nicht von Interesse sind, trotz ihrer gelegentlichen Bemühungen, mit mir ins Gespräch zu kommen in der Hoffnung auf ein mitfühlendes Ohr. Ich bevorzuge es, für mich zu bleiben, wie Sie wissen, daher stand mir bisher nie der Sinn danach, auf die Anfragen aus angrenzenden Zellen zu reagieren.

Allerdings änderte sich das kürzlich, als ich entdeckte, dass die dritte Zelle im Block, von der ich vermutete, dass sie seit meiner Ankunft leer stehe, tatsächlich belegt ist – und das schon seit einigen Monaten. Das war eine Überraschung, denn jedes Mal, wenn ich für meinen einsamen Hofgang nach draußen eskortiert wurde, war die Tür zu Zelle 3 geschlossen gewesen, das Gitter fest verriegelt. Ich fragte mich schon, warum, da die anderen zwei Zellen immer offen stehen, damit für den nächsten Bewohner gelüftet ist.

Nun, jetzt weiß ich es. Die Zelle war die ganze Zeit schon belegt, und seltsamerweise habe ich nie auch nur einen Pieps von dem Insassen gehört, kein Stöhnen oder Schreien in der Nacht, kein Gesicht, das sich gegen das Gitter presst und den Trost der Geselligkeit sucht wie die ganzen anderen Versager, die in Isolationshaft landen.

Vor ungefähr einem Monat, zur Stunde meiner Himmelsschau, war ich gerade unterwegs in den Hof, als ich zum ersten Mal bemerkte, dass die Zellentür offen war. Ich vermutete, es würde dort geputzt.

Aber als ich stehen blieb und hineinblickte, sah ich einen jungen Mann, der mit gekreuzten Beinen auf dem Boden saß. Die Augen hatte er fast meditativ geschlossen und schenkte mir keinerlei Beachtung. Ebenso wenig war er an den Gefängniswärtern interessiert, die gerade seine Zelle filzten, was sie gelegentlich in diesem Block tun. Gott weiß, was sie dort zu finden glauben, wo wir doch nur begrenzt Zugang zu den anderen Insassen haben, aber ich vermute, sie haben nun mal ihre Vorschriften.

Ich konnte also stehen bleiben und eine Sekunde lang in die Zelle sehen, bevor mein eigener Wärter mich weitertrieb, doch als ich mich gerade umdrehen und weiter Richtung Hof gehen wollte, öffnete der junge Mann die Augen und starrte mich an. Sein Blick war kalt und tot, und zu meiner Überraschung erkannte ich ihn. Es war Luke Coulson.

Zweifellos kennen Sie den Namen, obwohl ich weiß, dass es nicht Ihr Fall war. Ich habe den Prozess Anfang des Jahres mit großem Interesse verfolgt – die Zeitungsausschnitte habe ich noch –, denn die Black Oak Farm liegt in der Nähe von Findern, einem Dorf, wo ich als Teenager gerne wandern ging, als meine Familie nach Derby zog. Sie erinnern sich – Coulson wurde wegen Mordes, Verabredung zu einer Vergewaltigung und Mord auf dem Hof verurteilt. Der Eigentümer Monty Thorogood und seine Frau Patricia waren mit einem Schlachtmesser getötet worden, und ihre Tochter Reardon wurde verprügelt und sexuell genötigt, bevor sie entkam und Alarm schlagen konnte.

Bei seinem Prozess deutete sein Anwalt an, Coulson sei auf Vorschlag von Jonathan Jemson, einem früheren Freund von Reardon und alten Schulfreund von ihm, mitgekommen, der bereits eine Vergangenheit als Kleinkrimineller hatte. Laut Anwalt hat Jemson Coulson erklärt, sie würden zu dem Hof fahren und den Safe im Auftrag von Ray Thorogood ausrauben, Reardons eigensinnigem und verschuldetem Bruder. Ein junger Mann, der offenbar mit seinen Eltern bei vielen Gelegenheiten über Geld gestritten hatte.

Nun, Sie kennen das Ergebnis. Coulson wurde für den Mord an Reardons Eltern verurteilt, wie auch für den an seinem Mitverschwörer Jonathan Jemson. Danach hat er das Haus durchwühlt und alles Geld und Schmuck an sich gerafft, das er finden konnte, bevor er mit dem Range Rover der Familie floh. Nachdem er noch am selben Tag gefasst wurde, offenbarten die Ermittlungen das ganze Ausmaß von Ray Thorogoods Plan, seine Familie zu ermorden und so das Familienvermögen zu erben.

Den Textnachrichten zufolge, die zwischen Jemson und Ray hin- und hergegangen waren, wurde Coulson als ein möglicher Sündenbock rekrutiert, den sie für das Gemetzel an der Familie Thorogood verantwortlich machen wollten. Die Tatsache, dass er seit Schultagen in Reardon verknallt war, war die Karotte, mit der sie den Esel zum Hof lockten. Damit der Plan Erfolg hatte, sollte Jemson erst die Eltern erledigen und dann Rays Schwester. Coulson hätte am Tatort sterben sollen, und Jemson wollte es so aussehen lassen, als sei er durch Verletzungen gestorben, die er sich in einem Kampf mit Reardon zugezogen hatte, jedoch erst, nachdem er den tödlichen Schlag gegen das arme Mädchen ausgeführt hatte.

Dann würde Jemson »aus Versehen« Feuer legen, damit alle Beweise seiner Anwesenheit ausradiert wurden, bevor er floh und den toten Coulson zurückließ, der die Schuld als besessener, einsamer Mörder auf sich nehmen sollte. Ray würde ein Vermögen erben und anschließend Jemson aus dem Erlös seiner Erbschaft entschädigen.

In vielen Punkten ein brillanter Plan, jedoch einer, den die Geschworenen ihm nicht gänzlich abkauften. Es half auch nicht, dass Coulson sich weigerte, zu seinen eigenen Gunsten auszusagen, obwohl sein Anwalt argumentierte, sein Mandant sei in Wahrheit Reardons Retter. Seiner Version zufolge kam Coulson gerade hinzu, als Jemson eine Vergewaltigung begehen wollte, und darüber war er so erzürnt, dass er Jemson ermordete, um Reardon zu beschützen.

Natürlich konnte die Staatsanwaltschaft auf die Tatsache hinweisen, dass Coulson bereits blutüberströmt war, als er Jemson tötete, da er zuvor bereits Mr und Mrs Thorogood abgeschlachtet hatte. Da es ihm nicht gelang, eine gute Verteidigung aufzubauen oder auch nur seine Schuld zu leugnen, wurde Coulson deshalb aller drei Morde für schuldig befunden. Eine faszinierende Geschichte über Verstümmelung und Gemetzel, wie man es sonst nur aus Amerika hört, hat sich im verschlafenen Derbyshire zugetragen. Drei Menschen tot, ein junges Mädchen vergewaltigt und traumatisiert und ein nichtsnutziger Bruder in Spanien auf der Flucht, wenn man den Zeitungen glauben darf.

Sie fragen sich vermutlich, was das alles mit mir zu tun hat. Erinnern Sie sich an meine Gabe? Natürlich tun Sie das. All die Kindsmörder, die ich der Gerechtigkeit zugeführt habe – ihre gesammelten Opfer stehen neben ihnen und strecken aus ihrem unruhigen Grab die Hand aus und verlangen Antworten. Ich sehe das Gepäck, das ein Mörder mit sich durchs Leben schleppt, Inspector. Ich sehe meinen Freund Billy mit den neuen Gefährten, die ich für ihn geerntet habe. Ich sehe seine mordende Schwester, alterslos, immer an seiner Seite mit ihrer eigenen Clique aus Dämonen, und diese Gesellschaft ist ein großer Trost, wenn ich aufwache.

Sie schütteln nun bestimmt den Kopf, nicht wahr? Vielleicht haben Sie auch vergessen, wie problemlos ich Ihren eigenen speziellen Gefährten identifizieren konnte, der im Fegefeuer schmort und darauf wartet, dass Sie sich erklären.

Würden Sie gerne wissen, wer Luke Coulson verfolgt? Tun Sie nicht so, als würde Sie das nicht interessieren. Aber ich will auch nicht mehr von Ihrer wertvollen Zeit verschwenden – die offizielle Version der Morde ist komplett falsch. Ihr DI Ford, der mich durch seine Finger gleiten ließ, hat erneut triumphiert. Luke hat die Thorogoods nicht ermordet. Er hat Jemson getötet, daran besteht kein Zweifel, doch er hat nicht die Mutter und den Vater abgeschlachtet, denn sie sind nicht bei ihm, nicht für alle Ewigkeit an ihn gebunden auf der Suche nach einer

33

Erklärung für die Gewalt, die ihnen angetan wurde. Jemand anders hat die Thorogoods getötet, Inspector, und es sieht ganz so aus, als wäre derjenige damit davongekommen.

Und warum erzähle ich Ihnen das alles?, höre ich Sie fragen. Weil Sie der Große Ermittler sind, Brook. Ich weiß, für Sie hat Gerechtigkeit eine Bedeutung und Sie können nicht ruhen, bis Sie alle Antworten gefunden haben, und allein der Gedanke an die Angst und die Qual, die Sie aushalten müssen, gefällt mir außerordentlich. Ich freue mich darauf, wenn Sie endlich in der Zelle neben meiner sitzen und mir alles darüber erzählen können.

Nun, da haben Sie's. Ein Geheimnis, das Ihrem Talent entspricht — etwas, woran Sie sich die Zähne ausbeißen können und das Sie hoffentlich von unseren kleinen Gefechten ablenkt. Mein letzter Zug ist beigefügt, und Sie wissen, wo wir sind, wenn Sie weiterreden wollen. Ich werde nicht den Atem anhalten. Ich bin sicher, es gibt genug Behördenpolitik, die Sie daran hindert, Ihre Nase in den Fall eines Kollegen zu stecken. Nach dem wenigen, was ich von DI Ford gesehen habe, standen seine Arroganz und sein Dünkel im krassen Gegensatz zu seinen Talenten als Ermittler. Sie sollten zumindest mal herkommen und mit Coulson reden. Versuchen Sie, ihm seine Version der Ereignisse zu entlocken. Ich weiß aus persönlicher Erfahrung, wie gut Sie darin sind, die Leute zum Reden zu bringen. Und wenn Sie schon mal da sind, bringen Sie eine Flasche von Sie-wissen-schon mit. Dem Wärter mag unser kleines Arrangement nicht gefallen, aber er hat nie gedroht, es platzen zu lassen. Süße Träume.

Edward

Brooks Handy begann zu vibrieren, und er war froh, die Blätter auf den Tisch werfen zu können. Es war Detective Sergeant John Noble.

Brook zögerte. »Ich habe frei, John.«

»Haben Sie Spaß?«

»Hab ich«, log Brook.

»Wie geht's Terri?«

»Ihr geht's prima«, log er erneut. »Sie fragt nach Ihnen.«

»Ach?«

»Ich habe ihr erzählt, Ihnen geht's gut.«

»Ich bin mir nicht sicher, ob Sie diesen Small Talk nicht schon im Schlaf können.«

»Na dann, wo wir schon mal dabei sind«, ermunterte Brook ihn.

Noble zögerte. »Zwei weitere Leichen. Der Tatort gleicht dem des Doppelmordes letzten Monat in Breadsall. Direkter Schuss ins Herz.«

»Wo?«

»Boulton Moor. Am Ostrand der Stadt, nahe der Verbindungsstraße A 50.«

»Ich weiß, wo das ist. Was ist damit?«

»Wollen Sie keine Details hören?«

»Wenn es dasselbe ist wie letzten Monat, gehe ich davon aus, dass es ein schwules Pärchen ist, das gefesselt und in seinem Haus getötet wurde«, antwortete Brook.

»Sie haben die Sache also verfolgt.«

»Ich habe wohl was im Radio gehört.« Brook schaute zum dunklen Wohnzimmer hinüber. Kein Anzeichen, dass Terri schon wach war. »Warum rufen Sie mich an, John? Wenn es eine Verbindung zu den Breadsall-Morden gibt, ist das Frank Fords Fall. Nicht meiner und nicht Ihrer.«

Es war kurz still am anderen Ende der Leitung.

»Die Sache ist, dass Ford vier Wochen vor der Pensionierung steht.«

»Nach meiner Berechnung ist er damit immer noch ein aktiver Beamter.«

»Das ist es ja«, sagte Noble. »Wenn wir von einer Serie ausgehen, muss Frank den Fall abgeben, dann muss der Chief Super ihn abziehen. Er will Sie ab sofort mit dabeihaben.« Brook verzog das Gesicht, reagierte aber nicht. Noble ärgerte ihn oft mit seiner Aversion gegen transatlantische Ausdrücke. »Er sagt, Sie sind sein Mann.«

Brook seufzte. »Und ist Chief Superintendent Charlton etwa Amerikaner?«

»Können Sie ihn gerne fragen.«

»Wie sicher sind Sie sich mit dem MO?«

Ein Zögern. »Sicher.«

»Sie klingen aber nicht sicher.«

Noble zögerte erneut. »Die Methode ist ähnlich, aber es gibt einen Unterschied bei der Viktimologie. Das letzte Paar war seit über fünfzig Jahren verheiratet.«

»Fünfzig Jahre?«, rief Brook. »Die Opfer letzten Monat waren zwei schwule Männer, John.«

Noble seufzte. »Ich weiß. Sehen Sie, Read und Smee waren in Franks Team, solange wir Pause hatten. Sie glauben, die Methode ist fast identisch.«

»Glauben? Fast?«

»Charlton will Sie mit an Bord haben«, sagte Noble entschieden. »Die Sache ist die, dass Ford letzten Monat völlig den Bezug verloren hat. Er hat wie verrückt nach einem schwulen Sexmörder gesucht, obwohl nichts auf ein sexuelles Motiv hinweist. Hat in einigen Kreisen ziemlich schlechte Gefühle provoziert. Na ja, Sie können es sich vorstellen.« Er verstummte. Eine Taktik, die er von Brook gelernt hatte; man wartete bei den Zeugen so lange, bis sie schließlich anfingen zu plappern, um das unangenehme Schweigen zu füllen.

Brook stieß langsam die Luft aus. »Wissen Sie, wie lange ich meine Tochter bearbeiten musste, damit sie mich besucht?«

»Kann ich was gewinnen, wenn ich richtig rate?«, erwiderte Noble.

»John ...«

»Schauen Sie, Ihr Urlaub ist sowieso in ein paar Tagen vorbei. Ich habe dem Chief Super gesagt, ich kann bis dahin das Tagesgeschäft weiterführen, aber er will Sie als leitenden Ermittler dabeihaben, und ich wusste, Sie würden Ihren Namen nicht da drin haben wollen, ohne es sich anzusehen.« Während Brook nach der Entschuldigung suchte, die seine Tochter brauchte, wartete Noble eine Sekunde, bevor er seinen letzten Trumpf ausspielte. »Ich kann Ford anrufen. Er könnte in vier Stunden hier sein.«

Brook stieß sein kurzes Lachen aus. Fords Abneigung, sich außerhalb der Bürostunden an einen Tatort zu begeben, war bei der Polizei von Derby berüchtigt. »Adresse?«

4

Der Regen setzte ein, als Brook von der Ortsumgehung auf die A6 Richtung Boulton Moor abfuhr, das nur ein kleiner Außenposten am südöstlichen Ausläufer von Derby war. Hinter der Ansammlung von Häusern, die sich an die Stadtgrenze klammerten, erstreckten sich grüne Felder, die nur von der A6 zerteilt wurden, die zur A50 Richtung Flughafen und der M1 im Osten und nach Stoke im Westen führte.

Brook fuhr in die Shardlow Lane mit ihren kleinen Grundstücken und den hübschen, modernen Häusern und Bungalows. Sein quietschender BMW hatte kein Navi, weshalb er die Wegbeschreibung in der linken Hand hielt, sie aber jetzt zusammenknüllte und auf den Beifahrersitz warf, als er den ersten Streifenwagen entdeckte, der die Zufahrt zu einer kleinen Sackgasse versperrte. Große Mengen Absperrband wurden noch entrollt, um die ganze Straße abzuriegeln, damit genug Platz für Polizeifahrzeuge, die Fahrzeuge der Spurensicherung und einen Krankenwagen war.

Als Brook anhielt, sah er DS Rachel Caskey, die gerade zurück zu ihrem Wagen ging, die Miene grimmig. Als sie Brook entdeckte, starrte sie in seine Richtung und schien etwas zu murmeln, bevor sie ihre Schritte in Richtung des BMW lenkte. Brook tat so, als würde er sie nicht bemerken, und drückte seinen Polizeiausweis gegen die Scheibe. Zum Glück hob der uniformierte Constable bereits das Absperrband, und Brook fuhr weiter und stellte seinen verbeulten Wagen neben Dr. Higginbottoms schnittigem Mercedes ab.

Er schaute zu dem Haus. Ein Mann mittleren Alters lehnte an einem dicken SUV; sein Gesicht war aschfahl, der Blick ging in weite Ferne. DS Rob Morton stand neben ihm, stellte ihm Fragen, notierte die gemurmelten Antworten in einem Notizbuch und versuchte, so etwas wie Mitgefühl in seinen forschenden Gesichtsausdruck zu legen. Eine Sekunde später klappte Morton das Notizbuch zu und berührte den Mann am Arm. Er führte ihn zu DC Smee direkt neben einem Streifenwagen.

Wieder waren die Gedanken eines Mitbürgers für immer von plötzlicher und unerklärlicher Gewalt gezeichnet.

Brook stieg aus dem Wagen und steuerte auf die kleine, rot geklinkerte Doppelhaushälfte zu. Kriminaltechniker in Schutzanzügen und mit blauen Handschuhen liefen auf dem kleinen Gehweg im Vorgarten hin und her und durch die offene Tür. Sie trugen Ausrüstung hinein und eingetütete Beweismittel heraus.

»Ich hoffe, Sie sind jetzt glücklich, Inspector.«

Brook drehte sich um und sah Caskey auf sich zukommen. Sie war mittelgroß, etwas jünger als Noble und trug ein teures Kostüm und einen cremefarbenen Gabardinemantel. Brook blickte unbeeindruckt in ihre braunen Augen. »Sergeant?«, sagte er und sprach besonders deutlich. Er war kein großer Anhänger von Hierarchien, aber wenn sich eine Konfrontation abzeichnete, waren sie für ihn ein nützlicher Verbündeter.

Caskey zögerte. Sie schien zu spüren, dass eine Auseinandersetzung mit einem vorgesetzten Ermittler nicht der beste Schachzug für ihre Karriere war. Als sie sprach, war ihre Stimme kontrolliert und sachlich, mehr nicht. »Ich frage mich, ob Sie glücklich sind, weil Sie DI Fords Fall übernehmen.« Brook hob erwartungsvoll eine Augenbraue. »Sir.«

»Zwei Menschen sind tot, Sergeant. Wie glücklich kann ich da schon sein?«

Sie zögerte. »Immerhin ist er damit erledigt.«

Brook hielt Caskeys Blick stand. Er hatte Gutes über sie gehört, seit sie vor ein paar Jahren hergezogen war. »Sein Glück.«

Caskey schien noch etwas sagen zu wollen, doch dann überlegte sie es sich anders, drehte sich ohne ein Wort weg und stapfte stumm zurück zu ihrem Wagen. Unterwegs blickte sie zu der kleinen Ansammlung Schaulustiger, die sich hinter dem Absperrband versammelt hatten. Für eine Sekunde hielt sie inne. Brook folgte ihrem Blick und sah einen kräftigen, gut gebauten Mann in den späten Dreißigern, der einen ramponierten und mit Farbe beklecksten

Overall und eine Kampfjacke trug. Der Mann bemerkte Caskeys Blick, senkte den Kopf und wandte sich zum Gehen. Caskey zögerte, dann traf sie offenbar eine Entscheidung. Sie blickte zurück zu dem Haus, bevor sie in ihren Wagen stieg und davonfuhr.

Aus dem Augenwinkel beobachtete Brook den Mann im Overall, der zögerte, bevor er zum Absperrband zurückkehrte, die Schultern gegen den Nieselregen hochgezogen, Hände tief in den Taschen vergraben. Brook machte sich eine gedankliche Notiz, dann drehte er sich um und ließ seinen geübten Blick über den Tatort gleiten. Der Vorgarten war geschottert, damit er wenig Arbeit machte, die moderne Haustür bestand aus demselben Grund aus gewöhnlichem Kunststoff. Eine graue Plastikmülltonne mit Rädern stand vor dem Grundstück auf dem Gehweg.

»Sir.« DC Anka Banach hielt ihm einen Schutzanzug und Überzieher für die Schuhe hin.

»Angie«, erwiderte Brook, zog seine Jacke aus und warf sie in den Wagen, bevor er mit einiger Mühe den Anzug in Übergröße überstreifte. »Was haben wir hier?«

»Die Opfer sind Albert und Edith Gibson, verheiratete Rentner, beide Ende siebzig. Sie wurden beide erschossen.«

Brook spürte, dass sie etwas nicht aussprach. »Das ist alles?«

»DS Noble sagt, wir sollen Ihnen nichts erzählen, bevor Sie sich selbst ein Bild gemacht haben.«

»Sie sind auf Probe. Nennen Sie es ein Training am Arbeitsplatz.«

Banach seufzte. »Es ist merkwürdig. Sie sitzen einfach da, als würden sie fernsehen. Zwei gebrechlichen Rentnern in einem Vorort von Derby wurde ins Herz geschossen. Wie bei einer Hinrichtung. Das ergibt keinen Sinn.«

»Irgendwelche Anzeichen für einen Kampf?«

»Keine.«

»Raub?«

»Nichts Offensichtliches. Das Ganze passt nicht zusammen.«

Brook zog die Überschuhe an und richtete sich auf. Er schnaufte von der Anstrengung. »Sie wären zufriedener, wenn sie mit einem

Brecheisen niedergeknüppelt und ihr Haus durchwühlt worden wäre.«

»Nein, aber wenigstens würden wir dann wissen, dass wir nach einem Drogensüchtigen oder einem Einbrecher suchen, dem die Sicherung durchgebrannt ist.« Sie zuckte mit den Schultern. »Das irritiert mich, mehr nicht.«

»Wie viele gewaltsame Tode haben Sie schon gesehen?«, fragte Brook.

»Bis auf die Tierfarm letztes Jahr nicht so viele. Meinen Anteil an Toten hatte ich, als ich noch auf Streife war, besonders ältere Leute, die in ihrem Haus waren, bis ein Nachbar bemerkte, dass die Vorhänge seit Wochen zu waren.«

»Die habe ich gehasst«, sagte Brook und starrte blicklos auf seine eigene Vergangenheit und die allzu erwartbare Zukunft, die ihm blühte. »Mein erstes Jahr in Westlondon – da war ein altes Paar. Der Mann war gestorben, aber seine Frau wollte ihn nicht allein lassen. Sie saß einfach neben ihm und hielt seine Hand. Sie aß oder trank nicht, sie hat sich förmlich in den Tod gezwungen, statt sich einem Leben ohne ihn zu stellen.« Er nickte zu dem Haus. »Sie sind hübsch angezogen?«

»Sind sie«, antwortete Banach beeindruckt. »Haben die Fotos ihrer Lieben im Schoß.«

»Dann haben sie eine Art Frieden mit der Welt geschlossen. Vielleicht hatten sie gesundheitliche Probleme.«

»Es ist kein Mord mit anschließendem Selbstmord.«

»Schade. Wenigstens hätten sie auf diese Weise selbst die Entscheidung getroffen.«

»Das klingt sehr hart«, erwiderte Banach.

»Finden Sie? Wenn Sie so viele Leichen gesehen haben wie ich, Angie, werden Sie erkennen, dass jede denkbare Wahl, wie Ihr Leben zu Ende geht, wie ein Lottogewinn ist.«

»Nun, es ist definitiv Mord. Erstens ist die Waffe verschwunden …«

»Das ist genug, Angie«, unterbrach Brook sie mit einem Lächeln. »Lassen Sie mir noch *etwas* Arbeit übrig.« Er schaute an ihr vorbei und durchforstete die Reihen der Schaulustigen hinter dem Absperrband. Die jüngeren redeten aufgeregt, sie machten Videos und Fotos; die älteren blickten finster und fühlten sich nicht wohl – der natürliche Zustand. Der Mann, den Caskey bemerkt hatte, stach hervor. Er starrte zu dem Haus, seine Konzentration war ungebrochen.

»Wie geht's mit dem Klinkenputzen voran?«

»Nichts Schlimmes gesehen, nichts gehört«, antwortete Banach.

»Machen Sie weiter. Finden Sie heraus, ob jemand eine Ahnung hatte. Und behalten Sie die im Auge, die da vorne herumlungern. Besonders den Kerl mit dem Zombieblick auf zwei Uhr.«

Sie blickte kurz zu dem Schaulustigen, dann zurück zu Brook. »Overall? Hab ihn.«

»Wenn das hier Teil einer Serie ist ...«

Banach nickte. »Serienmörder lieben es, ihr Gefühl der Überlegenheit auf die Spitze zu treiben, indem sie uns zusehen, wie wir unseren eigenen Schwanz jagen.«

»Sie haben Bücher gelesen«, scherzte Brook.

»Mit dem Gehalt eines DC kann man seine Patentochter nicht unterstützen.«

»Und wie geht es der lieben Katja so?«, fragte Brook und strahlte sie an.

»Ich kann Ihnen Fotos zeigen, wenn Sie möchten.«

»Sie kennen mich so gut«, sagte er und marschierte rasch ins Haus.

Brook stand mit Noble am Rand des hell eingerichteten Raums und trug ein Eukalyptusgel unter seinen Nasenlöchern auf. Er starrte auf das alte Pärchen, das in zwei Sesseln nebeneinandersaß. Die Oberkörper waren erstarrt, Hände und Arme waren so ineinander verschlungen, wie es der Schmerz ihnen erlaubt hatte, die Köpfe berührten einander fast in einer unbeabsichtigten Demonstration ihrer Zuneigung. Ihre Hälse und Gesichter begannen mit einsetzender Verwesung, sich aufzublähen, die Münder waren schlaff und die Augen milchig vom post mortem einsetzenden Zusammenfall des Kaliums in den roten Blutkörperchen. Das, was Brook von der Haut sehen konnte, war vom Blutverlust weiß, jedoch mit einem Stich ins Gelblich-Grüne. Das und der Geruch, der sich entwickelt hatte, ließen darauf schließen, dass die Gibsons unentdeckt zumindest ein paar Tage hier gesessen hatten. Vermutlich länger.

Und Banach hatte recht. Die beiden hatten sich hübsch angezogen. Mr Gibson trug Hemd und Krawatte, seine Frau ein buntes Blumenkleid. Das Ensemble wurde nur durch das Blut gestört, das inzwischen knochentrocken an ihrer Kleidung klebte.

Kriminaltechniker glitten in sein Blickfeld und wieder hinaus; sie waren sich der Beobachter nicht bewusst, während sie ihrer Arbeit ohne Eile nachgingen. Sie hakten die ihnen zugewiesenen Aufgaben ab, bis Dr. Higginbottom, der Polizeiarzt, mit seiner Untersuchung fertig war und sie wieder rings um die Opfer ausschwärmen konnten und die Leichen fotografierten, bevor sie Hände und Köpfe einpackten.

»Zwang?«, fragte Brook leise.

»Nichts zu sehen, als wir herkamen, und es gibt keine Spuren oder Abschürfungen, die darauf hindeuten«, sagte Noble. »Man hätte nicht viel Kraft aufwenden müssen.«

»Irgendwelche Hinweise auf das Fabrikat der Waffe?«

Noble schüttelte den Kopf. »Keine. Die Eintrittswunden sehen aber nicht exotisch aus, und wenn es dieselbe ist wie in Breadsall, suchen wir nach einer Halbautomatik. Vielleicht eine SIG oder Glock«, fügte er hinzu, bevor Brook nachfragen konnte.

»Ich nehme Sie beim Wort. Wie kam er rein?«

»Keine Spuren eines Einbruchs. Wir gehen im Moment davon aus, dass er durch die Haustür kam. Sie war nicht abgeschlossen, der Schlüssel steckte noch.«

»Sie haben den Mörder also reingelassen«, stellte Brook fest.

»Es sei denn, sie ließen die Tür offen und er ist einfach reinmarschiert, doch der Sohn sagt, sie waren sehr auf Sicherheit bedacht.«

»Also jemand, den sie kannten. Oder ein Nachbar, der Zugang zu einer Waffe hat und einen Groll hegte«, sagte Brook. »Das lässt sich leicht prüfen. Irgendwelche bekannten Verbrecher oder Ex-Militärs in der Nachbarschaft?«

»Cooper überprüft sie bereits. Aber sie würden wohl kaum einen Nachbarn reinlassen, mit dem sie nicht auskamen, oder?«

»Mit einer Waffe ist das ganz einfach«, sagte Brook. Er sah zu den Gibsons, gekleidet in ihren billigen Feststaat, und runzelte die Stirn. »Aber das ist kein Mord im Affekt. Zu klinisch. Wer auch immer das getan hat, hasste sie nicht, und wenn ich jetzt sofort entscheiden sollte, würde ich sagen, er hat sie nicht mal gekannt.«

»Was es noch schwieriger macht, sich Zutritt zu verschaffen«, ergänzte Noble. »Falls er sich nicht als offizielle Person ausgewiesen hat. Ein dahergelaufener Hochstapler, der eine Dienstmarke aus der Cornflakespackung schwenkt. Oder vielleicht ein Gemeinderat, Versorgungsbetriebe, Postbote.«

»Ich bezweifle, dass der Mörder tagsüber kam.«

»Und ein Hochstapler hätte das Haus auch leer geräumt«, fügte Noble hinzu.

»Darauf deutet nichts hin?«

»Nee. Sogar ein Umschlag mit Bargeld liegt noch im Schlafzimmer.« Er zögerte.

»Sagen Sie schon.«

»Ich habe nur rasch die Eckpunkte vom Breadsall-Mord abgeglichen.«

»Und?«

»Bei der Obduktion stellte sich heraus, dass der Mörder Handschellen benutzt hatte. Sobald die Opfer gesichert waren, wurden sie mit Seilen gefesselt und die Handschellen abgenommen«, sagte Noble.

»Es ist heutzutage nicht schwer, an Polizeiausrüstung zu kommen«, meinte Brook. Noble zuckte mit den Schultern. »Gibt es ähnliche Abschürfungen an den Handgelenken von Mr und Mrs Gibson?«

»Nichts«, sagte Noble. »Das könnte man mittlerweile sehen.«

»Erzählen Sie mir von den Breadsall-Opfern«, sagte Brook.

»Sie waren jünger. Beide männlich. Keine jungen Hüpfer, aber deutlich fitter. Die Gibsons waren leichter zu handhaben.«

»Hat Higginbottom sich schon zum Todeszeitpunkt geäußert?«

»Nein, aber für mich riecht das nach drei Tagen.«

»Womit die Tat am Wochenende begangen wurde«, sagte Brook. »Was ist mit Verwandten?«

»Es gibt nur den Sohn«, sagte Noble. »Ihm gehört das Haus, er hat die Leichen frühmorgens gefunden.«

»Ich habe ihn draußen gesehen. Er sah überzeugend schockiert aus. Sonst noch was Auffälliges im Haus?«

»Kein Anzeichen von aufgebrochenen Türen oder Fenstern, keine Schränke und Schubladen durchwühlt – es ist alles unberührt.«

»Sie erwähnten Geld.«

»Vierhundert Pfund in Zwanzigern.«

»Hübsche runde Summe.«

»Im Schlafzimmer gibt es auch Schmuck, ebenso Uhren, aber großteils ist das Tand.« Er sah Brook an. »Da ist aber noch eine seltsame Sache. In der Küche.«

Brook stand am Keramikspülbecken und starrte auf das Tablett auf der Arbeitsfläche. Zwei leere Champagnerflöten standen neben einer halb leeren Flasche. Er beugte sich vor und schnupperte daran. »Jahrgangschampagner.«

»Jetzt sind Sie auch noch Champagnerexperte.«

»Das steht so auf der Flasche«, antwortete Brook, bevor er Nobles Grinsen bemerkte. »Sehr lustig.«

»Also, was meinen Sie – eine Art Feier?«

»Sieht so aus. Aber war das für die Opfer?« Brook bemerkte die dritte Flöte, die gewaschen und umgedreht auf dem Abtropfgitter stand. »Oder den Mörder?«

»Sie könnten die Flasche vor dem Angriff aufgemacht haben.«

»Drei Gläser, zwei Gibsons«, sagte Brook.

»Dann haben alle drei das Glas vor der Tat erhoben?«

Brook zog eine Augenbraue hoch. »Letzten Monat auch?«

»In den Berichten, die ich gelesen habe, stand nichts über Champagner«, erklärte Noble.

»Tüten Sie die Gläser für das Labor in Hucknall ein, John. Vielleicht hat der Mörder seine Flöte nicht so gründlich abgewaschen, wie er sollte.«

Noble gab einem der Kriminaltechniker ein Zeichen. »Okay, Col.«

Während Col das gewaschene Glas einpackte und die Tüte beschriftete, trat Brook zu einem Kalender, der an der Küchentür hing. Mit der behandschuhten Hand fuhr er über die spärlichen Einträge für Oktober unter einem gefleckten Kätzchen mit großen Augen, bevor er auch bei September und August nachsah. Er las jeden handschriftlichen Eintrag, dann blätterte er zum November weiter. »Hier steht nichts bis auf Arzttermine. Hochzeitstag Ende August, keine Geburtstage.«

»Kann auch nicht da stehen. Bis zu den Geburtstagen sind es noch Monate«, sagte Noble. »Ihre Geburtsurkunden sind oben in einer Schublade. Die Heiratsurkunde auch.«

»Also keinen Grund für Champagner. Sie haben vielleicht abwesende Freunde oder Verwandte gefeiert.«

»Oder was Inoffizielles. Etwas, das nicht im Kalender steht. Wie der Jahrestag ihrer ersten Begegnung.«

»Möglich«, sagte Brook. »Aber das ist teurer Schampus.«

»Und abgesehen von einer halben Flasche Sherry ist kein Tropfen Alkohol im Haus«, sagte Noble. »Ich wette, der Mörder hat ihn mitgebracht. Vielleicht auch die Gläser.«

Brooks Blick wurde von einem kleinen Regal angezogen, das vier Haken hatte. An einem hing der Schlüssel für ein Vorhängeschloss. Die Hintertür war abgeschlossen, der Schlüssel steckte. »Dieser Schlüssel steckte, als wir ankamen?«

»Wie auch der in der Haustür«, sagte Noble. »Aber die Haustür war offen, als der Sohn kam.«

»Sagt er zumindest.« Noble zuckte bestätigend mit den Schultern. »Er hat selbst einen Schlüssel?«

»Ihm gehört das Haus, also ja«, sagte Noble. »Musste ihn aber nicht benutzen.«

»Und er kam rein und fand seine Eltern. Sie wurden erschossen«, sagte Brook.

45

»Richtig. Er hatte diesen starren Blick, hat sich aber so weit ganz gut im Griff«, antwortete Noble. »Er konnte Fragen beantworten, und das sogar recht ausführlich.« Brook warf ihm einen fragenden Blick zu. »Ich sag's ja nur.«

»Es war nicht der Sohn«, erklärte Brook. Sie kehrten in das Wohnzimmer zurück, und Brook bemerkte, wie ein Techniker eine Fernbedienung in eine Tüte steckte. Er drehte sich für eine Erklärung zu Noble um.

»Dazu wollte ich noch kommen«, sagte Noble ernst. »Gibson junior sagt, als er hereinkam, lief Musik.«

»Er hat sie ausgeschaltet?«, fragte Brook.

»Das sagt er. Was nur natürlich ist.«

Brook kniff den Mund zusammen. »Was für Musik?«

»Klassische.« Nobles nächste Äußerung war eher vorsichtig. »Erinnerte mich an den Schlitzer. Die Musik, das feierliche Element des Mordes.«

Brook nickte zu den Gibsons. »Der Schlitzer hat nur Kleinkriminelle und ihre Nachkommen getötet, und er bevorzugte ein Skalpell statt einer Pistole.«

»*Bevorzugt* ein Skalpell«, sagte Noble und versuchte, Brooks Aufmerksamkeit auf sich zu lenken. »Er ist immer noch da draußen, nicht vergessen ...«

»Wenn Sie das sagen«, erwiderte Brook und drehte sich weg. »Aber das war nicht der Schlitzer. Er hat uns Botschaften hinterlassen. Aus Blut.«

Noble zuckte mit den Schultern. »Sein letzter dokumentierter Mord war in Derby.«

»Gut«, sagte Brook. »Überprüfen Sie die Nachbarn, ob die Gibsons ein öffentliches Ärgernis waren. Cooper soll prüfen, ob sie vorbestraft waren.«

Noble entfernte sich und griff nach dem Funkgerät. »Angie. Bei der Befragung der Nachbarn sollen die Kollegen fragen, ob die Gibsons Probleme gemacht haben, ob sie unsozial waren oder jemanden beleidigt haben. Solche Sachen, die man uns normalerweise nicht gleich erzählen würde.« Es folgte das Krächzen ihrer Antwort. »Ich weiß nicht. Streits über ein parkendes Auto, das Stutzen einer Hecke oder nächtlichen Lärm. Sie wissen schon.«

5

Higginbottom ließ die Tasche zuschnappen und trat von den beiden Leichen zurück. Er sah zu Brook, bevor er den Raum verließ. Brook nahm die Einladung an und folgte dem Arzt in die Kälte auf der Straße.

Zurück im kalten, blassen Licht, kam Noble herüber. Er wühlte unter seinem Schutzanzug nach Zigaretten und zündete sich eine an, als die drei Männer an Higginbottoms Wagen stehen blieben.

»Schön, Sie zu sehen, Brook.«

»Doktor«, antwortete Brook. »Wie lange?«

»Wenn ich nach Leichenstarre und Leichenblässe gehe, zwischen achtundvierzig und zweiundsiebzig Stunden.«

»Irgendwann am Wochenende also«, bestätigte Brook. »Großes Zeitfenster.«

»So ist es nun mal«, sagte Higginbottom. »Und zumindest trat der Tod schnell ein. In Sekunden. Kein offensichtlicher Kampf. Viel mehr bleibt nicht zu sagen.«

Brook nickte. »Haben Sie letzten Monat auch den Anruf bekommen?«

»Sie meinen den schwulen Lustmörder von Breadsall«, schnaubte Higginbottom und schüttelte den Kopf. »Ich will jetzt nicht von Ford anfangen.«

»Hat er wirklich in der Richtung ermittelt?«, fragte Noble.

»Soweit DI Ford überhaupt mal eine Richtung bei seinen Ermittlungen einschlägt.«

»Sie sind anderer Meinung«, sagte Brook.

»Die ich so entschieden vertreten habe wie möglich, aber er ist nicht der Typ, der sich Meinungen anhört, die nicht zu seiner passen. Stephen Frazer und Iain Nolan waren zwei anständige Männer mittleren Alters, die zusammenlebten und nun mal schwul waren«, fuhr Higginbottom fort. »Sehr angesehene, erfolgreiche Geschäftsleute und eine Säule der Gemeinde. Auch eines der ersten schwulen Paare, die nach der neuen Gesetzgebung geheiratet haben.«

»Sie scheinen viel über die beiden zu wissen«, sagte Brook.

»Sie waren auf der Titelseite vom *Derby Telegraph*, Inspector. Das müssten Sie eigentlich gesehen haben – schaffte es sogar in die überregionalen Zeitungen.«

»Ich lese keine Zeitung.«

»Dann trauen Sie meinem Wort«, sagte Higginbottom. »Das war schon was.«

»So eine Veröffentlichung kann alle möglichen Unzufriedenen anstacheln«, sagte Brook. »Homophobe, religiöse Extremisten.«

»Die Berichterstattung in der Lokalpresse nach ihrer Ermordung war übel«, sagte Noble. »Brian Burton hat seinen Artikel auf Kosten der Opfer ausgeschmückt.«

»Das war nicht übel, es war obszön, Sergeant«, sagte Higginbottom. »Dieses schmierige, armselige Exemplar von einem Lokalreporter mit diesen widerlichen Anspielungen auf sexuelle Perversion, nur weil sie gefesselt waren. Scheußlich.«

»Woher hatte er dieses Detail?«, wollte Brook wissen und blickte Noble an.

»Man sagt, Ford habe ihn mit den Details zu seiner Theorie vom perversen Lustmörder gefüttert, darum hat Burton die ganze Geschichte in den Dreck gezogen.«

»Wirklich überrascht bin ich nicht«, merkte Brook an.

»Ford ist ein Dinosaurier und gehört in den Jurassic Park«, fuhr Higginbottom fort. »Er hat es von der ersten Minute an als Lustmord behandelt. Burton und er haben die Schwulenrechte in Derby um dreißig Jahre zurückgeworfen. Und ich habe das auch Ihrem Vorgesetzten gesagt.«

»Sie haben mit Charlton gesprochen?«, fragte Brook und musste sich ein Grinsen verkneifen. »Was hat er gesagt?«

»Grinsen Sie nicht so, Brook«, schalt Higginbottom ihn. »Ich weiß schon, er ist nicht Terrence Higgins, aber trotz seiner religiösen Ansichten hat er mir zugehört, und ich bekam den Eindruck, dass meine Gedanken bezüglich Fords Kompetenz sich mit seinen decken. Frank hätte schon vor fünf Jahren pensioniert werden müssen.«

»Also sind Sie dafür verantwortlich, dass ich diesen Traumjob bekommen habe«, bemerkte Brook.

Higginbottom lächelte. »Gern geschehen.«

»Außerdem geht er nächsten Monat in Pension«, sagte Noble.

»Das kommt keinen Moment zu früh«, dröhnte Higginbottom. »Ich beneide ihn nicht um die Peinlichkeit, von einem Fall abgezogen zu werden, doch er wird drüber hinwegkommen, wenn er erst wieder nüchtern ist.«

»Es ist der vergiftete Brunnen, den er hinter sich lässt und der mir Sorgen bereitet«, sagte Brook. »Sein Sergeant hat mich bereits angestarrt wie Medusa persönlich.«

»Caskey?«, fragte Higginbottom. »Sie ist besser dran ohne ihn. Und nach dem, was ich gehört habe, hat sie Ford die letzten zwei Jahre mitgetragen.«

»Gab es irgendwelche Hinweise in Breadsall, die Franks Theorie stützen?«, fragte Brook.

»Nichts deutet auf ein wie auch immer geartetes sexuelles Motiv hin.«

»Soweit Sie das nach Ihrer kurzen Untersuchung beurteilen können.«

Higginbottom zuckte mit den Schultern. »Klar, aber es ist ein Monat vergangen seither, und die Obduktionsberichte werden meine Sicht bestätigen. Reden Sie ruhig mit Frank, wenn Sie glauben, das ist es wert, aber genießen Sie seine Aussagen mit Vorsicht. Wenn es nach ihm ginge, würde es als Motiv für ihren Tod genügen, dass sie schwul waren.«

»Was auf ein Hassverbrechen hindeuten würde«, meinte Noble.

»Nur, dass es eben am Tatort nichts gab, was auf Hass hindeutet«, erwiderte Higginbottom. »Und dasselbe trifft hier zu.«

»Aber wenn DS Caskey Frank so lange mit durchgeschleppt hat, wie kommt es dann, dass sie seine Lustmordtheorie mitträgt?«, wollte Brook wissen.

»Ich habe keine Ahnung«, antwortete Higginbottom. »Ich vermute, sie ist auch nur ein Mensch.«

»Frank muss früher mal ein guter Bulle gewesen sein«, gab Brook zurück.

Higginbottom schüttelte den Kopf. »Warum verteidigen Sie ihn? Er findet für Sie auch nie ein gutes Wort.«

»Weil ich eines Tages auch ein armseliger, ausgebrannter DI sein werde«, sagte Brook. »Und wenn es so weit ist, hoffe ich, dass jemand etwas Gutes über mich zu sagen hat.«

»Die Leute, die sich auskennen, schätzen Sie sehr, Brook«, sagte Higginbottom. »Das hat nie jemand über Ford gesagt.«

»Die Leute, die sich auskennen, haben ein kurzes Gedächtnis«, fauchte Brook. »Gibt es noch was über die Gibsons, das ich verwenden kann?«

»Es ist derselbe Mörder wie in Breadsall«, sagte Higginbottom.

»Ihrer Meinung nach.«

Higginbottom zählte an seinen Fingern ab. »Beide Opfer wurden jeweils durch eine einzige Kugel ins Herz getötet. Kein Zeichen eines Kampfs. Der Tod trat immer so kurz nacheinander ein, dass es praktisch kein Unterschied war.«

»Aber die Gibsons sind nicht homosexuell«, bemerkte Noble. Dafür hatte Higginbottom nur ein Schulterzucken übrig.

»Kein Anzeichen sexueller Handlungen«, drängte Brook.

»Ohne gründliche Untersuchung kann ich das unmöglich mit hundertprozentiger Sicherheit sagen, aber die Kleidung ist intakt und scheint nicht mit Samenflüssigkeit befleckt zu sein, darum deutet meiner Meinung nach alles weg von einem sexuellen Motiv, ja.«

»Und die Präsentation der Opfer?«

»Sehr ähnlich zu der in Breadsall«, sagte Higginbottom. »Die Gibsons haben sich gegen ihr Schicksal nicht gewehrt oder konnten es nicht, darum gab es keine Spuren eines Kampfs. Sie wissen von den Handschellen?«

Brook nickte. »Frazer und Nolan waren jünger und fitter …«

»… darum hat der Mörder sie damals mit Handschellen gefesselt, und nachdem er sie fixiert und geknebelt hatte, entfernte er die Handschellen.«

»Vermutlich haben sie Widerstand geleistet.«

»Würden Sie das nicht tun?« Der Arzt warf seine Tasche in den Kofferraum des Mercedes und unterdrückte ein Gähnen. Brook antwortete nicht. »Und damit bin ich fertig. Ich schicke Ihnen morgen die wichtigsten Punkte per Mail.« Er stieg in den Wagen und fuhr weg.

»Ich hatte keine Ahnung, dass Higginbottom so ein leidenschaftlicher Verfechter der Schwulenrechte ist.«

»Sein Sohn ist schwul«, sagte Noble. »Er lebt jetzt in Oxford, aber vor ein paar Jahren wurde er in der Schule schikaniert.« Brook blickte auf. »Ich unterhalte mich mit den Leuten. So erfährt man Dinge über sie.«

»Klingt anstrengend«, sagte Brook und akzeptierte kommentarlos den leisen Tadel.

»Und Higginbottom hat recht. Ford hat kein Verständnis für andersartige Lebensentwürfe. Der vergangene Monat hat ihn weit aus seiner Komfortzone hinausgetrieben. Einiges von dem Zeug, das er Burton gesteckt hat, war völlig überzogen. Sie hätten das mal lesen sollen.«

»Ich habe für ein ganzes Leben mehr als genug von Burtons toxischer Weltanschauung, John.«

»Die CD im CD-Player?«, wiederholte der Kriminaltechniker hinter seiner Maske. Er blätterte einen Stapel Beweismitteltüten durch, die darauf warteten, nach draußen getragen zu werden, und hielt eine hoch, damit Brook sie sehen konnte.

»Lieblingsstücke der Klassik«, las Brook.

Noble kehrte in das überfüllte Wohnzimmer zurück, das jetzt in das grelle Licht der Bogenlampen getaucht war. »Die Gibsons haben bei uns keine Akte, und die Nachbarn sagen, sie waren ganz brav.«

»Was wissen wir über den Sohn?«

Noble zeigte auf DS Morton.

»Gibson, Matthew«, sagte Morton und zog seine Notizen zurate. »Pensionierter Buchhalter und Privatier. Vierundfünfzig Jahre alt.«

»Verheiratet?«

»Darüber äußerte er sich ausweichend. Sagte mir, ich solle mich um meinen eigenen Kram kümmern.« Brook hob eine Augenbraue. Morton zuckte mit den Schultern. »Angesichts der Umstände habe ich nicht nachgebohrt.«

»Wann genau hat er die Leichen gefunden?«

DS Morton blätterte zu der richtigen Seite. »Heute Morgen kurz vor sechs.«

»So früh?«, fragte Noble.

»Er sagt, er sei hergekommen, um die Miete zu kassieren«, sagte Morton.

»Miete von seinen Eltern«, bemerkte Brook. »Was für ein feiner Sohn!«

»Könnte die vierhundert in bar erklären«, sagte Noble.

»Was ist mit seinem Hausschlüssel?«, fragte Brook.

»Den hatte er dabei«, bestätigte Morton, kramte in einer Tasche und zog eine Plastiktüte hervor, die ein Paar Schlüssel enthielt. »Er brauchte ihn nie, hat ihn aber immer für den Fall der Fälle mitgebracht. Er sagt, er habe mehrmals geklopft, und als er keine Antwort bekam, versuchte er, die Tür zu öffnen. Sie war offen, und er ging rein.«

Ein Kriminaltechniker tauchte mit den eingetüteten, ungespülten Champagnerflöten auf. »Keine offensichtlichen Pulverspuren am Boden der Gläser, aber wir machen trotzdem das komplette Screening.« Brook nickte dankend.

»Warum sollte der Mörder sie unter Drogen setzen?«, fragte Morton. »In ihrem Alter müssten sie recht fügsam gewesen sein.«

»Ein kleines bisschen nur, um es ihnen leichter zu machen vielleicht«, schlug Brook vor. »Nach dem, was ich sehe, hat der Mörder die Opfer nicht gehasst. Tatsächlich lässt der Champagner es weniger wie eine Hinrichtung aussehen, vielmehr wie …«

»… ein zärtliches Lebewohl.« Morton nickte.

»Ein Gnadentod«, ergänzte Noble. »Das ist auch eine Sichtweise.«

»Besser als so ein Flug in die Schweiz«, warf Morton ein.

»Etwas in der Art«, sagte Noble.

»Smee sammelt schon alle Medikamente im Haus ein und setzt sich mit ihrem Arzt in Verbindung, um herauszufinden, ob es für einen oder beide aufs Sterben zuging.«

»Wir sterben alle, Rob«, sagte Brook abwesend. Morton und Noble wechselten einen Blick. »Haben Sie Gibson nach dem Champagner gefragt?«

»Er sagt, er habe ihn nicht mitgebracht«, antwortete Morton. »Behauptet, seine Eltern hätten nur selten getrunken bis auf ein gelegentliches Glas Sherry, und selbst dann dauerte es sechs Monate, bis sie eine Flasche leerten.«

»Und die Champagnerflöten?«, wollte Brook wissen.

Morton verzog entschuldigend das Gesicht. »Sie haben recht. Sie passen nicht wirklich dazu, richtig? Tut mir leid.«

»Muss Ihnen nicht leidtun, Rob. Wir fragen ihn auf dem Revier danach«, sagte Noble.

»Sie glauben also, Gibson passt in das Raster?«, fragte Morton.

»Wenn das nur ein Einzelfall wäre, ja«, sagte Brook. »Aber wenn der Mord Teil einer Serie ist, würde ich nicht davon ausgehen. Irgendwelche Fingerabdrücke?«

»Viele auf den zwei schmutzigen Gläsern, aber die gehören wohl zu den Opfern«, sagte Morton. »Nichts Offensichtliches auf der Flasche, dem abgewaschenen Glas oder der CD.«

»Was ist mit dem Bargeld und dem Umschlag?«

»Sind bereits für Untersuchungen ins Labor gegangen«, sagte Morton. »Aber wenn der Täter die Kohle nicht eingesteckt hat, hat er es wahrscheinlich auch nicht befingert.«

Brook warf ihm einen Blick zu. »DNA?«

»Nichts Sichtbares auf den ersten Blick an den Opfern, und der Teppich sieht sauber aus«, antwortete Morton. »Sieht nicht aus, als hätte unser Mann abgespritzt, während sie ihr Leben aushauchten.

Aber das weiß man nie so genau, bis die Spurensicherung mit dem Spray durchgegangen ist.« Er blinzelte dem grinsenden Noble verstohlen zu.

»Abgespritzt?«, wiederholte Brook mit Abscheu. »Befingert? Wer auch immer die Box mit allen Folgen *Die Füchse* gekauft hat, kann er bitte aufhören, sie im Dezernat zu verleihen?«

»Sir?«, fragte Morton und versuchte dabei, ein ernstes Gesicht zu machen.

Brook schaute auf die Uhr. Er war fest entschlossen, den Köder nicht zu schlucken. »Schon gut.«

»Müssen Sie gehen?«, fragte Noble.

»Erst, wenn ich Gibson befragt habe.«

»Tut mir leid wegen Ihrem Urlaub.«

»Nicht leid genug, um Ford und Caskey die Ermittlung zu überlassen«, erwiderte Brook. »Warum hat nicht DI Gadd den vergifteten Kelch bekommen?«

»Jane ist bei der Konferenz für Polizeiarbeit und Überwachung in London.«

»Wenigstens habe ich nicht den Kürzeren gezogen. Sonst noch irgendwelche Glanzpunkte aus der Mordakte vom letzten Monat?«

»Bis wir wieder zurück in St Mary's sind, arbeite ich das auf, was Read und Smee mir berichten«, sagte Noble. »Keiner von den beiden erinnert sich an Champagner oder klassische Musik. Aber wir können zumindest die Geschosse vergleichen.«

»Die Ballistik könnte ein paar Tage brauchen, und bis dahin wissen wir nicht, ob wir es mit einem Serienmörder zu tun haben oder nicht.«

»Ich werde Charlton bitten, dass er etwas Druck macht«, sagte Noble.

»Holen Sie alles aus der Datenbank raus, was Sie vom Fall letzten Monat haben, damit es für die Besprechung vorliegt, und wenn Sie können, finden Sie auch alle Schnipsel, die Fords Leute noch nicht in die Akte eingefügt haben.«

»Bin nicht sicher, ob Fords Leute uns so bereitwillig helfen werden, wenn ich nach Caskeys Reaktion gehe.«

»Kann ich ihr nicht verdenken«, gab Brook zurück. »Welchen Werdegang hat sie?«

»Hat sich im Bezirk Medway zum Sergeant hochgearbeitet, wo sie bei den Spezialkräften war. Hat dann zur Kriminalpolizei gewechselt und ließ sich vor zwei Jahren zur Mordkommission versetzen.«

»Sie hat früher also viel mit Waffen zu tun gehabt«, meinte Brook. »Könnte bei einem Gewaltverbrechen von Nutzen sein.«

»Denken Sie darüber nach, sie mit an Bord zu holen?«, fragte Noble.

»Sie kennt den Breadsall-Fall in- und auswendig.«

»Was nicht heißt, dass sie kooperiert, nach dem, was mit Frank passiert ist.«

»Sie wird drüber hinwegkommen, wenn sie klug ist«, sagte Brook. »Und hoffentlich wird der Chief Super etwas Ruhe in die Angelegenheit bringen. Was Frank angeht, hoffen wir einfach, er kann damit professionell umgehen.«

»Viel Glück dabei. Ford ist schon seit Jahren eine Belastung. Wenn das eine Serie ist, fangen wir besser von Grund auf neu an und ziehen unsere eigenen Schlüsse.«

»Ist Gibson schon unterwegs zum Revier?« Morton nickte. Brook schaute wieder auf die Uhr und dann zu dem Grundstück, das an das der Gibsons grenzte. »Sie haben die Nachbarn nicht erwähnt.«

»Wir haben noch nicht mit ihr gesprochen. Heather Sampson – eine alleinstehende Dame. Sie steht unter Schock und wurde zur Untersuchung ins Krankenhaus gebracht. Sie ist dreiundsiebzig Jahre alt, lebt allein und geht wie die meisten ihrer Generation früh ins Bett und steht früh wieder auf.«

»Das ist ja auch die beste Tageszeit«, verkündete Brook. Er schlenderte zu der grauen Mülltonne auf Rollen vor dem Haus der Gibsons und hob mit einer Hand im Gummihandschuh den Deckel. »Und genau richtig, um die Mülltonnen rauszustellen.«

»Ich habe die Leerung für die umliegenden Straßen bereits abgesagt«, sagte Noble ungefragt. »Die Streife schaut überall in die

Mülltonnen und Abwasserkanäle für den unwahrscheinlichen Fall, dass der Mörder die Waffe weggeworfen hat oder, noch besser, seinen blutverschmierten Führerschein.«

»Wenn's nur so wäre«, sagte Brook und brachte ein Lächeln zustande. »Und die Tonne der Gibsons?«

»Die Spurensicherung weiß davon.«

»Wissen sie auch, wer sie rausgestellt hat?«, fragte Brook. Noble war verwirrt. »Nun, die Gibsons waren es nicht, und es würde mich wundern, wenn ihr Sohn das getan hat, nachdem er ihre Leichen gefunden hat.«

»Ich verstehe, was Sie meinen. Er hat es vielleicht gemacht, bevor er klopfte.«

»Fragen Sie die Nachbarin danach und besorgen Sie ihre Aussage. Vielleicht hat sie etwas gehört, das uns hilft, den Zeitrahmen einzugrenzen.«

»Selbst wenn sie die Schüsse gehört hat, wird sie zu dieser Jahreszeit gedacht haben, es handle sich um Feuerwerk.«

»Fragen Sie sie wenigstens.« Brook gähnte. »Ich habe genug gesehen. Besorgen Sie einen Termin für die Obduktion, vorzugsweise morgen früh, damit ich dabei sein kann. Obwohl wir danach vermutlich kaum mehr wissen werden als bisher. Und schicken Sie alles, was wir bisher haben, per Mail an mich, damit ich mich heute Abend auf den neuesten Stand bringen kann.«

Noble starrte niedergeschlagen über Brooks Schulter zu dem Absperrband der Polizei. »Noch besser, gleich können Sie Frank persönlich fragen.«

Brook drehte sich um und sah einen Wagen vorfahren. »Toll!« DI Ford, klein und drahtig mit grauem Haar, sprang aus dem Wagen und duckte sich unter dem Absperrband hindurch, bevor er direkt auf Brook und Noble zusteuerte. »Ich müsste mich nicht mit ihm auseinandersetzen. Das haben Sie doch gesagt, John?«

»Wollen Sie, dass ich …?«

»Zu spät«, murmelte Brook durch zusammengebissene Zähne. »Wollen Sie helfen, Frank?«, fragte er laut, sobald Ford in Hörweite war.

»Helfen? Was soll der Scheiß? Ich habe es gerade von Caskey gehört.« Er wedelte mit den Armen, sein Gesicht war vor Zorn puterrot. »Konnte meinen verfluchten Ohren nicht trauen.«

»Beherrschen Sie sich, Frank.«

»Das ist meine verdammte Ermittlung, Brook.«

»Hören Sie auf, mich zu beschimpfen«, warnte Brook ihn. »Hat Charlton nicht mit Ihnen gesprochen?«

»Oh, er hat natürlich mit mir gesprochen, aber erst, nachdem ich ihn angerufen habe.«

»Tut mir leid, das zu hören. Ehrlich.«

Noble versetzte Brook einen Rippenstoß und nickte zum Absperrband hinüber. Brian Burton vom *Derby Telegraph* zeigte gerade dem Kollegen seinen Presseausweis. Er hatte einen Fotografen im Schlepptau und behauptete, man müsse ihm Zugang zum Gelände gewähren.

»Einen Scheißdreck tut's Ihnen leid«, knurrte Ford.

»Kümmern Sie sich drum, dass Burton sich nicht hier reinschleimt, John«, murmelte Brook hinter vorgehaltener Hand. Noble entfernte sich und zuckte hinter Fords Rücken noch einmal entschuldigend mit den Schultern.

»Hören Sie mir überhaupt zu, Brook?«, bellte Ford.

»Leider, ja.«

»Ich hätte nie gedacht, dass ein Kollege zu so verflucht schmutzigen Tricks ...«

»Ich befolge die Anweisungen eines vorgesetzten Kollegen, Frank. So läuft's in dem Job.«

»Erzählen Sie mir nichts vom Job.« Ford stieß einen Finger in seine Richtung. »Ich habe schon Verbrecher eingesperrt, als Sie noch kurze Hosen trugen.«

»Ich habe gehört, die meisten davon kamen nach der Verhandlung wieder raus.«

»Leck mich.«

»Bleiben Sie ruhig«, sagte Brook. »Wir stehen im Blick der Öffentlichkeit.«

»Das ist mein Fall!«, schrie Ford.

»Ich habe nicht darum gebeten, Frank.«

»Einen Scheiß haben Sie.« Brook wich zurück vor dem Atem, der nach dem Alkohol der letzten Nacht stank. »Wo ist der Rest von meinem Team?«

»Keine Ahnung«, antwortete Brook.

»Sie wurden wieder abgezogen, Sir«, sagte Banach, die sich zu ihnen gesellte. »Auf Befehl des Chief Super.«

»Chief Superintendent Charlton?«, fragte Brook und strahlte Ford an. »Das ist unser Boss, richtig?«

Ford kochte. »Sie sind ein richtiger Arsch, wissen Sie das, Brook?«

»Besser als jeder andere«, antwortete Brook. Er nahm sich zurück. »Sehen Sie, Frank, wir waren nicht immer einer Meinung, aber Sie gehen in einem Monat in Pension.«

»Und?«

»Und warum jetzt noch ein Drama anzetteln? Genießen Sie Ihre Ehrenrunde, und überlassen Sie uns die Drecksarbeit. Eine unaufgeklärte Serie ist unschön für den Abschied, glauben Sie mir. So bin ich bei der Met ausgeschieden.«

Fords Wut machte jetzt Unmut Platz, und Brook sah die Niederlage in seinen Augen. »Aber das hier ist *mein* Fall. Ich bin ein guter Bulle. Ich habe das Durcheinander auf der Black Oak Farm letztes Jahr gelöst, als Sie weg waren.«

Brook zögerte. »Ich erinnere mich. Sehen Sie, das ist doch kein Schandfleck auf Ihrer Akte, Frank. Der Chief Super will Kontinuität, und die können Sie nicht aus Ihrem Pensionärssessel gewährleisten.«

»Aber wie sieht das aus, wenn ich von meinem letzten Fall abgezogen werde?«

»Es sieht so aus, wie es ist – eine elegante Übergabe der Zügel von einem guten Bullen an den nächsten.«

Ford war von dieser Formulierung überrascht, und seine Züge wurden weich. »Sie sind nicht immer so ... respektvoll gewesen, Brook.«

»Das war keiner von uns«, erwiderte Brook, der es Ford auch

nicht zu leicht machen wollte. »Aber wir müssen nicht länger diese Kämpfe austragen.«

Ford senkte den Kopf. Er war nun ruhiger. »Ich dachte, Sie haben frei.«

»Seit heute wieder da«, log Brook.

Der Regen wurde stärker. »Ist es dasselbe Vorgehen? Wenn es wieder zwei Schwuchteln sind ...«

»Gehen Sie heim, Frank«, sagte Brook. »Machen Sie sich was zu essen und genehmigen Sie sich ein Glas Wein.«

»Was soll das heißen?«, knurrte Ford, der sofort wieder eine Beleidigung witterte.

»Das ist es doch, was die pensionierten Leute machen, oder?«

»Ich bin noch nicht pensioniert.«

Brook waren inzwischen die Beruhigungsfloskeln für Fords angeknacktes Ego ausgegangen. »Stimmt.«

»Wenn Sie meinen Rat wollen, Brook, suchen Sie nach einem Paar versetzte Arschpiraten. Da haben Sie Ihre Mörder.«

Brook verkniff sich eine Bemerkung, was Ford mit seinem Rat tun konnte. Er bemerkte, wie Banach ihn anstarrte und am liebsten von ihm gehört hätte, wie er sich Fords Ausdrucksweise verbeten hätte. Aber wie so oft stachen die Anforderungen des Falls alles aus. »Was meinen Sie mit einem Paar?«

Fords gelbes Grinsen war kein hübscher Anblick. »Das haben Sie nicht gewusst, was?«, sagte er selbstgefällig. »Wir haben den Ballistikbericht bekommen, und darin steht, dass die zwei Schwuchteln in Breadsall mit verschiedenen Waffen getötet wurden. Sie suchen nach zwei Mördern.«

Brook sah, wie Banach den Mund öffnete und etwas sagen wollte. »Schwuchteln?«, wiederholte er, bevor sie etwas sagen konnte. »Sie wissen, wir haben gültige Vorschriften dazu, keine unangemessenen Ausdrücke zu verwenden, mit denen wir Minderheiten verunglimpfen.«

»Scheiß auf Ihre Vorschriften«, höhnte Ford trotzig.

»Zum letzten Mal, hören Sie auf zu fluchen«, sagte Brook durch zusammengebissene Zähne.

»Sonst was?«

Brook atmete tief durch und ballte die Fäuste, bevor er ruhig sagte: »Oder Sie sind selbst schuld, wenn ich zuschlage.«

Ford richtete sich auf, als wäre er geschlagen worden. Er schaute zu Banach. »Haben Sie das gehört, Constable? DI Brook hat mir gerade gedroht. Sie haben es gehört, oder?«

»Ich …«, setzte Banach an. Sie wurde rot.

»Gehen Sie heim, Frank«, sagte Brook. »Jetzt.«

»Sie haben mich bedroht«, sagte Ford aufgeregt. Er grinste boshaft. »Das dürfen Sie nicht machen. Das kostet Sie den Job.«

»Nein, Frank. Es wird Sie Ihre Pension kosten, wenn ich vor dem Disziplinarausschuss erzähle, dass ich schwul bin und Sie mich provoziert haben. Und jetzt verschwinden Sie von meinem Tatort, bevor ich Sie abführen lasse.«

»Sie sind was?«

»Sie haben mich gehört.«

»Sie sind schwul?«

»Ist das wichtig? Ich bin ein geschiedener Bulle mittleren Alters, der allein lebt, wer kann also sagen, dass ich es nicht bin?« Brook grinste mit jener ausgeprägten Jovialität, die seine Feinde in den Wahnsinn trieb, und Ford stand mit weit offenem Mund vor ihm. Er war zu schockiert, um etwas zu sagen, und schien unsicher, ob er beleidigt oder überrascht sein sollte. »Jetzt gehen Sie heim und sorgen Sie dafür, dass ich vollen Zugriff auf Ihre Berichte und alles Weitere bekomme, das nicht bereits in der Datenbank ist. Sie können mit dem Ballistikbericht anfangen. Ist das klar?« Ford sah aus, als wollte er noch etwas einwenden, also setzte Brook noch einen drauf. »Dann können wir von Ihrer guten Grundlagenarbeit profitieren.«

Ford zögerte und suchte nach Sarkasmus. Schließlich nickte er, und sein Blick ging zu Boden. Resigniert schlurfte er zu seinem Wagen.

»Wow«, sagte Banach leise und blickte ihm nach.

»Ich weiß«, sagte Brook. »Zwei Mörder. Das kam unerwartet.« Er beobachtete Burtons Fotograf, der Fotos von Ford machte, während der Reporter ihn von der anderen Seite der Absperrung aus interviewte. Er fragte sich, ob er hinübergehen und dafür sorgen sollte, dass Ford bei der offiziellen Version blieb, doch er entschied sich dagegen. Er hatte mit Burton eine Vergangenheit; der hatte es sich zur Aufgabe gemacht, Brook und seine Arbeit bei jeder Gelegenheit aufs Korn zu nehmen, nur weil er nicht aus der Region stammte. Burton war so ein Journalist, der immer wusste, welche Knöpfe er drücken musste, und Brooks gering ausgeprägtes Diplomatiegeschick war rasch verbraucht.

»Man sollte doch meinen, einen Monat vor der Pension wäre er froh, den Fall los zu sein«, sagte Banach und folgte seinem Blick.

»Sie sind zu jung, um das zu verstehen«, sagte Brook, die Augen fest auf Ford gerichtet. »In wenigen Wochen wird Frank nicht länger jemand mit Macht und Ziel, sondern ein Niemand sein, der von Erinnerungen lebt, in einem Sessel sitzt und auf den Tod wartet.«

Banach starrte auf Brooks leere Miene und wartete auf das Aufflackern von Leichtfertigkeit, das nicht kam. »Könnte eine gute Idee sein, nicht zu seiner Abschlussfete zu gehen«, bemerkte sie.

6

Matthew Gibson saß in dem Verhörraum, gekleidet in einen weißen Papieranzug, das Gesicht angespannt, die Augen glasig. Er umklammerte einen Styroporbecher. Seine persönlichen Dinge lagen in einem Plastikbeutel auf dem Tisch – Uhr, Geldbörse, Führerschein, Münzgeld, Taschentuch. Man hatte sie seiner Kleidung entnommen, bevor sie zur forensischen Untersuchung gebracht wurde.

Brook stellte sich vor, blickte kurz in Gibsons Becher und sah dann hoffnungsvoll zu Noble, der kurz nach draußen verschwand und mehr Tee orderte. Als er zurückkam, setzte Brook die Sprachaufzeichnung in Gang und klärte Gibson über seine Rechte auf, bevor er die Anwesenden benannte.

»Zunächst möchten wir Ihnen unser Beileid aussprechen, Mr Gibson«, sagte Brook.

»Danke«, erwiderte Gibson. »Sollte ich nicht meinen Anwalt hierhaben?«

»Sie haben das Recht darauf«, sagte Brook leicht überrascht. »Das könnte allerdings die Ermittlungen verzögern. Sie sind hier im Moment nur als Zeuge gefragt. Ich habe lediglich ein paar Fragen. Wenn Sie einverstanden sind, können wir auf einen Rechtsbeistand verzichten, und sobald Sie eine oder alle Fragen nicht beantworten möchten oder falls Sie einfach das Gespräch beenden möchten, vertagen wir uns, und Sie können gehen. Klingt das fair?«

»Gut, aber ich weiß nicht, was ich noch hinzufügen kann.«

»Wir müssen nur ein paar Dinge klären.«

»Um zu sehen, ob ich meiner früheren Aussage widerspreche, meinen Sie.« Noble und Brook wechselten einen Blick. »Wann bekomme ich meine Sachen zurück?«

»Sie haben einen Tatort betreten, Mr Gibson«, sagte Brook.

»Es gibt bestimmte Tests, die wir machen«, erklärte Noble.

»Sie meinen, ob es Schmauchspuren gibt?« Brook hob fragend eine Braue. »Meine Hände wurden abgewischt.«

»Ihre Eltern wurden erschossen«, sagte Brook. »Das ist das Prozedere.«

»Dann erspare ich Ihnen etwas Arbeit. Ich verfüge über einen gültigen Waffenschein und bin Mitglied im Swadlincote Shooting Club. Ich besitze ein paar kleinkalibrige Waffen, mit denen ich regelmäßig im Club schieße. Von Zeit zu Zeit schieße ich auch mit den Handwaffen anderer Mitglieder, deshalb sind Schmauchspuren wahrscheinlich.«

»Aber Sie besitzen keine Pistole.«

»Ich habe eine deaktivierte Glock 19.«

»Wir werden diese Waffe sehen müssen.«

»Sie ist deaktiviert – man kann damit nicht schießen.«

»Ihre Eltern wurden mit einer Halbautomatik erschossen, deshalb müssen wir sie untersuchen«, sagte Noble.

Gibsons Gesicht war angesäuert. »Sie reden nicht drum rum, was?«

»Tut mir leid«, sagte Brook. »Aber es ist eine Mordermittlung, und die ersten Stunden danach sind die beste Zeit, um die nackten Tatsachen zusammenzutragen.«

»Und deaktivierte Waffen können auch reaktiviert werden, vermute ich«, räumte Gibson ein. »Ich bringe sie vorbei.«

Brook lächelte nachsichtig. »Wir schicken jemanden zu Ihnen nach Hause, der sie mitnimmt. Ich nehme mal an, sie ist bei Ihnen zu Hause?«

»In einer Schublade.«

»Einer abgeschlossenen Schublade?«

»Nein, warum sollte sie? Man kann damit nicht schießen.« Gibson spürte Brooks Missfallen und fügte hinzu: »Sie ist kaum mehr als ein Spielzeug.«

Ein Constable kam mit drei Bechern heißem Tee und stellte sie auf den Tisch. Brook sah aus dem Augenwinkel, wie Gibson nach einem Becher griff. Seine Finger waren noch von der Fingerabdrucktinte verschmiert.

»Um wie viel Uhr sind Sie heute Morgen beim Haus Ihrer Eltern angekommen?«

»Wie ich schon dem anderen Detective erzählt habe, um kurz vor sechs«, sagte Gibson.

»Definieren Sie kurz«, sagte Noble.

»Ungefähr fünf Minuten.«

»Warum so früh?«

»Wie viele alte Leute stehen auch meine Eltern früh auf.« Er verstummte. »Standen früh auf. Wenn ich viel zu tun habe, komme ich gerne vor dem Berufsverkehr vorbei und bin dann auch früh wieder weg.«

»Ich dachte, Sie haben sich zur Ruhe gesetzt.«

»Von der Arbeit, ja. Aber mir gehören einige Gebäude in der Stadt, die ich vermiete. Heute ist Zahltag. Oder hätte sein sollen.«

»Zahltag«, wiederholte Brook. »Es war also kein Höflichkeitsbesuch.«

»Nein.«

»Und wann haben Sie Ihre Eltern das letzte Mal lebend gesehen?«

Gibson zögerte. »Vor einem Monat.«

»Sie klingen sehr sicher.«

»Das bin ich.« Er nahm einen Schluck von seinem Tee.

»War das an dem Tag, als Sie zuletzt die Miete kassiert haben?«

Gibson suchte in Brooks Blick nach einer Verurteilung. »So ist es. Immer am Ersten des Monats.«

»Davon abgesehen keine Besuche?«

»Nicht diesen Monat, nein. Wie ich sagte, ich war beschäftigt. Ich habe auch ein Bauprojekt laufen.«

»Als Sie ankamen, was haben Sie gemacht?«

»Ich habe an der Tür geklopft und gewartet.«

»Ist das immer so?«

»Ja.«

»Und es hat niemand geöffnet.«

»Nein.«

»Was geschah dann?«

»Ich konnte Musik hören.«

»Sie haben die Musik von außen gehört?«

»Ja.«

»Haben Ihre Eltern regelmäßig Musik zu dieser Zeit gehört?«, fragte Noble.

»Ja, aber nicht so laut«, sagte Gibson. »Ich hätte das normalerweise nicht gehört, bis ich im Haus bin.«

»Und Sie dachten, vor der Haustür Musik zu hören sei merkwürdig.«

»Unbewusst schon, denke ich.«

»Was war das für Musik?«

»Klassik.«

»Erzählen Sie weiter.«

»Ich habe noch einmal geklopft.«

»Sie haben nicht versucht, sich mit Ihrem Schlüssel Einlass zu verschaffen?«

»Nein. Meine Eltern sind … waren Mieter. Und Mieter haben ein Recht auf Privatsphäre.«

»So formell bei den eigenen Eltern?«

»Ich bin ein Vermieter«, sagte Gibson. »Es zahlt sich aus, wenn man alle gleich behandelt, damit sie wissen, wo sie stehen.«

»Heißt das, wenn sie ihre Miete nicht bezahlt hätten, hätten Sie Ihre Eltern zur Räumung gezwungen?«, fragte Noble.

Gibsons Seufzen klang leicht verärgert. »Meine Eltern waren bequem, Inspector. Sie hätten auch ein Haus kaufen können, doch sie scheuten den Aufwand und haben lieber in einem meiner Häuser gewohnt. Ich habe von ihnen eine symbolische Miete genommen, die meine Kosten deckt, mehr nicht. Und sie haben immer pünktlich gezahlt.«

»Und in bar«, sagte Brook. Gibson zögerte. »Die meisten Mieter bezahlen per Lastschrift, oder?« Wieder verweigerte Gibson die Antwort. »Der Grund, weshalb ich frage, ist, dass im Schlafzimmer vierhundert Pfund in einem Umschlag lagen. War das die Miete, falls ich fragen darf?«

Gibson traf eine Entscheidung. »Um ehrlich zu sein, dürfen Sie das nicht.«

Brook wartete, damit Gibson richtig ins Schwitzen geriet, bevor er nickte. Er machte sich eine Notiz. »Zweifellos werden wir das in ihren Unterlagen finden. Alte Leute machen gern Aufzeichnungen über ihre Rechnungen, oder?«

Gibson starrte ihn jetzt wütend an. »Ich bin nicht sicher, ob mir die Richtung gefällt, in die das gerade geht, Inspector. Meine Eltern wurden gerade ermordet.«

»Und Sie sitzen hier und machen sich Sorgen um Ihr nicht deklariertes Einkommen«, bemerkte Noble.

Gibson schob seinen Stuhl zurück und stand auf. »Ich würde jetzt gern gehen.«

»Nachdem auch auf das zweite Klopfen niemand reagierte, was haben Sie da gemacht?« Gibson funkelte Brook an. »Das ist wichtig, Mr Gibson.«

Widerstrebend sank Gibson wieder auf seinen Stuhl. »Ich drückte probehalber die Türklinke. Die Tür war unverschlossen. Das war ungewöhnlich.«

»Ihre Eltern haben sonst immer abgeschlossen.«

»Natürlich. Sie waren alt.«

»Wo haben sie den Schlüssel aufbewahrt?«

»Sie haben die Tür immer abgeschlossen und den Schlüssel im Schloss stecken lassen«, sagte Gibson. »Damit sie ihn nicht verlegen konnten, sagte Dad.«

»Was bedeutete, dass Sie die Tür nicht von außen hätten aufschließen können, wenn es einen Notfall gegeben hätte.«

»Ganz genau. Ich habe Dad gesagt, er solle das nicht machen, weil ich mir eventuell Zutritt verschaffen müsste, aber … sie hatten ihren eigenen Kopf.«

Brook nickte. »Alte Leute können unangenehm sein, was?«

»Gott, ja«, sagte er, bevor er darüber nachdenken konnte. »Das heißt nicht, dass ich deshalb weniger Zuneigung für sie empfunden habe«, fügte er hinzu und kniff die Augen zusammen.

»Warum haben Sie die Schlüssel mit zum Haus Ihrer Eltern genommen, wenn Sie diese üblicherweise nicht benutzen konnten?«, fragte Noble.

Gibson sah ihn voller Hohn an. »Ich würde ziemlich doof aussehen, wenn sie schließlich doch ihre Meinung ändern und den Schlüssel abziehen und ich nicht mehr reinkomme, weil ich meinen zu Hause gelassen habe.«

»Alte Leute und Sicherheit«, sagte Brook verständnisvoll. »Es ist ein ständiges Abwägen zwischen verschlossenen Türen und der Möglichkeit, im Falle eines Brandes rasch nach draußen zu gelangen.«

»Das hat ihnen ja auch sehr geholfen, da sie einem Mörder die Tür geöffnet haben.«

»Sie waren vielleicht gar nicht so sorglos«, sagte Noble. »Der Mörder hatte immerhin eine Waffe.«

Gibson senkte den Kopf. »Natürlich. Bekomme ich die Schlüssel bald zurück?«

»Wir werden sie eine Zeit lang brauchen, aber sobald es machbar ist, natürlich«, sagte Brook. »Ist das ein Problem?«

»Ich wollte es nur wissen«, sagte Gibson.

»Damit Sie weitervermieten können.«

»Nach der Sache? Nein, das Haus kommt auf den Markt, sobald Sie mit Ihren Untersuchungen fertig sind. Ich will nichts mehr damit zu tun haben.«

»Verständlich. Wie ging es weiter, nachdem Sie das Haus betreten hatten?«

»Die Musik war laut, darum habe ich gerufen, damit sie wissen, dass ich da bin. Aber schon bevor ich das Wohnzimmer betrat, wusste ich, dass irgendwas nicht stimmte. Der schreckliche Geruch …« Gibsons Augen wurden feucht, und er nahm einen Schluck Tee, um sich zu sammeln. »Dann …«

»Sie haben sie gesehen.« Gibson nickte. »Haben Sie ihren Puls gefühlt?«

»Das brauchte ich nicht.«

»Sie haben die Leichen also gar nicht angefasst.« Gibsons Mund klaffte bei der Erinnerung auf. »Mr Gibson?«, hakte Brook nach.

»Nein. Sie waren eindeutig fort.«

»Und die Musik?«

»Ich habe sie ausgeschaltet«, sagte Gibson nach kurzer Pause.

»Lief ein bestimmtes Stück?«

»Pardon.«

»Das Stück, das lief, kannten Sie, nicht wahr?«

Gibson blickte überrascht auf. »Ja, in der Tat – es war Barbers *Adagio*.«

»Und das war ihr Lieblingsstück.«

Gibson nickte. »Ja, war es. Es hörte auf und fing erneut an. Es muss auf Dauerwiederholung eingestellt gewesen sein. Ich hätte es nicht ausstellen dürfen, richtig?«

»Nicht, wenn Sie wussten, dass sie tot waren. Richtig.«

»Tut mir leid. Ich stand unter Schock und konnte kaum klar denken.«

»Unter den Umständen ist das verständlich«, sagte Brook und schlug wieder einen mitfühlenden Tonfall an. »Sie haben Sergeant Morton erzählt, Ihre Eltern waren keine Champagnertrinker?«

»Nein.«

»Aber Sie haben den Champagner in ihrer Küche gesehen.«

»Habe ich.«

»Sie waren also auch in der Küche.«

»Meine Eltern wurden ermordet«, sagte Gibson und kniff die Augen zusammen. »Ich dachte, jemand sei eingebrochen, darum ging ich in die Küche. Ich wollte sehen, ob jemand durch die Hintertür eingedrungen war. Der Eindringling, der Mörder – er hätte ja noch im Haus sein können.«

»Aber die Haustür stand offen«, sagte Brook.

»Das heißt ja nicht, dass der Mörder auf dem Weg reingekommen ist. Er kann ja auch durch die Haustür rausgegangen sein.«

»Recht vernünftige Gedanken«, sagte Noble.

»Wenn ich klar hätte denken können, Sergeant, wäre ich darauf gekommen, dass der Mörder längst fort war, wenn man nach dem Zustand der Leichen meiner Eltern ginge.«

»Guter Einwand«, räumte Brook ein. »Haben Sie den Rest des Hauses durchsucht?«

»Was meinen Sie?«

»Wenn Sie dachten, der Mörder sei noch im Haus, könnten Sie es ja für eine gute Idee gehalten haben, das Haus zu durchsuchen.«

Gibson nickte. »Sie haben recht, das habe ich getan.«

»Sie sind ins Schlafzimmer gegangen.«

»Ja.«

»Sie haben den Umschlag mit dem Bargeld dort gesehen.«

Gibson senkte den Blick. »Ja.«

»Haben Sie das Geld angefasst?« Gibson betrachtete seine Hände. »Mr Gibson?«

Kaum hörbar antwortete Gibson: »Ja.«

»Für das Tonband bitte lauter«, sagte Brook.

Gibson blickte auf, doch er konnte ihnen nicht in die Augen sehen. »Ja. Aber … Es war eben da. Ich bin der älteste Sohn, sie lebten in meinem Haus. Ich dachte …«

»Sie dachten, nach dem Tod Ihrer Eltern gehört Ihnen das Geld ohnehin.« Brook nickte.

»Es gehört jedenfalls eher mir als einem langfingrigen Polizisten«, knurrte Gibson.

Brook nahm gemächlich einen Schluck Tee. »Sie haben eine ziemlich schlechte Meinung von uns, Mr Gibson. Gibt es dafür einen Grund?« Keine Antwort.

»Dadurch, dass Sie das Geld berührt haben, wurde ein Tatort kontaminiert«, sagte Noble.

»Tut mir leid.«

»Und wir müssen uns fragen, warum Sie das getan haben.«

»Es war ein Fehler. Als ich das merkte, habe ich es zurückgelegt.«

»Nachdem Sie ein Beweismittel kontaminiert haben«, fuhr Noble fort.

»Ich weiß. Ich stand unter Schock, das wissen Sie.«

»Wenn es ein Trost für Sie ist: Es ist unwahrscheinlich, dass der Mörder das Geld berührt hätte, ohne es an sich zu nehmen«, sagte Brook. Gibson nickte, seine Miene zeigte eine Spur Erleichterung. »Haben Sie sonst etwas angefasst?«

»Nein.« Er blickte hoch. »Nicht, dass ich wüsste.«

»Sie haben erwähnt, Sie seien der älteste Sohn. Gibt es noch andere lebende Geschwister?«

»Meinen Bruder Pete und seine Frau Jeanie«, sagte Gibson schließlich. »Sie sind mit ihren Kindern nach Australien ausgewandert.«

»Kinder?«

»Michael und Jessie.«

»Waren das die auf den gerahmten Fotos, die Ihre Eltern auf dem Schoß hatten?« Gibson nickte. »Bitte sprechen Sie es fürs Tonband aus.«

»Ja.«

»Als die Polizeibeamten den Tatort betraten, waren die Fotos mit der Vorderseite nach unten gedreht«, sagte Noble.

»Ich habe sie nicht angerührt, falls Sie das andeuten wollen«, sagte Gibson.

»Und woher wussten Sie dann, welche Fotos es waren?«

»Ich habe die Rahmen erkannt. Sie standen sonst immer auf dem Kaminsims.«

»Wir haben von Ihnen keine Fotos im Haus gefunden, Mr Gibson«, sagte Noble.

Gibson zögerte. »Pete ... Ich hatte nie Kinder. Michael und Jessie waren die einzigen Enkel.«

»Und in der Abwesenheit wächst die Zuneigung«, suggerierte Brook.

»Etwas in der Art.«

»Haben Sie die Mülltonne an die Straße gestellt?«

Gibson wirkte überrascht von dem Richtungswechsel. »Äh ... nein. Es gibt eine alte Nachbarin. Heather Sampson. Wer zuerst auf ist, stellt die Tonnen raus. Dad hat es manchmal vergessen. Haben Sie sie schon gefragt?«

»Noch nicht«, sagte Noble. »Sie steht unter Schock und hat ein Beruhigungsmittel bekommen.«

»Armes altes Mädchen. Ja, sie ist ein wenig gebrechlich. Wird auch langsam taub. Ich bezweifle, dass sie Ihnen eine Hilfe sein wird.«

»Ist Ihnen die Kleidung aufgefallen, die Ihre Eltern getragen haben?«, fragte Noble.

»Was ist damit?«

»Sie waren recht schick angezogen für einen Wochentag.«

»Sie waren keine Studenten, Sergeant. Meine Eltern haben immer auf sich geachtet.«

»Ihr Vater trug also ständig eine Krawatte?«

»Nicht im Haus, aber sie haben auf ihr Äußeres geschaut. Sie hatten altmodische Ansichten.«

»Kann es sein, dass sie sich für einen bestimmten Anlass am Wochenende angezogen haben?«

»Wurden sie da etwa umgebracht?«, fragte Gibson.

Noble zögerte und blickte zu Brook, der mit dem Kopf schüttelte. »Das haben wir noch nicht ermittelt.«

»Nun, sie gingen selten aus«, sagte Gibson. »Und bestimmt nicht abends. Man kann in Boulton Moor auch nirgends hin. Das ist ja am Ende der Welt. Man braucht ein Auto, aber Dad wollte keins, weil seine Augen so schlecht waren. Ich glaube, Mum sehnte sich manchmal danach, auszugehen und mehr zu erleben. Aber gewöhnlich machten sie nur einen Spaziergang über die Felder, wenn das Wetter gut war. Und abends leisteten sie einander Gesellschaft. Sie lasen und hörten Musik, dann gingen sie früh zu Bett. So gefiel es ihnen. Ganz normal für ihr Alter.«

»Und Alkohol?«

»Ein gelegentliches Glas Sherry, wie ich dem anderen Beamten bereits erzählt habe. Aber nie mehr als eins.«

»Was ist mit den Champagnerflöten?«

»Was soll damit sein?«

»Gehörten sie Ihren Eltern?«

»Ja. Nein.« Er bemerkte Brooks Verwirrung und fügte hinzu: »Ich trinke gern ein Glas Champagner, wenn wir was zu feiern haben, darum habe ich ihnen richtige Gläser gekauft, damit ich nicht aus einem Sherryglas trinken musste, wenn ich mit einer Flasche vorbeikam. Sie haben sie allerdings nie benutzt.«

»Aber die Flasche in der Küche war nicht von Ihnen.«

»Nein. Ich habe ihnen nie eine Flasche mitgebracht, die ich nicht mitgetrunken habe.«

»Tranken sie denn mit?«

»Mum hat sich gern ein Glas gegönnt. Dad nahm auch eins, doch er hat nur daran genippt, wenn wir anstießen.«

»Wann sind Sie das letzte Mal mit Champagner hier gewesen?«

»Am fünfundzwanzigsten August.«

»Zu ihrem Hochzeitstag?«

»Korrekt«, sagte Gibson. Er war gegen seinen Willen überrascht.

»Gab es übers Wochenende ein anderes wichtiges Jubiläum, weshalb sie vielleicht gefeiert haben?«

»Nicht, dass ich wüsste.«

»Vielleicht der Tag, an dem sie sich kennenlernten.«

»Sie lernten sich in der Schule kennen«, sagte Gibson. »Ich vermute also, das muss irgendwann Anfang September gewesen sein.

Und sie hätten auch dann keinen Champagner getrunken, um den Tag zu feiern.«

»Hatten sie sonst irgendwelche regelmäßigen Besucher?«, fragte Noble. »Soziale Dienste, Essen auf Rädern, etwas in der Art.«

»Nein, sie waren sehr stolz auf ihre Unabhängigkeit. Obwohl Dad langsam nachließ.«

Brook las die Liste der Medikamente vor, die sie im Haus vorgefunden hatten. »Ich lese hier, dass Ihr Vater Angiomax genommen hat. Er hatte eine Herzkrankheit?«

»Ja, Angina. Aber soweit ich weiß, war das unter Kontrolle. Mum hatte Bluthochdruck. Sie nahm Tabletten dagegen, und es ging ihr ganz gut. Sie waren einfach alte Leute mit all den Problemen, die das Alter mit sich bringen kann.«

»Hätten sie Ihnen davon erzählt, wenn einer von beiden sterbenskrank gewesen wäre?«

»Wollen Sie etwa andeuten, es handele sich um eine Art Selbstmordpakt?«

»Nicht ganz«, sagte Brook. »Sie wurden ohne jeden Zweifel von einem oder mehreren Dritten getötet, aber ihre Wertsachen blieben unberührt, weshalb wir nach einem tragfähigen Motiv suchen. Ihre Eltern waren keiner weiteren Form von Gewalt ausgesetzt bis auf die Kugeln, die sie töteten. Wir haben ein Dutzend Fläschchen mit Medikamenten aus dem Haus mitgenommen, ihr Tod scheint also nicht mit Drogenkriminalität zusammenzuhängen ...«

»Drogenkriminalität?«, rief Gibson.

»Süchtige machen keinen Unterschied«, sagte Noble. »Sie sind gleichermaßen Diebe und Mörder, wenn die Situation es erfordert. Sie schauen am Tatort nicht auf die Etiketten, denn sie haben eine brauchbare Laienkenntnis in Chemie. Sie packen alle Medikamente ein, die sie finden können, und sortieren sie später durch, um sich einen Cocktail zu mixen, der sie dorthin bringt, wo sie hinwollen.«

»Aber hätten sie das Bargeld nicht auch genommen?«

»Ohne Zweifel«, sagte Brook. »Im Moment mühen wir uns daher vor allem mit dem Motiv ab. Aber wenn wir Champagner im Blutkreislauf Ihrer Eltern finden, sind wir gezwungen, über die

Möglichkeit eines Gnadentods nachzudenken.« Er starrte Gibson undurchdringlich an. »Sie wissen schon, den Zeitpunkt selbst wählen und so. Als Paar.«

»Und vielleicht ist für Leute, die beschließen zu sterben, ein Jahrgangschampagner das Richtige, um ihr Leben zu feiern«, sagte Noble. »Bevor jemand sie aus ihrem Elend erlöst.«

Die Farbe wich aus Gibsons Gesicht. »Und gewöhnlich ist diese Person jemand, der sie kannte und liebte«, sagte er leise.

»Gewöhnlich«, bestätigte Brook. »Gibt es noch andere enge Verwandte?«

»Auf der Nordhalbkugel nur mich«, sagte Gibson.

»Dann müssen wir wissen, wo Sie Samstag und Sonntag waren«, sagte Brook.

»Ich war zu Hause.«

»Das müsste Ihre Adresse in Ticknall sein«, sagte Noble, der etwas in Mortons Notizen nachsah.

»Das ist richtig.«

»Das ganze Wochenende?«, fragte Brook.

»Ja.«

»Sie sind nicht mal nach Derby reingefahren?«

»Nein.«

»Oder haben Ihre Eltern besucht.«

»Ich bin am Wochenende nirgends hingefahren. Ich bin an beiden Morgen spazieren gegangen. Am Samstag habe ich das Rugbyspiel am Nachmittag geschaut und dann gekocht. Dasselbe am Sonntag.«

»Wo sind Sie spazieren gegangen?«

»Es gibt eine Menge Wanderwege rund um Ticknall. Es ist sehr schön. Ich gehe jeden Morgen spazieren, wenn ich kann. Hält mich fit.«

»Außer am Zahltag«, äußerte Brook behutsam.

»Außer am Zahltag.«

»Sind Sie verheiratet?«, fragte Noble.

Gibson antwortete einen Moment lang nicht. »Was hat das mit dem hier zu tun?«

»Nur Hintergrundermittlung«, erklärte Brook lächelnd. »Und natürlich kann uns Ihre Frau dabei helfen, Ihre Bewegungen zu verfolgen.«

Gibson dachte einen Moment lang nach. »Ich bevorzuge, das zu diesem Zeitpunkt nicht zu beantworten.«

Brook und Noble wechselten wieder einen Blick. »Würde es Ihnen etwas ausmachen, uns den Grund zu nennen?«

Gibson starrte Brook kalt an. »Ja.«

»Sie haben gehört, was ich über die Dinge gesagt habe, die Sie jetzt zu erwähnen vergessen, auf die Sie sich aber später vor Gericht berufen«, soufflierte Noble.

»Ich habe nichts Falsches getan, weshalb ich gar nicht vor Gericht stehen werde«, sagte Gibson. »Und ich glaube, ich möchte jetzt gehen.«

Noble wollte noch etwas hinzufügen, doch Brook schüttelte kurz den Kopf. Er hielt das Tonband an und führte Gibson aus dem Verhörraum, dann drehte er sich zu Noble um. »Schick jemanden mit ihm mit, der die Waffe holt. Er soll eine Quittung ausstellen und sie dann ins Labor bringen. Und bitte Cooper, die Waffenleute zu kontaktieren, damit sie Gibsons Waffenschein prüfen.«

»Die Waffenleute?« Noble lächelte. »Sie meinen das Nationale Feuerwaffenlizenzsystem?«

»Sag ich doch. Und wenn er schon dabei ist, soll er prüfen, ob Gibson vorbestraft ist.«

»Er ist ein pensionierter Buchhalter«, sagte Noble.

»Dessen erster Reflex es war, nach einem Anwalt zu fragen«, erwiderte Brook.

»Glauben Sie, es gibt da etwas, das er uns nicht erzählt?«

»Abgesehen von seinem Familienstand? Definitiv.« Brook leerte seinen Teebecher. »Lieben Sie Ihre Eltern, John?«

»Statt nur Zuneigung für sie zu empfinden?«

»Ist es Ihnen also auch aufgefallen.«

»Das und die Tatsache, dass Gibson seinen Eltern nur aus Pflichtbewusstsein ein Haus zur Verfügung stellt. Und er besucht sie immer nur am Zahltag. Das muss allerdings nicht heißen, dass er sie umgebracht hat.«

»Nein, muss es nicht«, stimmte Brook zu. »Ich glaube nicht, dass er unser Mörder ist, darum müssen wir ihn auch noch nicht in die Ecke drängen. Wir werden das schon bald genug herausfinden.«

7

Brook fuhr kurz nach Mittag vor dem Cottage vor. Der Regen fiel wie ein dichter Vorhang, und heute blieb keine Zeit für einen Spaziergang. In der Küche war Terri in dieselbe Decke gehüllt, mit der Brook sich früh am Morgen gewärmt hatte. Sie hielt einen Becher Kaffee zärtlich umfasst, als handele es sich um ein Neugeborenes. Zigarettenrauch waberte von einer Untertasse her vor ihrem ausdruckslosen Gesicht. Brook drückte den Zigarettenstummel aus und trug den provisorischen Aschenbecher auf die Veranda, wobei sie zusätzlich noch ein Fenster öffnete.

»Sorry, hab ich vergessen«, sagte sie. Ihre Stimme war vom Alkohol und Teer belegt, und ihr blutunterlaufener Blick glitt über seine abgetragene Jacke und Hose.

»Macht nichts.« Brook lächelte.

»Ich dachte, du wärst wandern.«

»Nicht ohne dich, Liebes.« Er schaltete den Wasserkocher ein. »Wie lange bist du schon auf?«

»Lange genug«, sagte sie und sah ihn nicht an. »Wo warst du dann?«

Brook bemerkte, dass die leeren Weinflaschen verschwunden waren und zwei frische rote entkorkt waren, damit sie für den Abend atmen konnten. »Ich musste mal kurz weg und John treffen.«

»John Noble? Ich dachte, du hast zwischen den Fällen frei.«

»Hab ich auch«, sagte Brook. »Er wollte einen Rat, das ist alles.«

»Du weißt, ich habe mir nur deshalb eine Woche freigenommen, um dich zu sehen.«

»Ich weiß.«

»Ich hätte die Woche über nach Jersey fahren können oder ...«

»Ich bin froh, dass du hier bist, Terri.«

»Nicht froh genug, um die Arbeit bleiben zu lassen.«

»Tut mir leid. Aber er hat früh angerufen, und in den letzten drei Tagen warst du nie vor zwölf auf.«

»Ich brauche die Pause«, protestierte sie.

»Ich habe dich nicht kritisiert. Ich kann mir vorstellen, wie schwierig es heutzutage als Lehrerin sein muss.«

»Das ist es«, murmelte sie.

»Ich dachte nur, ich hätte von daher Zeit und könnte ihn treffen.«

Terri zögerte. »Geht es um diese Black-Oak-Farm-Sache?«

Brook, der gerade den Tee aufgießen wollte, drehte sich um. »Was weißt du über die Black Oak Farm?«

»Machst du Witze, Dad? Das war eine große Sache in den Zeitungen.« Sie wich Brooks Blick aus. »Und ich kannte das arme Mädchen. Reardon Thorogood. Die überfallen wurde und deren Eltern ermordet wurden.«

»Echt? Woher?«

»Sie war in Manchester in meinem letzten Jahrgang.« Sie zuckte mit den Schultern. »Und natürlich war es ein Fall aus deinem Revier, darum habe ich ihn verfolgt, weil ich dachte, du könntest vielleicht damit befasst sein ...«

»Verstehe.«

»Hattest du was damit zu tun, Dad? Du hast das nie erwähnt, und ich habe deinen Namen nicht in der Zeitung gelesen.«

Brooks Blick bohrte sich in ihren. »Wo ist er?« Ihr Gesicht wurde rot, und unter der Decke zog sie den Brief hervor, den Brook am Morgen bekommen hatte. »Terri, das ist private Korrespondenz.« Er streckte die Hand aus, und Terri schob widerstrebend die Blätter über den Tisch.

»Es lag halt offen herum.«

»Er lag in meinem Büro«, korrigierte Brook sie.

»Ich habe nach Streichhölzern gesucht.« Terris Miene ließ erkennen, dass sie verletzt war. »Tut mir leid, wenn ich deine Privatsphäre gestört habe. Wenn du mir sagst, welche Teile deines Hauses verboten sind ...«

»So habe ich es nicht gemeint.«

»Willst du, dass ich gehe? Ich kann ...«

»Nein, Terri. Tut mir leid. Es ist meine Schuld, du hast recht. Ich hätte ihn nicht liegen lassen dürfen. John hat mich mit seinem Anruf abgelenkt.«

Einen Moment lang herrschte Stille, während Terri über seine Entschuldigung nachdachte. »Dann war es dein Fall?«

»Nein, ich hatte frei – habe in den Peaks gezeltet. Ich habe dich eingeladen, erinnerst du dich?«

Terri nickte. »Ich erinnere mich.«

»Wenn ich gewusst hätte, dass das Thorogood-Mädchen mit dir an der Universität war, hätte ich etwas gesagt.«

»Du kennst also den Hintergrund des Falls.«

»Nur ein paar Details«, sagte Brook.

»Und warum schreibt dir dieser Typ aus dem Gefängnis?«

»Mach dir darüber keine Gedanken.« Brook knallte einen Becher Tee auf den Tisch. »Wie viel hast du gelesen?«

»Alles.«

Brook setzte sich ihr gegenüber an den Tisch. »Tut mir leid, das zu hören. Das Letzte, was du brauchst – was irgendwer braucht –, ist das irre Gerede eines Massenmörders, das dir durch den Kopf geistert.«

»Massenmörder«, echote Terri. Sie starrte auf die Blätter in seinen Händen. »Echt? Er klingt so ...«

»Natürlich klingt er so«, unterbrach Brook sie. »Das versuchen alle planvollen Serienmörder. Sie arbeiten hart an sich, damit sie normal wirken. Sie wollen, dass du sie für intelligent und vernünftig hältst. Und in gewisser Weise sind sie das auch. Ihre Verbrechen sind oft systematisch geplant und sorgfältig ausgeführt.«

»Aber sie werden trotzdem gefasst.«

»Natürlich. Ihre Stärke ist zugleich ihre Schwäche. Sie sind besessen von dem, was sie tun, und es macht sie eitel. Sie suchen nach Aufmerksamkeit, und es mangelt ihnen völlig an Empathie. Aber bis wir sie fassen, lächeln sie dich an, wenn sich dich umbringen, weil du in ihr Profil passt, und dann masturbieren sie über deinem Gesichtsausdruck, während du stirbst.«

Terri war angemessen schockiert. »Nett. Und warum schreibt er dir?«

»Er schreibt mir nicht. Ich war einverstanden, mit ihm Fernschach zu spielen, wenn er ein Geständnis ablegt.«

»Du machst Witze«, sagte Terri. »Du gibst zu viel von dir preis, Dad. Das schadet dir.«

»Es ist nur Schach. Er schickt mir seine Züge, ich schicke meine zurück.«

Sie zeigte auf den Brief. »Das da ist nicht nur Schach.«

»Bisher hat er so etwas noch nicht gemacht.«

»Dad …«

»Die Familien brauchten einen Abschluss. Zu dem Zeitpunkt schien das ein geringer Preis, den ich zu zahlen hatte.«

»Und jetzt?«

»Es ist lästig, aber ich komme damit klar.« Er lächelte beschwichtigend.

»Das passt nicht zu dem, was Mum gesagt hat. Sie hat mir alles über den Schlitzer vor all den Jahren erzählt. Sie sagte, damals hätten deine Probleme angefangen. Du bist diesen Leuten zu nahe gekommen.«

»Das liegt alles in der Vergangenheit.« Brook nahm einen Schluck Tee und faltete den Brief, um ihn in die Jackentasche zu stecken. »Mir geht es jetzt besser, ich komme mit alledem gut klar.«

»Der Brief klang ziemlich vertraut«, sagte Terri. »Wer ist er?«

»Vergiss ihn, Terri.«

»Aber was ist, wenn er mit dem Fall recht behält?«

»Das tut er nicht.«

»Und wenn doch? Was machst du jetzt mit dieser Sache?«

»Mit der Black Oak Farm? Gar nichts. Der Fall ist abgeschlossen.«

»Aber ein unschuldiger Mann könnte deshalb im Gefängnis verrotten.«

»Wenn du den Brief richtig gelesen hättest, wüsstest du, dass er an keiner Stelle sagt, Coulson sei unschuldig. Das ist ein Taschenspielertrick des Serienmörders. Er behauptet lediglich, Coulsen habe Mr und Mrs Thorogood nicht getötet.«

»Aber er sitzt immer noch wegen dem Mord an ihnen.«

»Du hast schon mal von Mittäterschaft gehört, Terri? Luke Coulson war ein Mitverschwörer. Er war mit Jemson dort und vermutlich auch Reardons vermisster Bruder. Selbst wenn er gar nicht selbst jemanden getötet hat, was er aber getan hat, wäre er immer noch wegen Mordes schuldig.«

»Wenn ich mich richtig erinnere, war die einzige Person, die Coulson laut seinem Anwalt ermordet hat, dieser Jemson, und das hat er nur getan, um die Vergewaltigung von Reardon zu verhindern.«

Brook hob eine Braue. »Wenn du dich erinnerst?«

Terri war verlegen. »Ich habe mich kurz im Internet schlaugemacht.«

»In dem Fall solltest du dich auch daran erinnern, dass Coulson nie bestritten hat, dass er die Eltern getötet haben soll.«

»Er hat es aber auch nicht gestanden.«

»Coulson war dort. Er ist schuldig.«

»Aber er hat gestanden, Jemson ermordet zu haben. Warum sollte er das tun und zugleich nicht den Mord an den Eltern zugeben?«

»Weil Jemson ein Mittäter war. Er hat Reardon sexuell angegriffen. Indem er Coulson den Mord an Jemson hat zugeben lassen, hat der Anwalt seinen Mandanten subtil und ohne großen Aufwand als Beschützer eines der Opfer erscheinen lassen.«

»Aber wenn er die Eltern nicht getötet hat ...«

»Sie waren zu dritt, Terri. Jonathan Jemson, Coulson und der Bruder ...« Er suchte nach dem Namen.

»Ray.«

»Richtig. Coulson hat einen niedrigen IQ. Er war zwar nicht der Initiator, aber er ist willig mitgegangen zur Black Oak Farm. Es gibt eine Videoaufzeichnung, wie er mit dem Messer herumfuchtelt, das Jemson und die Thorogoods tötete, und es gibt eine Fülle von Beweisen, die zeigen, dass Ray Thorogood seine Eltern gehasst und den Überfall organisiert hat. Es ging ums Geld, schlicht und einfach. Soweit ich mich erinnere, wussten Ray und Jemson, dass Coulson auf Reardon fixiert war, weil sie alle drei zusammen zur Schule gegangen waren. Und Jemson war der Exfreund von Reardon, den sie abserviert hat, weshalb er selbst einen Groll gegen sie hegte. Ray und Jemson haben den Angriff geplant, und Coulson sollte der Sündenbock sein, doch er ist vom Drehbuch abgewichen, als er Jemson erstach. Coulsons Verurteilung war unumgänglich.«

»Warum schreibt dir dieser Typ dann darüber, und warum lässt du ihn in deinen Kopf?«

»Er kommt nicht in meinen Kopf, Terri, doch er scheint in deinem drin zu sein. Er genießt es, bei anderen Leuten die Knöpfe zu drücken, weil die Zeit auf seiner Seite ist. Es ist ein Spiel für ihn. Er ist verrückt, was du wissen solltest, wenn du seinen Brief komplett gelesen hast.«

Terri senkte den Blick. »Er schreibt, er kann die Geister der Opfer eines Mörders sehen.«

»Exakt. Und der einzige Beweis, den er anbietet, dass Coulson die Thorogoods nicht getötet hat, ist, dass er ihre Geister nicht neben ihm stehen sieht.«

»In dem Fall sollte ein Irrer wie er nicht dein Brieffreund sein«, sagte Terri.

»Wir spielen Schach«, erwiderte Brook. »Mehr nicht.«

»Was meint er mit deinem ›speziellen Gefährten‹?« Brook starrte sie an. Er wusste nicht, ob er ihr antworten oder die Unterhaltung abwürgen sollte. »Er hat ihn in dem Brief erwähnt.«

»Den habe ich auch gelesen.«

»Und wer ist das? Jemand, den du kanntest?«

»Er drückt Knöpfe, Terri. Denk dran.«

»Erzähl's mir.«

Brook wollte diesen dunklen Gang zu seiner Vergangenheit nicht öffnen, doch er entschied, es sei besser, den Furunkel aufzustechen, bevor er faulig wurde. »Er meint damit eines der Opfer vom Schlitzer, 1991. Floyd Wrigley. In London.«

»Als du deine … Sache hattest.«

»Meinen Zusammenbruch«, korrigierte Brook sie. »Ich fand seinen Leichnam, nachdem der Schlitzer ihm einen Besuch abgestattet hatte. Vor ein paar Jahren, als ich hinter Edward Mullen her war, hat er Nachforschungen über meine Vergangenheit angestellt und sich eine Geschichte zusammengereimt, dass in Wahrheit ich diesen Floyd ermordet habe. Er dachte, da er als Medium arbeitete, würden die Leute ihm glauben. Als ich ihm zu nahe kam, hoffte er wohl, ich würde zurückweichen, wenn er damit drohte, mich bloßzustellen.« Brook zuckte mit den Schultern. »Als ich ihn festnahm, äußerte er die Anschuldigung.«

»Und niemand glaubte ihm?«

»Natürlich hat ihm niemand geglaubt, Terri. Er ist verrückt. Außerdem hatte er ein Buch über den Schlitzer-Fall im Regal stehen, in dem Passagen unterstrichen waren – jene Passagen, in denen es um Floyd Wrigley und seine Familie ging.«

»Okay. Wenn er verrückt ist, warum ist er dann nicht in der Psychiatrie untergebracht?«

»Das ist kompliziert.«

Terri verzog das Gesicht. »Was für ein Glück, dass ich studiert habe.«

Brook atmete langsam aus. »Manchmal ist es einfach leichter, die Tür abzuschließen und den Schlüssel wegzuwerfen. Und dieser Mann beklagte sich nicht darüber. Er hat den Großteil seines Lebens in selbst gewählter Einsamkeit verbracht.«

»Aber solange er im Gefängnis ist, bekommt er nicht die Hilfe, die er braucht.«

»Er erhält eine Behandlung«, sagte Brook. »Aber du musst verstehen, es ist schwer, zu Leuten wie ihm Zugang zu bekommen, bevor sie vor Gericht stehen. Sie wirken intelligent und können sich artikulieren, aber ihre Weltsicht ist die, dass wir anderen verrückt sind, weil wir nicht so denken wie sie. Das macht es für sie schwer, zu der Einsicht zu gelangen, dass etwas mit ihnen falsch ist, und

81

ausnahmslos alle diskutieren über die vor dem Prozess gestellte Diagnose. Letzten Endes ist es leichter, sie einfach einzusperren und nie mehr rauszulassen.«

»Das ist mittelalterlich.«

»Es ist, was es ist.«

»Was, wenn es die Möglichkeit der Heilung gibt?«

Brook lächelte. »Wenn man die Wahl zwischen der Fehldiagnose eines ambitionierten Arztes hat, der mit dem neuesten Psychogeschwätz ausgerüstet ist, und der Möglichkeit, Leute wie Mullen für immer wegzusperren, weiß ich, mit welcher Option ich nachts ruhig schlafen kann.«

»Aber du schläfst nachts nicht.«

»Du weißt, was ich meine.«

Terri schüttelte den Kopf. »Ich dachte, du wärst fortschrittlicher als das.«

»Wenn man wie ich an vorderster Front steht und sieht, was ich gesehen habe, geraten alle noch so liberalen Impulse, für die ich früher eingetreten bin, ins Wanken«, antwortete Brook. Er tätschelte den Brief in der Tasche. »Das hier ist ein Mann, der kleine Jungs lebend in einem provisorischen Sarg vergraben hat, bis er bereit war, sie zu töten, damit ihre Geister ihm bis in alle Ewigkeit Gesellschaft leisten.«

»Scheiße. Ich hatte ja keine Ahnung.«

»Es gibt keinen Grund, warum du das solltest.«

»Warum erzählst du mir nie von diesen Dingen?«

»Um dich zu schützen«, sagte Brook. »Diese Leute, die Verbrechen, die sie begehen ... Ich kann über diese Scheußlichkeiten nicht reden. Ich bin dafür ausgebildet, sie einzusaugen und so gut damit klarzukommen, wie ich es eben tue, damit du das nicht musst. Das ist mein Job.«

»Aber ...«

»Ich weiß«, sagte Brook. »Selbst mit meiner Ausbildung und Erfahrung gab es eine Zeit, als ich nicht damit umgehen konnte, was ich sah, und mein Verstand ging fast daran kaputt.«

»Und jetzt?«

»Jetzt ist es leichter«, sagte er leise. »Aber ich werde nie das vergessen, was ich gesehen habe. Und es wäre auch falsch, wenn ich das täte.« Er tippte sich mit dem Finger an den Kopf. »Ich muss diese Bilder wie Narben tragen. Sie sind eine Gedenkstätte, ungefähr so wie Auschwitz. Und in gewisser Weise ist das der Grund, warum Mullen und der Schlitzer tun, was sie tun. Sie wollen eine Spur in der Geschichte hinterlassen. Sie wollen, dass sich jemand an sie erinnert. Leute wie ich sind die Sachwalter dessen, was sie getan haben, damit normale Leute es nicht sehen müssen, damit sie nicht dem Schrecken ausgesetzt werden.«

Terri beugte sich zu ihm hinüber, die Decke glitt von ihren Schultern. Sie legte ihm den Arm um den Hals und küsste seine Wange.

Zwei Stunden später wusch Brook sich die Hände und kehrte in den gepflasterten Speiseraum des George's zurück. Das offene Kaminfeuer fiel bereits in sich zusammen, obwohl es immer noch eine schlaffördernde Wärme verströmte. Als er an der Bar vorbeikam, winkte er der Kellnerin, die ihnen das Essen serviert hatte. Zurück am Tisch, sah er, dass Terri ein zweites Glas Wein bestellt hatte.

»Ich dachte, wir sind fertig.«

»Ich hatte noch Lust auf einen Digestif.«

Brook fand, der Zeitpunkt sei so gut wie jeder andere, um das Thema zur Sprache zu bringen. »Terri, du trinkst zu viel.«

»Was denn?« Sie lächelte ihn mitleidig an. »Es ist nur ein Glas Wein, Dad.«

»Nein, es ist das zweite große Glas Wein zum Mittagessen, nur wenige Stunden nachdem du die zweieinhalb Flaschen weggeschlafen hast, die du gestern Abend hattest. Und soweit ich das beurteilen kann, war das Einzige, was du heute Morgen zustande gebracht hast, ein Becher Kaffee. Und zwei weitere Flaschen Wein für heute Abend zu öffnen.«

»Du hast vergessen, dass ich meine Nase in deine Korrespondenz gesteckt habe«, fügte sie hinzu. Ihre Stimme klang abgehackt, ihre Augen funkelten.

83

»Wechsle jetzt nicht das Thema.«

»Schön«, sagte sie, nahm das Glas und kippte einen großen Schluck hinunter. »Du hast recht. Ich trinke zu viel. Weil ich aus einem kaputten Elternhaus komme.«

Diese Antwort konnte Brook nicht kontern, nur ihr ausweichen. »Wie Tausende andere auch, die nicht deine Talente und Vorteile haben.«

»Vorteile? Du meinst das Sühnegeld, mit dem Mum und du mich überschüttet?«

»Sühnegeld? Denkst du das wirklich? Jegliche Schuld, die deine Mutter und ich in Bezug auf unsere Beziehung mit uns herumschleppen, bleibt auch zwischen uns. Wir haben dafür gesorgt, dass sich das nach der Trennung nicht darauf auswirkt, wie wir uns dir gegenüber verhalten. Und weil wir Geld hatten, fehlte es dir an nichts. Wofür sollen Eltern sonst ihr Geld ausgeben, wenn nicht für die Kinder?«

»Dann soll ich wohl dankbar sein?«

»Das habe ich nicht gesagt.«

»Denn ich wollte euer Geld nicht als Ersatz für eine stabile Kindheit.«

»Und darum haben wir dich auch nicht damit überschüttet. Wir gaben es mit Liebe, als du es brauchtest. Wir haben es eingesetzt, um dich durch die Universität zu bringen, nicht um unsere Schuldgefühle zu beruhigen, sondern weil du intelligent bist und zur Universität wolltest. Wir haben dir alle Liebe geschenkt, die wir hatten, selbst wenn ich das nur aus der Ferne konnte. Das war eine Konstante, die niemals nachließ, auch nicht nach der Scheidung. Und trotz unserer Differenzen hat keiner von uns dich je benutzt, um den anderen zu verletzen.« Er seufzte und sah sich im Pub um. Er war froh, dass sie die einzigen Gäste waren, die noch hier saßen. Die Kellnerin kam mit der Rechnung, und da sie die Anspannung spürte, wuselte sie genauso schnell wieder davon. »Wenigstens weiß ich, dass ich das nicht getan habe. Und mit deiner Mutter war es genauso, bis …«

Die Tränen strömten über Terris Wangen, und sie kniff die Augen zu Schlitzen zusammen. Als Brook den Satz nicht beendete, tat sie es für ihn. »Bis ich ihr den Ehemann gestohlen habe.«

Brook ließ den Kopf hängen. »Gott. Wir geben dir nicht die Schuld an dem, was der Scheißkerl getan hat. Keiner von uns. Du warst fünfzehn, Terri. Tony Harvey-Ellis war dein Stiefvater, und er hat dich missbraucht.« Er suchte nach den Worten, die am wenigsten Schmerzen verursachen würden. »Wie alle Missbrauchstäter war er clever und ichbezogen. Er hat deine Mutter betrogen und dich zur Komplizin seines Betrugs gemacht.« Er wartete auf die unausweichliche Gegenrede, doch zu seiner Überraschung kam sie nicht. Terri starrte verloren auf den Kieferntisch. Er rückte seinen Stuhl näher und nahm ihre Hand. »Das ist es, nicht wahr?«

»Was ist es?«, schluchzte sie.

»Warum du so viel trinkst. Warum du so unglücklich bist. Du bist verwirrt. Es gab eine Zeit, da hättest du darauf beharrt, ihn zu lieben. Hättest es mir entgegengeschleudert wie einen Felsbrocken.« Sie blickte durch die Tränen zu ihm auf. »Aber jetzt erkennst du, was er war, und du liebst ihn nicht mehr. Und du fragst dich, warum du das überhaupt jemals getan hast. Darum tut es weh.«

»Ich weiß, dass ich Mum verletzt habe. Ich habe ihr Leben zerstört, und sie hasst mich.«

»Dein Stiefvater hat ihr Leben zerstört, und er hätte auch deins zerstört, wenn er nicht ertrunken wäre. Und deine Mutter hasst dich nicht. Sie hasst sich selbst, weil sie nicht gesehen hat, was er war. Wir beide lieben dich so sehr.«

Sie weinte noch etwas und vergrub ihr Gesicht an seiner Brust, während Brook ihren Rücken streichelte. Nach einer Weile half er ihr aufzustehen. »Komm jetzt. Lass uns nach Hause gehen.«

8

DS Nobles Mut sank, als er Chief Superintendent Charlton sah, der die Tür zu der abgedunkelten Einsatzzentrale aufdrückte. Im Licht, das aus dem Korridor hereindrang, bemerkte er eine aufgerollte Zeitung, die wie ein Kricketschläger unter Charltons Arm klemmte; der Chief Super sah aus, als hätte er den ersten Abschlag verpasst. Er setzte sich nach hinten und lauschte erwartungsvoll dem Briefing, das Noble gerade abhielt.

»Tun Sie einfach, als wäre ich nicht da, Sergeant«, rief er aus der wiederhergestellten Dunkelheit.

»Ja, Sir«, meldete Noble zurück. »Wir werden gerade fertig.«

»Dann können Sie für mich kurz die Eckpunkte umreißen. Wo steckt Brook?«

»Er hat frei, Sir. Schon vergessen?« Charltons bestätigendes Grunzen verriet seine Enttäuschung. »Er kommt jeden Morgen rein und koordiniert die Arbeit. Das war die Abmachung, oder?«

»Ist wohl so«, seufzte Charlton.

Noble nickte Banach zu, und sie schaltete das Licht ein. Er machte eine Handbewegung in Richtung der versammelten Detectives, die daraufhin zu ihren Schreibtischen und Telefonen eilten, um die Ermittlungen aufzunehmen. Dann trat er zu Charlton.

»Also handelt es sich um eine Serie, Sergeant?«

»Wir versuchen noch, den vorherigen Fall in den Griff zu bekommen, aber das Vorgehen scheint ähnlich, auch wenn das nicht auf das Profil der Opfer zutrifft.«

»Das erste Paar war schwul.«

»Und die Gibsons waren ein älteres Paar, seit Jahren verheiratet und mit zwei erwachsenen Söhnen. Die Nachbarn sagen, sie waren ruhig, blieben gern für sich und schienen einander sehr zugetan. Keine Feinde, in keiner Form.«

»Aber sie wurden genauso getötet wie die ersten Opfer.«

»Sie saßen beisammen und wurden förmlich exekutiert, ja.«

»Motiv?«

»Unbekannt.«

»Aber Ford ...«

»Es gibt keine Hinweise auf ein sexuelles Motiv, Sir. Zumindest nicht, soweit wir es sehen.«

»Sind Sie sicher?«

»Nicht ohne eine gründliche Überprüfung der Forensik, aber wir gehen eigentlich davon aus. Und es ist unwahrscheinlich, dass wir es im Fall der Gibsons mit einem versetzten Liebhaber zu tun haben.«

»Ford hat also den falschen Baum angebellt.«

Noble zögerte. Er wollte nicht einen vorgesetzten Officer verunglimpfen. »Ich kann das nicht sagen, Sir, aber ein Angriff von jemandem mit psychosexueller Störung würde sich in deutlich offensichtlicheren Missbrauchsspuren manifestieren.«

»Und die fehlen in Boulton Moor?«

»Komplett. Und unseren Informationen zufolge auch in Breadsall. Kein Zeichen von Unordnung und einer Störung, was das Mindeste wäre, was wir von der chaotischen Gedankenwelt eines eifersüchtigen Liebhabers erwarten würden.«

»Aber die zwei Fälle hängen dennoch zusammen. Nur eben nicht so, wie Frank dachte.«

»Wir bleiben einfach nach allen Seiten offen, bis wir den ballistischen Bericht über die Kugeln bekommen, Sir. Damit wissen wir definitiv, ob es eine Verbindung gibt.«

»Wann werden Sie bei Frazer und Nolan auf dem neuesten Stand sein?«

»Wir durchkämmen die Akten und haben das Video der Spurensicherung gesehen. Sieht ähnlich aus, auch wenn Frazer und Nolan gefesselt waren. Erst mit Handschellen, dann mit Seil.«

Charlton nickte. »Sonst noch etwas, das ich wissen sollte, bevor ich vor die Presse trete?«

»Es kam noch ein Punkt bei DI Fords Ermittlung auf, doch für den Moment sollten wir das lieber unter der Decke halten.«

»Sprechen Sie weiter.«

»Der Ballistikbericht für den Mord an Frazer und Nolan hat gezeigt, dass die Streifenbildungen an den Kugeln unterschiedlich waren. Sie stammten aus verschiedenen Waffen.«

»Zwei Mörder?«, rief Charlton.

»Unbekannt, aber alles deutet darauf hin, und das würde definitiv die Theorie vom Sexkiller ins Aus manövrieren.«

»Warum?«

Noble suchte nach einer möglichst einfachen Erklärung. »Lustmörder sind fast immer Einzelgänger.«

Charlton nickte, als würden Nobles Überlegungen mit seinen übereinstimmen. »Wusste Ford von dem Ballistikbericht?«

»Er hat ihn am Gibson-Tatort heute Morgen erwähnt, Sir«, betonte Noble.

Charltons Gesichtsmuskeln zuckten. »Tut mir leid mit dem ganzen Zirkus. Ich konnte ihn nicht rechtzeitig davon abhalten.« Er versetzte Noble mit der Zeitung einen leichten Klaps gegen die Brust. »Und der *Telegraph* von heute Abend hat alle mörderischen Details.«

Noble schlug die Zeitung auf und las die Schlagzeile. LOKALER HELD VON ERMITTLUNGEN ABGEZOGEN. Es gab zwei Fotos vom Tatort, aufgenommen hinter der Absperrung, dazu Zitate von DI Ford, der beklagte, dass sein Schicksal in Brooks Händen lag.

»Sir, DI Brook ...«

»Das ist nicht sein Werk. Ich weiß, Sergeant. Sie freuen sich bestimmt zu hören, dass Ford vor dreißig Minuten seinen Schreibtisch geräumt hat. Er ist bis nächsten Monat vom Dienst freigestellt, und ich habe ihm mit Disziplinarmaßnahmen gedroht, wenn er noch mal so eine unpassende Bemerkung macht. Und falls es überhaupt von Nutzen ist, sichert er Ihnen volle Kooperation für die erste Ermittlung zu.«

»Nur den Papierkram, Sir. Wir werden ab hier unsere eigenen Schlüsse ziehen.«

»Verstanden«, sagte Charlton. Seine Miene wurde bitter. »Was Brook betrifft – was ist so wichtig, dass er seinen Urlaub nicht abbrechen und sich mit der ihm eigenen ungesunden Intensität in den Fall stürzen kann? Bei diesem Wetter hätte ich gedacht, er wäre froh und glücklich, seine Wanderungen um ein paar Wochen zu verschieben.«

»Das ist es nicht«, sagte Noble. »Seine Tochter ist bei ihm zu Besuch.«

»Tochter?«, wiederholte Charlton.

»Terri, Sir«, bestätigte Noble. »Er sieht sie nicht besonders oft.«

»Ich verstehe«, sagte Charlton. »Warum nicht?«

Noble zuckte mit den Schultern und hielt seine Zunge in Zaum. Er wusste, Brook würde es nicht schätzen, wenn Charlton zu viele Details über seine schwierige Beziehung zu seinem einzigen Kind kannte. Noble sollte darüber auch nichts wissen, doch er hatte sich aus früheren Bemerkungen einiges zusammengereimt. Brooks Tochter war angeschlagen.

»Sind Sie bereit für die Medien, Sergeant?«

»Ich?«

»Wer sonst?«, gab Charlton zurück. »Ich halte in einer halben Stunde die Pressekonferenz ab, und wenn Brook den Kopf einzieht, sind Sie wohl dran.«

Brook sagte an diesem Abend sehr wenig und kommentierte auch nicht die zwei Flaschen Rotwein, die Terri während des Essens hinunterkippte. Eine unwirkliche Stimmung schwang bei ihren gelegentlichen Gesprächsversuchen mit. Es kam ihm eigenartig vor, über die Qualität der Anchovis oder die Wetteraussichten für morgen zu sprechen, nachdem sie am Nachmittag so heftig reagiert hatte, und für Brook war es eine Erleichterung, dass Terri um zehn zum Sofa stolperte und die Wohnzimmertür vor ihm schloss.

Statt seiner Tochter in den alkoholischen Stumpfsinn zu folgen und über die Verbrechen zu grübeln, die der verstorbene Tony Harvey Ellis an seiner Exfrau und Tochter begangen hatte, fuhr Brook den Computer in seinem Büro hoch. Wie immer gab es Arbeit, die ihn von den schweren Gedanken ablenkte.

Er öffnete die verzogene Schublade seines Schreibtischs und sah die Passwörter nach, die unter einem Durcheinander aus Kulis,

89

Bleistiften, Büroklammern und Heftzwecken auf einem Zettel standen. Sobald es sichtbar war, loggte er sich ins System der Kriminalpolizei ein, dann ließ er die Passwörter unter demselben Schutt wieder verschwinden. Mit einigen Schwierigkeiten schob er die klemmende Schublade wieder zu.

Er begann mit den internen E-Mails und klickte auf die letzte Nachricht von Dr. Higginbottom. Er überflog die vorläufigen Ergebnisse vom Tatort dieses Morgens, die ihm nichts mitteilten, was er nicht schon zuvor erfahren hatte.

Als Nächstes öffnete er Nobles langes Update zum Fortgang der Ermittlungen. Die Tür-zu-Tür-Befragung hatte keine weiteren Zeugen aus der Gegend hervorgebracht, und sie hatten keinen einzigen Nachbarn gefunden, der auch nur ein böses Wort über die Gibsons sagte. Daher wusste natürlich auch niemand etwas über Feinde, die sie vielleicht gehabt hatten, und alle sagten, das ältere Paar sei meist für sich geblieben und habe ein ruhiges Leben geführt. Keines der beiden Opfer hatte eine Vorstrafe, und Nobles Theorie, der Schlitzer könnte nach Derby zurückgekehrt sein, löste sich schon im Anfangsstadium auf. Der Schlitzer war ein Serienmörder, der nur dysfunktionale Familien umbrachte, in denen Kleinkriminelle mit antisozialen Tendenzen lebten – die Gibsons aber waren das genaue Gegenteil dieses Opfertyps.

Die direkte Nachbarin Heather Sampson war schließlich im Krankenhausbett befragt worden, doch das erbrachte auch keinen Aufschluss über den Tod des Paars von nebenan. Sie hatte nichts Verdächtiges gehört oder gesehen und konnte auch nichts zu dem zeitlichen Ablauf der Morde sagen.

Brooks iPhone vibrierte, und er öffnete eine Textnachricht von Noble.

Langer Tag. 2 Dinge. Gibson konnte seine Glock nicht finden, s. verdächtig. Plus Fords Ballistikbericht, wonach eine Glock bei Frazer und Nolan genutzt wurde. Etwas über die Form der Rillen auf den Kugeln. Ford wurde außerdem zusammengefaltet und freigestellt. Haben Sie mich im TV gesehen? Wenn nicht, keine Sorge. Charlton hat das meiste geredet. Burton hat Fords Abzug von dem Fall beklagt, dann meinte Charlton zum

Glück, er hätte mal nicht so voreingenommen über Frazer und Nolan be-
richten sollen.

»Willkommen im Zirkus, John.«

Eine weitere Nachricht folgte Sekunden später.

PS Lesen Sie nicht die Abendzeitung.

»Dachte, das hätten wir hinter uns«, murmelte Brook.

Er schrieb zurück und fragte, ob Ranach den verdächtig aus-
sehenden Mann identifiziert habe, der sich am Morgen am Tatort
herumgedrückt habe.

David Fry, Exsoldat und Nachbar. Ein paar Vorstrafen wegen Gewalt-
taten. Prüfen wir noch.

Nachdem er sich Tee gekocht hatte, druckte Brook den großen
Anhang einer Mail aus und begann, DI Fords Dateien über den
Mord an zwei weißen Männern mittleren Alters letzten Monat in
Breadsall zu lesen, einem wohlhabenden Viertel am nordöstlichen
Ausläufer von Derby.

Stephen Frazer war ein pensionierter Geschäftsmann und Iain
Nolan Bibliothekar in der Zentralbibliothek. Frazer war sieben-
undfünfzig Jahre alt, Nolan zehn Jahre jünger. Das Paar hatte, laut
Aussagen von Freunden und Kollegen, seit fast zwanzig Jahren
zusammengelebt, allerdings nur zwölf davon in Derby, nachdem
sie aus Carlisle hergezogen waren. Die Männer waren »geständige
Schwule«, wie Ford es in seinen Akten spöttisch ausdrückte.

»Geständnisse sind für Kriminelle, Frank«, murmelte Brook und
schüttelte den Kopf.

Die beiden wurden um den 29. September herum ermordet, einen Monat vor den Gibsons also, und sie waren gefesselt auf einem
Sofa in ihrem Haus zurückgelassen worden. Die Abschürfungen an
den Handgelenken der beiden passten zu den Handschellen, aber
als sie entdeckt wurden, waren sie jeweils mit einem Seil gefesselt.
Sie saßen ebenfalls so dicht beisammen, dass sie einander im Tod
die Hand hielten. Entweder hatten sie die Seile so weit lösen können, dass sie eine letzte Liebkosung zustande brachten, oder ihr
Mörder hatte sie extra so gefesselt, dass sie das tun konnten. Das
wusste Brook nicht mit Sicherheit.

Ein weiterer Unterschied bestand darin, dass Frazer und Nolan der Mund mit einem langen Streifen Klebeband zugeklebt war, vermutlich um sie daran zu hindern, mit Worten gegen ihr Schicksal anzugehen.

Nachdem sie bewegungslos gemacht waren, hatte der Mörder beide Männer durch einen Herzschuss getötet. Wie Ford bereits am Morgen angedeutet hatte, war die Ballistikeinheit bei der East Midlands Special Operations Unit (EMSOU) zu dem Schluss gekommen, dass die Kugeln aus unterschiedlichen Waffen stammten. Außerdem hatten sie die wahrscheinlichen Tatwaffen auf österreichische Glocks eingegrenzt − dasselbe Fabrikat also wie Matthew Gibsons vermisste Waffe.

Eine weitere Parallele zu den Gibson-Morden war, dass die beiden Männer tagelang unentdeckt blieben, bis die Nachbarin von nebenan sie fand, die für Notfälle einen Schlüssel hatte. Da sie die beiden seit ein paar Tagen nicht gesehen hatte, wurde sie misstrauisch wegen der zugezogenen Vorhänge, und schließlich, nachdem ihre Anrufe, Textnachrichten und mehrfaches Anklopfen ohne Antwort geblieben waren, verschaffte sie sich Zutritt und fand die Leichen. Wie beim Haus der Gibsons war die Tür unverschlossen. Über Musik oder Champagner stand nichts in dem Bericht, deshalb machte Brook sich eine Notiz, ehe er durch die Fotos vom Tatort scrollte.

Wie die Gibsons waren die Leichen von Frazer und Nolan einander zugewandt zusammengesunken, die Köpfe berührten sich wie bei einem Paar, das beim Fernsehen eingeschlafen war. Auch hier gab es kein Anzeichen von Diebstahl … teure Uhren, Smartphones und Geld waren noch im Haus. Brook blätterte durch die Fotos und sah sich den langen Videoanhang an auf der Suche nach einer Champagnerflasche oder Gläsern. Er verweilte bei einem Bild von der Küchenspüle, falls der Mörder oder die Mörder die Gläser abgewaschen und zum Trocknen abgestellt hatten. Nichts.

Als Nächstes blätterte er den Obduktionsbericht durch und prüfte die Angaben zum Mageninhalt von Frazer und Nolan. Zufrieden stellte er fest, dass beide Opfer eine kleine Menge Alkohol vor ihrem Tod zu sich genommen hatten, obwohl dieser in dem Bericht nicht als Champagner aufgeführt war. Vermutlich hatten Ford und Caskey diese Frage nicht als relevant erachtet und nicht nachgehakt. Brook machte sich noch eine Notiz.

Eine Sache, die er nicht gegenprüfen musste, war das völlige Fehlen von Wut oder Unordnung, die auf ein sexuelles Verbrechen hingedeutet hätten, ob nun aus Leidenschaft oder Lust an Gewalt. Es gab kein Anzeichen dafür, dass jemand die Opfer missbraucht hatte, weder sichtbar noch forensisch – kein Samen auf ihrer intakten Kleidung und Haut oder sonst irgendwo in dem Raum, in dem sie gestorben waren. Der Mörder hatte nicht masturbiert, während seine Opfer starben, und wenn die Spurensicherung nicht etwas fand, das im Haus der Gibsons bisher unentdeckt geblieben war, würde Brook wohl denselben Schluss wie beim Tatort von heute Morgen ziehen.

Außerdem gab es am Tatort in Breadsall keine Fingerabdrücke, die nicht zu Frazer und Nolan gehörten, und dasselbe galt für die DNA. Fords Team hatte nicht eine einzige forensische Spur sichern können, mal abgesehen von den Kugeln, die sie aus den Körpern geholt hatten. Das machte alles nur noch merkwürdiger, dass er trotz des Fehlens irgendwelcher bekräftigender Spuren ausschließlich nach einem Mörder gesucht hatte, der von sexuellen Motiven getrieben wurde.

Brook blätterte Berichte durch, die detailliert die vermutlich vom sittenstrengen Ford initiierte Suche nach den früheren Liebhabern von Nolan und Frazer schilderte, der nach einer früheren Zurückweisung verbittert und rachsüchtig war. Als das keine Früchte trug, verlagerte sich die Suche und richtete sich auf einen verärgerten schwulen Sexarbeiter aus der Gegend, und Brook war angewidert von so viel Arbeitskraft, die für diese fruchtlose Suche vergeudet worden war. Er schaute erneut auf das Foto der beiden toten Männer.

»Keine Wut, keine Verstümmelung, keine Lust.«

Keinerlei frühere Liebhaber von Frazer und Nolan wurden in der Region von Derby identifiziert. Die beiden waren ein hingebungsvolles, verheiratetes Paar. Vorläufige Ermittlungen in Carlisle hatten auch nichts ergeben. Außerdem war es fast unmöglich gewesen, in einer soliden Arbeiterstadt wie Derby schwule Sexarbeiter aufzutreiben. Wenn sie überhaupt existierten, waren sie extrem dünn gesät, und mehrere Razzien in einer Gegend in Peartree, die als die Mall bekannt war, hatte keine Spuren zutage gefördert.

Schließlich hatte DS Caskey einen jungen Mann namens Derek Davenport befragt, der vor zwei Jahren festgenommen worden war und anschließend wegen Erregung öffentlichen Ärgernisses mit einem unbekannten Landstreicher in Markeaton Park verurteilt wurde. Davenport leugnete, die Opfer zu kennen oder auch, dass er ein Callboy war oder andere Stricher kannte, die in Derby ihrem Geschäft nachgingen. Es war einfach alles armselig. Nachträglich hatte Fords Team begonnen, die Möglichkeit eines religiösen Motivs zu erwägen, da manche Kirchgänger Homosexuellen eindeutig feindselig gesinnt waren. Und das war das Ende der Ermittlungen, bis der Ballistikreport wenige Tage vor dem Tod der Gibsons fertig war.

Da sein Wissen über Schusswaffen nur begrenzt war, las Brook den Bericht zweimal, bevor er den Übersichtsbogen isoliert betrachtete. Wie Noble angedeutet hatte, hing die Identifikation der Kugeln an den Rillen der zwei 9-mm-Vollmantelgeschosse, die aus den Leichen in Breadsall sichergestellt worden waren. Beide hatten ähnliche Rillenprofile. Die Streifen bewiesen, dass es sich um zwei Glocks handelte. Die Firma war der einzige Produzent von Handwaffen mit polygonalem Drall. In diesem Fall handelte es sich um hexagonale Läufe.

Die Laufform half, das Geschoss aus der Pistole zu treiben, und jeder noch so kleine Fehler in der Herstellung hinterließ eindeutige Streifen und Kratzer auf dem Projektil, wenn es mit hoher Geschwindigkeit durch den Lauf glitt. Diese Abdrücke konnte man unter einem Mikroskop untersuchen, wodurch Ballistikexperten anhand individueller Charakteristika den Hersteller und danach auch ein bestimmtes Modell einer Waffe eingrenzen konnten, wenn diese gefunden wurde.

Weil die Kugeln, die aus den Opfern entfernt wurden, Standard-

Neunmillimeter waren, war es für die EMSOU nur möglich, die Glock-Modelle einzugrenzen. Frazer und Nolan waren entweder mit einer Glock 17, 18, 19, 26 oder 34 erschossen worden, die alle mit einem 9-mm-Projektil arbeiteten.

Nachdem sie den Hersteller identifiziert hatten, verstärkte Fords Team die Bemühungen, die Waffen über die örtlichen Waffenvereine zu ermitteln, darunter auch Gibsons Club in Swadlincote, doch dabei fanden sich keine vermissten Waffen laut dem Verzeichnis der zugelassenen Waffen. Da die Überprüfung der registrierten Glocks keinen Treffer ergeben hatte, liefen gerade ballistische Tests, doch bisher war dabei keine Waffe aufgetaucht, mit der die Kugeln abgefeuert wurden, die man in Breadsall sichergestellt hatte. Es sah so aus, dass wer auch immer Frazer und Nolan erschossen hatte, immer noch im Besitz der Waffen war, die mit an Sicherheit grenzender Wahrscheinlichkeit nicht registriert und illegal waren.

Nachdem er eine weitere Stunde damit zugebracht hatte, die Verfügbarkeit von Glocks im Vereinigten Königreich zu prüfen, zog Brook gähnend sein iPhone hervor und schrieb Noble eine Nachricht, obwohl es bereits nach Mitternacht war. Wie viele zögerliche Mobiltelefonnutzer ging er davon aus, jeder würde sein Gerät über Nacht ausschalten und neu eingegangene Nachrichten erst am nächsten Morgen lesen.

Schlechte Nachrichten, John. Glocks, vor allem die 17, sind sehr beliebt in UK und USA. Werden von britischen Einsatzkräften und vielen Polizisten genutzt, unter anderem von der Met, PSNI und uns.

Als er aufstand und sich streckte, antwortete Noble.

Kann das nicht bis morgen warten!!!!!!!

Brook runzelte angesichts so vieler Ausrufezeichen die Stirn und tippte eine Antwort.

Es IST morgen, und ich bin derjenige, dessen Urlaub ruiniert ist. Wo wir schon dabei sind – falls ich morgen nicht an der Obduktion teilnehmen kann, fragen Sie Dr. Petty, ob sie den Alkohol identifizieren konnte, der sich bei Frazer und Nolan im Magen befand. Champagner?

Wenige Sekunden später kam eine Antwort. ***Was auch immer!!!!!!!!***

Brook lächelte und machte sich noch einmal Tee. Da sein Verstand gerade auf Hochtouren arbeitete, war er noch nicht bereit, ins Bett zu gehen. Er würde nur weiter stundenlang über die Ereignisse des Tages grübeln. Während er seinen Tee trank, starrte er im Versuch, auf andere Gedanken zu kommen, auf das Schachbrett. Er hatte bereits Mullens Turm wie angegeben bewegt, und als er seinen weißen Bauern für den nächsten Angriff vorgezogen hatte, notierte er ein paar Gegenzüge, bevor er den Zettel in einen Umschlag steckte. Dann schob er den Brief über den Black-Oak-Farm-Fall in denselben Umschlag und adressierte ihn, um ihn am nächsten Morgen ans Wakefield-Gefängnis zu schicken. Kein Wort darüber, ob er den Brief erhalten hatte, ob er ihn gelesen hatte. Das allein war schon eine Botschaft. Brook wollte nicht Mullens Psychospielchen spielen.

Gerade als er den Umschlag zukleben wollte, zögerte er. Dann zog er den Brief wieder heraus, schaltete den Drucker ein und kopierte ihn, bevor er das Original in den Umschlag steckte und die Lasche fest andrückte.

9

Mittwoch, 2. November

Brook wachte drei Stunden später auf, den Kopf an das Kopfteil des Sessels gelehnt. Er schlich in die Küche und wusch sich Gesicht und Oberkörper mit kaltem Wasser, wechselte sein Hemd, machte sich eine Thermosflasche mit Tee und brach, noch nicht ganz wach, in der Dunkelheit auf Richtung St Mary's Wharf.

Er erreichte das Revier noch vor sechs Uhr am Morgen und eilte in das Büro, das er sich mit Noble teilte, wobei er den unheilvollen Blick von Gordon Grey ignorierte, dem diensthabenden Sergeant am Empfangsschalter. Die Neuigkeit von DI Fords Demütigung hatte sich rasch verbreitet, und Grey, der einer der ältesten Freunde Fords im Revier war, schien gerade etwas sagen zu wollen, bevor Brook außer Hörweite war. Sicher versteckt in seinem Büro schenkte er sich Tee aus der Thermoskanne ein und loggte sich wieder in die Datenbank ein.

Die Tür ging auf, und Noble kam herein, in der Hand einen Becher mit Automatenkaffee. Er blieb stehen, als er Brook sah. »Der frühe Vogel?«, fragte er.

Brooks müdes Schulterzucken war Antwort genug. Seine Schlaflosigkeit war ein ständiges Thema, und auch wenn andere wegen seiner Anwesenheit im Büro applaudiert hätten, wusste er, dass es für ihn nur das Ergebnis seiner emotionalen Feigheit war – die Arbeit bot ihm eine willkommene Ablenkung von seiner problematischen Beziehung zu Terri. »Wie lautet Ihre Entschuldigung?«

»Ich kriege immer zu abwegigen Zeiten Textnachrichten«, antwortete Noble und schlürfte den Schaum von seinem Becher.

»Versuchen Sie doch mal, Ihr Telefon nachts auszuschalten wie jeder normale Mensch«, sagte Brook.

»Jeder alte Mensch, meinen Sie.«

»Erwachsen würde besser passen«, witzelte Brook. »Ausrufezeichen, Ausrufezeichen.«

»Sie sind aber fröhlich.«

»Eher benommen.«

»Sie haben also Burtons Artikel im gestrigen *Derby Telegraph* nicht gelesen.«

»Tue ich das jemals?« Er entdeckte die aufgerollte Zeitung unter Nobles Arm und streckte die Hand aus.

»Sicher?« Als Brook nickte, gab Noble sie ihm. »Sie haben es auf die Titelseite geschafft.«

Brook faltete die Zeitung auseinander und sah die Schlagzeile und ein Foto von DI Ford, der niedergeschlagen neben dem Absperrband des gestrigen Tatorts stand. Er beschloss, ein paar Absätze zu lesen.

Der Held der Black-Oak-Farm-Ermittlungen, Detective Inspector Frank Ford, wurde unter dramatischen Umständen heute Morgen von einem Mordfall abgezogen, ausgerechnet von Inspector Damen Brook, vormals ein hohes Tier in Lon-

don. Brook, dessen spektakuläres Scheitern in den späten Neunzigern bei der Jagd nach dem Schlitzer, einem Serienmörder, in London mit einem Nervenzusammenbruch und einer hastigen Versetzung zur Kripo in Derby endete, stand gestern Abend für einen Kommentar nicht zur Verfügung.

Frank Ford, Held vor Ort, ist das jüngste Opfer der rätselhaften Personalpolitik bei der Polizei, die einem psychisch instabilen Beamten gefällig ist und sich damit über das Fachwissen eines Einheimischen hinwegsetzt, der mit seinem Team von der Ermittlung im Fall der ermordeten Albert und Edith Gibson abgezogen wurde, einem älteren Rentnerpaar über siebzig, das wie gemeldet am Wochenende in seinem Haus in Boulton Moor erschossen wurde.

Die Morde sollen erhebliche Ähnlichkeiten mit dem kürzlichen Abschlachten der schwulen Lover Stephen Frazer und Iain Nolan aufweisen, die letzten Monat in ihrem Haus in Breadsall ermordet wurden.

Als jedoch DI Ford heute Morgen auftauchte, um die Ermittlungen aufzunehmen, wurde ihm von DI Brooks Leuten gewaltsam der Zutritt zum Tatort verwehrt.

Brook, der ursprünglich aus Barnsley stammt und von der Unterstützung mehrerer Chief Superintendents profitiert, obwohl er die Neigung hat, Kollegen zu verprellen, wurde heute Morgen nach dem Fund der Leichen leitender Ermittler bei diesem Fall und verlangte sofort die Freistellung von DI Ford, nachdem dieser sich beklagt hatte, dass man ihn vom Fall abgezogen habe.

Es war DI Ford, wie sich die Leser erinnern werden, der letztes Jahr für die Festnahme von Luke Coulson verantwortlich war, was zu dessen Verurteilung wegen seiner Rolle beim Mord an Monty und Patricia Thorogood und der hässlichen Vergewaltigung ihrer gemeinsamen Tochter Reardon in ihrem Bauernhaus in Findern führte. Ray Thorogood, Coulsons Mittäter bei dem Überfall, ist weiterhin auf der Flucht, während ein dritter Mittäter, Jonathan Jemson, am Tatort starb.

»Freistellung?«, hakte Brook nach.

»Sobald Charlton die Zeitung gelesen hat, hat er ihn aufgefordert, seinen Schreibtisch zu räumen.«

»Schön für ihn.«

»Und falls wir das wollen, ist Frank verpflichtet, uns in vollem Umfang zu unterstützen, sonst wird er auf der Stelle entlassen – was seine endgültige Pension beeinflussen könnte.«

»Verstehe.« Brook warf den *Telegraph* auf den Schreibtisch und trank seinen Tee.

»Sie nehmen Burtons üble Attacke ziemlich locker.«

Brook lächelte. »Das war zu erwarten. Was glauben Sie denn, warum Charlton mich als Chefermittler wollte?«

»Wie meinen Sie das?«

»Erzählen Sie mir nicht, Sie wären auf seine ›Mann für knifflige Situationen‹-Nummer reingefallen. Charlton wollte Ford von der Ermittlung abziehen, weil der sein Verfallsdatum längst überschritten hat, aber da er ein beliebter Beamter ist, wäre jeder unter Beschuss geraten, der in Franks Fußstapfen treten will, weshalb Charlton den vergifteten Kelch an jemanden weitergereicht hat, der daran gewöhnt ist. Also an mich.«

»Wenn Sie es so sehen«, räumte Noble ein. »Obwohl ich glaube, Sie unterschätzen Charltons Respekt vor Ihren Fähigkeiten.«

»Tue ich das? Egal wie, es ist vollbracht, und es war zumindest schnell und brutal.«

»Aber Brian Burton …«

»Hat uns einen Gefallen getan, John. Wir haben erst gestern die Arbeit aufgenommen, darum wird Charlton wissen, dass Burton diesen Müll nur von Ford oder jemandem aus seinem Team haben kann. Und Sie wissen, wie sehr Charlton die inoffizielle Weitergabe von Informationen hasst, die sich seiner Kontrolle entzieht. Wenigstens haben wir jetzt freie Bahn.«

»Und wenn Frank nur einen Funken Verstand hat, wird er den Kopf einziehen, bis er seine Pensionierung feiern darf.«

»Rechnen Sie besser nicht mit einer Einladung. Wie nimmt Caskey es auf?«

»Ich habe sie noch nicht gesehen, aber vermutlich ist sie nicht glücklich.«

»Wenn sie Ambitionen hat, wird sie darüber hinwegkommen. Und bei näherem Hinsehen wird sie erkennen, dass Frank auf dem absteigenden Ast war.«

»Nicht früh genug, um ihn in die richtige Richtung zu stoßen«, wandte Noble ein.

»Frank ist stur, und er ist kein kompletter Idiot. Wenn Caskey die Laufarbeit gemacht hat, wird Frank nur zu gern hinten gesessen und von dort alles gesteuert haben.«

»Das habe ich auch gehört«, sagte Noble. »Beim Black-Oak-Farm-Fall hat sie wohl die ganze Arbeit gemacht. Smee hat gehört, Ford habe ausgeschlafen, und Coulson war bereits festgenommen, als er sich endlich zum Tatort bequemte. Hat trotzdem alle Lorbeeren eingeheimst.«

»Interessant, dass Caskey sich nicht daran gestört hat.«

»Loyalität?«

»Wer weiß.« Brook zuckte mit den Schultern. »Wissen Sie zufällig, warum sie von den Spezialkräften zu uns kam?«

»Smee hat gehört, ihr Partner sei in Kent getötet worden und sie habe sich kurz darauf versetzen lassen.«

»Und weiter?«

»Das ist alles, was ich weiß. Oh, und es soll plötzlich und gewaltsam gewesen sein.«

»Mehr nicht? Ich dachte, das Revier funktioniert nur mit Klatsch.« Brook nahm einen Schluck Tee. »Sagen Sie Bescheid, wenn Sie mehr hören.«

»Sie meinen, wenn ich was herausfinde.« Brook lächelte bestätigend. Noble grinste und spitzte die Lippen. »Oder haben Sie einen Hintergedanken?«

»Nein, habe ich nicht.«

»Klar, ich vergaß. Angie hat mir erzählt, Sie hätten gestern Ihr Coming-out gehabt.«

Brook runzelte die Stirn, biss aber nicht an. »Wo stehen wir bei der gestrigen Laufarbeit?«

»Die Befragung von Tür zu Tür hat nichts ergeben. Keine Sichtung irgendwelcher verdächtigen Besucher, niemand hat in der Gegend neue Gesichter gesehen. Die liegt ja aber auch, wenn wir ehrlich sind, am Ende der Welt.«

»Und Fremde würden dort eine Meile gegen den Wind auffallen, wenn sie nicht im Schutz der Dunkelheit unterwegs sind.«

»Richtig.«

»Je nachdem, was die Obduktion ergibt, haben wir also ein Zeitfenster von drei bis fünf Stunden, jeweils am Samstag- oder Sonntagabend«, sagte Brook.

»Wie kommen Sie darauf?«

»Weil die Gibsons die Tür geöffnet haben, John. Es wird Ende Oktober schon gegen fünf Uhr dunkel, aber selbst samstags oder sonntags sind da noch Leute unterwegs. Sie kommen von der Arbeit heim oder waren nachmittags einkaufen.«

»Oder beim Spiel.« Noble nickte. »Derby hatte Samstag ein Heimspiel.«

»Aufgrund dessen würde ich sagen, wir können von einem späteren Eintreffen des Mörders ausgehen, nachdem es auf der Straße ruhiger war. Sagen wir zwischen sieben Uhr und spätestens Mitternacht.«

»Später nicht?«

»Gibson sagte, seine Eltern würden immer früh ins Bett gehen, und da würde es mich überraschen, wenn sie aufstehen und die Tür öffnen oder gar aufschließen. Besonders bei einem Fremden. Sobald sie im Bett sind, ist es für die meisten Leute eine Anstrengung, mehr zu machen, als aus dem Fenster zu rufen. Das gilt für ältere Menschen erst recht. Nicht zu vergessen der Aufruhr, den man verursachen muss – an die Tür hämmern, bis sie einen endlich bemerken.«

»Und die Gibsons waren noch angezogen.«

»Ganz genau. Der Mörder kam also, bevor sie ins Bett gingen. Wenn er eingebrochen ist, wäre das eine weitere Variable, aber es gibt keine Spuren, die das vermuten lassen. Sie haben ihm die Tür geöffnet. Oder ihnen. Und sobald sie drin waren, war Beschwichtigung leicht. Obwohl die Schüsse durchaus eine Zeit nach dem Eindringen stattgefunden haben können.«

Noble lächelte schwach. »Und Sie denken, Mitternacht könnte zu spät für ein Eindringen gewesen sein?«

»Wenn die Gibsons auch nur annähernd wie meine Eltern waren, sind sie vor zehn im Bett gewesen.«

»Womit das Zeitfenster auf drei Stunden schrumpft.«

»Das ist etwas, das wir auch Matthew Gibson fragen können.«

»Da wir von Gibson reden«, sagte Noble, »seine Eltern würden definitiv die Tür öffnen, wenn er mitten in der Nacht bei ihnen klopft.«

»Das macht ihn nicht zu einem brauchbareren Verdächtigen, John. Er müsste sie immer noch aus dem Bett holen und sie anziehen.«

»Er hatte Hausschlüssel, und wir haben nur sein Wort, dass seine Eltern den Schlüssel im Schloss stecken ließen. Wenn er gelogen hat, könnte er reingeschlüpft sein, bevor sie zu Bett gingen, und sie erschossen haben.«

Brook zuckte mit den Schultern. »Und warum wartet er dann nicht bis später und erschießt sie schlafend im Bett? Keine Umstände, kein Problem. Er braucht ihnen nicht mal ins Gesicht zu sehen. Und warum das ganze Brimborium mit der Musik und dem Champagner? Finden Sie ein Motiv und jemanden, der ihn auf dem Grundstück gesehen hat, und wir nehmen ihn ins Visier. Keine Treffer bei seinem Auto, vermute ich?«

»Seinen Autos«, korrigierte Noble. »Er ist ein reicher Mann. Er besitzt einen BMW SUV und einen Audi A3. Aber bei beiden kein Treffer. Wir weiten die Suche aus und durchkämmen auch die Aufzeichnungen aus den Verkehrskameras, aber es ist wie die Nadel im Heuhaufen.«

»Dann konzentrieren Sie sich auf das Dreistundenfenster am Samstag und Sonntag«, sagte Brook. »Gehen Sie davon aus, dass der Mörder nicht in der Straße der Gibsons geparkt hat. DC Cooper soll die entsprechenden Überwachungskameras und Verkehrsvideos sichten und die Befragung auf umliegende Straßen ausweiten.«

»Er könnte sein Auto überall im Umkreis einer Meile abgestellt und den Rest gelaufen sein«, sagte Noble. »Vielleicht sogar weiter. Es ist keine Hauptverkehrsstraße, darum ist es schwierig, an Videomaterial zu kommen. Vielleicht haben wir Glück mit Geschäften, aber es gibt nicht allzu viele, und die Qualität der Kameras wird uns schlechtes Material liefern.«

»Erledigen Sie es, und machen Sie einen Haken dran«, sagte

Brook. »Jemand hat das sorgfältig geplant, darum erwarte ich eine Sackgasse, und wir können davon ausgehen, dass es in Breadsall genauso war. Die Wahl der Orte war vielleicht kein Zufall.«

»Am Stadtrand, ruhig und mit guten Zufahrtsstraßen.« Noble nickte.

»Richtig. Und fragen Sie die Leute ruhig, ob ihnen im letzten Monat etwas aufgefallen ist. Wenn es eine Serie ist, waren die Gibsons bereits kurz nach Breadsall unter Beobachtung.«

»Wird erledigt«, sagte Noble.

»Ich vermute, es gab eine Tür-zu-Tür-Befragung in Breadsall?«

»Ford ist nicht völlig jenseits von Gut und Böse, aber Sie haben recht – dabei hat sich nichts ergeben. Ist auch eine bessere Gegend, darum sind die Anwohner dort wachsamer. Ich kann Cooper auch noch mal das Filmmaterial prüfen lassen, aber die Gegend ist halb ländlich, und Kameras werden sich auf die Hauptstraße beschränken, wenn überhaupt.«

Brook machte mit der Hand eine abhakende Bewegung. »Irgendwas von den Müllbehältern und Gullys?«

Noble schüttelte den Kopf. »Die Mörder hängen wohl an ihren Glocks – für das nächste Paar.«

»Es ist noch nicht gesichert, dass es sich um einen Serienmörder handelt, John. Die Viktimologie passt nicht vollständig.«

»Zwei unbescholtene verheiratete Paare, ruhig und hingebungsvoll.«

»Aber Alter und Sexualität unterscheiden sich«, beharrte Brook. »Wir brauchen die Ballistik, um eine konkrete Verbindung zu haben.«

»Und zwei Mörder?«

Brook schüttelte den Kopf. »Das ist sehr merkwürdig. Zwei bewaffnete Männer brechen in die Häuser verheirateter Paare ein und nehmen ihnen nur das Leben. Wo ist das Motiv?«

»Vielleicht haben sie etwas gestohlen, von dem wir noch nicht wissen.«

»An beiden Tatorten? Nein. Es gäbe zumindest Spuren ihrer Suche, selbst wenn man davon ausgeht, dass sie nicht auf Geld und

Wertsachen aus waren. Und ich habe gestern Abend das Video aus Breadsall geguckt. Frazer und Nolan hatten es behaglich, keine Frage, aber sie waren nicht unermesslich reich, und die Gibsons noch viel weniger.«

»Wir sollten Matthew Gibson um eine Inventarliste bitten«, sagte Noble. »Vielleicht kann er etwas Licht ins Dunkel bringen.«

Brook stand auf und trat ans Fenster. Die ersten Streifen der Morgenröte erstreckten sich am Horizont. »Wenn er wusste, dass seine Eltern etwas besaßen, das einen Mord rechtfertigt, hätte er uns das längst erzählt.«

»Nicht, wenn er es an sich genommen hat.«

»Er ist ihr Sohn und Erbe, und mit zwei teuren Autos und einer Vielzahl von Mietshäusern ist er bereits wohlhabend, vermute ich mal. Seine Eltern sind schon älter, und was auch immer ihnen gehörte, würde schon bald genug ihm gehören. Und was können sie schon besitzen, dass sie dafür umbringt?«

»Ich weiß es nicht, aber der Schmauchspurtest hat gezeigt, dass er kürzlich eine Waffe abgefeuert hat.«

»Das hat er uns selbst erzählt, John.«

»Eine schlaue Methode, um den Verdacht abzulenken.«

»Glauben Sie wirklich, er hat seine Eltern getötet, seinen mysteriösen Komplizen fortgejagt und dann ein paar Tage später selbst die Leichen entdeckt und den verzweifelten Sohn gespielt? Ziemlich kaltblütig. Und wieder frage ich, warum das ganze Getue mit Champagner und Musik?«

»Um uns zu verwirren.«

»Das funktioniert«, antwortete Brook. »Und warum hat er uns das Bargeld aus dem Schlafzimmer übergeben, das ihn in Verdacht bringt?«

»Noch eine schlaue Methode, mit der er andeutet, dass er ein stümperhafter Idiot und kein eiskalter Mörder ist.«

»Es ist nicht Gibson. Erst recht nicht, wenn seine Eltern Teil einer Serie sind.«

»Es sei denn, er hat Frazer und Nolan ermordet, um den Mord

an seinen Eltern zu verschleiern. Damit er aussieht wie der Teil einer Serie.«

»Nein«, sagte Brook mit Nachdruck. »Er hätte ein anderes älteres Paar gewählt, das viel mehr dem Profil seiner Eltern entspricht. Der Mord an zwei mittelalten schwulen Männern, mögen sie noch so hingebungsvoll sein, passt nicht ins Schema. Und denken Sie daran, bei ihnen war es schwierig. Sie mussten gefesselt und geknebelt werden.«

Noble zuckte mit den Schultern. Er war es leid, den Advocatus Diaboli zu spielen. »Das ist nicht schwer, wenn man Pistolen und einen Komplizen an seiner Seite hat.«

»Aber er glaubt womöglich, er müsste erneut morden, damit der Mord an seinen Eltern gut vertuscht wird.«

»Was er wohl kaum jetzt noch machen kann, da er unter verstärkter Beobachtung steht«, ergänzte Noble. »Und er würde keine Hilfe benötigen, um seine Eltern zu ermorden. Selbst unbewaffnet ist er ihnen mehr als gewachsen.«

»Stimmt«, sagte Brook und schenkte sich noch einmal Tee aus seiner Thermosflasche ein und nahm einen tröstenden Schluck. »Wenn er einen Partner hat, erhöht das nur die Wahrscheinlichkeit, dass man ihn entdeckt. Das macht ihn verletzlich. Wenn Gibson seine Eltern ermordet hat, hätte er es wie einen simplen Raubmord aussehen lassen. Er hätte ein paar Tabletten auf den Boden gekippt und den Rest weggeworfen, keine komplizierte Angelegenheit. Die Musik und der Champagner personalisieren das Verbrechen und zeigen mit dem Finger auf ihn. Warum sollte er das machen?«

»Das würde er nicht tun«, gab Noble nachdenklich zu. Nach ein paar Sekunden blickte er zu Brook auf. »Sohn und Erbe.«

»Was?«

Er kramte auf seinem Schreibtisch nach einem Zettel. »Er ist zwar der Sohn, aber er ist nicht der Erbe.«

»Was meinen Sie damit?«

»Er wird nicht erben«, sagte Noble und fand den Zettel. »Sein jüngerer Bruder in Australien bekommt alles.«

»Wie viel?«

»Laut der Mail des Anwalts fünfunddreißigtausend Pfund auf verschiedenen Konten und eine Versicherungspolice, die hunderttausend wert ist.«

»Leute haben schon für deutlich weniger getötet«, gab Brook zu. »Wie steht es um Gibsons Finanzen?«

»Angie geht die Daten durch, aber ihm gehören fast zwei Dutzend Häuser – bis auf drei sind alle bezahlt.«

»Was ihn zumindest auf dem Papier zu einem Millionär macht«, sagte Brook.

»Auch Millionäre haben Probleme mit dem Cashflow.«

Brook schaute auf die Uhr und verfiel in brütendes Schweigen. Er starrte aus dem Fenster in den bleichen Himmel und schüttelte den Kopf. »Wir denken schon zu weit. Behalten Sie das im Hinterkopf, bis wir wissen, dass es eine Serie ist. Alles Weitere ist reine Spekulation. Wie stand es um ihre Gesundheit?«

»Wir haben eine Apotheke gefunden, bei der sie ihre Medikamente bezogen. Die Gibsons waren beim Raven Medical Centre in Alvaston registriert. Smee und Read besorgen ihre Akten.«

»Wurde bei Frazer und Nolan dasselbe gemacht?«

»Keiner war HIV-positiv, falls Sie das meinen.«

»Das meinte ich nicht, aber das schließt ja andere gesundheitliche Probleme nicht aus.«

»Wenn sie Probleme hatten und verzweifelt genug waren, um einen Freund oder Verwandten zu bitten, sie auf den Weg zu schicken – warum waren sie dann gefesselt?«, fragte Noble.

»Es klingt unwahrscheinlich. Da ist es schon wahrscheinlicher, dass sie Champagnertrinker waren.«

»Doktor Petty hat vielleicht heute Nachmittag was zum Mageninhalt«, sagte Noble.

»Welche Uhrzeit?«

»Vier«, sagte Noble. »Tut mir leid.«

»Schon okay. Sie haben die Erfahrung, John. Ich arbeite Ihnen zu. Und nehmen Sie Angie mit. Das wird ihr guttun. Ist es für Charlton okay, wenn ich die Nachmittage freinehme?«

»Geht«, erwiderte Noble und wich Brooks Blick aus.

Brook betrachtete ihn skeptisch, doch er sagte nichts weiter. Er sah wieder auf die Uhr. »Wir haben noch ein paar Stunden bis zur Sitzung.« Er leerte seine Tasse und steuerte die Tür an.

»Schinkensandwich?«, fragte Noble hoffnungsvoll.

»Wo ist das Absperrband?«

Noble schaute sich in dem dunklen Garten um. Ein Fetzen vom Polizeiband lag verdreht und reglos in der Einfahrt. »Es ist kaputt. Es ist schon über einen Monat her.«

»Vielleicht haben die Verwandten von Frazer und Nolan eine Tatortreinigungsfirma mit dem Saubermachen beauftragt.«

Noble fingerte unbeholfen an den Schlüsseln herum, was mit den Gummihandschuhen zusammenhing. Er hielt jeden einzeln hoch, bevor er versuchte, ihn ins Schloss zu stecken. Er wurde bereits ärgerlich, doch dann drückte er die Klinke nach unten und drehte sich überrascht zu Brook um. »Es ist nicht abgeschlossen.«

»Überrascht mich nicht.«

»Könnten Plünderer gewesen sein«, sagte Noble und senkte die Stimme. »Oder der Mörder ist zurückgekommen, um abzuspritzen.«

Brook drückte einen Schalter, doch das Licht ging nicht an. »Es gibt nur einen Weg, das herauszufinden«, sagte er und schob die Tür weit auf. Er trat ein und krauste die Nase. Der intensive Geruch von Verwesung war verschwunden, seit das Haus versiegelt worden war, doch der Odor des Todes hing immer noch in der Luft. »Noch nicht gereinigt.« Von Nobles Hand ging ein dünner Lichtstrahl aus und beleuchtete die Küche. »Sie sind gut vorbereitet.«

»Meine iPhone-Taschenlampe«, erklärte Noble.

»Sie machen Scherze.«

Noble seufzte und streckte die Hand aus. Brook kramte nach seinem neuen iPhone und gab es ihm. Noble schüttelte den Kopf und drückte den Home-Button. »Es ist ausgeschaltet.«

»Natürlich ist es ausgeschaltet. Ich rufe ja auch nicht mitten in der Nacht Leute an.«

»Nein, Sie schicken nur Textnachrichten. Ziehen Sie auch die Stecker raus, bevor Sie ins Bett gehen?«

»Die Schalter übernehmen den Job für mich«, sagte Brook. Er konnte in der Dunkelheit spüren, wie Belustigung von Noble ausging. »Das bisschen Schlaf, das ich bekomme, soll nicht gestört werden, John.«

»Stören? Als ich das letzte Mal nachgeschaut habe, hatten Sie nur zwei Nummern im Kurzwahlspeicher, und eine davon ist die einer Tochter, die Sie einmal im Jahr sehen.« Brook wollte widersprechen, sagte aber nichts, denn er spürte Nobles plötzliche Reue. »Ich wollte nicht ...«

»Vergessen Sie's. Sie haben recht. Ich sollte es eingeschaltet lassen.«

»Wie lautet die PIN?«

»Viermal die eins.«

Noble atmete genervt aus. »Lesen Sie nicht die Rundschreiben über Verschlüsselung?«

»Was glauben Sie denn?«

Eine Sekunde später wischte Noble das Menü nach oben und tippte auf das Taschenlampensymbol.

»Hervorragend«, sagte Brook staunend und ließ sein Licht hin und her wandern wie ein Kind mit einer Wunderkerze.

Die beiden betraten das Haus. Ihre Schuhe klapperten auf den Steinfliesen einer großen Küche, die mit Frühstückstheke und Barhockern ausgestattet war und ein Spülbecken, eine Abtropffläche und Arbeitsflächen aus Marmor aufwies. Der große Edelstahlkühlschrank, der Ofen und das Kochfeld wirkten teuer und sprachen für einen guten Geschmack. Noble öffnete den Kühlschrank, und er wurde hell angestrahlt. Der Kühlschrank war leer.

»Wenigstens funktioniert der Strom«, sagte er und schloss die schwere Tür.

»Vielleicht ist eine Sicherung durchgebrannt.« Brook leuchtete mit seiner Lampe an die Wand über der Frühstückstheke. Kabel hingen aus dem Sockel einer leeren Halterung, in der zuvor ein Fernseher gehangen hatte. »Die Streife soll das Haus in der kommenden

Woche im Auge behalten, bis wir uns das genauer angesehen haben. Ich vermute, Ford hat ihre Computer mitgenommen, um die Kontakte zu prüfen.«

»In der Inventarliste ist ein Laptop aufgeführt, ich hatte allerdings noch keine Gelegenheit, ihre E-Mails durchzugehen. Ich habe aber schon einen Screenshot von ihrem Hotmail-Postfach gesehen.«

»Und das heißt?«

»Es gab einen Ausdruck der Mailadressen und Betreffzeilen in ihrem Maileingang und einen Ausdruck aller nützlichen Mails und Dateien.«

»Zum Beispiel?«

»Schriftverkehr mit Freunden, Frazers und Nolans Pläne, Einkäufe im Internet. Solche Sachen. Dabei ist mir nichts ins Auge gefallen.«

Brook ging zu einem Stapel Kataloge auf der Frühstückstheke. Er zog den obersten heran und blätterte darin bis zu einer Seite, die ein Eselsohr hatte. »Irgendwelche Pläne mit Thomson Holidays?«

»Jetzt, wo Sie das sagen – da war tatsächlich was.«

Brook hielt das Magazin hoch und mit ihm ein DIN-A4-Blatt mit Kalkulationen. »Sieht so aus, als hätten sie die Kosten für einen Skiurlaub in Japan ausgerechnet.«

»Was sie nicht getan hätten, wenn einer von ihnen ernsthaft krank gewesen wäre und sie einen assistierten Suizid geplant hatten«, schlussfolgerte Noble.

Brook legte den Katalog zurück und schlenderte in den offenen Wohnbereich, wo er ein gerahmtes Bild von Frazer und Nolan vom Kaffeetisch nahm. Beide trugen schrillbunte Weihnachtspullover und hielten jeweils eine Champagnerflöte in der Hand. Sie standen Arm in Arm da, hatten Luftschlangen im Haar, und Nolan blies in eine Rollpfeife. Brook stellte das Foto zurück und setzte seine Suche nach einer Musikanlage fort. Auf einem leeren Regal sah er noch mehr lose Kabel, die Richtung Boden hingen. »Der CD-Spieler ist weg«, sagte er.

»Den Fotos von der Spurensicherung zufolge war es eine Dockingstation für den iPod«, antwortete Noble. Bevor Brook herausfinden konnte, wie so eine Dockingstation aussah, tauchte Noble neben ihm auf und strahlte mit seinem Handy eine schwere grüne Flasche in seiner behandschuhten Hand an. Sie war leer.

»Champagner?«

»In dem Regal stehen weitere vier Flaschen. Alle Jahrgangschampagner von Laurent-Perrier.«

»Unwahrscheinlich, dass der Mörder eine Kiste mitbringt«, vermutete Brook.

»Dann haben Frazer und Nolan ihn vielleicht getrunken, als er eintraf«, sagte Noble.

»Und da sie die Ersten seiner Serie waren, kam er auf die Idee, das bei den folgenden Morden zu verwenden«, sagte Brook und nickte. »Schicken Sie's zur EMSOU.«

»Aber warum hat er nicht die leere Flasche und die Gläser offen stehen lassen?«

»Weil das nicht Teil seines Plans war, bis er sie den Champagner trinken sah. Beim ersten Mord ist er noch vorsichtig und hält sich an sein Vorgehen, doch beim zweiten Mal bringt er den Champagner mit, weil er will, dass wir es sehen.«

»Dass wir was sehen?«

Brook suchte nach den richtigen Worten. »Das Element der Feier.«

Noble grunzte. Er klang nicht überzeugt. Ein Geräusch von oben ließ beide innehalten. Noble schaltete sein Licht aus, aber Brook, der nicht wusste, wie man das machte, vergrub sein Handy in der Tasche. Er deutete auf das untere Ende der Treppe, und beide schlichen zu einer dunklen Nische, von der aus sie zum oberen Treppenabsatz schauen konnten.

Der Lichtkegel einer Taschenlampe von oben trieb sie zur Eile, und beide Männer verbargen sich hastig. Das Licht wurde heller, und die Stufen dröhnten unter Schritten, als eine schlanke Gestalt aus dem oberen Flur nach unten kam, die schwer unter einer Last keuchte. Sobald sie das Erdgeschoss erreicht hatte, kramte Brook nach seinem Licht. »Polizei«, bellte er. Ein Krachen und ein Schrei waren die Antwort.

»Keine Bewegung«, befahl Noble, schaltete sein Licht ein und strahlte eine Frau mittleren Alters an, die ihre in Handschuhen steckenden Hände theatralisch vors Gesicht hob. Sie hatte eine Sporttasche über der Schulter, und vor ihren Füßen lag eine offene Kiste.

»Nehmen Sie die Tasche runter«, befahl Brook.

Sie bückte sich und gehorchte. »Das ist nicht das, wonach es aussieht«, sagte sie mit angespannter Stimme.

Brook und Noble näherten sich und richteten ihr Licht auf das Gesicht der Frau.

»Wer sind Sie?«, wollte Brook wissen.

»Maureen McConnell«, sagte die Frau. »Ich wohne nebenan.«

»Sie haben die Leichen gefunden«, sagte Noble.

»Das stimmt.«

»Und Sie haben einen Schlüssel.«

Sie nickte. »Die Jungs … Sie haben mich immer gebeten, ihre Pflanzen zu gießen, wenn sie weg waren. Sie waren so nette Jungs. So lieb. Sie haben es nicht verdient …«

»Was machen Sie hier?«, fragte Brook, der eine Flut Tränen vorausahnte.

»Ich mache das, was Ihre Leute längst hätten tun sollen«, fauchte sie. Die Verzagtheit war verschwunden. »Ich schütze Stephens und Iains Besitz, bevor irgendwelche Dreckskerle ihn sich holen.«

Nebenan in Maureen McConnells warmer Küche las Brook die handgeschriebene Nachricht, während sie Tee kochte und Noble die Reisetasche und den Karton ausräumte, in denen sich der iPod nebst Dockingstation, dicke Uhren, teure Sonnenbrillen und Schmuck und Glaswaren befanden.

Brook las fertig und gab die Nachricht Noble.

An die Polizei. Bitte melden Sie sich nebenan, wenn Sie die Sachen von Stephen und Iain abholen wollen. Seit Sie das Haus hier verlassen haben, habe ich beobachtet, wie ungebetene Gäste sich den Laden angesehen haben, darum habe ich es auf mich genommen, ihr Eigentum zu verwahren, damit es den Angehörigen ausgehändigt werden kann.
Maureen McConnell (Nr. 23)

»Sagen wir, wir glauben Ihnen, dass Sie diese Nachricht wirklich zurücklassen wollten«, sagte Brook.

»Mir ist es egal, ob Sie mir glauben oder nicht«, erwiderte sie trotzig und gab Milch in die Tassen. »Seit Sie das Haus freigegeben und es sich selbst überlassen haben, habe ich allerlei Gesocks hier herumschleichen gesehen. Parasiten.«

»Sie lesen die Sterbeanzeigen in der Zeitung und wissen dann, wenn ein Haus leer steht.«

»Verdammte Ghule.«

»Sie wollten ihnen also zuvorkommen.«

»Das ist richtig.«

»Sie haben den Fernseher mitgenommen?«

»Er steht im Gästezimmer«, sagte McConnell. »Hören Sie, ich habe mich bei Ihrem Kollegen beschwert, aber den interessierte das kaum.«

»DI Ford?«

»Genau der. Schrecklicher kleiner Mann mit seinen Beleidigungen. Arschpiraten, so hat er sie genannt. Er dachte, ich hätte das nicht gehört, hab ich aber. Sie waren so nette Jungs, hingebungsvoll. Und dieser scheußliche Kerl …« Sie verstummte, um ihre Gefühle zu unterdrücken, nahm einen Schluck vom dünnen Tee und zeigte auf die ausgepackten Wertsachen auf dem Küchentisch. »Stephen und Iain hatten schöne Sachen. Sehr guter Geschmack. Teuer. Na, Sie wissen schon, wie die Schwulen eben so sind. Immer gut angezogen.« Ihr Blick huschte kurz über Brooks unförmige Jacke und Hose, die vom Tragen abgewetzt waren, und Noble wandte den Blick ab. »Ich konnte das nicht den Dieben überlassen. Die Glaswaren sind von Lalique. Die haben sie gesammelt. Oben in Carlisle haben sie Familie, und die wollen bestimmt Erinnerungsstücke behalten.«

»Und warum die Handschuhe?«

Sie zuckte mit den Schultern. »Ich wollte keine Fingerabdrücke hinterlassen. Falls Ihre Leute mehr Tests machen.«

»Alle Abdrücke wären inzwischen gefunden worden«, sagte Noble.

»Woher sollte ich das wissen?«, klagte sie. Ihre Züge wurden weich, und sie wischte eine Träne weg. »Es ist schlimm genug, die Jungs so zu finden …« Sie starrte ins Leere. Diesen Ausdruck hatte Brook schon oft auf den Gesichtern fassungsloser Zeugen gesehen, deren kuschelige Welt von einem brutalen Ereignis erschüttert worden war. »Sie haben noch niemanden festgenommen?«

»Noch nicht.«

»Das ist es dann, richtig? Sie werden sie auch jetzt nicht mehr fassen, oder?«

»Sie?«

Sie zuckte mit den Schultern. »Nun, sie waren sportlich, die beiden. Sind immer laufen gegangen oder haben lange Wanderungen gemacht. Sie haben sich um ihren Körper gekümmert, Sie wissen schon, wie die Schwulen das so machen. Sie waren fit und stark, und wer auch immer sie umgebracht hat … nun.«

»Waren sie Bodybuilder?«, fragte Noble.

»So weit ging das nicht, aber sie haben Sport getrieben und sich gesund ernährt. Sie waren straff und muskulös. Das sah man im Sommer, wenn sie was im Garten gemacht haben.« Sie seufzte. »Sie haben den Garten geliebt. Was wird wohl jetzt daraus?«

»Sie haben verdächtige Personen erwähnt«, sagte Brook. »Konnten Sie sie sehen?«

»Nicht richtig. Normalerweise trieben sie sich nachts hier herum. Meist junge Männer. Ich meine, das waren nicht alles Diebe. Ich vermute, viele von denen suchten einfach die Aufregung, die so ein Mordhaus mit sich bringt. Ich habe in der Küche Licht brennen lassen, aber dadurch ist wohl die Sicherung durchgebrannt.«

»Waren welche im Auto unterwegs?«

»Ein paar.« Ihre Miene hellte sich auf. »Ich habe ein paar Nummernschilder aufgeschrieben, falls das hilft.«

»Ja bitte«, sagte Brook und blickte zu Noble.

»Haben Sie die Nummern auch DI Ford gegeben?«

»Oh ja«, sagte McConnell. »Die meisten schon.« Als Brook eine Braue hob, fuhr sie fort: »Nun, er schien daran nicht besonders interessiert zu sein, denn es war ja nach…«

»Nachträglich«, schlug Brook vor.

»Genau«, sagte McConnell. »Glaubte, es seien nur Plünderer.«
Sie zuckte wieder mit den Schultern. »Nun, die Mörder werden
wohl kaum noch mal zurückkommen, oder?«

»Nein«, sagte Noble, der sie nicht mit der Eröffnung beunruhigen wollte, dass manche Mörder die Neigung haben, den Tatort zu
fetischisieren.

»Kann ich Ihnen eine Frage zu dem Tag stellen, an dem Sie die
Leichen entdeckt haben?«, fragte Brook.

10

In der Einsatzzentrale eine Stunde später blickte Brook mit müden
Augen auf die Kollegen, die mit Papieren raschelten oder herum-
liefen und in letzter Minute noch Hand an ihre Berichte legten. Als
die Aktivität sich legte, nickte er Noble zu, und der DS drückte eine
Fernbedienung und lud das erste Foto vom Tatort auf den Bildschirm. Es zeigte die toten Mr und Mrs Gibson, die Seite an Seite in
ihren Sesseln in sich zusammengesunken waren.

»Albert und Edith Gibson, erschossen irgendwann am Wochenende in ihrem Haus. Der exakte Zeitpunkt ist nicht bekannt,
und wir warten noch auf die Obduktion für eine Eingrenzung.«
Noble klickte mit der Maus und lud ein weiteres Foto von Toten
auf den nun geteilten Bildschirm. »Stephen Frazer und Iain Nolan
wurden letzten Monat in ihrem Haus in Breadsall erschossen. Alle
vier Opfer kamen durch einen einzelnen Schuss um, und beide
Paare wurden zu Hause ermordet, Seite an Seite sitzend. Wegen
der Ähnlichkeit bei Präsentation und Methode bearbeiten wir im
Moment noch beide Fälle zusammen, während wir auf die Ballistik warten, ob die Kugeln zusammenpassen. Oder nicht. Aber für
den Moment haben wir an beiden Tatorten genug Hinweise gefunden, die eine Verbindung vermuten lassen.« Er vergrößerte das

Foto der beiden toten Männer. »Es gibt allerdings einige Unterschiede.«

»Frazer und Nolan sind gefesselt«, sagte DC Cooper.

»Wir vermuten, dabei ging es um Kontrolle«, sagte Noble. »Beide Männer waren fit und aktiv und mussten ruhiggestellt werden. Darum auch der Knebel. Die Gibsons waren älter, und beide hatten gesundheitliche Probleme, wodurch sie leichter zu handeln waren. Die Todesursache und Präsentation der Opfer sind identisch, bis hin zu dem Detail, dass die Paare Händchen hielten, als sie starben, und wir glauben auch, dass das kein Zufall ist.«

»Der Mörder wollte sie so haben?«, fragte Banach.

»Wahrscheinlicher ist, dass er sie als Teil seiner Vision dazu ermutigt hat«, warf Brook ein.

»Seine Vision?«

»Wie er sich selbst in dem Drama sieht und was er von dem Akt mitnehmen will, den er vollzieht«, erklärte Brook. Die Mitglieder seines Teams mit der wenigsten Erfahrung brauchten einen Moment, um nachzuvollziehen, was er damit sagen wollte, und er ließ ihnen etwas Zeit, bevor er Noble zunickte.

»Blutspritzer und Lache von den Breadsall-Opfern kombiniert mit dem Winkel der Schüsse deuten darauf hin, dass Frazer und Nolan aus kurzer Distanz von einem stehenden Schützen oder mehreren Schützen getroffen wurden und im Sitzen starben. Die Rekonstruktion ergab, dass der Mörder zwischen eins siebenundsiebzig und eins dreiundachtzig groß war.«

»Das schränkt es ja auf nur etwa drei Millionen Männer ein«, sagte Morton, und die versammelten Kollegen lachten kurz.

»Und gestern?«

»Die erste Blutanalyse deutet auf dasselbe Vorgehen hin, obwohl wir noch nicht die genaue Flugbahn kennen, um Größe oder Entfernung des Schützen zu bestimmen.«

»Frazer und Nolan waren schwul«, sagte DC Smee. »Das ist sicher der größte Unterschied.«

»Natürlich«, stimmte Noble zu. »Allerdings waren auch sie verheiratet wie die Gibsons, und zu diesem Zeitpunkt sind wir nicht gänzlich überzeugt, dass ihre sexuelle Orientierung ein Faktor war. DI Fords Team …«

»Ex-DI Ford«, unterbrach Brook.

»Ex-DI Ford hat viel Zeit und Mühe darauf verwendet, einen sitzen gelassenen schwulen Liebhaber für die Breadsall-Morde aufzustöbern, ohne Erfolg. Und die Spurensicherung hat auch nichts von den üblichen Indikatoren erbracht, die auf ein sexuelles Motiv deuten. Tatsächlich waren alle vier Opfer unberührt, und ihre Leichen zeigten keine Spuren von Gewalteinwirkung, abgesehen von Abschürfungen an der Brust und den Handgelenken bei Frazier und Nolan, und die stammten von ihrem Widerstand.«

»Es ist also auch kein Hassverbrechen«, meinte Banach.

»Angesichts des fehlenden sichtbaren Hasses würde ich davon ausgehen«, sagte Brook.

»Damit ist Homophobie auch aus dem Spiel«, sagte Morton.

»Erschießen ist auch nicht das normale Vorgehen bei Hassverbrechen«, fügte Banach hinzu.

»Es schränkt einen ein, wenn man Zorn ausdrücken will«, stimmte Brook zu. »Es ist zu kalt, es mangelt an Katharsis, und wenn ein Hassverbrecher eine Pistole zur Waffe seiner Wahl macht, würde man erwarten, dass mehr Schüsse abgegeben werden.«

»Es hätte auch Kopfschüsse gegeben«, sagte Banach. »Bei einem Hassverbrechen geht es um die Zerstörung der Persönlichkeit, und Gesicht und Kopf stehen für die Identität.« Beeindruckt öffnete Brook seine Hände wie ein Buch, und Banach lächelte verlegen.

Noble gab die Fernbedienung an DC Read weiter, der das nächste Bild lud, das eine schwarze Handwaffe zeigte.

»Smee und ich wurden für die Morde letzten Monat zu DI Fords Team hinzugezogen«, sagte Read.

»Ex-DI Ford«, wiederholte Brook leise.

Read lächelte entschuldigend. »Die Waffen, die bei Frazer und Nolan verwendet wurden, waren Glocks, die zu den beliebtesten Handwaffen der Welt gehören, weil sie einfach und vielseitig sind. Sie werden von der britischen Armee benutzt wie auch von unserem eigenen Sondereinsatzkommando in Revieren überall im Land, auch in Derbyshire.« Er lud die nächste Folie.

»Die Glock 17 ist das Originaldesign und immer noch beliebt. Sie hat einen Kunststoffrahmen, was sie leicht und langlebig macht, und sie feuert mit einem üblichen Neunmillimetergeschoss, wovon wir zwei bei den Opfern in Breadsall gefunden haben. Es ist schwer zu sagen, welches Modell genutzt wurde, weil viele Glocks die gleiche Munition benutzen, deshalb ist sie auch so verbreitet.«

»Aber laut den Angaben der Ballistikcracks bei der EMSOU deuten die charakteristischen Hexagonstreifen der Geschosse darauf hin, dass beide Waffen Modelle einer frühen Generation waren. Die erste Glock 17 wurde 1982 produziert, aber es kann sich auch um eine Glock 18 oder 19 handeln. Die Magazine gehen auch für die 26 und die 34, und alle Generationen dieser Handwaffen arbeiten mit einer Neunmillimeterkugel.« Er machte eine effektvolle Pause und lud die nächste Folie. »Ursprünglich hat DI ... Ex-DI Ford gedacht, es handle sich um einen Einzelschützen, aber wie Sie sehen, deuten die Streifen auf den beiden Geschossen in Breadsall darauf hin, dass sie von verschiedenen Waffen abgefeuert wurden.«

»Zwei Handwaffen«, bemerkte Morton. »Zwei Mörder?«

»Wir bleiben in alle Richtungen offen«, sagte Brook. »Nichts ist sicher, bis wir es bestätigen können.«

»Ein Einzeltäter würde nicht für jedes Opfer eine separate Waffe verwenden«, beharrte Morton. »Müssen zwei Schützen sein.«

»Es ergibt trotzdem keinen Sinn«, antwortete Brook. »Vor allem bei Opfern, die so entgegenkommend sind wie die Gibsons.«

»Es hat etwas Exzessives«, stimmte Banach zu.

»Allerdings«, sagte Brook. »Aber es ist mehr als das. Mit mehreren Angreifern hätten wir immer auch ein Element der Gewalteskalation, und das fehlt ebenfalls an beiden Tatorten.«

»Sie stacheln einander an«, nickte Morton. »Tun sich hervor.«

Brook wies auf Read, damit dieser fortfuhr.

»Letzten Monat haben wir angefangen, alle Glock Neunmillimeter zu verfolgen, die auf die Mitglieder verschiedener Waffenvereine in der Gegend um Derby zugelassen sind. Für alle gab es eine

Berechtigung zum Besitz, und sie wurden gut verschlossen aufbewahrt. Trotzdem veranlasste DS Caskey, dass wir sie einsammeln und zu Testzwecken einschicken. Bis jetzt hat sich bei der EMSOU kein Treffer für die Geschosse ergeben, die bei Frazer und Nolan gefunden wurden.«

»Von wie vielen Waffen reden wir hier?«

»Vierzehn«, sagte Read. »Wir wissen, dass Matthew Gibson, der Sohn von Mr und Mrs Gibson, auch Mitglied in Swadlincote ist, aber mit ihm wurde nicht gesprochen, weil seine Waffe ja ausrangiert war.«

»Gibt es irgendwelche Exarmeeangehörige oder Polizisten in Boulton Moor, Dave?«, fragte Noble.

»Polizisten?«, rief Morton.

»Frazer und Nolan wurden mit Handschellen fixiert, bevor sie mit Seilen gefesselt und anschließend von den Handschellen befreit wurden«, erklärte Smee.

»Jeder kann sich heutzutage Handschellen besorgen«, bemerkte Cooper.

»Aber nicht jeder kann sich eine Glock verschaffen«, sagte Brook. »Und das ist die Waffe, die dafür autorisierte Beamte in Derbyshire tragen.«

»Es ist nicht so, als könnten sie die Waffe einfach mal mitnehmen und für ein bisschen freiberufliches Serienmorden benutzen«, wandte Morton ein. »Die Sicherheitsbestimmungen sind enger als ein Nadelöhr.«

»Nun, jedenfalls hat sich jemand am Wochenende auch in das Haus der Gibsons eingeladen, vermutlich spätabends und mit einer Waffe als Unterstützung; es ist also möglich, dass dieser Jemand sich als ein Vertreter der Behörden ausgegeben hat.« Bei dieser Behauptung von Brook ging ein Murmeln durch den Raum.

»Und es gibt niemanden, der mehr Autorität besitzt als ein Polizeibeamter«, bemerkte Banach.

»Wir sind gerade in einer Phase, in der wir nur Gedanken zusammenwerfen, aber mit diesen drei Hinweisen müssen wir es wenigstens in Betracht ziehen«, sagte Noble. »Und aus offensichtlichen Gründen darf diese Richtung unserer Ermittlungen nicht außerhalb dieses Raums geäußert werden, bis wir sie gänzlich ausschließen können. Nicht mal gegenüber Familie und Freunden, und schon gar nicht gegenüber Arbeitskollegen. Verstanden?« Alle nickten eifrig. »Dave.«

»Ich habe es noch nicht geschafft, in Breadsall irgendwelche Anwohner zu finden, die etwas mit Waffen zu tun haben«, antwortete Cooper. »Obwohl es in der Gegend einige pensionierte Polizeibeamte gibt, hatte keiner von ihnen die Berechtigung für eine Glock. Und kein Bulle wohnt in der Nähe des Tatorts in Boulton Moor. Allerdings gibt es in der Parallelstraße zum Haus der Gibsons einen Exsoldaten. David Fry.«

»Soldat?«

»Infanterie, um genau zu sein, er kennt sich also mit Waffen aus.« Cooper brauchte einen Moment, um das Foto des Mannes zu laden, den Brook am Vortag dabei beobachtet hatte, wie er großes Interesse am Tatort der Gibsons zeigte. Auf dem Foto hatte er ein blaues Auge und sah ziemlich mitgenommen aus.

»Er hat sich gestern hinter der Absperrung herumgetrieben«, sagte Banach.

»Er kommt aus der Nachbarschaft, das muss also nichts bedeuten.«

Read nickte zu der Aufnahme. »Aber er hat definitiv Vorstrafen.«

»Fry ist vor achtzehn Monaten aus Afghanistan nach Derby zurückgekehrt, nachdem er aus der Armee ausgeschieden ist. Seit seiner Entlassung hat er einige Vorstrafen wegen Trunkenheit und Randale angehäuft, aber nichts mit extremer Gewalttätigkeit. Außerdem deutet nichts darauf hin, dass er eine Waffe hat.«

»Veteranen haben immer eine Waffe«, sagte Morton. »Und wenn es nur ein Souvenir ist.«

»Seine Militärakte?«

»So weit bin ich noch nicht«, sagte Cooper.

»Arbeitet er?«, fragte Brook.

»Offiziell ist er arbeitslos.«

»Notieren Sie ihn bitte für eine weitere Überprüfung, John«, sagte Brook.

»Holen wir ihn her?«

»Nicht nötig. Wir wissen, wo er wohnt.«

Brook nickte Read zu, der auf die Pinnwände zeigte. »Jedenfalls habe ich eine Liste der örtlichen Glockbesitzer dort aufgehängt und in der Akte hinterlegt, was auch immer es uns bringen mag. Aber es sieht so aus, als wären die Waffen, die in Breadsall verwendet wurden, entweder illegal oder nicht hier registriert. Wir strecken unsere Fühler bei anderen Streitkräften aus und bitten sie, allen vermissten Glocks in Surrey, Hertfordshire und Schottland nachzugehen. Die Chancen sind gering, dass von dort etwas zurückkommt, darum ist eine illegale Waffe unser Favorit. Jemand, der die Pistole unerlaubterweise reaktiviert oder sie ins Land geschmuggelt hat. In Nordirland gibt es einen ziemlich lebhaften Handel, weil die Armee und die Polizei von Nordirland jeweils Glocks verwenden, und wenn sie ausrangiert werden, ist es nicht ungewöhnlich, dass sie hier auf dem schwarzen Markt auftauchen.«

»Mit anderen Worten, jede Glock, die bei einem Mord verwendet wird, ist wahrscheinlich illegal.«

»Ich fürchte schon«, bestätigte Read.

»Was ist mit Gibsons Waffe?«, fragte Noble.

»Er hat sie immer noch nicht gefunden«, sagte Smee. »Ist im ganzen Haus rumgelaufen, aber keine Spur.« Er zuckte mit den Schultern. »Er scheint darüber ehrlich verärgert.«

»Besorgen Sie einen Durchsuchungsbeschluss, und sehen Sie gründlich nach«, sagte Brook. »Was ist mit seinem Waffenverein?«

»Der erste Ort, wo wir gesucht haben, nachdem wir bei ihm zu Hause waren«, sagte Smee. »Sie war nicht in seinem Spind und auch nicht in seinem Schrank, aber gestern Abend habe ich mit dem Vorsitzenden des Vereins gesprochen …« Er schaute in seinen Notizen nach. »Ein Mr Graham Warburton, und er hat bestätigt, dass er Gibsons Waffe bei einem gesellschaftlichen Anlass bei ihm zu Hause in Ticknall gesehen habe und sich erinnere, die Waffe sei deaktiviert.«

»Aber vermutlich kann sie auch reaktiviert werden«, sagte Brook. »Von jemandem, der weiß, was er tut, mit Sicherheit.«

»Wie sieht es mit Gibsons Finanzen aus?«, fragte Noble.

»Er ist mehr als doppelter Immobilienmillionär«, sagte Banach. »Ihm gehören dreiundzwanzig Häuser rings um die Stadt und auf dem Land, inklusive seinem eigenen; ein finanzielles Motiv liegt also offenbar nicht vor.«

»Vielleicht ist er überschuldet«, schlug Morton vor.

Banach schüttelte den Kopf. »Weit davon entfernt. Er hat den Großteil bereits erworben, als er in den Zwanzigern und Dreißigern war, weshalb seine Rückzahlungen und die Hypotheken sehr gering sind. Seine Finanzen und der Finanzfluss sind solide.«

»Wieder ein Motiv dahin«, bemerkte Noble.

»Das heißt nicht, dass er seine Eltern nicht getötet hat«, sagte Morton.

»Nicht ohne ein Motiv, an das ich glauben kann, Rob«, sagte Brook. »Eines, das den Champagner und die Musik erklärt. Wenn Gibson seine Eltern beseitigen wollte, wäre es am einfachsten gewesen, ihnen eins überzuziehen und anschließend das Haus so zu plündern, dass es nach einem Raubmord durch Jugendliche oder so aussähe. Stattdessen haben wir einen Umschlag voll mit Bargeld und mit Gibsons Fingerabdrücken und zwei Schüsse, die aus einem Pistolenmodell abgegeben wurden, das er auch besitzt …«

»… was insgesamt auf ihn deutet«, sagte Noble.

»Er ist ein pensionierter Buchhalter und Immobilienmillionär«, widersprach Brook. »Vielleicht habe ich eine zu hohe Meinung von ihm, aber wenn er ein Motiv gehabt hätte, hätte er das sehr viel besser planen können.«

Ein paar Köpfe nickten widerstrebend.

»Da wir es schon von Champagner und Musik hatten«, sagte Noble. »heute früh haben wir die Nachbarin des Hauses in Breadsall befragt. Die, die Frazer und Nolan gefunden hat.« Ein paar Brauen runzelten sich, und Cooper schaute auf die Uhr. »Fragen Sie nicht«, sagte Noble. »Sie hat bestätigt, dass beide Opfer eine Schwäche für Champagner hatten, und wir haben mehrere Flaschen in ihrem Weinregal gefunden, auch eine leere. Die Obduktion besagt, dass Frazer und Nolan vor ihrem Tod Alkohol zu sich genommen hatten.«

»Es standen keine leeren Flaschen oder Champagnergläser offen herum«, sagte Smee.

»Wenn Breadsall der erste Mord war, könnten wir es mit einem sich erst entwickelnden Vorgehen zu tun haben«, sagte Brook. »Frazer und Nolan haben vielleicht getrunken, als der Mörder eintraf, und er hat dann entschieden, es zu einem Bestandteil seiner späteren Morde zu machen.«

»Wo war die leere Flasche?«, fragte Morton.

»Im Weinregal.«

»Der Mörder hat also aufgeräumt?«

»Es sei denn, Frazer und Nolan haben sie geleert, bevor er eintraf«, sagte Brook. »Aber unerfahrene Serienmörder sind oft in ihrem Denken chaotisch. Ihr erster Mord ist ein Grundmuster, und folgende Morde bauen darauf auf.«

»Sie machen so weiter, bis es sich richtig anfühlt«, folgerte Cooper.

»Den Champagner einzubeziehen ist also eine Optimierung?«, fragte Banach.

»Das ist möglich.«

»Was ist mit der Musik?«, fragte Smee.

»Wir glauben, dem Mörder könnte die Technik zum Hindernis geworden sein«, sagte Noble. »Die Nachbarin, Maureen McConnell, sagte, es sei keine Musik gelaufen, als sie das Haus betrat. Allerdings war sie sicher, dass der iPod auf der Dockingstation stand.«

»Also ist vielleicht etwas gelaufen, als sie starben«, sagte Banach.

»Aber warum lief es nicht in Dauerschleife wie bei den Gibsons?«

»Unterschiedliche Technologie«, murmelte Banach. »Bei den Gibsons gab es einen CD-Player; vielleicht hat der Mörder versucht, die Musik für Frazer und Nolan auf Repeat zu stellen, wusste aber nicht, wie.«

»Also ist es jemand, der älter ist«, sagte Cooper und nickte.

»In Matthew Gibsons Alter«, schlug Morton vor.

»Es ist nicht Gibson«, sagte Brook

»Sie sagen das immer wieder, aber er hat uns noch kein stichhaltiges Alibi geliefert«, sagte Morton. »Außerdem hat er den CD-Player und das Geld angefasst, und wir haben Schmauchspuren bei ihm gefunden.«

»Er ist Mitglied eines Waffenvereins«, wandte Brook ein.

»Das liefert ihm kein Alibi, nur weil er uns davon erzählt hat«, beharrte Noble. »Er besitzt eine vermisste Glock und hat einen Schlüssel zum zweiten Tatort.«

»Das gibt aber kein Motiv für den ersten Mord ab.«

»Beide Tatorte wurden organisiert«, argumentierte Read. »Deutet auf einen reifen Täter hin.«

»Gerade weil der Mord an seinen Eltern so organisiert war, hat er es nicht getan«, erwiderte Brook.

»Es sei denn, er hat ihn als assistierten Suizid durchgeführt«, behauptete Banach. »Sie hatten schließlich beide gesundheitliche Probleme. Vielleicht hatten sie entschieden, dass ihre Zeit um war. Sie wollten gemeinsam gehen, darum baten sie ihren Sohn, sie zu töten. Gibson war einverstanden und nahm Champagner mit, damit sie das glückliche Leben feiern konnten, und er spielte ihnen ihr Lieblingsstück vor, als sie starben.«

»Und da es offiziell ein Mord und kein Suizid war, ist ihre Lebensversicherung weiterhin gültig, und sie können den Enkeln etwas hinterlassen«, sagte Morton. »Nimmt man noch ihre Ersparnisse hinzu, haben wir es mit mehr als hundert Riesen zu tun.«

»Klingt für mich plausibel«, sagte Cooper.

»Aber Gibson hat nicht nur kein Geld nötig, er erbt auch nichts«, sagte Brook.

»Nein, aber sein Bruder, und wenn seine Eltern so unbedingt gehen wollen, sieht Gibson es unter Umständen als guten Weg, ihren Nachlass zu bewahren«, sagte Banach.

»Also feiern sie eine kleine Party, und er tötet sie rasch«, folgerte Morton. Sein Enthusiasmus wuchs. »Die Versicherung rückt das Geld raus, und alle sind glücklich. Das gefällt mir.«

»Mir aber nicht«, sagte Brook. »Im Moment ist er eine Person von besonderem Interesse, nicht mehr. Und falls Sie es vergessen haben, war es Gibson, der uns erzählt hat, dass die Musik lief. Warum sollte er uns das erzählen, wenn er sie angeschaltet hat? In der Tat, warum hat er die CD nicht rausgenommen, als er den CD-Player ausgeschaltet hat?«

Es herrschte Stille, während Brooks Einwände einsanken.

»Hunderttausend Pfund machen den Kohl ganz schön fett, da wo ich herkomme«, sagte Smee. »Selbst wenn alles an den Sohn in Australien geht, bekommt Gibson das Haus zurück, und seine Eltern vermeiden ein elendes Altern – alle gewinnen.«

»Alles Argumente, auf die wir zurückkommen können, wenn die zwei Morde nicht zusammenhängen«, sagte Brook. »In der Zwischenzeit beantragen wir den Durchsuchungsbeschluss für Gibsons Haus, und wenn dabei etwas herauskommt, schön und gut. Aber wenn wir einen Treffer bei den Waffen von beiden Tatorten bekommen, suchen wir nach einem Serienmörder.«

»Und der ist da draußen und sucht nach dem nächsten älteren Paar, das er ermorden kann«, sagte Banach.

»Warum älter?«, fragte Read.

»Das sich entwickelnde Vorgehen«, sagte Brook. »Die Gibsons waren sehr viel unproblematischer als Frazer und Nolan.«

»Und sie hatten keinen iPod«, fügte Banach hinzu.

»Was, wenn wir Matthew Gibson mit Frazer und Nolan in Verbindung bringen können?«, fragte Cooper.

Etwas in seiner Stimme ließ Brook aufhorchen. »Können wir das?«

Cooper drehte seinen Bildschirm herum. »Das kam gerade rein. Matthew Gibson, vierundfünfzig Jahre alt und bis zu diesem Frühjahr ein eingefleischter Junggeselle.«

»Eingefleischter Junggeselle«, sagte Brook und kniff die Augen zusammen. »Wollen Sie mir erzählen, er ist schwul?«

»Im April hat er einen James Trimble geheiratet, darum würde ich sagen, ja. Er ist schwul.«

»Das ist keine besonders deutliche Verbindung«, ergriff Banach als Erste das Wort nach kurzer Stille.

»Es ist mehr, als wir bisher hatten«, sagte Noble.

»Es gibt noch etwas«, sagte Cooper. »Gibson hat Vorstrafen. Er stammt ursprünglich aus Derby, aber er ist mit sechzehn von zu Hause weggegangen und im selben Jahr, 1978, nach London gezogen. Ein Jahr später wurde er wegen Aufforderung zur Unzucht in Piccadilly Circus festgenommen, und in den darauffolgenden achtzehn Monaten gab es eine Vielzahl ähnlicher Vergehen, zu denen auch Eigentumsdelikte, Schlägereien und Erregung öffentlichen Ärgernisses gehörten. Dieses letzte Vergehen war mit einem älteren Beamten, der seinen Job verlor und sich daraufhin umbrachte.«

»Gibson war ein Strichjunge?«, fragte Smee.

»So liest es sich zwischen den Zeilen.«

»Sonst noch was?«, fragte Brook.

»Nichts«, antwortete Cooper und tippte auf die Tastatur. »Er scheint danach Ordnung in sein Leben gebracht zu haben. Ging zur Schule und holte den Abschluss nach, wurde Buchhalter. Er kaufte Immobilien in London, verkaufte diese und zog zurück nach Derby, wo er anfing, sein Portfolio aufzubauen. Jetzt hat er seine eigene Immobilienfirma mit Webseite. Seitdem hat er eine saubere Weste.«

Brook war tief in Gedanken versunken. »Überprüfen Sie den Laptop und die Telefone von Frazer und Nolan noch einmal. Graben Sie tiefer in ihren Social-Media-Kanälen. Auch bei Matthew Gibson. Und machen Sie bei dem Durchsuchungsbeschluss Druck, Rob. Dave, ich will mehr Hintergrund zu Gibsons Delikten. Stellen Sie Nachforschungen über die Familie in Australien an. Versuchen Sie, ein Bild von der Beziehung zwischen Matthew und seinen Eltern zu bekommen, und schreiben Sie John, sobald Sie was haben. Es ist an der Zeit, dass wir die Lücken in Gibsons Alibi füllen.«

»Ich denke, wir können da eine Vermutung anstellen, oder?«, sagte Noble und folgte Brook zur Tür.

»Seit wann fangen wir denn mit Vermutungen an?«

»Vergessen Sie Terri nicht?«

Brook schaute auf die Uhr. »Ich habe noch Zeit.« Er zögerte, dann blickte er heimlich zurück zu Cooper. »Wir treffen uns am Wagen, John.« Noble zückte eine Zigarette und steuerte auf die Treppe zu.

»Dave, ich habe vergessen, die Verbindungsnachweise zu erwähnen.«

»John hat mich schon gestern Abend darauf angesetzt«, sagte Cooper lächelnd. »Niemand hat die Gibsons im Laufe des Wochenendes angerufen, um einen Besuch zu vereinbaren, jedenfalls nicht Matthew. Ich warte noch auf die Dokumentation zu seinem Handy, aber wenn er seine Eltern besucht hat, hat er sie vorher nicht angerufen.« Brook nickte zum Dank, doch er ging noch nicht. »Sonst noch etwas?«

»Ich überlege, ob Sie mir alles über die Black Oak Farm in einer Datei zusammenfassen und per Mail schicken könnten«, sagte Brook leise. »Videos, Zeugenaussagen, Spurensicherung – das alles.« Cooper starrte ihn an, als hätte er nicht verstanden. »Ich meine, Sie kennen doch den Fall?«

»Natürlich«, sagte Cooper. »Letztes Jahr. DI Ford hat ihn gelöst.«

»Ex-DI Ford. Und es ist immer noch ein Haftbefehl offen.«

»Ray Thorogood«, bestätigte Cooper.

»Richtig.« Es entstand eine unangenehme Pause.

»Wenn ich eine Suche durchführe, steht meine ID in der Akte«, sagte Cooper.

»Und?«

»Und wenn jemand fragt, was ich da mache, weil ich in der geschlossenen Fallakte eines Kollegen schnüffle, was soll ich dann sagen?«

Brook zögerte. »Wenn jemand fragt, sagen Sie ihm, ich will das Material sehen.«

»Und wenn niemand fragt?« Brook warf ihm einen durchdringenden Blick zu und ging Richtung Tür. »Dann behalten Sie es für sich, Dave«, beendete Cooper selbst den Satz.

11

Brook war auf der Fahrt raus nach Ticknall still und bemerkte nicht die gelegentlichen Seitenblicke von Noble.

»Alles in Ordnung?«

»Schon«, sagte Brook.

»Terri geht's gut?«

»Schon«, wiederholte Brook, den Blick auf die Straße gerichtet, als sie eine Ziegelbrücke erreichten. »Hübsche alte Brücke.«

Noble warf ihm einen langen Blick zu, richtete seine Aufmerksamkeit aber wieder auf die Straße. »Sie wird Arch genannt und war früher Teil eines von Pferden gezogenen Lastkahnsystems, mit dem Steine und Ziegel über die Kanäle getreidelt wurden.«

Brook sah zu ihm hinüber. »Ich wusste gar nicht, dass Sie was für Geschichte übrighaben.«

»Mein Großvater besaß ein Kanalboot in der Nähe von Ashby-de-la-Zouch. Er hat mich als Kind mitgenommen und mir alles darüber erzählt.« Er lächelte. »Viele Male.«

Bei einem Pub namens Wheel Inn bog Noble in die Banton's Lane ein und fuhr auf das Tor mit fünf Balken zu, das hundert Meter weiter zu einem Feldweg führte. Sie kamen an mehreren gut gepflegten Ziegelsteinhäusern vorbei, deren Fenster, Tore und Türen alle in gedämpften Farben gestrichen waren.

»Wir sind hier im Herzen von Farrow & Ball«, sagte Noble. »Schicke Wandfarben«, fügte er hinzu, da sich auf Brooks Stirn Verwirrung abzeichnete.

Sie parkten direkt vor Gibsons SUV in der Einfahrt einer Ziegelgarage, die zu dem letzten Anwesen in der Straße gehörte. Dahinter erstreckte sich die üppige Landschaft, und eine Nebeldecke hob sich von dem kalten Grund.

Sie traten durch das Tor und steuerten das große, zweigeschossige Haus an, das etwas von der Straße zurückversetzt stand. Zur Linken befand sich eine halb verfallene Steinscheune mit einem

Baugerüst an einer Seite. Das Dröhnen einer Zementmischmaschine erfüllte die Luft, und zwei Männer – einer mittleren Alters, einer jung – hievten große, honigfarbene Steine an ihren Platz, die sich perfekt in den bereits ausgelegten Weg fügten. Als Brook und Noble sich näherten, legte der ältere Mann einen großen Stein auf den Boden und fixierte sie mit wachsamen Augen. Er hatte kurze, angegraute Haare, die Arme waren mit Tattoos übersät, und er trug einen einzelnen Goldohrring, abgeschnittene Jeans und Arbeitsschuhe. Seine nackten Beine waren haarig und mit Zementstaub überzogen, die Knie dreckig vom Knien auf dem feuchten Boden. Durch seine dicke Fleecejacke stieg Dampf von seinem Oberkörper in die kalte Luft auf.

»Kann ich helfen?«, rief er mit schottischem Akzent.

»Wir suchen nach Matthew Gibson«, antwortete Noble und hielt seinen Ausweis hoch.

»Polizei«, sagte der Mann, ohne einen Blick auf Nobles Dienstausweis zu werfen.

Noble lächelte zur Bestätigung. »Mr Gibson?«

»Oben im Haus.« Brook und Noble trotteten weiter den Weg entlang. »Können Se den Mann nich in Ruhe lassen?«, fragte der Mann und folgte ihnen. »Er hat gerade seine Eltern verloren.« Die beiden Detectives marschierten weiter, als hätten sie nichts gehört, und bekamen mit, wie eine Reihe Kraftausdrücke ihnen folgte. Brook sah Noble an, der zurückblickte, während der DI weiterging.

»Sie sind Mr Trimble, richtig?«, fragte Noble.

Brook erreichte die Terrassentür am rückwärtigen Teil des Hauses, gerade als Gibson mit einem Tablett herauskam, auf dem drei dampfende Becher und eine Schachtel mit Schokoladenkeksen standen. Er trug ähnliche Kleidung wie der aufgeregte Schotte und war ähnlich schmutzig.

Er blieb wie erstarrt stehen, als er Brook sah, und stellte das Tablett auf einem schmiedeeisernen Tisch ab. »Das hat nicht lange gedauert«, sagte er.

»Die Wunder der Computerwelt«, sagte Brook.

»Ich habe gerade Tee gemacht.«

»Für mich nur mit Milch. Ein Stückchen Zucker für meinen Sergeant.«

Gibson starrte Brook an, bevor er schief grinste. »Sie sind sich Ihrer Sache sehr sicher, nicht wahr, Inspector?«

»Ich bin ein DI«, antwortete Brook. »Die Leute erwarten das. In meinem Innern bin ich ein zitterndes Wrack.«

»Ohne Zweifel.« Gibson hob das Tablett hoch. »Lassen Sie mich nur …«

»Du musst nicht mit ihnen reden, Matthew«, bellte der Schotte und marschierte auf sie zu, dicht gefolgt von Noble. »Du bist in Trauer, Teufel noch mal.«

»Ist schon okay, Jim«, sagte Gibson. »Wir wussten, dass mehr Fragen kommen.« Er nahm seinen Teebecher und hielt seinem Partner das Tablett hin. »Ich komme wieder runter, wenn wir hier fertig sind.« Trimble zögerte, seine eisig blauen Augen forschten in Gibsons Gesicht. »Es ist in Ordnung, wirklich.«

Der Schotte nickte schwach, dann trat er zu Gibson und gab ihm einen langen, genüsslichen Kuss auf den Mund. Nach einem trotzigen Blick in Brooks und Nobles Richtung nahm er das Tablett und ging Richtung Scheune.

Gibson führte Brook und Noble in eine geräumige Küche, eine Mischung aus moderner Ausstattung und klassischen Holzschränken, die in einem verwaschenen Blau gestrichen waren. Teure, verchromte Küchengeräte bevölkerten die Oberflächen, unter anderem ein Kessel, den Gibson an einem Keramikbecken in der Insel mitten im Raum füllte. Die mediterranen Terrakottafliesen waren alt und verschrammt, und durch großzügige Fenster flutete die niedrig stehende Wintersonne herein und füllte den Raum mit einer Wärme, die durch die Farbgestaltung noch verstärkt wurde und das Ambiente eines gemütlichen Hauses in der Provence schuf.

»Hübsche Küche«, sagte Brook.

»Ja, wir Schwulen sind wahre Magier mit altem Interieur«, sagte Gibson knapp, schaltete den Wasserkocher ein und warf Teebeutel in Tassen. »Ich vermute, Sie sind wegen meiner Vergangenheit hier.«

»Unter anderem«, sagte Brook. »Sie verstehen sicher, warum wir fragen müssen.«

»Das ist fast vierzig Jahre her.«

»Es gibt kein Verfallsdatum für Sexualstraftaten«, sagte Noble.

Gibson atmete aus und lachte dabei leise. »Straftaten nennen Sie das? Anderen Erwachsenen, die damit einverstanden sind, Lust zu bereiten und das ebenfalls von ihnen zu bekommen, ist also immer noch strafbar?«

»In der Hinsicht hat es sich zum Besseren gewandelt«, sagte Brook. »Aber wenn es um Sex geht, hat das Gesetz immer schon die Stirn gerunzelt, wenn dabei Geld den Besitzer wechselt.«

»Dann ist das Gesetz ein Arschloch«, knurrte Gibson. »Sehen Sie sich doch um, Inspector. Das hier ist Großbritannien. Alles steht zum Verkauf.«

»Es gibt da noch eine zusätzliche Komplikation, denn Sie waren kein Erwachsener, als Sie wegen Aufforderung zur Unzucht aufgegriffen wurden«, fügte Noble hinzu.

»Ich war sechzehn«, sagte Gibson wütend und knallte zwei Becher Tee hin. »Ein Erwachsener, wenn es um heterosexuellen Sex ging, aber ein Krimineller, wenn es darum ging, meine eigene Sexualität zu erkunden.«

»Die Gesellschaft ist inzwischen weiter, Mr Gibson«, sagte Brook und nahm einen Schluck Tee. »Und das Gesetz hat sich mit ihr bewegt.«

»Und trotzdem stehen meine Vorstrafen noch in den Akten«, sagte er leise. »Wäre ich ein sechzehnjähriges Mädchen gewesen, das anschaffen ging, wäre ich wie ein Opfer behandelt worden und nicht wie ein Straftäter.«

»Ich wünschte, wir könnten zurückgehen und für Sie die Vergangenheit ändern«, sagte Brook.

»Fast glaube ich Ihnen«, antwortete Gibson. Sein Verhalten wurde nachgiebiger, und ihm gelang sogar ein humorloses Lachen. »Ach, kümmern Sie sich nicht drum. Das ist Schnee von gestern. Und unter uns gesagt, es hat für Charakterbildung gesorgt. Diese Periode meines Lebens hat mich zu dem gemacht, der ich bin, und ich blicke liebevoll darauf zurück. Obwohl ich sagen möchte, dass ich zum größten Teil das Heulen und Zähneklappern vergessen habe, das meine Eltern betrieben.«

»Sie waren damit nicht einverstanden?«

»Das ist noch vorsichtig formuliert.«

»Ist das der Grund, warum sie Sie rausgeworfen haben?«

»So dramatisch war es nicht, Inspector. Mein Weggang geschah in gegenseitigem Einvernehmen und brachte beiden Seiten Erleichterung. Ich war sechzehn und schwul. Ich gehörte nicht in das Derby der Siebziger, darum bin ich gegangen, sobald ich das Busgeld zusammenkratzen konnte. Meine Eltern waren froh, mich von hinten zu sehen.«

»Waren sie religiös?«

»Durchschnittlich, würde ich sagen«, antwortete Gibson. »Kirche von England – das ist nicht unbedingt eine Religion, oder?«

»Nicht?«, erkundigte sich Brook.

»Nein, es ist eher ein Geselligkeitsverein der konservativen Partei. Sie sind also Katholik, nehme ich an.« Brook hob eine Braue. »Ich erkenne das immer.« Gibson lächelte boshaft. »Dieser Ausdruck voller Schmerz und Schuld in den Augen geht nie weg. Meine besten Kunden damals waren katholisch.«

»Wir sind hier wegen Ihrer Sünden«, sagte Brook. »Nicht meiner.«

»Nun, meine Sünden waren nicht der Grund, weshalb meine Eltern froh waren, mich gehen zu sehen. Es war schlicht meine Lebensart oder die Lebensart, nach der ich mich sehnte, die ihnen fremd war. Sie hatten keine Ahnung, wie sie mit mir reden sollten.«

»Das ist nicht so ungewöhnlich, egal ob schwul oder hetero.«

»Ich denke auch«, sagte Gibson traurig. »Aber Eltern wollen eine Form von Normalität. Einen gemeinsamen Nenner, den sie mit ihren Kindern teilen können. Ohne das ist Familienleben ein ständiger Kampf aus Unwohlsein und Peinlichkeit. Niemand will das bei sich zu Hause haben, also bin ich gegangen, sobald ich alt genug war.«

»Und Sie kamen nach London, mit wenig Geld und ohne einen Platz zum Leben.«

»So in der Art«, sagte Gibson.

»Das Geld ging Ihnen aus, und Sie saßen auf der Straße, hungrig und frierend«, sagte Noble.

»Und zur Prostitution gezwungen«, fügte Brook mitfühlend hinzu. »Glauben Sie mir, dieselbe Geschichte hören wir über Ausreißer und vermisste Personen jeden Tag.«

Gibsons ernste Miene verzog sich langsam zu einem Grinsen. »Mein Gott. Sie sind so gönnerhaft, rotzen dieses Phantombild von der Abwärtsspirale aus, das für jeden vermissten Teenager passt, der über Ihren Schreibtisch wandert. Halten Sie irgendwann mal inne und denken daran, dass Leute anders sind, nicht nur irgendeine verfluchte Statistik, die … interpretiert wird?«

»Waren Sie das nicht?«, fragte Brook.

»Ich wurde nie gezwungen, etwas zu tun, das ich nicht tun wollte«, sagte Gibson. »Ich war schwul, und als ich das erst einmal erkannt hatte, wollte ich von Männern gefickt werden und sie im Gegenzug auch ficken.«

»Danke für die Klarstellung«, sagte Brook schmallippig.

»Meine Offenheit verärgert Sie«, höhnte Gibson, dem es gefiel, dass er Anstoß erregt hatte.

»Mehr Ihre Unfähigkeit, passende Verben zu finden.«

»Also gut. Ich wollte Sex mit Männern haben. Ist das weniger anstößig? Und wissen Sie was? Ich habe es genossen, und ich war gut darin. Und weil ich nicht dazu gezwungen war, war ich nicht so verzweifelt, dass ich mich mit Alkohol und Drogen betäubt habe, um das auszuhalten. Ich habe nie für Zigaretten oder Drogentütchen angeschafft wie einige der armen Kerle auf dem Fleischmarkt – ich habe gutes Geld verdient. Und da es vor dem Immobilienboom war, konnte ich mir eine kleine Wohnung in Soho leisten. Ich lernte früh, dass wirtschaftliche Sicherheit der Schlüssel zum Glück ist. Nimmt man diese Sicherheit weg, ist man der Gnade aller ausgeliefert, wie die armen Kerle, die sich für den gemeinen Schwulen aufmotzen mussten oder sich den Limousinenchauffeuren ausliefern mussten, die Minderjährige für das House of Commons einsammelten. Ich tat, was ich wollte und mit wem ich wollte, und wurde für dieses Privileg anständig bezahlt.«

»Aber zwangsläufig wurden Sie festgenommen.«

Gibson zuckte mit den Schultern. »Berufsrisiko.«

»Und haben gesessen.«

»Ein paar Monate.« Er grinste. »Der Polizist, der mich festgenommen hat, sagte mir, ich käme mit einer Verwarnung davon, wenn ich seinen Schwanz lutsche, aber ich wollte mir die Chance nicht entgehen lassen, mit Hunderten Männern eingesperrt zu sein, oder?«

Noble blieb ernst, doch Brook war kurz amüsiert. »Was für eine herzerwärmende Geschichte«, sagte er. »Wie haben Ihre Eltern auf Ihre Verurteilung reagiert?«

»Ich habe keine Ahnung. Ich war in London, sie waren in Derby, führten ihr kleines, langweiliges Leben, wuschen jeden Freitag ihren Ford Anglia, und sonntags gab es Braten. Soweit ich weiß, haben sie nichts über mein Leben gewusst. Ich habe alle Verbindungen abgebrochen.«

»Aber Sie waren noch minderjährig«, sagte Noble. »Bestimmt hat die Polizei Ihre Eltern kontaktiert.«

»Wenn sie sie gefunden haben. Ich habe jedenfalls nicht freiwillig irgendwelche Angaben über meine Eltern bei der Polizei gemacht. Hab gesagt, ich sei Waise. Damals waren die Dinge anders. Es war nicht schwierig, durch das Netz zu schlüpfen. Kinderschutz war damals keine so große Sache, wie es heutzutage der Fall ist. Die Polizei hat sich nicht darum geschert und die Sozialdienste ebenso wenig. Ich habe mein eigenes Leben geführt und mich nicht darum gekümmert, was andere dachten. Selbst wenn jemand Mum und Dad davon erzählt hat, wäre es mir egal gewesen. Sie waren Welten von mir entfernt.«

»Und als Sie wieder hierhergezogen sind?«

»Ich habe ihnen gegenüber das Thema nie zur Sprache gebracht – nicht aus Scham, verstehen Sie, sondern weil es keinen Zweck hatte.«

»Es kam nie auf den Tisch?«

»Nie. Und ich habe damit *sie* geschützt, nicht mich. Je älter sie wurden, umso irrelevanter wurde es.«

»Und bevor Sie weggingen?«, fragte Brook.

»Das Einzige, was meine Eltern je über meine Sexualität gesagt haben, war, dass ich eine abscheuliche kleine Schwuchtel sei. Dads Ausdruck. Als ich zurück nach Derby kam, wurde es nie erwähnt. Ich war nicht mehr sechzehn, und ich vermute, sie dachten, ich wäre aus der Sache rausgewachsen.«

»Wie haben sie es herausgefunden?«

»Da war ein Junge in der Schule. Ich habe ein paar seiner Signale fehlinterpretiert.«

»Und war die Tatsache, dass Sie eine abscheuliche kleine Schwuchtel waren, der Grund, dass Sie enterbt wurden?«, fragte Noble.

Gibson lächelte schwach. »Vermutlich, aber das war mir egal. Sie wollten Enkelkinder, und Pete und Jeanie waren in der Position, dem nachzukommen. Die Ironie daran ist, nachdem ihnen der Wunsch erfüllt wurde, wurden die Zwillinge zu einem besseren Leben nach Australien entführt, und sie sahen die Enkel nie wieder. Außer auf Fotos. Das hat ihnen wehgetan, vor allem Mum, und sie trugen diesen Schmerz jeden Tag mit sich herum wie einen Todesfall in der Familie.«

»Sie waren nicht nachtragend?«

»Weil ich mein Geburtsrecht verloren habe? Nein. Ich vermute, ich wäre es gewesen, wenn ich mein Leben nicht so schön eingerichtet hätte. Ich hege keinen Groll gegen Pete. Ich wollte nie etwas von meinen Eltern.«

»Bis auf die Miete«, bemerkte Noble.

»Sie waren meine Eltern«, sagte Gibson in ätzendem Tonfall. »Sie haben mich sechzehn Jahre lang ernährt und mir ein Dach über dem Kopf gegeben. Ich hatte eine Art Pflichtgefühl, ihnen ein Haus zu bieten, und die Miete war ihre Idee, Sergeant. Ich habe nicht darum gebeten, aber Sie wissen sicher, wie stolz alte Leute sind.«

»Nichts schulden und nichts verleihen«, sagte Brook.

»Worte, nach denen mein Vater lebte. Außerdem hat die Miete

kaum meine Ausgaben abgedeckt. Ich habe sie nur ihretwegen angenommen.«

»Groß von Ihnen«, sagte Noble.

»Was soll ich sagen? Ich bin ein Wohltäter«, gab Gibson heftig zurück, der sich nicht in Verlegenheit bringen lassen wollte.

»Ihre Vorstrafen …«, begann Brook und korrigierte sich dann selbst. »Ihr Register umfasst einen Zeitraum von zwei Jahren, aber als Sie achtzehn wurden, haben Sie sich am Golders Green College eingeschrieben.«

»Ich hatte meinen Spaß und habe dabei gutes Geld verdient«, antwortete Gibson. »Aber man muss nur ein paar von diesen wandelnden Toten auf dem Fleischmarkt sehen, um zu wissen, dass man keine große Zukunft in diesem Spiel hat. Und das war, noch bevor wir über Aids Bescheid wussten, verstehen Sie. Siebzehnjährige, die doppelt so alt aussahen, Jungs, die noch jünger waren und sich wie Zombies zudröhnten. Ich hatte Glück gehabt, aber dieses Leben würde einen irgendwann einholen. Der falsche Freier zur falschen Zeit. Korrupte Bullen. Es war an der Zeit, seriös zu werden. Und respektabel. Ich ging zum College. Ferdy half mir.«

»Ferdy?«

»Mein verstorbener Gönner.«

»Ein Sugardaddy?«, bemerkte Noble.

Gibson sah ihn ruhig an. »Wenn es Ihnen Freude macht.« Er stellte seinen Becher hin und ging zu einer Schublade der Kücheninsel. Seine Hand verschwand, und eine Sekunde später zog er eine Waffe hervor und richtete sie auf Noble. Brook und Noble erstarrten, die Becher auf halbem Weg zum Mund. »Hab sie gefunden«, grinste Gibson, warf die Waffe in die Luft und fing sie am Lauf auf. »Unter der Treppe.« Er hielt die Waffe mit dem Griff voran Noble hin. Beide Detectives starrten ihn an.

»Ich bekomme zunehmend den Eindruck, dass Sie sich nichts aus der Polizei machen, Mr Gibson«, sagte Brook. Seine Stimme war leise und grollte bedrohlich. Er zeigte auf Noble, der eine Beweismitteltüte zückte und sie Gibson hinhielt, damit dieser die Waffe hineinfallen ließ.

»Wenn Sie den Scheiß gehört hätten, den ich mir von Ihren Leuten habe anhören müssen ...«, gab Gibson zurück. Sein Grinsen milderte sich, doch der Geist blieb. »Ich hätte gern eine Quittung. Gibt es sonst noch etwas?«

»Ja«, sagte Brook und zeigte auf Noble, der einen Umschlag aus seiner Tasche zog und zwei Fotos hervorzog, die er vor Gibson auslegte. »Erkennen Sie diese zwei Männer?«

Gibson starrte auf die Fotos, dann sah er zur Seite zu Brook. »Das sind die beiden Männer, die letzten Monat ermordet wurden. Ich habe davon in der Zeitung gelesen.«

»Kannten Sie sie?«

»Warum?«, fragte Gibson wütend. »Weil ich schwul bin, glauben Sie, ich habe sie in einem Wutanfall getötet?«

»Wir glauben, der Mord an Ihren Eltern steht mit dem an den beiden Männern in Verbindung«, sagte Brook geduldig.

»In der Zeitung stand, sie wurden erschossen«, sagte Gibson und kniff die Augen zusammen. »Dieselbe Waffe?«

»Es ist zu früh, um das zu wissen«, sagte Noble.

»Aber dieselbe Methode wie bei meinen Eltern.«

»Wir können nicht ins Detail gehen«, sagte Noble.

»Das müssen Sie auch nicht, ich war da«, sagte Gibson. »Ich habe gesehen, wie Mum und Dad gestorben sind, und ich weiß, Sie suchen nach einem geübten Schützen. Jemandem, der sich mit Waffen auskennt. Jemand wie ich. Selbst aus der kurzen Distanz ist es nicht so leicht, wie Sie denken, mit einem Schuss das Herz zu treffen. Und das sogar zweimal zu schaffen ...«

»Viermal«, sagte Brook. »Aus drei Metern.« Noble sah seinen DI an. Es war ungewöhnlich für ihn, dass er Informationen preisgab. »Darum frage ich noch einmal.« Er tippte mit einem Finger auf die Fotografien. »Kennen Sie diese Männer?«

Gibson sah Brook in die Augen, dann wandte er den Blick ab. »Wir haben sie mal getroffen, also Jim und ich. Auf einem Marsch und bei einigen Partys. Stephen und Iain, richtig? Sie waren echt nett, wenn auch ein wenig ...«

»Ein wenig was?«

»Das würden Sie nicht verstehen«, sagte Gibson mürrisch.

»Geben Sie uns doch eine Chance«, sagte Brook.

»Sie waren ein bisschen ... schwul«, sagte Gibson, und sein Blick forderte Brook heraus, etwas dazu zu sagen. »Sie haben es zur Schau gestellt, falls Sie damit etwas anfangen können. Es war ermüdend.«

»Sie hatten wenig mit ihnen gemeinsam.«

»Abgesehen vom Arsch und dem Einrichtungsstil absolut nichts. Wissen Sie, ich hatte nichts gegen die beiden. Es ist nur ... das wird verbittert klingen, aber sie stammten aus hübschen Mittelklassefamilien mit verständnisvollen Eltern und all der Unterstützung, die das mit sich bringt. Und ob man es mag oder nicht, aber diese Unterstützung macht einen weich. Man denkt, die ganze Welt lässt einen an ihrer Schulter weinen.«

»Ist das ein Problem?«

»Nicht für mich«, antwortete Gibson.

»Aber es hat Sie von ihnen unterschieden«, sagte Brook.

»Jim und ich hatten es schwer, und was wir beide durchgemacht haben, als wir groß wurden, hat Spuren hinterlassen. Wir hauen den Leuten unsere sexuelle Orientierung nicht um die Ohren. Wir zeigen es nicht offen, weil das ein Zeichen für fehlendes Selbstwertgefühl ist. Als würde man nach Bestätigung suchen. Wir nehmen die Leute, wie sie sind, und von anderen erwarten wir dasselbe.«

»Sie fühlen sich wohl in Ihrer Haut«, spöttelte Brook.

»Selbstbewusst wäre ein besserer Ausdruck«, knurrte Gibson. »Aber das heißt nicht, dass wir nicht aufstehen und uns einsetzen, wenn es sein muss.«

»Nicht selbstbewusst genug, um eine Aussage dazu zu machen, mit wem Sie das Wochenende verbracht haben«, bemerkte Noble.

»Meine häuslichen Arrangements gehen Sie nichts an.«

»Aber Ihr Alibi tut es«, bemerkte Brook. Gibson war eingeschnappt. »Ich entnehme dem, dass Sie bei Ihrem Partner waren.«

Gibson nickte. »Und Sean. Seinem Sohn«, fügte er erklärend hinzu. »Wir haben an der Scheune gearbeitet. Sie können die beiden fragen.«

»Das werden wir.«

»Diese Partys«, sagte Brook, »war eine davon bei ihnen zu Hause?«

»Nein.«

»Sind Sie sicher?«

»In der Zeitung stand, sie lebten in Breadsall. Ich denke, ich würde mich daran erinnern, wenn wir in dem Haus gewesen wären, in dem sie ermordet wurden.«

»Und diese Partys, waren die …?«, fing Brook an.

Gibsons Mund verzog sich zu einem boshaften Grinsen. »Spucken Sie's aus, wie der Bischof zum Stricher sagt.« Brook sah Noble Hilfe suchend an. »Waren das Schwulenorgien? Das meinen Sie doch, Inspector?«

»Ich hätte es nicht so formuliert«, sagte Brook und wurde rot.

Gibson feixte. Er fand Gefallen an Brooks Unwohlsein. »Wie würden Sie es denn formulieren?«

Brook seufzte. »Ich habe keine Ahnung. Damit habe ich normalerweise nichts zu tun, muss ich zugeben. Also erzählen Sie schon. Gibt es eine aktive Schwulencommunity in Derby?«

Gibson lachte. »Sie meinen eine *Szene*, Daddy-o? Klar. So was in der Art. Gleiche ziehen Gleiche an. Aber das waren keine Sexpartys, und wir würden auch nicht hingehen, wenn es sie gäbe. Das waren einfach Treffen von Freunden, schwul und hetero. Partys, zu denen auch so normale Leute wie Sie gehen könnten.«

»Ich gehe nicht auf Partys«, sagte Brook.

»Das ist keine Überraschung.«

»Wir hätten gern die Namen von allen Gästen, an die Sie sich von diesen Partys erinnern«, sagte Noble und zog weitere Fotos aus dem Umschlag und breitete sie auf der Küchenarbeitsplatte aus. »Die hier wurden mit Stephens und Iains Smartphones auf Partys in ihrem Haus aufgenommen. Wir haben die meisten Leute auf den Fotos identifiziert bis auf diesen Mann.«

Gibson folgte Nobles Finger zu einem Mann, der sich hinter einer Säule versteckte. »Ich würde ihn nicht erkennen, selbst wenn ich sein Gesicht richtig erkennen könnte. Bei ihnen zu Hause, sagen Sie?«

»Ja.«

»Ich habe Ihnen gesagt, ich war nie dort.«

»Aber Sie kennen einige der Leute auf den Fotos.«

»Die Gesichter vielleicht. Gemeinsame Freunde von Leuten, mit denen wir zusammen auf ein paar Partys gegangen sind – Hochzeitsempfänge, um genau zu sein. Ich kann Ihnen die Namen der Leute geben, die in den Hafen der Ehe eingelaufen sind, und Sie können eine Gästeliste von ihnen anfordern.«

»Wir suchen nach einem Mörder, Mr Gibson. Jemandem, der vielleicht auch für den Mord an Ihren Eltern verantwortlich ist.«

»Niemand auf den Empfängen, an denen wir teilgenommen haben, hat meine Eltern ermordet«, erwiderte Gibson kalt. »Oder Stephen und Iain.«

»Wenn Sie sich Sorgen machen, sie könnten Ihre Freunde in Schwierigkeiten bringen …«

»Keiner von den Freunden, die ich namentlich kenne, ist auf diesen Fotos«, beharrte Gibson.

»Sehen Sie …«, setzte Noble an, bevor Brook ihm beruhigend eine Hand auf den Arm legte.

»Also keine Namen«, sagte Brook leise. »Aber beantworten Sie ein, zwei Fragen, und wenn die Antwort Nein ist, werden wir nicht weiter nachhaken.«

Gibson überlegte. »Ich höre.«

»Hat irgendwer bei diesen Empfängen einen Streit mit Stephen und Iain über irgendwas gehabt, als Sie dort waren?«

»Nein.«

»Und wirkte überhaupt jemand – schwul oder hetero – auf Sie falsch?«

»Falsch?«

»Vielleicht strahlte jemand Feindseligkeit aus«, sagte Noble.

»Oder wirkte einfach fehl am Platz«, fügte Brook hinzu.

Gibson dachte darüber nach, bevor er den Kopf schüttelte. »Nicht, dass es mir aufgefallen wäre. Das waren Hochzeiten. Alle waren glücklich.«

»Waren irgendwelche Gäste auf diesen Partys mit Ihren Eltern bekannt?«

Gibson lachte. »Nein.«

»Soweit Sie wissen.«

»Da ich meine Eltern kenne, stehe ich zu meiner Antwort. Nein.«

»Was ist mit irgendwem, der Erfahrung im Schießen hat?«, fragte Brook. »Jemand, den Sie aus dem Waffenverein kennen, vielleicht.«

»Das sind mehr als zwei Fragen«, sagte Gibson.

»Sie wollen also keine Fragen beantworten, die uns helfen, den Mörder Ihrer Eltern zu finden?«, fragte Noble.

Gibson seufzte. »Ich habe niemanden gesehen, den ich vom Waffenverein kenne, okay?«

»Um welche Uhrzeit gingen Ihre Eltern gewöhnlich ins Bett?«

»Im Ernst?«

»Was glauben Sie?«, fragte Brook streng.

Gibson seufzte. »Sie waren nie länger als zehn auf.«

»Nie?«

»Selten. An Silvester vielleicht, um das Glockenläuten zu hören, aber das war alles. Sie waren Frühaufsteher. Warum?«

»Weil sie den Mörder reingelassen haben, Mr Gibson«, sagte Brook. »Und wir sind ziemlich sicher, dass es schon dunkel war, aber dass sie noch wach waren, als der Mörder an ihre Tür klopfte.«

»Falls er nicht sogar einen Schlüssel besaß«, sagte Noble demonstrativ.

Gibson sah ihn mit zusammengekniffenen Augen an. »Sie glauben also, Mum und Dad kannten ihren Mörder. Jemand aus der Nachbarschaft?«

»Oder vielleicht jemand, der vorgab, von irgendeiner Behörde zu kommen«, sagte Brook. »Wenn Sie also jemanden kennen, der einen Groll gegen sie hegte …«

»Gott, nein«, sagte Gibson mit überraschender Gehässigkeit. »Bei all ihren Fehlern waren sie die zuvorkommendsten Leute, die man sich nur denken kann. Zu zuvorkommend, wenn Sie mich fragen. So ein reisender Sozialhilfearsch hat sie vor ein paar Jahren mal um zweihundert Mäuse erleichtert, nachdem er angeblich ihre

Regenrinnen gereinigt hatte. Er kann nicht länger als zehn Minuten da oben gewesen sein. Ich bin echt ausgerastet.«

»Sind Sie das jetzt auch?«

»Sie wissen, was ich meine. Alte Leute sind ein leichtes Ziel für so einen Beschiss.«

»Haben Sie einen Namen bekommen?«

»Nein. Er kam einen Monat später zurück und fragte nach mehr Arbeit, aber sie haben den Text wiederholt, den ich ihnen vorgebetet habe, und er ist nie mehr aufgetaucht.«

»Was ist mit jemandem namens David Fry?«, fragte Noble nach einem Blick in sein Notizbuch.

Ein kurzes Zögern von Gibson. »Wer ist das?«

»Exsoldat, der um die Ecke von Ihren Eltern wohnt«, sagte Brook.

Gibson schüttelte den Kopf. »Kenne ich nicht. Sollte ich?«

»Dafür gibt's keinen Grund«, lächelte Brook. »Wir werfen nur mit Namen um uns und suchen nach einem Ansatz.«

»Namen von Leuten, die wissen, wie man mit einer Waffe umgeht, meinen Sie.«

»Etwas in der Art. Haben Ihre Eltern ihn mal erwähnt?«

Gibson schüttelte den Kopf. »Sonst noch etwas?«

»Da wir schon hier sind«, sagte Brook, »was wissen Sie über den Schwulenstrich in Derby?«

Gibson grinste. »Meinen Sie das ernst?«

»Da ich bei *keiner* Szene in Derby auch nur den Hauch einer Ahnung habe und da Sie Experte auf diesem Feld sind …«

Gibsons Nasenflügel blähten sich. »Ich weiß, verdammt noch mal, nichts über den Schwulenstrich in Derby. Es gibt keinen Fleischmarkt, von dem ich wüsste, aber ich bin auch ein glücklich verheirateter Vierundfünfzigjähriger, darum bin ich auch nicht der Richtige für diese Frage.«

»Was denken Sie?«, fragte Noble, als sie auf der Straße zurück nach Derby fuhren.

»Was ich die ganze Zeit gedacht habe«, antwortete Brook. »Er ist es nicht.«

»Er war etwas ausweichend, als wir David Fry erwähnt haben.«

»Das ist mir auch aufgefallen. Aber das kann alles sein. Und sein Partner hat sein Alibi für das komplette Wochenende bestätigt.«

Noble lachte. »Was soll er auch sonst sagen?«

»Es ist nicht Gibson«, sagte Brook.

»Sie nehmen dieses Alibi also ernst.«

»Ich nehme es als Beweis, bis wir Fakten haben, die das Gegenteil bedeuten.«

»Was ist mit der Tatsache, dass der Mann so völlig kalt ist? Er hätte sich kaum weniger aus seinen Eltern machen können.«

»Kälte ist kein Verbrechen«, sagte Brook. »Und er hat gar nicht erst versucht, sein Verhältnis zu ihnen zu verschleiern.«

»Und Trimble?«

»Was ist mit ihm?«

»Die Tattoos. Gefängnistinte, wenn ich mich nicht irre.«

Brook dachte nach. »Er war also im Gefängnis. Das trifft auf viele Leute zu.« Noble hob ernst eine Braue. »Aber natürlich, überprüfen Sie auch ihn.«

»Sicher, dass Sie das nicht stört?«, erwiderte Noble. »Ich könnte zurückflitzen und ihn jetzt befragen. Wenn er sagt, er war nicht im Gefängnis, können wir ihn einfach beim Wort nehmen.« Brook verdrehte die Augen. »Glauben wir Gibson, wenn er sagt, er habe Frazer und Nolan nicht gut gekannt?«

»Ihr E-Mail-Account bestätigt das«, sagte Brook. »Und sie haben Gibson und Partner nicht zu einer ihrer Partys eingeladen.«

»Aber er hat Leute auf den Fotos erkannt.«

»Einige.«

»Warum hat er uns dann nicht die Namen genannt?«

»Er traut unserer Objektivität nicht, John. Und mit Gibsons Vergangenheit, können Sie es ihm verdenken? Außerdem haben wir die meisten Namen.«

»Nicht alle.«

»Dann soll die Nachbarin sich die Fotos noch mal ansehen. Sie war da.«

»Sie gehört ja wohl kaum zur Szene. *Daddy-o.*«

»Wir haben nicht mehr viele Optionen.« Brook schaute auf die Uhr. »Kann ich es Ihnen überlassen, der Sache nachzugehen?«

»Sobald ich Gibsons Waffe zur Ballistik geschickt habe und Cooper beauftragt habe, diesen Trimble zu prüfen, damit ich Löcher in Gibsons Alibi hauen kann.«

Reardon Thorogoods Augen gingen auf, und sie starrte blicklos in die Dunkelheit und spüre die feuchtkalte Hand der Angst, die ihre Atmung beschleunigte. Ein Geräusch von unten hatte ihren leichten Schlaf gestört, und plötzlich war sie hellwach, ihre Sinne zum Zerreißen gespannt.

Sargent, ein vier Jahre alter Beauceron, dunkel und kraftvoll mit spitzen schwarzen Ohren und einem intelligenten Gesicht, schnupperte mit der feuchten Nase an ihrem Gesicht, bevor er ihre Hand suchte, um mit der rauen Zunge über ihre Knöchel zu fahren. »Du hast es auch gehört, Junge.« Sie blinzelte sich in der Dunkelheit wach, aber mit den dicken Vorhängen, die sie vor der Welt verschlossen hielten, war sie praktisch blind. Ihre Ohren füllten die entstandene Lücke, und das Geräusch erklang wieder. Es kam definitiv von unten. Vielleicht war es Morgen, und die Leute in den Büros im Erdgeschoss waren inzwischen da.

Als sie sich rührte, spürte sie den Schmerz im Rücken vom Schlafen auf der zu weichen Couch. Das Stechen eines Kopfschmerzes hinter ihren Augen folgte. Wieder hatte sie sich bis spät in die Nacht in den Schlaf getrunken. Wieder war sie verkatert. Wieder hatte sie ihr Bett nicht gefunden.

Sie setzte sich auf, und Sargent legte seine Pfoten in ihren Schoß. »Hunger?« Sie schaute zu der digitalen Uhr, die elf Uhr morgens anzeigte, und ihr Herzschlag verlangsamte sich. Geschäftszeit. Sie schwang ihre Füße auf den Boden und verharrte, um ihre Sinne zu sammeln.

Der Aschenbecher von gestern Abend beleidigte ihre Nase, und sie tapste leise zu den Fenstern, um die Vorhänge zurückzuziehen und das gedämpfte Grau eines Novembermorgens in die Wohnung zu lassen, eine von zwei im obersten Geschoss. Die Äste großer

Bäume schwankten sanft im Wind unter ihr, das sich ausdünnende Blätterdach schirmte teilweise den Park darunter vor ihrem Blick ab, obwohl sie von diesem Aussichtspunkt die ganze Stadt vor sich ausgebreitet sah, und der Trent floss gemächlich in der Ferne.

Sargent fing an zu winseln, als er durch das Fenster das Grün sah. »Gassigehen kommt später, Junge. Mummy kann nur raus, wenn es dunkel ist.«

Das Hämmern an der Haustür ließ ihr Herz einen Satz machen, und sie eilte zum Überwachungsmonitor, um zu sehen, wer an der Tür war. Sie konnte niemanden auf dem Bildschirm sehen.

Sie drückte den Knopf der Gegensprechanlage. »Wer ist da?« Keine Antwort, und niemand tauchte vor der Kameralinse auf. »Ich weiß, dass da jemand ist. Zeigen Sie sich.«

Wieder so ein verdammter Journalist, der nach einer Geschichte aus dem Leben suchte. Die Tränen des tragischen Opfers ein Jahr danach. Wie war noch mal der Name von dieser Schlange des lokalen Schmierblatts? Brian irgendwas.

»Ich weiß, dass Sie da unten sind, Brian. Die Antwort lautet Nein, also verschwinden Sie. Und erwarten Sie nicht, dass ich so bald die Wohnung verlasse. Sie können Ihrem Fotograf also sagen, dass er sich auch verpissen soll.«

Sie ging in die Küche, hob im Gehen die leere Weinflasche vom Boden auf, doch das Klopfen blieb. Erneut zeigte der Monitor niemanden da unten, darum öffnete sie dieses Mal die Tür ihres Apartments und schlich auf Zehenspitzen zum oberen Ende der Treppe und schaute aus dem Flügelfenster. Sargent versuchte, ihr zu folgen, doch sie schob ihn wieder hinein, wobei sie Schuldgefühle in der Magengrube spürte. Das war kein Leben für einen energiegeladenen jungen Hund, der während der hellen Stunden im Haus eingepfercht war, selten länger als zehn Minuten pro Tag vor die Tür kam und dann oft auch nur in den Innenhof hinter dem Haus durfte.

»Bald führen wir wieder ein normales Leben, Junge. Versprochen.«

Vom Fenster auf dem Treppenabsatz konnte Reardon wegen des Flachdachs vom Erker nicht direkt zur Vorderseite des Hauses sehen, aber das war der beste Blick auf die Welt da draußen. Wenn ein fremdes Auto in der Straße parkte, würde sie es erkennen. Und Fotografen waren leicht auszumachen, da sie ihre ganze Ausrüstung mit sich herumschleppten.

Heute allerdings konnte sie nur Leute sehen, die ihrem gewohnten Geschäft nachgingen, die vorbeiliefen auf dem Weg zur Arbeit, die ihre Hunde in den Park führten, ihr Leben lebten. Nichts Ungewöhnliches. Sie richtete sich auf und sah ihr eigenes Spiegelbild in der Scheibe – die Haare schlaff und leblos, die über ihr aufgequollenes, bleiches Gesicht fielen.

Noch ein Hämmern an der Tür. Vielleicht war es der Postbote. Sie kam sich dumm vor, machte ein paar zögerliche Schritte die Treppe hinunter und schloss die innere Tür auf. Sie hockte sich hin und lauschte.

Das nächste Hämmern des Klopfers ließ sie heftig zusammenzucken. Sie hatte es noch nie so nahe gehört. Barfuß schlich sie auf Zehenspitzen zum Spion, beugte sich vor und spähte durch die Linse auf die Eingangsstufen. Dann riss sie überrascht die Tür auf.

»Was zum Teufel machst du hier?«, wollte sie wissen. »Du hast mich halb zu Tode erschreckt. Komm herein, bevor dich jemand sieht.«

12

Die Sonne kam über den Peaks hervor, als er nach Hartington hinauffuhr. Normalerweise wäre Brook ermutigt gewesen von der Aussicht auf eine Wanderung mit seiner Tochter in der kühlen Nachmittagssonne, gefolgt von einem verspäteten Mittagessen. Aber nach den emotionalen Szenen des gestrigen Tags musste er zugeben, dass er sich nicht darauf freute.

Zusätzlich hatte er Schuldgefühle, weil er Noble sich selbst überließ. Nicht, dass Noble nicht dazu in der Lage war, die Ermittlung zu leiten. Er war ein guter Detective, der alle Kniffe kannte, und man hätte ihn schon längst zum DI befördern sollen. Tatsächlich schmerzte es Brook, weil er davon profitierte, dass sein Freund ständig übersehen wurde, denn im Innersten wusste er, dass, sobald Nobles Beförderung vollzogen war, sein eigenes Berufsleben vorbei wäre.

Er war bereits über das Alter hinaus, in dem die meisten Ermittler der Mordkommission sich für eine frühe Pensionierung entschieden, und es kam ihm undenkbar vor, ohne seinen Freund und Vertrauten an der Seite weiterzumachen. Nach einem holprigen Start war Noble unersetzlich geworden, und gemeinsam hatten sie mehrere gefährliche Mörder in einigen der zermürbendsten und schwierigsten Fälle zur Strecke gebracht, an denen Brook je mitgewirkt hatte.

Und das war der Knackpunkt seiner Schuldgefühle. Die meisten Ermittlungen, bei denen er mit Noble zusammengearbeitet hatte, waren zu echten Bewährungsproben für Ausdauer und Intelligenz gleichermaßen geworden, wobei Arbeitstage mit achtzehn Stunden die Regel waren. Brook trieb sich selbst bei der Suche nach Gerechtigkeit mehr an als alle anderen und ließ nicht locker, bis er einen Fall gelöst hatte, wobei er sich und alle um sich herum an die Grenzen brachte. Bisher hatte Noble an seiner Seite gestanden, hatte die Entbehrungen geteilt, hatte genauso wenig geschlafen und wie besessen nach der Wahrheit geforscht. Nun blieb diese erschöpfende Laufarbeit allein an seinem DS hängen, und das plagte Brook.

Als er in die steile, kleine Landstraße einbog, die aus Hartington herausführte, bemerkte Brook, dass Terris lindgrüner Volkswagen nicht in der kleinen Einfahrt vor dem Cottage stand.

»Der Wein ist wohl knapp geworden«, murmelte er herzlos und parkte den BMW vor dem Haus, damit die Einfahrt für seine Tochter frei blieb. Er schlenderte zur Veranda und blieb vor der Tür kurz stehen. Mit dem Finger fuhr er über die abblätternde weiße Farbe. »Farrow & Ball, was?«

Er öffnete die nicht abgeschlossene Glastür, sah auf den vollen Aschenbecher auf dem Regal und freute sich, weil seine Tochter daran gedacht hatte, draußen zu rauchen. Als er seinen Hausschlüssel ins Schloss steckte, fiel sein Blick auf die schlammigen Wanderstiefel. Terris Stiefel, die neben seinen hätten stehen sollen, waren verschwunden.

Rasch ging er in die Küche und steuerte direkt den Zettel auf dem Tisch an.

Hab dich heute früh gehen gehört. Sorry, Dad. Ist besser, wenn ich nicht bleibe. Ich habe im Moment eine Menge nachzudenken, und ich weiß, das ganze Drama behagt dir nicht. Und du hast wie immer recht. Ich liebe Tony nicht mehr. Oder auch nur die Erinnerung an ihn. Ich weiß jetzt, was er war und was er mir und Mum angetan hat, und dafür hasse ich ihn. Zu deinen Bemerkungen – ich werde versuchen, weniger zu trinken, aber es ist nicht leicht. Lieb dich. Melde mich zu Weihnachten. X

Brook ließ den Kopf hängen und knüllte den Zettel zusammen, bevor er ihn durch die offene Wohnzimmertür in Richtung des kalten Holzofens in Terris provisorischem Schlafzimmer warf, in dem nun ihr Schlafsack und Rucksack fehlten. »Gut gemacht, Damen. Du hast sie weggestoßen. Wieder mal.«

Nachdem er ein paar Minuten gegrübelt hatte, machte er sich eine Tasse Tee und sank an den Küchentisch. Er holte sein iPhone hervor. Nichts von Terri. Er tippte eine kurze Nachricht an sie und leugnete darin sein Unbehagen. Das war eine Lüge, aber eine, von der er glaubte, sie sagen zu müssen. Er schrieb außerdem:

Du weißt, wo ich bin, wenn du mich brauchst.

Nach kurzem Nachdenken löschte er den zweiten Teil der Nachricht, der für ihn einschüchternd klang, und ersetzte ihn durch:

Immer für dich da, Liebling.

Nachdem er die Nachricht abgeschickt hatte, stand er auf und machte alles fertig, um aufzubrechen. Nachdem Terri verschwunden war, hatte er keine Entschuldigung mehr, der Obduktion fernzubleiben, und der Fall bekam nun seine ungeteilte Aufmerksamkeit. Das war besser, als wenn er den ganzen Nachmittag über seinen Verfehlungen als Vater brütete.

Nachdem er erneut Wasser gekocht und seine Thermosflasche aufgefüllt hatte, eilte er durch das Cottage und prüfte, ob Terri auch kein Fenster offen gelassen hatte. Als ihm der starke Geruch nach Zigarettenrauch auffiel, blieb er in der Tür zum Büro stehen. Sofort bemerkte er, dass das Licht des Druckers grün leuchtete. Er war sicher, dass er sowohl Drucker als auch Computer ausgeschaltet hatte, nachdem er Mullens Brief kopiert hatte. Das Fehlen von Druckerpapier in der Papierkassette zog seinen Blick an. Am Vorabend war sie noch voll gewesen.

Er warf seinen Mantel ab und setzte sich hin, wobei er das Gesicht verzog, weil die schiefe Schublade des Schreibtischs gegen seine Hüfte stieß. Jemand hatte sie herausgezogen, aber nicht wieder vollständig zugeschoben. Brook starrte auf das Durcheinander aus Kugelschreibern und Bleistiften, das jemand beiseitegewischt hatte, sodass seine Passwörter zum Vorschein gekommen waren.

»Terri, was hast du gemacht?«

Er schaltete den Computer an und gab die Passwörter ein, mit denen er sich in den nationalen Polizeicomputer einloggte, in dessen Datenbank Millionen Verbrechen gespeichert waren, die jemals in Großbritannien begangen worden waren. Mit den Details aller schwerwiegenden Taten, gelöst oder nicht, konnte jede zweifelhafte Einzelheit eingegeben werden, um eine Übereinstimmung mit früheren Verbrechen in allen Teilen des Landes aufzuspüren. Es war eine riesige Quelle, die in den Achtzigern erst umstritten war, nachdem operative Fehler es dem Yorkshire-Ripper ermöglicht hatten, so lange einer Verhaftung zu entgehen.

Brook klickte auf seinen Suchverlauf und fand so Details über die Dokumente, auf die Terri früher am Tag zugegriffen hatte.

»Black Oak Farm«, murmelte er und schloss kurz die Augen. Er zog sein iPhone hervor und wählte Terris Nummer, ohne genau zu wissen, was er sagen sollte, wenn sie abnahm. Ihr Handy war ausgeschaltet. Er schrieb ihr, sie solle ihn anrufen; dann versuchte er es in ihrer Wohnung in Manchester, doch dort empfing ihn eine Bandansage, die verkündete, die Nummer sei nicht mehr vergeben.

»Was? Seit wann?« Er rief seine E-Mails ab und freute sich, eine von DC Cooper zu sehen.

> Sir, habe gesehen, dass Sie bereits das Material zur Black Oak Farm abgerufen haben. Wollen Sie immer noch, dass ich es schicke?

Brook tippte seine Antwort.

> Ausdrucke von allen Akten, bitte. Ich hole sie morgen ab. Können Sie außerdem herausfinden, wann diese Festnetznummer abgemeldet wurde? Es ist dringend – bitte schicken Sie eine Textnachricht.

Er ergänzte Terris Festnetznummer und tippte widerstrebend seine eigene Handynummer in die E-Mail und stellte zu seinem Ärger fest, dass sich die Anzahl seiner Kontakte damit auf fünf erhöhte.

In Anbetracht der Umstände fuhr er nicht nach Derby, um Noble und Banach im Royal Derby Hospital zu treffen, sondern setzte sich hin und las die Berichte und klickte sich durch die Tatortfotos der Morde auf der Black Oak Farm, die seine Tochter an diesem Morgen ausgedruckt hatte.

Er begann mit den geschriebenen Berichten. Er kannte die Hintergründe des Falls von den internen Mitteilungen und vom Klatsch im Revier über Luke Coulsons Gerichtsprozess, doch die Details waren ihm entgangen, weshalb die Lektüre ziemlich hart war.

Monty Thorogood, ein Millionär und Geschäftsmann aus der Gegend, und seine Frau Patricia waren überfallen und in der Küche ihres Bauernhauses in Findern brutal niedergestochen worden. Das Dorf lag ungefähr sechs Meilen südwestlich von Derby. Ihre Ermordung war von Raserei geprägt, und der Täter Luke Coulson hatte immer wieder auf die beiden Opfer eingestochen.

Zusätzlich zu den beiden Morden war ihre Tochter Reardon, die sich zu dem Zeitpunkt im Haus aufgehalten hatte, von Jonathan Jemson vergewaltigt worden, der zu den Angreifern gehörte und früher in der Schule ihr Freund gewesen war. Ihre Beziehung war schon vor Jahren auseinandergegangen, aber Jemson hatte immer einen Groll gegen sie gehegt, und als sich die Gelegenheit bot, hatte er die Chance ergriffen, um seiner Exfreundin eine Lektion zu erteilen.

Laut Reardons Aussage war Jemsons Freund Luke Coulson, der auch ein früherer Klassenkamerad von ihr war, blutüberströmt in ihr Schlafzimmer gekommen und hatte die gerade laufende Vergewaltigung entdeckt. Es schien, als habe auch Coulson in der Schule eine ungesunde Obsession für Reardon entwickelt, und als er sah, dass sie angegriffen wurde, versuchte er, Jemson wegzuzerren. Als dies misslang, hatte Coulson ihn in den Rücken und Hals gestochen, wobei er eine Arterie erwischte. Dann hatte er das Anwesen nach Wertsachen durchsucht und sich Kleidung angezogen, die Monty Thorogood gehörte.

In der Zwischenzeit machte sich Reardon trotz der traumatischen Vergewaltigung auf die Suche nach ihren Eltern, fand ihre verstümmelten Leichen in einem See aus Blut und einer Szenerie des Gemetzels, das selbst Brook mit all seiner Erfahrung erblassen ließ, als er sich die Fotos der Kriminaltechniker ansah.

Zum Glück gelang es Reardon, vom Tatort zu fliehen, wenn auch nur halb bekleidet und obwohl sie eine letzte Konfrontation mit Coulson hatte. Sie erreichte das Dorf und schlug Alarm, während Coulson mit dem Range Rover der Familie vom Hof floh. Er hatte gerade mal tausend Pfund in bar, Schmuckstücke, die er in einem Safe im Elternschlafzimmer gefunden hatte, und eine Tüte mit seinen eigenen blutigen Kleidern bei sich, die er noch loswerden wollte. Mit dem leistungsstarken Wagen raste er verzweifelt über die M1 Richtung Dover, vermutlich um auf einer Fähre Richtung Frankreich zu entkommen.

Zu seinem Pech geriet Coulson in den nachmittäglichen Berufsverkehr auf der M25, und sobald die Details über den Fluchtwagen erst einmal verbreitet waren, war es ein Leichtes, ihn festzunehmen. Er wurde an einer Tankstelle ohne Gegenwehr festgenommen.

Brooks Handy vibrierte. Es war eine Nachricht von DC Cooper.

Festnetz wurde vor vier Monaten abgemeldet, als die Wohnung aufgegeben wurde.

»Aufgegeben?«, rief Brook und starrte auf die Zeilen. »Terri, was ist da los? Und was ist so wichtig an der Black Oak Farm?« Er gab die Fragen in sein Handy ein, aber erneut blieb seine Tochter ihm die Antwort schuldig. Brook schenkte sich Tee aus seiner Thermosflasche ein und schaltete ein paar Lampen an, um die zunehmende Dunkelheit zu vertreiben. Dann kehrte er zur Lektüre der Berichte zurück.

Die Morde hatten letztes Jahr Anfang Oktober stattgefunden, an einem kühlen und wolkigen Montagnachmittag zwischen zwölf und ein Uhr. An jenem Morgen hatten Jemson und Coulson die Vorbereitungen für den Raubüberfall abgeschlossen, bevor sie den Bus in das Dorf Findern nahmen. Sie hatten sich dem Hof zu Fuß genähert, beide in Wanderklamotten und Stiefeln und jeweils mit einem kleinen Rucksack, die später am Tatort gefunden wurden. Darin fand die Polizei eine detaillierte Karte der Gegend rings um Findern, mit geeigneten Fluchtrouten, die rot markiert waren, wie auch belastenden Beweisen für die Beteiligung eines Insiders – ein Grundriss des Bauernhauses.

Handschrift und Fingerabdruckabgleiche zeigten ohne jeden Zweifel, dass Reardons vermisster Bruder Ray den Plan angefertigt hatte. Darauf hatte er auch eingezeichnet, wo sich der Safe befand, wo der Kontrollraum und Reardons Schlafzimmer. An die Karte geklammert war der fotokopierte Ausdruck einer Liste aller Wertsachen – Schmuck, teure Uhren und Goldmünzen –, die vermutlich im Safe zu finden waren. Die Fotokopie stammte von einer Versicherungspolice, die die Thorogoods erst drei Wochen zuvor abgeschlossen hatten – auf Rays Betreiben, wie seine Schwester aussagte. In einer Ecke der Kopie hatte Ray mit Kugelschreiber die Safekombination notiert.

In dem Rucksack fanden Ermittler außerdem eine leere Plastiktüte, die Reste des mit Beruhigungsmittel versetzten Fleisches enthielt, das die beiden an den Familienhund Sargent verfüttert hatten, damit dieser nicht die Eindringlinge angriff oder die Thorogoods auf ihre Anwesenheit aufmerksam machte.

Der Hof selbst war durch das ausgeklügelte Alarm- und Überwachungssystem gut geschützt gewesen, das im Vorjahr, ebenfalls auf Rays Insistieren, installiert worden war. Allerdings war das System laut interner Uhr und ohne Wissen der Opfer schon am Vorabend abgeschaltet worden, was Jemson und Coulson erlaubte, sich unbemerkt dem Haus zu nähern und einzubrechen, ohne damit den Alarm auszulösen. Das Festnetztelefon war auch ausgestöpselt worden.

Außerdem war die Aufzeichnung aller Videos vor dem Angriff fachmännisch von der Festplatte gelöscht worden, vermutlich um die Aufnahme zu entfernen, wie Ray Thorogood in den Kontrollraum ging und das System am Vorabend der Morde ausschaltete. Ein Post-it, das am Polizeibericht klebte, wies darauf hin, dass Jemson erst kurz zuvor eine Stelle als Monteur bei einer Sicherheitsfirma in Derby angetreten hatte, und später hatte man entdeckt, dass er eine Vielzahl von Textnachrichten mit Ray Thorogood ausgetauscht hatte, in denen er detailliert beschrieb, wie man ein Sicherheitssystem ausschaltet und das Videomaterial löscht.

Ohne dieses Beweismittel war es schwierig, den exakten Ablauf der Ereignisse in dem Bauernhaus vor und während des Angriffs zu rekonstruieren. Man nahm an, Coulson sei durch die Haustür gekommen und habe Mr und Mrs Thorogood umgebracht, während Jemson sogleich zu Reardons Schlafzimmer ging, wo sie auf ihrem Bett lag und über Kopfhörer Musik hörte, weshalb sie völlig ahnungslos war, dass ihre Eltern ein paar Räume weiter gerade ermordet wurden.

Die Tatsache, dass Coulson Rechtshänder war – Jemson war Linkshänder –, bestätigte für Polizei und Staatsanwaltschaft, dass er die tödlichen Schläge ausgeführt hatte, die die Thorogoods das Leben kosteten. Auffallend war, dass Coulson es ablehnte, sich zu verteidigen, denn er behauptete, keine Erinnerung an die Ereignisse zu haben. Weder leugnete er seine Beteiligung bei dem Angriff noch gestand er sie ein. Tatsächlich sagte er seit dem Moment seiner Festnahme kaum ein Wort zu den polizeilichen Vernehmern und ließ sich auch nicht auf ein Kreuzverhör bei seinem Prozess ein.

Das war nicht ungewöhnlich für Coulson. Die Anwälte der Verteidigung legten Dokumente vor, wonach er Lernschwierigkeiten hatte und die Schule ohne Abschluss verlassen hatte. Er litt außerdem unter einem Sprachfehler und sagte nie etwas im Unterricht – ein guter Grund für Coulson und seinen Anwalt, um den Mühen eines Kreuzverhörs zu entgehen, auch wenn das nicht seine Weigerung erklärte, vor dem Prozess eine Aussage zu machen, die seine Rolle bei den Morden beleuchtete.

Nicht, dass ein vollständiges Geständnis sein Verbrechen abgeschwächt hätte. Coulsons lebenslange Haftstrafe war nur eine Formalität, nachdem er von Experten untersucht worden war und für schuld- und verhandlungsfähig erklärt wurde. Sein Intelligenzquotient war zwar unterdurchschnittlich, und erwartungsgemäß hatte er ein paar Persönlichkeitsstörungen, aber Luke Coulson war absolut in der Lage, die Schwere seines Verbrechens zu begreifen, und wurde entsprechend bestraft.

Brook trank seinen Tee aus und lehnte sich zurück. Er schaute wieder auf sein Handy – immer noch nichts von Terri.

Er las weiter und klickte sich dabei durch die Berichte der Spurensicherung vom Tatort, die Coulson allesamt weiter belasteten. Nach dem Angriff hatte er in Monty Thorogoods Schrank gewühlt und sich frische Kleidung genommen, in der er geflohen war, doch dummerweise hatte er die eigene blutgetränkte Kleidung in eine Tüte gestopft und diese in den Kofferraum des Range Rovers geworfen – vermutlich, um sie im Meer zu entsorgen. Auf seiner Kleidung und den Schuhen hatte man Blut von allen drei Leichen sichergestellt und später ebenso unter seinen Fingernägeln und in seinen Haaren.

Brook klickte auf den nächsten Link und war überrascht, dass das Video der Überwachungskamera verfügbar war. Er erfuhr schon bald, warum. Nachdem sie von Jemson angegriffen worden war, war Reardon die Flucht gelungen, doch vorher hatte sie noch die Sicherheitskameras im Kontrollraum neben ihrem Schlafzimmer reaktiviert, um auf diese Weise Coulson und andere mögliche Eindringlinge zu lokalisieren. Der grausige Anblick ihrer blutüberströmten Eltern auf dem Monitor im Kontrollraum führte sie schließlich in die Küche, wo sie vergebens nach Lebenszeichen suchte.

Da sie mit dem deaktivierten Handy ihrer Mutter oder vom toten Festnetz aus nicht die Polizei rufen konnte, steuerte sie auf die Haustür zu, nur um dort direkt in einen mit dem Messer herumfuchtelnden Luke Coulson zu laufen. Das Video zeigte die Begegnung, doch Brook hielt die Aufzeichnung an, damit er Reardons Aussage, woran sie sich von dem Gespräch noch erinnerte, durchgehen konnte, bevor er das Video weiterlaufen ließ.

Es war düsterer, faszinierender Stoff, und Brook betrachtete intensiv den Todestanz der beiden. Sowohl Reardon als auch Coulson waren völlig ruhig nach dem Blutbad. Solch eine Reaktion war nicht ungewöhnlich. Leute reagierten auf extrem traumatische Erlebnisse oft mit unnatürlicher Beherrschtheit, zumindest in der Anfangsphase eines Martyriums. Unter Schock verdrängten die Menschen entsetzliche Ereignisse wie den Tod geliebter Angehöriger und, was schlimmer war, wurden drohender Gefahr gegenüber blind.

Die Möglichkeit eines plötzlichen Tods, selbst des eigenen, war eine so extreme und einzigartige Situation, dass der Verstand oft unfähig war, diese Information zu verarbeiten, weshalb er einen undenkbaren Ausgang ausblendete. Die Konsequenzen konnten tödlich sein, wenn Individuen nicht den Drang verspürten, wegzulaufen oder gegen eine Gefahr anzukämpfen – der Instinkt für Flucht oder Kampf zwang jene, die in Gefahr waren, in ihrem eigenen Interesse zu handeln.

Aber was auch immer sie im Sinn hatte – Brook beobachtete gespannt, wie Reardon alle richtigen Schritte machte; sie hielt Augenkontakt und ließ ihren Gegner reden, zugleich behandelte sie ihn mit einem Respekt, nach dem er sich möglicherweise sehnte und der ihm die meiste Zeit seines kurzen Lebens verwehrt geblieben war. Die Tatsache, dass Coulson sie gerade erst vor einem gewalttätigen Exfreund gerettet hatte, musste ihr genug Selbstvertrauen gegeben haben, dass sie ihn davon abbringen konnte, ihr etwas anzutun, und danach gelang es ihr, ihn zu beruhigen, bis Coulson das Messer sinken ließ.

Nachdem er es fallen gelassen hatte, trat er auf Reardon zu und umarmte sie. Er hielt sie sanft und drückte seinen Kopf gegen ihren Hals. Laut Reardons Aussage hatte Coulson ihr in diesem Moment etwas ins Ohr geflüstert. Ihre Antwort war kurz, bevor sie sich von ihm löste und behutsam zur Haustür ging. Sobald sie draußen war, zeigte eine Kamera, wie sie über den Grasstreifen an der Kiesauffahrt in Sicherheit rannte, direkt Richtung Dorf.

Brook schaute auf das Transkript, um zu sehen, was gesagt worden war.

Coulson: *Wenn ich dich gehen lasse, vergibst du mir dann?*
Reardon: *Natürlich tue ich das.*

Er schaltete den Film ab und lud weitere Berichte auf seinen Monitor. Der Name von DS Rachel Caskey war recht prominent, und Brook sah erfreut, dass sie ihr Handwerk verstand. Nach dem Überfall, während die Kriminaltechniker ihre Arbeit aufnahmen, war ihre erste Anlaufstelle Jonathan Jemsons Wohnung gewesen, in der sich ein unregistriertes Prepaidhandy fand, das in einer Schublade versteckt war.

Das Handy enthielt Dutzende Textnachrichten, die Jemson mit Ray Thorogood ausgetauscht hatte und die die sorgfältige Planung enthüllten, die zu dem Überfall auf die Black Oak Farm geführt hatte. Die Nachrichten machten auch das volle Ausmaß von Rays Gehässigkeit gegenüber seinen Eltern deutlich; er sprach von unbezahlten Schulden und bekräftigte seinen Entschluss, sich von ihrer finanziellen Kontrolle zu befreien.

Brook blätterte durch weitere Transkripte, die zeigten, wie die beiden Männer ihren Plan fassten. Der Inhalt der Nachrichten zeichnete ein Bild von Ray Thorogood als den Kopf hinter der Operation. Unter Anleitung von Jemson sollte Ray das Sicherheitssys-

tem und das Festnetztelefon am Vorabend ausschalten und alle Film-
aufzeichnungen seiner Handlungen löschen. Jemson war derweil
damit beschäftigt, Coulson zu rekrutieren, den Jemson und Ray
beide aus der Schule kannten. Sie schrieben über seinen niedrigen
IQ, und es wurde deutlich, dass Jemson und Ray ihn dabeihaben
wollten, damit er die Schuld am Mord von Monty und Patricia
Thorogood sowie Rays Schwester Reardon auf sich nahm.

Brook las sich einige der relevanten Nachrichten sorgfältig durch.

*Erledige Mummy und Daddy zuerst, und dann versuch Luke dazu zu bringen,
die Schlampe von einer Schwester zu vögeln oder wenigstens auf ihr abzuspritzen.
Er hatte schon immer was für sie übrig. Sollte einfach sein. Dann erledigst du
beide mit demselben Messer und lässt es aussehen, als wären sie bei einem Kampf
beide umgekommen, sodass wir alles Luke anhängen können. Ray.*
Kann gar nicht erwarten, ihr Gesicht zu sehen, wenn ich reinkomme. LOL.
Wünsche mir fast, ich könnte dabei sein. Ray.

Brook lehnte sich zurück und dachte darüber nach. *Wünsche mir fast,
ich könnte dabei sein. Ray.* Er kniff die Augen zusammen. »Und warum
warst du nicht dabei, Ray?«

Mit Coulsons Leiche am Tatort und seiner DNA in Reardon wäre
es nicht schwer für die ermittelnden Beamten gewesen, eine Version der Ereignisse zu konstruieren, bei der Coulson im Mittel-
punkt des Verbrechens stand. Der besessene Einzelgänger suchte
eine frühere Schulkameradin auf, für die er eine ungesunde Obsession entwickelt hatte, und er ermordete ihre Eltern, bevor er an ihr
Rache nahm. Sie wehrte sich und brachte ihrem Angreifer tödliche
Wunden bei, bevor sie ihren eigenen Wunden erlag.

Das perfekte Verbrechen.

Die Schönheit des Plans war, dass Ray zur Stelle gewesen wäre,
um die Lücken zu füllen. Er hätte Coulsons schmierige Faszina-
tion für seine Schwester bestätigt, und da alle anderen Thorogoods
tot waren, wäre er frei gewesen und hätte das Familienvermögen
geerbt. Nach einer angemessenen, aber nicht weiter spezifizierten
Zeit hätte er Jemson für die geleisteten Dienste entlohnt. Brook

hatte keinen Zweifel, dass Jemsons Tod der nächste Punkt auf Rays Agenda gewesen wäre, nachdem sich die Dinge beruhigt hatten.

Natürlich war der Plan hinfällig gewesen, weil Coulson sich geweigert hatte, bei der Vergewaltigung von Reardon mitzumachen. Bei seiner Schwärmerei ging es wohl mehr um unerwiderte Liebe und weniger um direkte Lust, wie Ray und Jemson bisher geglaubt hatten. Aus diesem Grund war darüber spekuliert worden, ob Jemson die Vergewaltigung von Reardon angefangen hatte, um Coulsons Interesse anzustacheln. Oder vielleicht wollte er wirklich seiner früheren Freundin eine Lektion erteilen und hatte sich hinreißen lassen, obwohl er intelligent genug hätte sein müssen, um zu wissen, dass eine Vergewaltigung durch ihn unfehlbare Beweise seines Aufenthalts auf dem Hof hinterlassen würde. Für jemanden mit einem Vorstrafenregister bedeutete dies einen sicheren Treffer der DNA, und man hätte ihn innerhalb von Tagen festgenommen.

Was auch immer ihn dazu trieb, aber die Vergewaltigung hatte weitere Gewalt nach sich gezogen, und Jemson hatte Reardon mehrfach ins Gesicht geschlagen – was wahrscheinlich Coulsons tödliche Intervention ausgelöst hatte.

Zu Ray Thorogoods Leidwesen hatte diese Wendung der Ereignisse ihn quasi in einen Schwebezustand versetzt, und statt seine Familie zu beerdigen und sein Erbe anzutreten, war er gezwungen zu fliehen. Da Reardon überlebt hatte und aussagen konnte, dass er am Vorabend der Morde auf dem Hof gewesen war, wurde seine Rolle bei dem Überfall klar, obwohl die Sicherheitssysteme keinen Beweis für seine Anwesenheit oder die seines Autos, eines silbernen Porsche, lieferten.

Brook lehnte sich in seinem Stuhl zurück und dachte nach. Er war beeindruckt von der Tatsache, dass Ray so vollständig verschwunden war. Das ließ auf gute Vorbereitung schließen, auf Notfallpläne. Und es verriet auch Rays mangelnden Glauben an seine Mitverschwörer. Brook sichtete weitere Berichte, suchte nach Informationen über Rays Verbleib zum Zeitpunkt des Überfalls. Er konnte nichts finden. Doch ein paar Tage nach den Morden wurde Rays Wagen auf dem Dauerparkplatz am East Midlands Airport entdeckt.

Brook scrollte weiter und suchte nach mehr Informationen, doch er fand nicht, wonach er suchte, und kritzelte daher etwas zur Erinnerung auf eine neue Seite seines Notizbuchs, bevor er die Berichte der anschließenden Ermittlungen las, die sich auf die Passagierlisten der Fluggesellschaften und das verfügbare Filmmaterial zum Boarding der Flüge vom East Midlands am Tag des Massakers auf der Black Oak Farm erstreckten.

Sobald Rays Wagen gefunden war, begann die Flughafenpolizei, alle abfliegenden Passagiere auch Wochen nach den Ereignissen in Findern noch zu überprüfen. Aber wenn Ray gleich einen Flug vom East Midlands genommen hatte, konnten die Sicherheitskontrollen ihn nicht entdecken, und über die Überwachungskameras konnte man definitiv nicht jeden möglichen Verdächtigen herausfiltern, der das Land verließ, selbst wenn man sich bei der Überprüfung auf männliche Passagiere Mitte zwanzig beschränkte. Vor allem, wenn Rays Beschreibung auf sie passte.

Tatsächlich waren alle britischen Männer, die den Flughafen nutzten, überprüft und von den Ermittlern ausgeschlossen worden, auch wenn drei Männer, die mit fremdem Pass reisten, nie gefunden wurden – zwei Franzosen und ein Pole. Allerdings traf auf keinen der drei die Beschreibung von Ray Thorogood auch nur annähernd zu, weshalb die Suche auf die Häfen und andere Flughäfen sowie auf das britische Autobahnnetz ausgeweitet wurde.

Aber trotz all dieser Maßnahmen konnte man Ray Thorogood nicht finden. Entweder war er unerkannt als Ausländer entkommen, mit einem komplett gefälschten Pass, oder er hatte eine falsche Spur gelegt und war quer durchs Land geflohen – mit unbekanntem Ziel.

Brook ging auf Google Maps, um sich das ausgedehnte Fernstraßennetz rings um den Flughafen wieder in Erinnerung zu rufen. Die M1 und die Verbindungsstraße M42 waren weniger als eine Meile entfernt, wenn Ray also keinen Flug ins Ausland genommen hatte, konnte er durchaus seinen Porsche am Flughafen abgestellt haben und mit einem anderen Wagen Richtung Norden, Süden oder Westen gefahren sein – Richtung Osten gab es keine Schnellstraße in der Nähe des Flughafens. Aber ohne zu wissen, ob es ein zweites Auto gab, war es sinnlos, die Videoaufzeichnungen der Autobahnen zu prüfen. Wenn er noch in Großbritannien war, konnte Ray Thorogood im Grunde überall stecken.

Brook las weiter, lud weitere Dokumente sowohl über die forensische als auch die reale Suche nach Thorogood. Ein Team aus Kriminaltechnikern war über Rays kleines Cottage in Repton hergefallen, um Beweismaterial gegen ihn und Jemson zusammenzutragen. Forensisch betrachtet war die Hausdurchsuchung Routine. Beweise für Thorogoods Anwesenheit waren reichlich vorhanden, aber das bestätigte kaum mehr, als dass er dort wohnte, auch wenn es jede Menge DNA und Fingerabdrücke von ihm lieferte. Nicht, dass diese Proben von großem Nutzen bei der Mordermittlung waren, denn seine DNA und Fingerabdrücke würden auch auf der Black Oak Farm vorhanden sein, dem Haus seiner Eltern.

Andererseits hatten die Beamten noch eine Menge andere Beweise im Cottage gefunden. Beim Durchgehen seiner Finanzen hatten sie die Gerüchte über Rays wachsende Schulden untermauern können. Bezeichnenderweise gehörte ihm das Haus in Repton nicht – es war Eigentum seiner Mutter. Er war Mieter, wenngleich einer, dem es erlaubt war, mietfrei in einem teuren Haus in einer beliebten Gegend zu wohnen. Und doch konnte er es nicht veräußern, um seine Schulden zu bezahlen.

Originalkopien des Auftrags für das Sicherheitssystem des Hofs fanden sich ebenso wie eine Kopie der Versicherungspolice, die abzuschließen Ray seinen Vater gedrängt hatte, um so die Wertgegenstände auf dem Hof und das Leben seiner Eltern abzusichern.

Fords Team fand außerdem ein paar Schmuckstücke, für die das Versicherungsdokument nahelegte, sie im Safe der Black Oak Farm zu verwahren. Nach dem Überfall hatte Coulson den Safe geleert und tausend Pfund, ein halbes Dutzend Goldmünzen und ein paar billige Uhren erbeutet. Der Rest – seltene Münzen, weitere neununddreißigtausend Pfund und teurer Schmuck, den man problemlos mitnehmen konnte, wie Ohrringe und Ringe – war weder bei Coulson noch bei Jemson gefunden worden und blieb verschollen.

Vermutlich befanden sie sich in Ray Thorogoods Besitz, als er gezwungen war zu fliehen.

Da sein Reisepass ebenfalls verschwunden war, lag die Annahme nahe, dass Ray schon vor den Morden den Großteil des Geldes und der Wertsachen aus dem Safe seiner Eltern genommen hatte, um so seine Flucht zu finanzieren, falls Jemson der Verlockung erliegen sollte, die besten Stücke für sich zu behalten.

Brook blätterte rasch den Rest der Berichte durch. Nirgendwo stand, ob man das Prepaidhandy gefunden hatte, das Ray benutzt hatte, um mit Jemson Nachrichten auszutauschen. Er dachte darüber nach und machte sich eine Notiz, dann suchte er nach Kopien der Dokumente über Rays anderes Mobiltelefon, das offizielle – ein Samsung mit Vertrag. Es war ebenfalls nicht im Cottage in Repton gefunden worden.

»Beide Handys von Ray fehlen«, murmelte er. Das war bedeutungslos. Dadurch, dass sie in Jemsons Wohnung das Prepaidhandy gefunden hatten, kannten sie den Nachrichtenverlauf von Ray und Jemson.

Interessanterweise hatten keine Anrufe stattgefunden – die beiden Verschwörer hatten ausschließlich über Textnachrichten auf nicht zurückverfolgbaren Handys kommuniziert, die sie vermutlich allein zum Zweck der Planung ihres Überfalls gekauft hatten. Offenbar wären beide Handys danach zerstört worden, wenn der Plan nicht so gründlich schiefgelaufen wäre. Nur deshalb hatten sie das von Jemson in seiner Wohnung sichergestellt.

Brook prüfte auch den Verbindungsnachweis von Rays Samsung. Sein offizielles Handy hatte er in dem Monat vor dem Überfall nur noch sporadisch genutzt, und eine Woche davor hörte er ganz damit auf. Es gab keine Aufzeichnung eines Kontakts zwischen Jemson und Ray am Tag selbst, und zwar auf keinem der Handys der beiden. Brook schenkte sich noch einmal Tee ein und dachte darüber nach.

»Und woher wusstest du, dass die Dinge auf dem Hof außer Kontrolle gerieten? Bist du sicher, dass du nicht dort warst, Ray?« Einen Moment später schüttelte er den Kopf. »Nein. Natürlich warst du nicht da. Wie könntest du auch?«

Er lud noch einmal das Transkript der Nachrichten zwischen Jemson und Ray. Die letzte von Ray, die er einige Tage vor dem Angriff geschickt hatte, fiel ihm ins Auge. Das war brutaler Stoff.

Wenn sie alle tot sind, JJ, fackel den verdammten Hof ab. Hässliches Ding. Mehr Geld als Geschmack haben meine Eltern. Haziendatüren, verdammt noch mal. Lass es wie einen Unfall aussehen, also leg das Feuer in R.s Zimmer. Sie hat immer ein Dutzend Teelichter an, wenn sie ein Bad nimmt. Überkandidelte Fotze. Lass es so aussehen, als wären sie beim Kampf umgekippt. Der Hof ist bis unters Dach versichert, da sind also weitere zehn Riesen für dich drin. Außerdem wird deine DNA und so Zeug vernichtet. Ray.

Brook schaute wieder auf sein Handy – immer noch keine Antwort von Terri.

»Ist das Ihre erste?«, fragte Noble, als er mit Banach den hell erleuchteten Obduktionssaal betrat.

»Meine erste Obduktion«, antwortete Banach. »Nicht meine erste Leiche, natürlich.« Noble nickte schmallippig. Sie sah ihn direkt an. »Machen Sie sich um mich keine Sorgen.«

»Mache ich nicht«, keuchte Noble. »Ich mache mir eher um mich Sorgen.«

»Sie? Sie müssen doch schon Dutzende gesehen haben.«

»Habe ich«, sagte Noble. »Aber nie als leitender Ermittler. Normalerweise schalte ich ab und starre an die Wand, und wenn die Sache etwas haarig wird, schickt der Boss mich raus zum Teeholen. In so was ist er gut.«

»Nach allem, was Sie gesehen haben?«

»Oh, am Tatort habe ich kein Problem«, sagte Noble. »Es ist dieses Gewühle in den Bauchhöhlen und Schädeln, für das ich nicht so viel übrighabe.«

»Hat der Boss damit Probleme?«

»Nicht so, dass Sie es bemerken würden«, antwortete Noble. »Und ehrlich gesagt, nach allem, was er so gesehen hat, sind Obduktionen für ihn ein Spaziergang im Park.«

161

»Sie schätzen ihn sehr, nicht wahr? Als Detective, meine ich.«

Noble drückte den Summer an der Wand. »Sie hatten auch ein paar Monate mit ihm. Was denken Sie?«

»Er ist schlau, ohne Zweifel«, sagte Banach. »Und umsichtig, ohne dass man es merkt.«

Noble sah sie fragend an. »Ich spüre da ein *Aber*.«

Banach zögerte.

»Sie können offen mit mir *und* dem Boss sprechen. Er hält das aus.« Er grinste. »Vorausgesetzt, Sie verwenden ein anständiges Vokabular.«

Banach lächelte, doch es war klar, dass Noble sich nicht würde ablenken lassen. »Etwas ist an ihm. Etwas Verschlossenes, das an ihm nagt.« Als Noble sie nicht bat, das weiter auszuführen, nickte sie. »Sie haben es also auch gesehen. Eine Dunkelheit, die er nicht zeigen kann.«

»Der Schlitzer«, sagte Noble leise. »Bevor ich ihn kennenlernte.«

»Der Serienmörder, der in London Familien getötet hat?«

»In Derby auch.«

»Er wurde nie gefasst.«

»Das ist die offizielle Version.«

»Sie wissen etwas anderes?«

»Nein«, sagte Noble vorsichtig. »Aber manchmal lässt er nach, und ich bekomme den Eindruck, dass er etwas weiß, das ich nicht weiß.«

»Zum Beispiel?«

»Zum Beispiel, dass der Schlitzer tatsächlich tot ist, obwohl es gar nicht sein kann, dass er das weiß. Aber das ist nur ein Eindruck.« Seine Miene wurde misstrauisch. »Das bleibt unter uns.«

»Natürlich«, sagte sie ruhig, weil sie ihn nicht ablenken wollte.

Noble atmete tief durch. »Als er von der Met zum Derby CID wechselte, war er ein gebrochener Mann. Ich meine, er war kaputt. Das war ein Anblick. Geschieden. Von seiner Tochter entfremdet, mit einem Nervenzusammenbruch in seiner Akte. Ich habe den Kürzeren gezogen, weil ich gerade erst zum DS befördert worden war. Niemand mochte ihn. Er hat nicht bei Scherzen mitgemacht, hat sich nicht eingearbeitet oder nach einem großen Erfolg eine Runde im Pub ausgegeben. Selbst jetzt, wenn Sie ihn bitten würden, die Leute in St Mary's zu benennen, könnte er das bei drei Viertel nicht. Es ist, als würde er all seine geistige Energie, all seine Ressourcen nutzen, um sich zusammenzunehmen. Und wenn er sich die Mühe machen würde, sich auch nur grundlegende soziale Fähigkeiten anzueignen, würde damit das empfindliche Gleichgewicht gestört, das er aufrechterhalten will. Er ist wie ein Hochseilartist. Er kann sich nur auf den Fall konzentrieren. Jede kleinste Ablenkung, und er würde in den Tod stürzen. Das ist der Grund, weshalb er so hart arbeitet.«

»Wie ein Hai. Immer vorwärts.«

»Richtig. Er muss sich beschäftigen, weil er nicht in der Lage ist, sich zu entspannen und abzuschalten. Das würde ihm zu viel Zeit zum Nachdenken verschaffen.«

»Er hat aber gerade Urlaub.«

Noble lächelte. »Oh, er ist inzwischen um Längen besser als früher. Aber es ist immer noch da, was auch immer es ist. Er trägt es immer mit sich. Und wenn ein Fall zu viel wird, können Sie beobachten, wie er aus den Fugen gerät.«

»Was ist passiert, dass es so weit gekommen ist?«

Noble zögerte. »Neben mir sind Sie die Einzige bei der Truppe, die das bemerkt hat. Was glauben Sie?« Jetzt war es Banach, die zögerte, weshalb Noble nachhakte. »Sie haben etwas oben auf der Animal Farm gesehen, richtig? Bevor wir dort eintrafen. Er hat etwas getan. Oder gesagt. Das habe ich gesehen.«

»Ich weiß, er hat sein Leben riskiert, um mich vor einem Haufen Verrückter zu retten, die mich gerade aufschneiden wollten«, sagte Banach trotzig.

»Sie wissen, was ich meine.«

Banach ließ den Kopf hängen, weil sie nicht die Erinnerungen an ihre erste Ermittlung hervorwühlen wollte, an einen Fall, der fast ihr letzter gewesen wäre, nachdem sie einer Gruppe gewalttätiger Fanatiker in die Hände gefallen war. »Ich kann mich geirrt haben. Ich war in einem ziemlich üblen Zustand.«

Noble lächelte aufmunternd. »Wir unterhalten uns nur, Angie.«

»Es war etwas, das er sagte.« Sie blickte Noble in die Augen und atmete durch. »Ich glaube, vor langer Zeit könnte auch er mal jemanden ermordet haben.«

Noble machte den Mund auf und wollte etwas sagen, aber in diesem Moment öffneten sich die Doppeltüren zum Obduktionssaal, und Dr. Ann Petty, eine hübsche blonde Frau Anfang vierzig, stand vor ihnen.

»Tut mir leid, dass Sie warten mussten«, sagte sie.

»Sie hatten recht«, sagte Petty. »Der Alkohol im Blutkreislauf von Frazer und Nolan enthielt Spuren von Chardonnay und Pinot noir. Beide Traubensorten werden bei der Champagnerproduktion verwendet.«

»Schnelle Arbeit.«

»Eigentlich nicht«, sagte Petty. »Ich habe die Analyse vor zwei Wochen vorgenommen. Hat DI Ford nichts erwähnt? Ich habe ihm eine Mail geschickt.«

»Vielleicht hat er es DI Brook erzählt«, sagte Noble diplomatisch. »Zwei Rebsorten. Es war also ein verschnittener Champagner.«

»Alle Champagnersorten sind verschnitten, Sergeant«, erwiderte Petty. Noble hob eine Augenbraue. »Ich habe als Studentin drei Monate in Frankreich verbracht und bei der Weinlese geholfen.«

»Und Sie haben Geschmack daran gefunden«, sagte Noble. »Am Champagner, meine ich.«

»Wer würde das nicht?«

»Sonst noch was?«

»Es war ein Jahrgangschampagner, falls das einen Unterschied macht.«

»Woher wissen Sie das?«, fragte Banach.

»Weil die meisten Nichtjahrgangschampagner aus nur einer Rebsorte gemacht werden, die aus unterschiedlichen Jahren stammen. Jahrgangschampagner ist der Verschnitt zweier Rebsorten, bisweilen mit Pinot Meunier dabei, obwohl dieser heutzutage oft weggelassen wird, weil der Champagner damit nicht gut altert.«

»Ich bin beeindruckt«, sagte Noble.

»Ich bin sicher, Sie sind bei kohlesäurehaltigem Lagerbier genauso ein großer Experte«, antwortete Petty grinsend.

Nobles Miene blieb unverändert. »Und die Gibsons?«

»Sie hatten auch Champagner im Blutkreislauf, obwohl sie nicht so viel getrunken hatten wie Frazer und Nolan.«

»Wie viel?«

»Frazer und Nolan haben der Blutuntersuchung zufolge gemeinsam eine Flasche geleert. Aber der Blutalkohol der Gibsons war deutlich niedriger – nicht mehr als ein Glas, würde ich sagen. Ich brauche aber mehr Zeit, um sicher zu sein.«

»Nicht nötig«, sagte Noble. »Der Mörder hat die halbe Flasche dagelassen.«

»Wie aufmerksam.«

»Sonst noch etwas Ungewöhnliches an ihrem Tod?«

»Nur die Tatsache, dass sie erschossen wurden«, sagte Petty. »Zwei alte Leutchen wie die beiden. Wäre wohl kaum nötig gewesen.«

»Das sagt jeder. Wann?«

»Nach allem, was ich so sehe, würde ich schätzen, es war zwischen acht Uhr abends und Mitternacht am Samstag. Tut mir leid, dass ich es nicht weiter eingrenzen kann. »Die Leichenflecken bestätigen, dass sie im Sessel gestorben sind, wie Frazer und Nolan. Sie sollten eine ungefähre Größe des Mörders von der Ballistik bekommen. Der Tod trat augenblicklich ein oder so gut wie.«

Noble nickte. »Kugeln?«

»Sind per Kurier an die EMSOU gegangen. Sie hatten dasselbe Kaliber wie beim letzten Mal, denke ich – neun Millimeter. Und vermutlich war's ein geübter Schütze.«

»Wie kommen Sie darauf?«, fragte Banach.

»Wenn man davon ausgeht, dass die vier Morde in Verbindung stehen, hat Ihr Mörder insgesamt viermal geschossen, und jedes Mal genügte eine einzige Kugel in das Herz von vier verschiedenen Opfern«, sagte Petty. »Zeigt ein gewisses Maß an Sachkenntnis, denke ich.«

»Wie stand es sonst um ihre Gesundheit?«

Petty dachte nach. »Sie hatten die üblichen Leiden für ihr Alter. Eine arterielle Verkalkung der Herzkranzgefäße bei Mr Gibson, die seinen grundlegenden Problemen entspricht, aber nichts, was auf einen baldigen Tod hindeutet. Ich vermute, ihr Hausarzt würde dasselbe sagen. Haben Sie darüber spekuliert, es könnte eine Art Suizidpakt sein?«

»Es war ein möglicher Blickwinkel«, sagte Noble.

»Nun, aus gesundheitlichen Gründen würde ich es ausschließen«, sagte Petty. »Aber das heißt nicht, dass Leute ihres Alters nicht beschließen, dass sie ihren Zweck erfüllt haben, und lieber gehen, bevor es unschön wird. Vielleicht hatten sie Depressionen?« Sie sah Noble erwartungsvoll an.

»Nicht, dass ihr Arzt es bemerkt hätte«, antwortete er.

Petty nickte. »Ich kann Ihnen keine Prognose zu ihrer geistigen Gesundheit geben, fürchte ich. Aber bei Frazer und Nolan war es dasselbe Bild. Und sie waren so fit wie in dem Sprichwort. Echt eine Schande. So ein hingebungsvolles Paar.« Noble verengte die Augen und sah sie an. »Ich erinnere mich an sie von den Privatanzeigen im *Derby Telegraph* vor nicht allzu langer Zeit. ›Für immer zusammen. Stephen und Iain.‹ Berührend.«

»Privatanzeigen?«

»Ja, diese Seite mit Hochzeiten und Jahrestagen. Einsame Herzen.« Sie lachte und hielt ihre Hände zur Selbstverteidigung hoch. »Ich bin Single, Sergeant. Ich darf mir diese Seiten ansehen. Sie kommen auch noch dahin.«

»Das wird nie passieren«, schnaubte Noble.

»Wo wir gerade von Singles sprechen«, sagte Petty grinsend, »wo ist Derbys unbeliebtester Junggeselle?«

»DI Brook hat Urlaub.« Noble beobachtete ihre Reaktion. Er hatte bei früheren Besuchen den Eindruck gewonnen, dass Dr. Petty heimlich für Brook schwärmte.

»Hochverdient, da bin ich sicher«, antwortete Petty und gab nichts von sich preis. »Und ich beklage mich nicht. Gibt mir die Gelegenheit, DC Banach zu sehen und mich für ihre Bemühun-

gen letztes Jahr zu bedanken.« Banach wurde rot. »Die Schwestern-
schaft schuldet Ihnen tiefen Dank, dass Sie die Schlächter oben auf
der Animal Farm aufgehalten haben.«

»Hab nur meinen Job gemacht«, sagte Banach und schaute verlegen zu Noble.

»Und Sie haben ihn verdammt gut gemacht, weshalb wir Ihnen
danken müssen.«

13

Nachdem er alle verfügbaren Berichte gelesen hatte, lud Brook die
Fotos der Spurensicherung von den blutigen Ereignissen auf der
Black Oak Farm hoch und untersuchte jedes einzelne langsam und
systematisch. Gelegentlich machte er sich eine Notiz, bevor er zum
nächsten Bild ging. Er starrte unbeeindruckt auf Fotos von der Küche im spanischen Stil, die von den Blutspritzern an den Wänden
und den Terrakottafliesen entstellt war; auf die großen Seen aus
dunklem Rot unter den Körpern von Monty und Patricia Thorogood, die bereits eintrockneten auf den verschrammten Fliesen; auf
die Leiche von Jonathan Jemson, dessen Jeans bis zu den Knöcheln
heruntergezogen war, Kopf und Hals verdreht und mit schuppen-
flechtartigen Blutflecken übersät. Am Fußende des Betts hatte sich
ein großer, roter See über den Schlafzimmerteppich gefressen, und
die Bettdecke war von einer dramatischen Blutfontäne getroffen
worden, als das erste Blut unter Druck aus Jemsons Hals spritzte.

Brook hätte Ausdrucke bevorzugt, die er sortieren konnte, während er in Gedanken das sich entspannende Drama durchging,
doch er hatte dank Terri kein Druckerpapier mehr im Haus.

Als er ein zweites Mal die ganzen hochgeladenen Fotos durchging, holte er sich auch noch mal das Videomaterial der Überwachungskamera auf den Bildschirm, das entstanden war, nachdem
Reardon Thorogood das System neu gestartet hatte. Er sah es sich

ein zweites Mal an, wobei er dort anfing, wo sie ihren geschundenen und ramponierten Kopf aus dem Kontrollraum steckte.

Er beobachtete, wie sie an der Haustür zögerte, bevor sie in die Küche ging und nach ihren Eltern schaute. Er sah, wie sie über den Leichen von Monty und Patricia Thorogood kniete, wie sie nach Lebenszeichen suchte, in ihrem Blut stand, wie sie keinen Gedanken daran verschwendete, dass möglicherweise noch ein Mörder im Haus war. Er sah, wie sie sich verzweifelt an die Wand lehnte, als sie die durchgeschnittene Telefonleitung entdeckte, bevor sie in der Tasche ihrer Mutter nach dem Handy kramte, das ebenso nutzlos war.

Als sie an der Haustür Luke Coulson in die Arme lief, hielt Brook den Film wieder an und las noch einmal das Transkript ihrer Unterhaltung, das aufgrund von Reardon Thorogoods Zeugenaussage und der Expertenmeinung eines Lippenlesers erstellt worden war. Coulson hatte natürlich zu keinem Zeitpunkt nach seiner Festnahme eine Aussage gemacht und sich vor Gericht nicht verteidigt, weshalb das Transkript sich vor allem auf Reardons Aussage stützte.

Brook ließ das Video weiterlaufen und versuchte, dem Wortwechsel zwischen Coulson und Reardon zu folgen. Er sah seinen anfänglichen Eindruck bestätigt, dass es sich um ein fein austariertes Katz-und-Maus-Spiel zwischen einem messerschwingenden Mörder und einem verzweifelten, aber geistesgegenwärtigen Opfer handelte. Coulson war weitgehend ruhig, obwohl die Enthüllung seiner lange verheimlichten Gefühle für Reardon ihn sehr aufgewühlte. Eingebildete Beleidigungen, die über ein Jahrzehnt zurückliegen mochten, ließen seine Paranoia deutlich werden und führten zu seinem einzigen Ausbruch von Aggression Reardon gegenüber.

Sie hingegen strahlte unter dem Druck der Situation eine unbeschreibliche Coolness aus und konterte Coulsons Toberei. Ihre Antworten waren Lehrbuchsätze, wie man einen unstabilen und möglicherweise gewalttätigen Verdächtigen beruhigte. Als sie sich schließlich aus Coulsons Fängen löste, sorgte sie dafür, möglichst rasch die Straße hinter sich zu lassen, denn sie wusste, dass er ihr im Range Rover folgen könnte und möglicherweise seine Meinung darüber änderte, dass er eine Augenzeugin am Leben ließ.

Brook ließ das Video weiterlaufen und lehnte sich zurück, während Coulson in den Range Rover stieg, nachdem er die Plastiktüte mit seinen blutigen Sachen in den Kofferraum geworfen hatte. Es dauerte ein paar Augenblicke, bis er die Bedienung verstand, dann fuhr der Wagen mit aufheulendem Motor davon. Mit einem frischen Tee in der Hand ging Brook noch mal zurück zu der finalen Umklammerung, als Reardon ihren Kopf von Coulson löste und auf seine geflüsterte Bitte antwortete.

»Natürlich tue ich das«, sagte Brook, als sich ihr Mund bewegte.

Noble nahm einen Schluck von seinem Kaffee in Maureen McConnells warmer und gastfreundlicher Küche. »Noch mehr Herumtreiber?«

»Nicht mehr, seit Ihr forensisches Team noch mal drin war. Haben die Nummernschilder geholfen?«

»Ich fürchte, nein«, antwortete Noble.

McConnell nickte. »Danke übrigens noch mal, dass Sie neulich nachts so verständnisvoll waren. Ich kann nur ahnen, wie das ausgesehen haben muss, als ich da drüben herumgeschlichen bin und die Wertsachen der Jungs eingesammelt habe.«

»Es sah aus, als würden Sie sich herumtreiben«, sagte Noble.

»Na ja, Gott sei Dank wissen Sie, dass ich das nicht getan habe.«

»Herumtreiber räumen nicht auf«, erklärte Noble.

Banach legte einen großen, braunen Umschlag auf den Tisch. »Wie Sergeant Noble bereits am Telefon erwähnte, könnten wir Ihre Hilfe bei der Identifizierung einer Person brauchen, die Ihnen vielleicht begegnet ist.«

»Ich werde es versuchen.«

»Diese Fotos wurden von den Smartphones von Stephen und Iain heruntergeladen«, sagte Banach.

»Sie wurden vielleicht schon mal gebeten, ihn zu identifizieren, aber wir möchten gerne, dass Sie noch mal schauen«, fuhr Noble fort.

»Die Fotos sind von den Partys bei ihnen zu Hause.«

»Ja.«

»Ich nehme an, ich bin auch auf ein paar Fotos drauf, aber ich war nicht bei jeder Party, die sie gegeben haben.«

»Das wissen wir«, sagte Noble.

»Waren Sie die einzige Frau dort?«, fragte Banach.

»Auf denen bei ihnen zu Hause, ja«, sagte McConnell. »Ein Barbecue jeden Sommer und eine Party zu Weihnachten, außerdem ihre Verlobungsfeier. So leckeres Essen und tolle Getränke, obwohl die Musik für mich etwas vulgär war.« Ihre Miene verdüsterte sich. »Sie werden mich doch nicht fragen, ob während dieser Partys Sex stattfand, oder? Das wollte nämlich der andere Ermittler wissen, ob es so eine Art Orgie war. Dann tauchte so ein schmieriger Journalist auf, der sie verhöhnte und Beleidigendes über Drogen und Sex sagte. Aber so waren die Jungs einfach nicht.«

»Mrs McConnell ...«

»Sie waren nett zu mir, wirklich. Konnten gar nicht genug für mich tun nach meiner Scheidung.« Sie lachte. »Ich finde, manchmal haben sie es etwas übertrieben. Haben mich immer mit irgendwelchen Straßenjungs oder Streunern verkuppelt, die ihnen über den Weg liefen, oder mit merkwürdigen Typen, die sie zu ihrer Party einluden und die ihre eigene traurige Vergangenheit hatten.«

Banach und Noble wechselten einen Blick. »Merkwürdige Typen?«

»Sie meinen heterosexuelle Männer«, hakte Banach nach.

»Oh ja. Nicht alle Gäste waren schwul. Aber das Letzte, was ich brauchte, nachdem ich diesen Mistkerl«, sie tat so, als würde sie auf den Boden spucken, »vor die Tür gesetzt hatte, war noch eine Beziehung mit einem Mann, der selbst einen Rucksack voller Probleme mit sich herumschleppte. Stephen und Iain haben allerdings nie aufgehört, es zu versuchen. Wenn ein Mann Single war und im richtigen Alter, luden sie ihn zu sich nach Hause ein und stellten ihn mir vor. Es war unangenehm, und die armen Kerle fühlten sich genauso unwohl damit wie ich.«

»Erinnern Sie sich an irgendwelche Namen?« McConnell schüttelte den Kopf. »Bitte versuchen Sie es. Es könnte wichtig sein.«

McConnell seufzte. »Nun, da war der eine, der hervorstach. Der

Letzte, mit dem sie mich bekannt machten. Alex? Ollie? Etwas in der Richtung. Ein sehr schüchterner Mann.«

»Er hob sich von den anderen ab.«

»Oh ja. Er war in einem schrecklichen Zustand. Ich hatte wirklich Mitleid mit ihm. Seine Frau war ein Jahr zuvor gestorben, und er war seitdem nicht mehr ausgegangen. Also, zu gesellschaftlichen Anlässen.«

»Und wie kam es dann, dass er bei der Party von Stephen und Iain war?«, erkundigte sich Banach.

»Die Jungs haben ihn wohl irgendwo getroffen – beim Einkaufen, denke ich –, und er hat ihnen sein Herz darüber ausgeschüttet, weil er Dinge tat, die er früher mit seiner toten Frau gemacht hatte. Und Stephen und Iain, die so weich waren, freundeten sich mit ihm an und luden ihn zu ihrer Party ein, um ihn aufzumuntern.«

»Hat es funktioniert?«, fragte Banach.

McConnell schüttelte den Kopf. »Er hat versucht, sich zu amüsieren, aber der arme Mann war untröstlich.«

»Wusste er, dass Stephen und Iain schwul waren?«

»Das habe ich mich auch gefragt«, sagte McConnell. »Die Jungs haben sich gerne etwas maskuliner gegeben, wenn sie unterwegs waren. Sie wissen schon, um Bigotte und dergleichen abzuschrecken.«

»Aber bei der Party war es eindeutig.«

»Oh ja. Besonders Iain war sehr, Sie wissen schon, tuntenhaft. Vor allem in Gegenwart seiner Freunde.«

»Vielleicht bekam also dieser Alex oder Ollie einen Schock, als er das herausfand«, schlug Noble vor. »Vielleicht hat er auch was gesagt?«

»Nicht zu mir«, sagte McConnell.

»Er wirkte auf Sie nicht angewidert oder abgestoßen?«, fragte Banach nach.

McConnell schüttelte den Kopf. »Er schien damit kein Problem zu haben. Wirklich. Tatsächlich sagte er, wenn ich jetzt so darüber nachdenke, dass es gar nicht genug Liebe in der Welt geben könne und man Leute nicht dafür hassen solle, dass sie sie unterschiedlich ausdrücken. Ich erinnere mich, wie nett ich das fand.«

Nobles Interesse schwand. »War das die einzige Gelegenheit, bei der Sie ihm begegnet sind?«

Sie lachte schuldbewusst. »Ja, Gott sei Dank.«

Banach zeigte auf die Fotos. »Ist er auf einem von denen hier?«

McConnell schob die Fotos hin und her, gruppierte sie zu Stapeln, starrte darauf in einer Mischung aus Freude und Traurigkeit. »Die hier waren an Weihnachten. Die im Sommer. Ihre Verlobungsparty. Das war ein schöner Tag.«

»Wir interessieren uns für diesen Mann, der rot eingekreist ist«, sagte Noble. »Die anderen haben wir bereits identifiziert und ausgeschlossen.«

»Es ist nicht ganz deutlich«, sagte McConnell und nahm ein paar Fotos hoch. Sie kniff konzentriert die Augen zusammen. »Haben Sie auf Stephens und Iains Computer nachgesehen?«

»Haben wir«, sagte Noble. Er nahm ein anderes Foto und zeigte ihr einen Mann in einem Zopfpullover mit V-Ausschnitt, der hinter einem Pfeiler lehnte. Er war großteils verdeckt, aber er schien einen rasierten Schädel zu haben. »Das hier ist nicht viel besser, aber das da drüben sind Sie, und Sie sehen aus, als hätten Sie sich mit ihm unterhalten.«

»Das ist Alex«, sagte McConnell mit einem Lachen. »Aber er wurde nicht Alex genannt. Es war ein etwas ungewöhnlicherer Name. Ollie? Willie? Gott, mein Gedächtnis. Jedenfalls war er sehr schüchtern und ernsthaft. Hatte keine Ahnung von Small Talk, um ehrlich zu sein, auch wenn er gar nicht so schlecht aussah. Aber es hat nicht gefunkt.«

»Wie alt?«

»Vierzig. Nicht älter. Jünger als ich. Ist das die einzige Aufnahme von ihm?«

»Leider. Erinnern Sie sich sonst noch an etwas über ihn? Wo er wohnte, vielleicht.«

»Er wohnte jedenfalls nicht in Breadsall, denn er kam mit dem

Auto, und ich erinnere mich, dass er mir von seiner Fahrt erzählt hat. Baustellen und so. Ich meine, wen interessiert das, hm?«

»Erinnern Sie sich an irgendwelche Details?«

McConnell überlegte, bevor sie den Kopf schüttelte. »Tut mir leid.«

»Hat er die Arbeit erwähnt?«

Sie schüttelte wieder den Kopf. »Mit keinem Wort. Er hat nicht gerne über sich geredet, und wenn er es tat, war er *sehr* langweilig. Kein Privatleben, wenn Sie verstehen.«

»Ist Ihnen noch irgendwas an ihm aufgefallen?«

»Ich kann mich erinnern, wie extrem fit er war – sehr muskulös. Jetzt wo Sie es erwähnen – er hat darüber geredet, dass er ins Fitnessstudio geht und Gewichte hebt.«

»Hat er gesagt, in welches?«

»Leider nicht.«

»Und haben Sie mal *diesen* Mann bei einer Veranstaltung der beiden oder in anderem Zusammenhang gesehen?«, fragte Banach und legte ihr eine Fotografie von Matthew Gibson vor, die sie seinem Antrag bei der nationalen Waffenzulassungsbehörde entnommen hatten.

»Den habe ich noch nie gesehen«, sagte McConnell nach ein paar Sekunden des Nachdenkens.

»Oder diesen Mann.« Banach legte noch eine Fotografie vor, dieses Mal das Polizeifoto von David Fry.

McConnell schrak zurück »Er sieht aus, als wäre er im Krieg gewesen.«

»Kennen Sie ihn?« McConnell schüttelte den Kopf. »Okay. Sie waren eine große Hilfe.«

Brook war in dem Bürostuhl eingedöst, als das Vibrieren seines Handys ihn weckte. Er schnappte es vom Schreibtisch. »Terri?«

»Ich bin's«, sagte Noble.

»John«, sagte Brook, rieb sich die Augen und versuchte, seinen trockenen Mund zu befeuchten. »Wie spät ist es?«

»Fast elf«, antwortete Noble. »Sie dachten, ich bin Terri?«

Brook stand auf und massierte seinen Rücken, während er sich den Kopf zerbrach wegen einer glaubwürdigen Lüge. »Sie ist vor einer halben Stunde zum Zigarettenholen ins Duke gegangen. Sie muss sich noch einen Drink genehmigt haben.«

Am anderen Ende der Leitung herrschte kurz Stille. »Ist bei Ihnen beiden alles in Ordnung?«

»Klar. Was ist los?«

»Frazer und Nolan. Petty hat bestätigt, dass sie Champagner getrunken haben, bevor sie starben.«

»Noch eine Verbindung zu den Gibsons.«

»Und ich habe noch mal mit Maureen McConnell gesprochen. Sie kannte weder Gibson noch David Fry.«

»Fry?«

»Wir hatten ein Polizeifoto, und da er denselben Körperbau hatte wie einer der unidentifizierten Partygäste, dachte ich, es wäre den Versuch wert.«

»Kein Glück?«

»Nein. Obwohl McConnell interessanterweise sagte, der Typ, den wir immer noch nicht zuordnen können, sei hetero. Und laut ihrer Aussage trauerte er um seine Frau.«

»Wie kam es, dass er bei Frazer und Nolan zu Hause war?«

»Sie meinte, er sei ein Streuner, den sie aufgelesen hatten und mit ihr verkuppeln wollten, doch das hat wohl nicht geklappt. Außerdem war er zu sehr in Trauer um seine Frau, um wieder verfügbar zu sein.«

»Homophob?«

»Ganz im Gegenteil.«

»Was ihn nicht ausschließt«, sagte Brook. »Vielleicht hat er das glückliche Paar gesehen und den beiden ihr Glück verübelt. Haben Sie einen Namen?«

»Alex, Ollie oder Willie.«

»Und das war der Typ, der sich hinter dem Pfeiler versteckte.«

»Richtig. Das war die einzige Party, bei der er war. Er war nur auf zwei Fotos zu sehen, und er hat es geschafft, sein Gesicht auf beiden wegzudrehen.«

»Überprüfen Sie noch einmal die Social Media von Frazer und Nolan.«

»Habe ich. Da ist er nicht drin.«

»Hatten ihre Freunde nicht auch Handykameras?«

»Klar, aber gehen Sie zu Partys und verbringen Ihre Zeit damit, alle zu fotografieren?«

»Ich gehe nicht zu Partys. Wäre es den Versuch wert, McConnell mit einem Polizeizeichner zusammenzubringen?«

»Wär vielleicht was. Wir kommen nicht voran. Oh, Matthew Gibsons Partner Trimble hat auch Vorstrafen, obwohl seine nicht so lange zurückliegen wie die von Gibson.«

»Öffentliche Aufforderung zur Unzucht?«

»Nein, er hat mit siebzehn geheiratet und ein Kind bekommen. Die meisten seiner Strafen hängen mit Alkohol zusammen. Trunkenheit und Ruhestörung, Fahren unter Drogeneinfluss, einfache Körperverletzung. Und er hat acht Jahre für einen bewaffneten Raubüberfall bekommen. Wurde neunundneunzig rausgelassen.«

»Bewaffnet wie mit einer Pistole bewaffnet?«

»Genau das. Aber er war seitdem sauber, bis auf Krawalle bei einem Stonewall-Marsch in London vor zehn Jahren.«

»Interessant. Wann ist morgen die Einsatzbesprechung?«

»Acht«, sagte Noble. »Zu früh?«

»Für mich ist das schon Vormittag«, murmelte Brook und spürte wieder sein Schuldbewusstsein. Er merkte, dass Noble kurz davor war aufzulegen. »Bitten Sie Caskey um ihre Teilnahme. Mal sehen, was sie zu Frazer und Nolan beitragen kann.«

»Sind Sie sicher?«, fragte Nolan schließlich. »Sie könnte Ballast mit sich herumschleppen.«

»Wir haben alle unseren Ballast. Tun Sie es trotzdem.«

Brook wachte um vier aus einem unruhigem Schlaf auf. Er tapste nach unten und kochte Tee, kehrte dann in sein Büro zurück und sah auf seinem iPhone nach, ob er Nachrichten hatte. Immer noch nichts von Terri.

Er öffnete die Schreibtischschublade und kramte darin nach der

Telefonnummer seiner Exfrau, steckte den Zettel ein und nahm seinen Becher mit auf die Veranda, um seinen Tee in der kalten, schneidenden Luft des Spätherbstes zu trinken. Der Winter lag in der Luft, und dieser Gedanke deprimierte ihn. Hinauszugehen in die Hügel, um seine Gedanken durchzulüften, war eine Rettungsleine, die er während der dunklen Monate vermisste. Selbst wenn er nicht mitten in einem Fall steckte, waren zu viele seiner Lieblingswanderwege zu morastig, um sie zu versuchen. Zum ersten Mal seit einer Ewigkeit schmachtete er nach einer Zigarette.

Stattdessen blieb er auf Kurs, leerte seinen Teebecher und verließ das Cottage.

Dreißig Minuten später erreichte Brook das Ende der A52. Die Straße war feucht vom Regen, es herrschte kaum Verkehr. Eine Thermoskanne mit Tee und eine dicke Taschenlampe lagen auf dem Beifahrersitz neben ihm. Im Kreisel in Markeaton fuhr er nicht Richtung Derby und zur St Mary's Wharf, sondern rechts auf die A38 und beschleunigte auf der Fernstraße Richtung Birmingham. Zehn Minuten später fuhr er von der A38 auf die alte Burton Road und in Richtung Findern.

Brook umfuhr das Dorf im Osten, bog in die Longlands Lane und fuhr durch eine attraktive Wohngegend, bevor er eine einspurige schmale Straße nahm, die wieder aufs Land führte. Dieser folgte er bis zu ihrem Ende etwa eine Meile hinter dem Dorf.

Dort führte sie auf ein offenes Tor mit fünf Streben zu, an dessen Pfosten ein »Zu verkaufen«-Schild angebracht war. Dahinter öffnete sich die Kieseinfahrt zu einem Rondell. Als Brook näher kam, tauchte die Black Oak Farm aus der Dunkelheit vor ihm auf wie ein Geisterschiff. Nach allem, was er sehen konnte, war das Haupthaus ein großer und imposanter, moderner Bungalow in L-Form, erbaut aus hellem Stein und mit abgesetzten dunklen Steinen und Holzleisten, die ihn wie eine spanische Farm wirken ließen.

Er parkte und schaltete Motor und Licht aus, was ihn gewissermaßen in die Dunkelheit eintauchen ließ. Abgesehen vom Aufflackern eines Lkw in der Ferne stammte das einzige andere künstliche

Licht von den Warnblinklichtern, die auf den verlassenen Kühltürmen des Willington-Kraftwerks aufblitzten, das einige Meilen entfernt war.

Er stieg aus dem Wagen und schaltete die starke Taschenlampe ein und trottete zu dem gedrungenen Gebäude, wobei er im Gehen den Lichtschein hin und her wandern ließ. Er erreichte die Haustür, ein Modell aus stabilem, knorrigem Holz und marmoriertem Glas, die er von dem Tatortfilm erkannte. Er drückte die Klinke und rechnete damit, dass abgeschlossen war. War es.

Er trat zurück und blickte hinaus in die Schwärze, bevor er sich daranmachte, das Anwesen einmal ganz zu umrunden. Selbst in der gespenstischen Dunkelheit war er schon bald überzeugt, dass es keine Anhöhe gab, von der aus man das komplette Gebäude überblicken konnte. Wenn Ray Thorogood hatte überprüfen wollen, wie Jemson und Coulson an jenem schicksalhaften Tag vorankamen, wäre es schwer gewesen, einen Aussichtspunkt auf dem umliegenden Gelände zu finden. Es sei denn natürlich, er war die ganze Zeit vor den Kameras verborgen im Haus gewesen.

Brook schüttelte den Kopf. »Nein. Du warst nicht hier, oder, Ray? Du kannst nicht hier gewesen sein. Jemand anders muss dir einen Hinweis gegeben haben, dass die Dinge gründlich schiefliefen, oder …« Er ließ den Gedanken in der Luft hängen, während er darüber grübelte, dann umrundete er das Anwesen ein zweites Mal. An der Rückseite des Hauses kam er zu den Fenstertüren. Dahinter war die Küche, wo Mr und Mrs Thorogood gestorben waren.

Er stützte sich auf den Türknauf, um mit der Taschenlampe durch das Glas zu leuchten, und zu seiner Überraschung gab es unter seiner behandschuhten Hand nach, und die Tür öffnete sich nach innen. Nach einem überflüssigen Blick über die Schulter betrat er rasch den Tatort, schloss die Fenstertür hinter sich und blieb einen Moment lang stehen, um sich zu sammeln. Sein Puls beschleunigte sich.

Als er ein paar Schritte machte, hallte es von den Wänden wider, wie das nur in einem leeren Haus geschah, in dem die Geräusche nicht mehr von Teppichen und Möbeln geschluckt werden. Der schwache Geruch nach Desinfektionsmittel und neuer Farbe stieg ihm in die Nase.

Er ließ das Licht der Taschenlampe durch den Raum schweifen und erkannte, dass die ganze Küche renoviert worden war. Der Raum hatte sich völlig verändert. Die blutigen Tapeten an den Wänden waren durch abwaschbare Vliestapete ersetzt worden, die roten Terrakottafliesen hatte man herausgestemmt, und stattdessen waren Holzdielen verlegt worden, die mit weißer rutschfester Farbe gestrichen waren. Alles, was seiner Erinnerung nach zuvor Farbe gehabt hatte, war entweder entfernt oder weiß angemalt worden. Nicht seine Lieblingsfarbe, aber das Haus war ja auch Schauplatz eines brutalen Dreifachmordes gewesen. Es war keine Überraschung, dass der Verkäufer, vermutlich Reardon Thorogood oder deren Vertreter, überall neutrale Farben verwendete. Vor allem in dem Raum, in dem zwei Personen so grausam abgeschlachtet worden waren. Bei manchen Verbrechen konnten nicht mal die Chemiekeulen eines professionellen Tatortreinigungsteams den Horror auslöschen.

Der Kieferntisch und die Stühle waren verschwunden, und die protzigen Türen im Haziendastil waren durch moderne Doppeltüren ersetzt worden, ebenfalls weiß. Die Küchenoberflächen, die aus Kiefer gewesen waren, bestanden nun aus Marmor, ein helles Grau mit dunklen Flecken. Die Sicherheitskamera war aber noch am alten Platz in ihrer Halterung hoch oben in der Ecke des Raums. Zu Brooks Erleichterung war sie nicht in Betrieb.

Nach einer gründlichen Untersuchung im Licht der Taschenlampe machte er sich auf den Weg zu dem brandneuen, weißen Telefon. Von der Halterung an der Wand hob er das Handteil ans Ohr. Es funktionierte.

Vorsichtig legte er den Hörer zurück auf die Gabel, die neben einem Thermostat befestigt war, dann machte er sich auf den Weg in die Tiefen des Hauses. An der Doppeltür drückte er im Vorbeigehen einen Lichtschalter, und die Küche wurde mit blendendem Licht aus den neuen Strahlern geflutet, die in die Decke eingelassen waren.

Er blinzelte in das grelle Licht und schaltete es sofort wieder aus, fiel zurück ins Licht seiner Taschenlampe. In dem renovierten, weißen Flur schaltete er kurz mehr Lichter an, um sich zu orientieren, bevor er zu Reardons Schlafzimmer ging. Unterwegs erkannte er die Tür zum Kontrollraum, die das Eröffnungsbild an jenem Tag gewesen war, nachdem Reardon das System neu gestartet hatte. Er drückte probehalber die Klinke herunter, doch der Raum war abgeschlossen. Dann richtete er die Taschenlampe an die Decke und fand die Kamera, die jene erste Szene aufgezeichnet hatte. Sie hing dort in derselben Position, doch wie jene in der Küche schien sie ausgeschaltet zu sein.

Brooks Lächeln war freudlos. Es war nicht so, als wäre er eingebrochen, sagte er sich. Doch er konnte seine eigene Beunruhigung nicht wegreden.

Mit einem tiefen Atemzug drückte er die weiße Tür zu Reardons Schlafzimmer auf. Drinnen erwartete ihn noch mehr Weiß. Weiße Wände, weiße Jalousien, weißes Holz. Das Bett und die anderen Möbel waren verschwunden. Der Teppich auch. Die Dielen waren blank und warteten auf den Bodenbelag nach Wahl der neuen Besitzer, wenn man überhaupt welche fand nach dieser niederträchtigen Tat.

Brook trat geräuschvoll auf die Bretter und starrte auf die Maserung, ob Jonathan Jemsons Blut ins Holz gezogen war. Wenn das so war, konnte man nichts mehr davon sehen.

Er ging in das angrenzende Badezimmer, auch dieses war neu in Weiß gefliest. Früher war es hellgelb gewesen, erinnerte er sich. Es gab keine Teelichter rings um die Wanne, und er nahm sich für später vor, die Fotografien und Filme der Kriminaltechnik darauf zu überprüfen, wie weit, wenn überhaupt, Jonathan Jemson die Feuersbrunst vorbereitet hatte – jenen finalen Akt der Zerstörung gegen die Thorogood-Familie, bevor er unerwartet seinem eigenen Schicksal begegnete.

Er kehrte in die Küche zurück, trat durch die Fenstertüren und verließ das Haus auf dem Weg, auf dem er gekommen war, indem er die Tür fest hinter sich schloss.

Zurück bei seinem Wagen, hörte er ein Geräusch von der Straße, und ein kleiner Hund kam hechelnd auf ihn zu und sprang an ihm hoch. Seine feuchte Nase drückte sich in Brooks Hände.

Er wuschelte seinen freundlichen Kopf, spürte das Halsband und schaute die Straße hinab auf der Suche nach dem Besitzer. Ein älterer Mann stützte Hände und Kinn auf einen langen Wanderstock. Der erste Widerschein der Morgendämmerung, die sich über dem Horizont erhob, umrahmte den Kopf des Mannes so weit, dass Brook erkannte, wie er ihn misstrauisch musterte.

»Morgen.« Brook versuchte, möglichst lässig zu klingen. Er öffnete die Beifahrertür und warf die Taschenlampe auf den Sitz.

»Morgen«, sagte der alte Mann skeptisch. »Hierher, Junge.« Der Hund ließ von Brook ab und rannte aufgeregt zurück zu seinem Besitzer.

Brook zeigte über die Schulter zu dem Hof. »Nettes Haus.«

»War es mal«, knurrte der Mann und machte keine Anstalten, wieder zu verschwinden, trotz des Eifers seines Hundes.

»Wissen Sie, für wie viel es verkauft wird?«

Der alte Mann zeigte mit dem Daumen auf die Tafel des Maklers. »Schätze, die können es Ihnen sagen.«

Brook lächelte. »Klar. Hab mich nur gefragt, ob Sie es wissen.« Er schrieb sich demonstrativ die Nummer des Maklers auf, dann stieg er in seinen Wagen und fuhr unter dem ihm langsam folgenden Blick des Mannes zurück zum Dorf.

14

Brook saß schweigend im hinteren Bereich des dunklen Besprechungsraums, als Noble anfing, und starrte auf das Foto des älteren Paars, zusammengesunken im Sessel.

»Das Wichtigste zuerst.« Noble blickte zu Cooper, und die Köpfe wandten sich ihm zu.

»Vor einer Stunde hat die EMSOU einen Treffer bei den Kugeln gemeldet, die Mr und Mrs Gibson getötet haben. Sie passen zu denen, die aus den Leichen von Stephen Frazer und Iain Nolan sichergestellt wurden.« Ein aufgeregtes und beklommenes Murmeln ging durch den dunklen Raum.

»Es ist eine Serie«, bestätigte Noble.

»Großartig«, murmelte Charlton, der neben Brook saß.

»Die andere Neuigkeit ist, dass Mr und Mrs Gibson laut Obduktion zwischen acht Uhr abends und Mitternacht in der Nacht von Samstag, dem 29. Oktober, starben«, sagte Noble. »Und basierend auf den Beweisen am Tatort und den Gewohnheiten der Opfer schätzen wir, dass der Mörder sich irgendwann zwischen acht und zehn Uhr Zugang zum Haus verschafft hat.«

»Gewohnheiten?«, erkundigte sich Charlton.

»Sie waren bekleidet«, erklärte Noble. »Ihr Sohn sagt, sie gingen jeden Abend nie später als zehn ins Bett, wenn sie also ihrem Mörder die Tür geöffnet haben, wovon wir ausgehen, muss das vor zehn Uhr gewesen sein. Danach hätte es deutlich mehr Lärm gemacht, ihre Aufmerksamkeit zu erregen.«

»Wissen wir, warum sie ihn reingelassen haben?«, fragte Charlton.

»Haben Sie vielleicht gar nicht«, sagte Noble. »Aber sie haben ihm so weit vertraut, dass sie die Tür geöffnet haben.«

»Und mit einer Waffe wäre er einfach mit Gewalt eingedrungen, wenn er sie nicht ohne hätte überreden können«, sagte Smee.

Charlton nickte, tief in Gedanken versunken. »Okay. Aber wenn der Mörder bis zehn im Haus war, warum denken wir, sie könnten erst um Mitternacht gestorben sein?«

»Weil er Champagner mitgebracht hat«, sagte Noble. »Und alle drei nahmen sich die Zeit für ein Glas, bevor die tödlichen Schüsse fielen.«

»Es würde kaum mehr als eine halbe Stunde dauern, ein Glas Champagner zu trinken«, sagte Charlton.

»Aber es würde länger dauern, die Opfer kennenzulernen«, sagte Brook leise.

181

»Sie verwerfen also die Theorie, nach der die Gibsons ihren Mörder kannten?«

»Für den Moment tun wir das«, sagte Brook. »Was bedeutet, er brauchte Zeit, um mit ihnen vertraut zu werden.« Er bewegte sich widerstrebend Richtung Licht. »Wollte ihnen Zeit geben, sich vorzubereiten.«

»Vorbereiten worauf?«, wollte Charlton wissen.

»Ihren Abschied. Meiner Meinung nach war das eine Abschiedsparty. Eine kurze Feier ihres Lebens. Champagner, Musik, Fotos der geliebten Familienmitglieder auf ihrem Schoß. Peng. Du bist tot.«

»Darum halten sie sich an den Händen?«

»Ich denke schon.«

»Aber warum glauben Sie, er musste sie erst kennenlernen?«, wollte Charlton wissen.

»Weil er sich die Mühe gemacht hat, sie nach ihrem liebsten klassischen Musikstück zu fragen, das lief, als sie starben«, antwortete Brook.

»Vielleicht wusste er das bereits«, gab Charlton zu bedenken. »Ihr Sohn würde es wissen.«

»Nein«, sagte Brook. »Mr und Mrs Gibson waren Fremde für ihn. Wir werden noch die Laufarbeit machen, damit wir sicher sind, aber ich glaube, das Profil steht fest. Wenn der Mörder jemanden kannte, waren es Frazer und Nolan.«

Noble nickte. »Das Grundprinzip – Frazer und Nolan waren der erste Mord.«

»Als unser Schütze bereit war, begann er die Serie mit jemandem, den er kannte«, äußerte Banach vorsichtig.

»Warum?«, fragte Charlton.

»Jeder Serienmörder und Amokläufer braucht einen Auslöser, und dazu gehören ausnahmslos ein oder mehrere Opfer, die er kennt oder schon mal gesehen hat, und sei es nur aus der Ferne.«

»Frazer und Nolan haben ihren Mörder also nicht unbedingt getroffen«, sagte Charlton.

»Auch möglich«, sagte Brook. »Aber da sie zu den ersten schwulen Paaren gehören, die in Derby geheiratet haben, standen sie im Licht der Öffentlichkeit, und vielleicht ist er so auf sie aufmerksam geworden.«

»Wir scheinen davon auszugehen, dass der Mörder ein Mann ist«, sagte Banach mit einem Blick zu DS Caskey, die schweigsam neben ihr saß. »Ist das nicht ziemlich gönnerhaft?«

»Das ist nur die Kurzform, basierend auf Statistiken«, sagte Brook. »Frauen ziehen auf. Männer töten.«

»Nicht nur«, wandte Banach ein.

»Nein, natürlich nicht«, stimmte Brook zu. »Wir bleiben – wie immer – nach allen Seiten offen, aber die Zahlen zu planvoll agierenden Serienmördern sprechen noch viel mehr für einen Mann.«

»Weibliche Serienmörder sind so selten wie ein weißer Rabe«, fügte Noble hinzu.

Banach zuckte mit den Schulter, bevor sie wieder zu DS Caskey blickte, als erhoffte sie sich Unterstützung, die nicht kam. Tatsächlich schaute sie ins Leere, obwohl sie gerade erst zum Team dazugekommen war, und Banach konnte nicht mal sicher sagen, ob sie aufpasste. »Vermutlich.«

»Jedenfalls haben Frazer und Nolan das Interesse des Mörders geweckt, sie passten in seine Pathologie, und er – oder *sie* – fing an, Pläne zu schmieden«, sagte Brook.

»Warum genau?«, fragte Charlton.

»Sie waren ein glückliches Paar«, antwortete Brook. »Wie die Gibsons.«

Chief Superintendent Charlton nickte langsam, als würde er verstehen. »Und nach dem ersten Mord brauchte er wie alle pathologischen Serienmörder mehr.«

»Besonders dann, wenn alles gut lief und er glaubte, ihr Tod sei es wert gewesen«, fügte Brook hinzu.

»Und was ist sein Ziel?«, fragte Charlton.

»Er will seinen Drang befriedigen, seine Manie. Seinen Wunsch, die Welt so herzurichten, wie er sie sieht.«

»Nämlich wie?«, wollte Charlton wissen.

»Keine Ahnung. Aber wenn dieser Mann den Drang verspürt, glücklich verheiratete Paare zu töten, müssen wir herausfinden, warum, um ihn zu finden.«

»Es ist nichts Sexuelles?«, fragte Charlton.

Brook schüttelte den Kopf. »Die Forensik sagt Nein.«

»Kein Sperma an den Tatorten«, sagte Morton.

»Was ist mit Fingerabdrücken und DNA?«, fragte Charlton.

»Nichts«, sagte Brook. »Die Opfer waren unberührt. Das einzige Anzeichen von Gewalt waren die Kugeln.«

»Und was wollte er?«

»Wenn wir das wissen, haben wir ihn«, sagte Brook.

»Und wie erwischen wir ihn?«, hakte Charlton nach.

»Wir machen die Laufarbeit, lernen ihn kennen, seine Methoden und wie er denkt.«

»Was sagt Ihnen die Laufarbeit bisher?«

»Dass er sehr vorsichtig ist«, antwortete Brook. »Wir haben bei beiden Vorfällen keine Zeugen. Niemand hat etwas gesehen oder gehört, obwohl der Mörder eine ganze Weile am Tatort war. Wir glauben, er könnte jemand mit Erfahrung sein. Stark und entschieden und vielleicht mit einer Position, die Autorität ausstrahlt.«

»Wie kommen Sie zu diesem Schluss?«, unterbrach ihn Charlton.

»Weil er vier Leute ohne großen Kampf oder Tumult bändigen konnte«, sagte Noble. »Selbst ihr Wissen, dass sie sterben würden, half Frazer und Nolan nicht. Er hatte die Charakterstärke und die körperliche Präsenz, um sie zu beruhigen.«

»Er hatte eine Pistole«, wandte Charlton ein.

»Was ihm half, zweifellos«, sagte Brook. »Aber Frazer und Nolan waren recht fit. Wenn sie dachten, sie würden sterben, ergäbe es Sinn, es mit ihm aufzunehmen. Vielleicht wären sie dann trotzdem beide tot, vielleicht aber auch nicht. Doch sie hätten es wenigstens versucht. Stattdessen haben sie seine Anweisungen befolgt, bis beide gefesselt und geknebelt waren, und dann war es zu spät.«

»Sie sprechen immer von einem Einzeltäter. Die EMSOU sagt, es wurden verschiedene Pistolen verwendet«, gab Charlton zu bedenken. »Das sagt uns, es waren zwei Mörder.«

»Tatsächlich bedeutet das nur, dass es zwei Pistolen waren«, widersprach Brook. »Ich werde glauben, dass es zwei Mörder sind, wenn ich Beweise dafür habe. Alles Weitere deutet auf einen Einzeltäter.«

Caskeys Miene zeigte, dass sie einen Einwand hatte. »Und wenn der Mörder oder die Mörder Frazer und Nolan kannten, warum gab es bei ihrem Tatort keine Musik und keinen Champagner?«

»Wir glauben, das gab es«, sagte Noble.

»Aber der Mörder kam nicht auf die Idee, bis er dort war und sie beim Trinken sah«, sagte Brook.

»Ein sich entwickelndes Vorgehen«, sagte Caskey tief in Gedanken versunken.

»Und angesichts der Flasche im Haus der Gibsons haben wir die Pathologie gebeten, noch mal den Mageninhalt zu prüfen. Frazer und Nolan haben tatsächlich eine Flasche ihres eigenen Champagners getrunken.«

»Und warum stand davon kein Wort in den Berichten?«, fragte Charlton und drehte sich zu Caskey um.

»Wir vermuten, die Flasche war leer, weshalb der Mörder sie wegräumte und die Gläser spülte«, sagte Brook. »Erst später kam ihm der Gedanke, er könnte es zu einem Element machen, weil es zur Pathologie des Verbrechens passte.«

»Mit dessen Andeutung einer Feier«, fügte Caskey hinzu.

»Ungefähr.«

»Aber warum die Gläser abspülen?«, wollte Smee wissen.

»Der Mörder sieht sie als Ablenkung von dem, was er versucht, uns zu zeigen. Für seinen ersten Mord wollte er nur, dass wir sehen, was er den Opfern angetan hat. Als er später darüber nachdachte, beschloss er, den Champagner in sein nächstes Tableau einzubinden. Aber selbst da stellte er die Flasche und die Gläser in die Küche der Gibsons, damit diese Dinge nicht im Weg waren.«

»Aber es gab gar keine Musik in Breadsall«, sagte Caskey vorsichtig.

»Die Nachbarin glaubt, der iPod war an, als sie die Leichen entdeckte. Dass also Musik gelaufen war«, sagte Brook.

»Aber wer auch immer sie eingeschaltet hat, wusste nicht, wie man sie auf Dauerwiederholung stellt«, fügte Noble hinzu.

»Was auf jemand Älteres hindeutet«, sagte Charlton. »Nicht vertraut mit der Technik.« Brook lächelte zustimmend. »Wo stehen wir also?«

»Wo wir am Anfang immer stehen, Sir«, sagte Brook. »Wir tasten uns voran. Ein bisschen so wie unser Mörder.«

»Was meinen Sie damit?«

»Er ist neu im Geschäft, doch er wird besser. Die Planung ist methodisch, und sein Selbstbewusstsein wächst, wodurch er seine Vorgehensweise anpasst. Die Sache lief gut in Boulton Moor. Er konnte sich ohne Probleme Zutritt verschaffen und brauchte keine Fesseln. Nach den Vorbereitungen erschoss er Mr und Mrs Gibson ...«

»... mit zwei unterschiedlichen Waffen«, fügte Caskey hinzu.

»Mit zwei unterschiedlichen Waffen«, räumte Brook ein. »Dann verlässt er das Haus, ohne Spuren zu hinterlassen, geht zurück zu seinem Auto und fährt weg.«

»Wo hat er geparkt?«

»Offenbar in Laufdistanz«, sagte Noble. »Aber er geht nicht das Risiko ein, zu nah zu parken, falls er Anwohner verärgert und deren Aufmerksamkeit auf seinen Wagen lenkt. Wir haben die Befragung auf einen Radius von einer Meile ausgeweitet und bitten um Informationen, ob jemand am Samstagabend eine Person mit einer Flasche oder einer Tragetasche in der Gegend von Boulton Moor gesehen hat. Es ist ziemlich hoffnungslos.«

»Dunkle Abende«, sagte Charlton und nickte. »Haben wir eine Vorstellung davon, wohin er danach gegangen ist?«

Noble trat zu einem Stadtplan. »Gute Fluchtrouten gibt es von beiden Orten.« Er zeigte mit einem Lineal auf die Karte. »Vom Haus der Gibsons in den südlichen Ausläufern von Derby ist man in zwei Minuten auf der A50. Der Ring ist noch näher, daher kann er es sich aussuchen. Er kennt sich aus.«

»Er kommt also aus Derby.«

»Ohne Zweifel«, sagte Noble. »Breadsall ist auch am Rand der

Stadt, nur dieses Mal in nordöstlicher Richtung. Er weiß, wo er zuschlägt.«

»Wir wollen doch nicht andeuten, die Opfer wären aufgrund ihrer Wohnlage unweit von Fernstraßen ausgewählt worden, oder?«

»Nicht allein, Sir«, sagte Noble und lächelte. »Aber uns fällt die Lage auf und ebenso das Fehlen von viel Fußgängerverkehr. Macht es leichter, vom Auto zum Tatort zu gelangen.«

»Nichts auf Video?«, fragte Caskey.

»Wir durchkämmen noch die Verkehrskameras, aber wir haben ein großes Zeitfenster und nur beschränkten Zugriff auf die Hauptstraßen«, sagte Cooper. »Wenn der Schütze die Gegend kennt oder die Umgebung erkundet hat, wird er kaum Probleme haben, in einer nahe gelegenen Wohnstraße zu parken und den Rest zu Fuß zu gehen.«

»Dasselbe Problem wie in Breadsall«, stellte Caskey fest. »Allerdings haben wir mit der Theorie von zwei Mördern die Nachbarschaft befragt.«

Brook reagierte darauf nicht, doch er spürte, wie sich die unterschwellige Dynamik seines Teams durch Caskeys Anmaßung änderte. Sie verteidigte die Schlüsse, zu denen Fords Team im Fall Frazer/Nolan gekommen war, doch ihre Sicherheit stand im Gegensatz zu dem üblichen Ethos seiner Einheit: Nichts ist sicher, bis es *absolut* bewiesen ist.

»Keine Fahrzeuge auf Band, die zu beiden Tatorten passen?«, fragte Charlton.

»Keine«, erwiderte Cooper.

»Müssen verheiratete Paare in Westderby sich Sorgen machen?«, äußerte Charlton vorsichtig, was leises Lachen hervorrief. »Wenn der Mörder in verschiedenen Himmelsrichtungen zuschlägt ...«

Nobles Lächeln war kryptisch. »Es ist ein Faktor, den wir bisher nicht berücksichtigt haben, Sir.«

»Die Opfer sind durch ihre Todesursache verbunden«, sagte Brook. »Die Verwendung einer Pistole deutet auf den Wunsch von Schnelligkeit und Präzision hin. Der Mörder wollte die Opfer töten, aber er hatte kein Vergnügen beim Tötungsvorgang. Er genoss die Feier, aber nicht die Morde.«

Noble klickte mit seiner Maus, bis alle vier Opfer zusammen auf der Leinwand zu sehen waren. »Vier Kugeln, vier Opfer.«

»Zwei Pistolen«, wiederholte Caskey.

»Zwei Pistolen«, stimmte Brook zu. »Auch hier bleiben wir offen, aber die Wissenschaft deutet bei dieser Art Verbrechen auf einen einzelnen Schützen. Und der Champagner bei den Gibsons würde das stützen«, fügte er rasch hinzu, bevor Caskey etwas einwenden konnte.

»Inwiefern?«, fragte Charlton.

»Es waren nur drei Gläser«, sagte Banach. »Beide Opfer hatten Champagner im Magen, daher …«

»Daher bleibt das abgespülte Glas für den Mörder«, beendete Morton den Satz.

»Vielleicht hat der zweite Schütze nicht getrunken«, schlug Charlton vor.

Brook zuckte mit den Schultern. »Wie ich schon sagte – wir sind für alles offen.«

»Da es sich um eine Serie handelt, ist Matthew Gibson jetzt also aus dem Rennen«, bemerkte Caskey.

Brook und Noble wechselten einen Blick. »Fast«, sagte Noble. Charlton hob eine Augenbraue.

»Gibson ist Waffenbesitzer und schießt regelmäßig. Er besitzt eine deaktivierte Glock 19 …«

»Die überprüft wurde«, warf Caskey ein.

»Ja«, sagte Brook. »Aber wir sehen ihn nicht als realistischen Verdächtigen, weil er ein Alibi und kein richtiges Motiv hat.«

»Die Ballistik beim Fall Frazer/Nolan deutet auf frühe Glock-Modelle hin«, sagte Caskey.

»Wir haben den Report gelesen«, sagte Brook. »Aber es gibt viele Glocks in Großbritannien.«

»Das bezweifle ich nicht«, antwortete sie. »Es ist eine großartige Waffe, und es gibt immer Schurken, die sie in Umlauf bringen.«

»Für diejenigen, die es noch nicht wissen, Sergeant Caskey ist autorisierte Schusswaffenbeamtin«, erklärte Charlton.

»Das ist lange her«, sagte Caskey und lächelte verhalten.

»Schießen Sie noch?«, fragte Smee.

»Fast wöchentlich. Ich wohne in der Nähe der Schießanlage in Ripley und benutze auch eine Glock. Das ist die beste Handfeuerwaffe der Welt, und Inspector Brook hat recht. Es ist nicht schwer oder teuer, eine zu bekommen, wenn man weiß, wo man fragen muss.«

»Vielleicht sollten wir diesen Gibson nicht zu schnell verwerfen«, sagte Charlton.

»Aber der Champagnermörder ist jetzt eine Serie«, wandte Caskey ein. »Wir müssten ihn mit Frazer und Nolan in Verbindung bringen.«

Charlton war geknickt. »Richtig.«

»Champagnermörder«, bemerkte Read lächelnd.

Die plötzliche Abscheu auf Charltons Gesicht war vernichtend. »Ich will diesen Spitznamen nicht außerhalb dieses Raums hören, DC Read. Und ich erwarte auch, ihn nicht in der Zeitung zu lesen.«

Read senkte den Kopf und runzelte die Stirn.

»Sir«, meldete sich Cooper mit einem entschuldigenden Blick in Brooks Richtung zu Wort. »Wir haben ihn gewissermaßen mit Frazer und Nolan in Verbindung gebracht.«

»Wie?«

»Matthew Gibson ist schwul und war mit den ersten beiden Opfern bekannt. Wir haben außerdem seinen Bruder in Australien kontaktiert, der bestätigt hat, dass Matthews Sexualität der Auslöser für Probleme mit seinen Eltern war.«

»Das war vor über dreißig Jahren«, wandte Brook ein.

»Laut Gibson«, warf Noble ein.

»Gibson kannte Frazer und Nolan«, rief Charlton. »Und warum ...«

»Sie waren miteinander bekannt, mehr nicht«, unterbrach Brook ihn und schaute zu Caskey, weil er wissen wollte, ob sie sich gerade bereit machte, um mit DI Fords Theorie vom Lustmörder zu kommen.

»Könnte von Bedeutung sein«, sagte Caskey und erwiderte seinen Blick vorsichtig.

»Motiv und Alibi«, wiederholte Brook. »Er hat das ganze Wochenende mit seinem Partner verbracht.« Er hob die Hand, um etwaige Einwände zum Verstummen zu bringen. »Ich weiß, ich weiß. Aber er hat kein Motiv, und die Methode ergibt keinen Sinn.«

»Leichten Zugang zum Haus«, sagte Caskey mit einem Schulterzucken. »Waffenbesitzer. Trinkt er Champagner?« Brook blieb still.

»Das nehmen wir mal als ein Ja«, sagte Charlton.

»Gibson ist ein wohlhabender Mann«, sagte Brook. »Und er ist hochintelligent.«

»Sie meinen, er ist jemand, der mit Sorgfalt plant«, sagte Caskey, wobei etwas Frivoles in ihrer Stimme mitschwang.

»Ganz genau so einer«, sagte Brook. »Und wenn er seine Eltern umbringen wollte, hätte er das nicht so gemacht.«

»Vielleicht schon, wenn sie ihn darum gebeten haben«, sagte Caskey. »Eine letzte Feier, bevor er sie auf ihren Weg schickt. Und es würde erklären, warum sie nicht gefesselt waren.«

»Ein Suizidpakt«, überlegte Charlton. »Hatten sie gesundheitliche Probleme?«

»Nichts Lebensbedrohliches«, sagte Noble. »Und keine Befunde zu einer Depression, obwohl man das ja offensichtlich nie abschließend sagen kann.«

»Falls Gibson seine Eltern getötet hat, warum bräuchte er dann einen zweiten Schützen, der ihm hilft?«, fragte Banach behutsam.

»Genau«, stimmte Brook ihr zu.

»Jetzt sind es also zwei Schützen«, sagte Caskey lächelnd.

»Und warum taucht er drei Tage später auf und tut so, als würde er die Leichen entdecken?«, wollte Morton wissen.

»Es war Zahltag«, sagte Noble mit einem entschuldigenden Blick zu Brook. »Wenn ihre Leichen nicht vorher entdeckt worden wären, hätte er auftauchen müssen, um die Miete zu kassieren. Sonst hätte es verdächtig gewirkt.«

»Er bringt sie also um und kehrt an den Tatort zurück, um den leidenden Sohn zu spielen«, sagte Caskey ermutigt. An Charlton gewandt fügte sie hinzu: »Ich glaube, es war etwas überhastet, seinen Namen zu streichen, Sir. Der Mann, den ich am Dienstag gesehen habe, wirkte recht ruhig für jemanden, der gerade seine Eltern tot aufgefunden hat.«

»Aber er hat kein Motiv für Frazer und Nolan, und ihr Tod hat nichts mit Gnade zu tun«, sagte Brook. »Beide waren gesundheitlich fit, sie planten sogar einen Skiurlaub in Japan. Und die Tatsache, dass sie gefesselt waren, zeugt von Widerstand.«

»Dann hatte er vielleicht einen anderen Grund, weshalb er sie getötet hat«, gab Caskey zurück.

»Ein schwuler Wutausbruch?«, spottete Brook, womit er Gibsons eigene Worte benutzte. »Organisierte Serienmörder haben nicht unterschiedliche Gründe fürs Morden, Sergeant. Sie haben nur einen, und jeder Mord ist eine Variation ihres Themas.«

»Dann ist Gibson vielleicht kein Serienkiller, sondern nur jemand, der diejenigen eliminiert, die ihm ans Bein gepinkelt haben«, sagte Caskey. »Eltern, Exliebhaber – die stehen bei häuslicher Gewalt immer ganz oben auf der Liste.«

»Frazer und Nolan waren nicht Gibsons Exliebhaber«, beharrte Brook.

»Sie haben ihn versetzt, und das nahm er ihnen krumm«, hielt Caskey dagegen.

»Es gibt nichts in den sozialen Medien oder E-Mails, das auf eine Beziehung zwischen Gibson und Frazer und Nolan hindeutet«, wandte Brook ein. »Und darf ich Sie daran erinnern, dass Ex-DI Fords Team intensiv mit dieser Theorie gearbeitet und nichts herausgefunden hat.« Caskeys Gesicht nahm Farbe an.

»Wenn Gibson sie kannte, ist das eine Verbindung«, beharrte Charlton. »Wir können ihn nicht ausschließen. Sie haben selbst gesagt, die Laufarbeit wird erledigt. Fangen Sie mit seinem Alibi für *beide* Morde an. Haben wir seinen Partner überprüft?«

»James Trimble«, sagte Cooper mit einem zögernden Blick in Brooks Richtung. »Geboren in Glasgow. Geschieden, ein Sohn, Sean. Der Sohn hat kleinere Vergehen im Vorstrafenregister, aber Trimble senior hat acht Jahre wegen eines bewaffneten Raubüberfalls gesessen. Seit neunundneunzig draußen.«

»Bewaffnet wie in *mit einer Waffe?*«, fragte Caskey und hob in Brooks Richtung eine Augenbraue.

Kein Widerspruch von Cooper. Für ein paar Sekunden herrschte Stille.

»In alle Richtungen offen, Brook?«, fragte Charlton. Brook nickte schwach als Antwort. »Was also jetzt?«

»Ohne Spuren von den beiden Tatorten, die in eine entsprechende Richtung deuten, sehen wir uns den Mord an Frazer und Nolan genauer an«, sagte Noble.

»Das Prinzip der ersten Tat«, nickte Charlton und klang zufrieden mit sich selbst.

»Das ist unsere Grundlinie«, antwortete Brook. »Die Änderungen, die er für den Gibson-Mord vorgenommen hat, zeigen seine Entwicklung. Wir werden mehr wissen, wenn wir bei DI Fords Ermittlung auf dem Laufenden sind.«

»So viel gibt es da gar nicht«, sagte Caskey. »Wir haben die meisten Freunde und Bekannten als Verdächtige ausgeschlossen.«

»Die meisten«, sagte Noble und drückte auf die Fernbedienung. Das Foto von Maureen McConnell und dem teilweise sichtbaren glatzköpfigen Mann tauchte auf dem Whiteboard auf. »Wir konnten diesem Mann keinen Namen zuordnen, obwohl die Nachbarin glaubte, er könnte Alex oder Ollie heißen.«

»Das ist das einzige anständige Foto von ihm, und wir hatten bisher kein Glück bei seiner Identität«, sagte Caskey. »Aber die Nachbarin sagte uns, er sei harmlos.«

»Ihre Einschätzung von harmlos wäre ungefähr so hilfreich wie ihr Namensgedächtnis«, sagte Brook. Caskey bestätigte dies, indem sie kurz den Blick senkte.

»Irgendein konkreter Grund, weshalb dieser Mann ein Verdächtiger sein könnte?«, fragte Charlton.

»Nur, dass er kein Freund war. Frazer und Nolan haben ihn kurz zuvor kennengelernt und ihn zu ihrer Party eingeladen, weil er ihnen leidtat«, sagte Banach. »Er hatte kurz vorher seine Frau verloren.«

»Sieht ein bisschen wie dieser Exsoldat aus, dessen Hintergrund ich durchleuchtet habe«, sagte Cooper und tippte auf seiner Tastatur herum. »David Fry.«

»Das ist er nicht«, sagte Noble. »McConnell hat ihn aufgrund seines Fahndungsfotos nicht identifiziert.«

»Wer ist David Fry?«, wollte Charlton wissen.

»Ein Nachbar mit Vorstrafen«, sagte Noble. »Früher bei der Armee.«

»Er kennt sich also mit Schusswaffen aus.«

»Ich habe mich gefragt, wann wir zu ihm kommen«, sagte Caskey. »Ich habe ihn ein paarmal wegen betrunkener Randale festgenommen, und ich habe bemerkt, dass er am Dienstag am Tatort ein unnatürliches Interesse daran hatte, als ich kurz dort war.«

»Was haben wir über ihn?«, fragte Charlton.

Cooper klickte mit der Maus und lud ein Foto des rasierten Exsoldats. »Ist vor achtzehn Monaten von einem Einsatz in Afghanistan zurückgekehrt und hatte ein paar Probleme bei der Reintegration. Wie DS Caskey bereits sagte, wurde er wegen Trunkenheit und Schlägerei festgenommen.«

»Ich habe gelesen, dass die Armee mehr Verluste durch Suizide jenseits des Schlachtfelds hatte als im Einsatz in Afghanistan«, sagte Banach. »Macht ihn noch nicht zum Mörder.«

»Irgendwas, das auf ernst zu nehmende Gewalttätigkeit hindeutet?«, fragte Charlton.

»Ist es nicht Hinweis genug, wenn er Soldat ist?«, erwiderte Caskey.

»Überprüfen Sie seine Militärakte«, befahl Charlton.

»Schon in Arbeit, Sir«, erwiderte Cooper.

»Ist Frys Name bei der Befragung der Nachbarschaft aufgetaucht?«, fragte Caskey.

»Dazu wollte ich gerade kommen«, sagte Morton. »Die Nachbarin von nebenan, Heather Sampson, erinnerte sich, wie er letztes Jahr an die Haustür der Gibsons hämmerte. Sie konnte nicht sagen warum, nur dass er wütend war und eingelassen werden wollte.«

»Davon höre ich ja zum ersten Mal!«, rief Brook.

»Tut mir leid, aber das arme, alte Mädchen stand unter Schock und war im Krankenhaus«, sagte Morton. »Es ist schon eine Weile her, und sie hat sich erst daran erinnert und es einem der Kriminaltechniker gegenüber erwähnt, als sie nach Hause kam.«

»Wann?«

»Gestern Nachmittag.«

Brooks Miene verriet Ungeduld. »Nein, wann hat Fry an die Tür der Gibsons gehämmert?«

Morton schaute in sein Notizbuch. »Kurz vor Weihnachten.«

»Fast ein Jahr her«, sagte Brook. »Was ist passiert?«

»Unbekannt«, sagte Morton. »Offensichtlich waren die Gibsons unterwegs. Er stand dort ein paar Minuten, polterte herum und schrie, dann ging er, und das war's.«

»Haben das irgendwelche anderen Nachbarn bestätigt?«, fragte Noble. Morton schüttelte den Kopf.

»Ein ungelöster Konflikt mit einem Exsoldaten«, sagte Charlton. »Besitzt er Waffen?«

»Er hat keinen Waffenschein«, sagte Cooper.

»Er ist Exmilitär«, ergänzte Morton. »Mein Bruder ist bei den Royal Marines, und er meint, Soldaten verlassen ihren Einsatzort immer mit Waffen, die sie dort bekommen haben. Sie schmuggeln sie in ihrer Kiste als Souvenir ins Land.«

»Verheiratet?«, fragte Banach.

»Seit zehn Jahren, keine Kinder«, sagte Cooper.

»Nun, er hat jedenfalls eher eine Verbindung zu den Gibsons als andere aus der Nachbarschaft«, sagte Charlton. »Da haben Sie schon drei mögliche Verdächtige, Brook.«

»Drei?«

»Gibson, Fry und diesen Mann von der Party bei Frazer und Nolan.«

»Wenigstens zwei Schützen sind darunter«, bemerkte Caskey verschmitzt.

»Und wenn der unidentifizierte Partygast seine Frau verloren hat, können wir davon ausgehen, er war heterosexuell«, fügte Charlton hinzu.

»Wir gehen von gar nichts aus«, sagte Brook ruhig. »Er hat vielleicht eine tote Frau, aber viele schwule Männer verspüren den Drang, ihre Sexualität hinter einer konventionellen Ehe zu verstecken.«

»Ja, ja, aber *wenn* er hetero ist und zu einer Schwulenparty ging …«

»Das war keine Schwulenparty, Sir«, sagte Banach sanft. »Es war eine Party.«

»Aber der Punkt ist doch, dass er sich unter Umständen unwohl fühlte, als er die sexuelle Orientierung der anderen Gäste erkannte«, beharrte Charlton. »Vielleicht sogar bedroht.«

Caskey grunzte skeptisch. »Wenn er einen homophoben Zorn empfunden hätte, hätte sich das auf der Party gezeigt, Sir. Und selbst wenn man davon ausgeht, dass er seine Wut kontrollieren konnte, hieße es, dass er den Hass monatelang genährt hatte, bevor er zurückkehrte und Frazer und Nolan tötete. Das wäre ein Massaker geworden, was wir aber in diesem Fall bei den Leichen der Opfer vermissen. Die Opfer, die ich gesehen habe, zumindest.«

»Ich stimme zu«, sagte Brook. »Das sind definitiv keine Hassverbrechen. Das Gegenteil, wenn überhaupt.«

»Und was ist mit Gibson?«, sagte Charlton. Er wirkte etwas bedrückt, weil seine kriminalistischen Fähigkeiten unterwandert wurden. »Seine Eltern lebten in seinem Haus, daher war es *seine* Tür, an die David Fry gebollert hat. Kennen sie sich?«

»Gibson sagt Nein«, antwortete Brook.

»Graben Sie tiefer, Brook«, sagte Charlton und stand auf. »Und halten Sie mich auf dem Laufenden. Ich informiere die Presse und das Fernsehen heute Abend, und ich will Sie neben mir sitzen haben, also sorgen Sie dafür, dass Sie dann etwas Substanzielles vorzuweisen haben.«

»Das kann ich nicht machen, Sir«, antwortete Brook, dessen Miene sich verhärtete. »Ich bin offiziell noch im Urlaub.« Charlton funkelte ihn an und wollte schon etwas antworten.

»Ich setze mich gerne neben Sie«, sagte Caskey, bevor der Chief Superintendent sich beklagen konnte.

Charlton starrte Brook an, dann nickte er Caskey zu. »Sehr schön. Dürfte gut aussehen nach dem ganzen Unsinn, der über Ihren vorherigen DI verbreitet wurde. Machen Sie sich bis dahin mit der Gibson-Ermittlung vertraut.«

»Sollte nicht allzu lange dauern«, witzelte Caskey.

»Ein Erfolg«, murmelte Noble Brook zu, als die Besprechung vorbei war.

»Glauben Sie?« Brooks Blick ruhte auf Caskey, die eifrig mit Cooper plauderte.

»Erzählen Sie mir nicht, Sie halten gerne Charltons Hand vor den Medien.«

Brook drehte sich zu Noble um. »Nein, tue ich nicht. Aber DI Ford ist pensioniert.«

»Und?«

»Und wenn das Budget es erlaubt, wird ein verdienter DS als Nächstes befördert.«

Nobles Blick heftete sich ebenfalls auf Caskey. »Verstehe, was Sie meinen.« Er zuckte mit den Schultern. »Nun, sie ist in jedem Fall beeindruckend.«

»Abgesehen von einer Sache«, sagte Brook.

»Und die wäre?«

»Sie will es zu sehr.«

»Woher wissen Sie das?«

»Als sie herausfand, dass Gibson schwul ist, hatte sie die perfekte Gelegenheit, Fords Theorie vom Lustmörder zu verteidigen.«

»Warum hat sie es dann nicht getan?«

»Weil Ford Geschichte ist und sie das Spiel jetzt gegen andere Kontrahenten spielt.«

Noble nickte. »Und sie spielt es gut.«

Während Noble schon mal nach draußen auf den Parkplatz ging, um schlauerweise eine Zigarette zu rauchen, bevor sie nach Boulton Moor fuhren, schlenderte Brook zu DC Cooper, der eifrig auf seine Tastatur hämmerte. »Dave«, sagte er, halb grüßend, halb fragend.

Ohne Antwort schaute Cooper sich im Raum um, bevor er ihm einen dicken Ordner übergab.

Brook nickte dankend und verließ die Einsatzzentrale. Zügig ging er zu seinem Wagen. Dort angekommen, ließ er die Akte auf den Beifahrersitz fallen und verschaffte sich rasch einen Überblick über den Inhalt. Alles war da. Berichte der Spurensicherung, Zeugenaussagen, Fotos vom Tatort wie auch von Ray Thorogoods Cottage, die Abschriften der Textnachrichten und eine CD mit den Überwachungsvideos, die auf der Black Oak Farm aufgezeichnet worden waren. Brook brauchte nur noch eine Information, die nicht in der Akte stand. Er schrieb seine Frage an Cooper.

Eine Minute später vibrierte sein Handy. Es war eine Nachricht von Terri.

Hör auf, mir zu schreiben, Dad. Mir geht's gut. Brauche einfach etwas Zeit für mich.

Er tippte hektisch auf den Touchscreen, um seine Tochter anzurufen, aber als er endlich die Kurzwahl gedrückt hatte, hatte sie ihr Handy bereits wieder ausgeschaltet.

»Verdammt, Terri«, fluchte er.

Bevor er eine Nachricht an sie formulieren konnte, kam eine Nachricht von Cooper, und Brook notierte die Adresse, die er für den Nachmittag brauchte.

Ein Klopfen ans Fenster ließ ihn zusammenfahren.

Noble stand draußen vor der Beifahrerseite. »Fertig?«

Ohne dass er es wollte, schaute Brook schuldbewusst auf den dicken Aktendeckel auf dem Beifahrersitz. Noble folgte seinem Blick, weshalb Brook aus seinem BMW sprang und den Ordner auf dem Sitz liegen ließ.

»Wir nehmen Ihren Wagen, John.«

15

Noble parkte den Wagen unweit vom Gibson-Tatort neben zwei Fahrzeugen von der Kriminaltechnik. Die Aktivität hatte deutlich nachgelassen, und das Knäuel der Schaulustigen hatte sich aufgelöst, nachdem die Leichen der Opfer abtransportiert und die Fernsehkameras abgebaut worden waren. Kriminaltechniker machten weiterhin Untersuchungen und liefen ruhig zum Haus und wieder zurück, aber auch sie würden schon bald fertig sein, und danach würde das Haus versiegelt.

Noble schloss den Wagen ab, und die beiden Männer entfernten sich vom Tatort. »Erzählen Sie mir, was los ist?«

»Was soll los sein?«

»Die Akte in Ihrem Wagen. Die heimlichen Unterhaltungen mit Cooper. Die Probleme, die Sie mit Terri haben.«

»Sie würden sich gut als Ermittler machen, John«, neckte Brook ihn und versuchte, seinen Kollegen mit dem Scherz abzulenken.

»Ich soll mich um meinen eigenen Kram kümmern, wollen Sie mir das sagen?«

Brook zögerte, dann nickte er zu ihrem Ziel. »Nummer 32.« Noble runzelte die Stirn. »Das ist nichts, worum Sie sich sorgen müssen.«

»Es hat also mit Terri zu tun.«

Brook öffnete das Holztörchen und steuerte die Haustür an. Hohes Gras prägte den Garten. »Wir haben ... Probleme. Belassen wir es dabei.«

»Hat es was mit dem Missbrauch zu tun?«

Brook begegnete Nobles Blick. »Was?«

»Keine Sorge. Im Revier redet niemand darüber. Sie hat mal vor ein paar Jahren eine Bemerkung gemacht, als Sie über Nacht im Krankenhaus waren. Ich lese zwischen den Zeilen.«

»Und Sie haben zwei Jahre lang nichts davon gesagt.«

Noble zuckte mit den Schultern. »Ich respektiere Ihre Privatsphäre.«

»Was ist dann jetzt anders?«

»Sagen Sie's mir.«

Brook klopfte fest mit dem Türklopfer. »Wie ich schon sagte. Es ist nichts.«

Die Tür wurde von einer vollschlanken Frau in Jeans und einem Schlabberpulli geöffnet, vielleicht fünfunddreißig, obwohl sie um die Augen älter aussah. Zigarettenrauch waberte von der Hand zu ihrem Gesicht. »Sie schon wieder«, sagte sie und seufzte resigniert.

Noble lächelte. »Mrs Fry?«

»Was ist es dieses Mal?«

»Ist Ihr Mann da?«

»Die Pubs machen erst in einer halben Stunde auf. Wo soll er sonst sein? Wen hat er dieses Mal vermöbelt?«

»Es ist nichts dergleichen«, sagte Brook. »Wir reden nach dem Mord an den Gibsons mit jedem.«

»Wir haben unsere Aussage schon gestern gemacht. Wir haben nichts gesehen, wir wissen nichts.«

»Wir haben nur noch ein paar Fragen.«

Nach einem winzigen Zögern trat sie beiseite, nahm einen langen Zug von der Zigarette und drehte sich um und brüllte über die Schulter: »Davey! Polizei!«

Brook und Noble folgten ihr den Flur entlang, als sie wieder in die Dunkelheit eintauchte und eine Tür aufstieß. Ohne stehen zu bleiben, zeigte sie auf den Raum zu ihrer Rechten, bevor sie mit offensichtlichem Desinteresse zur Küche im hinteren Teil des Hauses weiterging.

Im Wohnzimmer lag der stämmige, kahl rasierte Exsoldat, den Brook vorgestern gesehen hatte, lang ausgestreckt auf einem weißen Ledersofa, eine Xbox in seinen riesigen Händen. Er spielte ein leises Spiel mit Rennautos, auch wenn Brook das schwache Geräusch aus einem Kopfhörer hörte, der auf dem Boden lag. Fry hatte eine Zigarette zwischen die Lippen geklemmt, und eine offene Dose Bier stand neben seinen Füßen. Er trug denselben zerschlissenen

Overall mit Farbflecken, zusammen mit einem ärmellosen T-Shirt in Tarngrün.

Als er Brook und Noble sah, setzte er sich auf, stellte die nackten Füße auf den Teppich, blieb aber entschlossen sitzen und studierte die ausgestreckten Dienstausweise gründlich, bevor er sein Spiel unterbrach. »Kann ich helfen?«, fragte er mit einer Stimme, die vom Teer heiser war.

»Wir würden Ihnen gerne ein paar Fragen stellen.«

Fry nahm seine Zigarette aus dem Mund und zerdrückte sie zwischen den Fingern. »Wenn es um diese Gibson-Morde geht, da habe ich schon gestern mit einem von Ihren Leuten gesprochen. Es ist eine Schande, aber ich weiß nicht, was ich Ihnen sonst noch sagen kann.«

Brook schaute sich in dem kahlen Raum um – auf den Fernseher mit mehreren schwarzen Boxen, die darunter aufgestapelt standen, auf die Kabel, die in alle Richtungen zu den Steckdosen verliefen; auf das Sofa und den einsamen Sessel; auf ein paar voll bestückte Hanteln, die in einer Ecke lagen. Er konnte sonst wenig in diesem Raum entdecken, obwohl es schwer war, etwas zu erkennen, da die Jalousien geschlossen waren. Er trat an das Fenster und riss die Jalousie nach oben, wodurch die niedrig stehende Sonne in den Raum flutete und die blaubraunen Toxine vom Zigarettenrauch herumwaberten. Zusätzlich öffnete er ein kleines Fenster, um die stickige Luft rauszulassen, dann nickte er Noble zu, der die Tür zum Flur schloss.

Fry hielt sich eine Hand vor die Augen und lächelte schwach. »Leute, wenn ihr glaubt, ihr könnt mich bis zur Bewusstlosigkeit prügeln, werdet ihr Hilfe brauchen.«

»Wir können die Tür auch aufmachen, wenn Sie sich dann sicherer fühlen«, bot Brook mit einem Lächeln an.

Fry nahm einen Schluck Bier und fing wieder an zu spielen. »Lassen Sie sie offen, wenn Sie wieder gehen.«

Brook überlegte kurz, dann schaute er auf das Gewirr aus Kabeln und bückte sich, um eines aus der Buchse zu ziehen. Der Raum wurde mit dem explosiven Getöse der Rennwagen geflutet, die auf einer virtuellen Rennstrecke rasten. Fry schlug sich erschrocken die Hände auf die Ohren, dann hämmerte er in Panik auf die Konsole, um das Spiel zu unterbrechen, sodass es im Raum wieder still war. Er sprang auf und stürzte sich auf Brook.

»Wissen Sie eigentlich, auf wie viele verschiedene Arten ich Sie jetzt sofort töten könnte?«, zischte er etwa dreißig Zentimeter vor Brooks Gesicht, seine Schultern angespannt wie die einer Katze kurz vor einem Kampf.

Noble nahm eine drohende Haltung an und machte einen Schritt auf die beiden zu, doch Brook hielt ihn mit einer Geste zurück und fand sein Grinsen wieder. »Lassen Sie mich raten. Mehr als eine?«

Fry kniff die rot unterlaufenen Augen zusammen, und nach ein paar Sekunden schien sich seine Atmung zu verlangsamen, und er nickte dem mittelalten Detective zu. Auf seinem Gesicht lag ein Ausdruck von Neugier. »Das hätten Sie wohl gern? Mich richtig reinreiten, was.« Er trat zurück, seine Atmung normalisierte sich, und er ließ sich wieder auf dem Sofa nieder, wo er das Spiel ausschaltete. »Von Ihrer Sorte hätten wir mehr im Camp Bastion brauchen können.«

»Plattfüße«, antwortete Brook.

Fry lachte verbittert. »Wenigstens haben Sie Füße. Stellen Sie Ihre Fragen, aber nicht so laut. Ich reagiere nicht besonders gut auf laute Geräusche.«

»Sie können sich wegen einer PTBS behandeln lassen, wissen Sie«, sagte Brook.

»Stellen Sie Ihre Fragen, oder gehen Sie«, beharrte Fry und trank aus der Bierdose.

»Warum haben Sie letztes Jahr vor Weihnachten an die Tür der Gibsons gehämmert?«, fragte Noble.

»Das war ich nicht.«

»Sie haben für ziemlichen Aufruhr gesorgt«, sagte Noble.

Fry starrte ihn böse an. »War ich nicht.« Er grinste, als wäre das ein Witz, den nur er kannte. »Und Sie sind nicht hier, um das Gegenteil zu behaupten.«

»Sie haben uns falsch verstanden«, sagte Brook. »Wir wollen

nicht wissen, ob Sie da waren, denn das wissen wir bereits. Und Sie haben außerdem ziemlich lange am Absperrband herumgelungert, nachdem die Leichen Ihrer Nachbarn entdeckt worden waren.«

Fry lächelte. »Hat Ihnen DS Caskey das erzählt.«

»Ich habe Sie selbst gesehen.«

Er zuckte mit den Schultern. »Passiert nichts Aufregendes hier. Natürlich wollt ich sehen, was die ganze Aufregung soll.«

»Sie haben unsere Frage nicht beantwortet«, sagte Noble.

»Welche war das?«

»Eine Zeugin hat gesehen, wie Sie an die Tür von Mr und Mrs Gibson gehämmert haben«, sagte Noble.

»Das ist keine Frage«, gab er zurück und starrte abwechselnd die beiden Männer an. Er schaute auf seine Uhr und leerte die Dose, bevor er aufstand. »Ich habe keine Zeit hierfür. Ich habe eine Verabredung.«

»Der Pub kann warten«, sagte Noble. »Es sei denn, Sie wollen die Fragen lieber auf dem Revier beantworten.«

»Sie und Miss Marple hier wollen mich also mitnehmen, Junge?«

»Sie vergessen das halbe Dutzend Kollegen, die um die Ecke arbeiten, Sergeant«, sagte Brook lächelnd.

»Mr Fry. Ich bin nicht mehr bei der Armee, schon vergessen?«

Brook nickte. »Mr Fry, Sie waren nicht dumm genug, mich jetzt zu schlagen, und ich bezweifle ernsthaft, dass Sie die Gibsons ermordet haben. Also lassen wir mal das ganze Getue bleiben. Erzählen Sie uns von dem Streit, und dann gehen wir. Ich vermute, es war ein Problem mit der Innenausstattung?«

Frys Miene verhärtete sich, und die Aggression in seinen Augen flammte wieder auf. Er sank auf das weiße Leder zurück, das beim Kontakt mit ihm quietschte. »Welche Innenausstattung?«

Brook ließ seinen Blick über die Farbflecken auf seiner Arbeitshose huschen. »Ich bin ein geübter Detective, Mr Fry. Und das Wohnzimmer der Gibsons war frisch gemalert.«

Fry betrachtete die Farbe, als würde er sie jetzt erst entdecken. »Ich kann Ihnen meine Karte geben, wenn Sie wollen.«

»Beantworten Sie einfach die Frage.« Fry antwortete nicht. »Wir sind nicht an unversteuertem Einkommen interessiert«, sagte Noble und versuchte, den Sack zuzumachen. »Das ist eine Mordermittlung.«

Fry atmete tief durch und traf eine Entscheidung. »Vor etwa zwölf Monaten habe ich ein paar Handzettel gedruckt und sie im Viertel verteilt. Ich bin recht geschickt und dachte, ich könnte mir was dazuverdienen als Maler. War 'ne harte Zeit. Ich war damals seit sechs Monaten von der Armee weg. Das Geld war knapp. Und es war Weihnachten.«

»Sie konnten keine Arbeit finden.«

»Keine Chance. Kann ich jetzt immer noch nicht. Offiziell jedenfalls nicht, solange ich keine Regale im Einpfundladen auffüllen will für einen Sack Nüsse. Hilfe für die Helden!« Fry schüttelte den Kopf. »Dieses verfluchte Land.«

»Also haben Sie sich selbst ein bisschen als Malermeister angeboten?«

»Richtig.«

»Und die Gibsons nahmen Ihr Angebot in Anspruch?«

Fry zögerte. »Nein. Ihr Sohn rief mich an.«

»Matthew?« Brook schaute zu Noble, da er sich an Gibsons früheres Leugnen erinnerte.

Fry nickte. »Seine Eltern waren für eine Woche weg, und er wollte ein paar Zimmer aufgefrischt haben. Er hat meinen Handzettel gefunden und bat mich, das zu übernehmen.«

»Welche Zimmer?«

»Schlafzimmer und Wohnzimmer.«

»Und?«

Fry zögerte und wählte seine Worte mit Bedacht. »Ich habe die Arbeit erledigt, aber Matthew Gibson ... weigerte sich, mich zu bezahlen. Er meinte, es wäre Geld verschwunden, oder so.«

»Haben Sie es gestohlen?«, fragte Noble.

»Nein«, knurrte Fry.

»Und Sie waren deshalb gekränkt«, sagte Brook.

»Er schuldete mir was, und ich bin kein Dieb.«

»Sie haben also gewütet, damit Sie Ihr Geld bekommen.«

»Ich weiß nicht, ob ich gewütet habe«, sagte Fry. »Ihr Sohn lebt draußen irgendwo auf dem Land, weshalb er nicht da war. Darum ging ich hin und redete mit dem alten Paar.«

»Aber Sie *waren* wütend.«

»Es war Weihnachten, und ich brauchte das Geld, als Mr und Mrs Gibson zurückkamen, habe ich beschlossen, bei ihnen vorbeizugucken und es zu erwähnen. Diese neugierige alte Ziege von nebenan«, sagte er und warf Noble einen Blick zu, als erwartete er eine Zurechtweisung. »Sie muss einen falschen Eindruck gekriegt haben. Ich habe laut gebollert, weil sie alt und ein bisschen schwerhörig waren. Jedenfalls stellte sich raus, dass sie erst am folgenden Tag wieder zu Hause waren, also bin ich dann noch mal hin und habe ihnen erzählt, dass ihr Sohn mir Geld schuldet und nicht zahlen will.«

»Haben Sie ihnen gesagt, warum?«

»Und ob«, sagte Fry. »Stellte sich raus, dass sie das Geld mit nach Cornwall genommen hatten. War ihnen peinlich, also haben sie mich bezahlt.« Er lächelte. »Sie sagten, ihr Sohn ist der Vermieter, und sie würden es sich von ihm zurückholen. Problem gelöst.«

»Und Schwamm drüber.«

»Richtig.«

»Sie hegen keinen Groll gegen Matthew Gibson.«

»Ich werde ihm nicht die Hand geben, wenn ich ihn auf der Straße treffe, aber ich habe mein Geld bekommen, also ...«

»Wann haben Sie die Gibsons zuletzt gesehen?«

Fry schüttelte den Kopf. »Vor ein paar Wochen vielleicht. Auf der Straße.«

»Und Matthew?«

»Den habe ich seitdem nicht gesehen. Ich hatte den Eindruck, dass er nicht besonders gut mit seinen Eltern zurechtkommt. Sie sagten, sie würden ihn nur am Zahltag sehen.« Er lachte humorlos. »Ich meine, Miete von den Eltern nehmen. So ein knauseriger Mistkerl mit seinem ganzen Geld.«

»Seinem ganzen Geld?«, wiederholte Brook.

Fry redete ohne Pause weiter. »Sie haben sein Auto gesehen. Und ihm gehört das Haus von Mum und Dad. Muss stinkreich sein.«

»Muss er«, stimmte Brook zu. »Das Merkwürdige ist nur, als wir Ihren Namen Mr Gibson gegenüber erwähnten, leugnete er, Sie zu kennen.«

»Wahrscheinlich ist es ihm peinlich, dass er mich betrogen hat.«

»Seine Eltern wurden erschossen, und ihm war so was peinlich«, sagte Brook. »Klingt das für Sie nachvollziehbar?«

»Das müssen Sie ihn fragen.«

»Oh, das werden wir«, sagte Brook. Er sah Noble an.

»Kennen Sie jemanden namens Stephen Frazer?«, fragte Noble.

»Sollte ich?«

»Beantworten Sie nur die Frage.«

Fry schien darüber gründlich nachzudenken. »Nein.«

»Er lebte in Breadsall.«

»Das liegt auf der anderen Seite von Derby, und ich habe kein Auto«, sagte Fry.

»Was ist mit Iain Nolan? Selbe Postleitzahl.«

»Selbe Antwort. Ich kenne niemanden in Breadsall. Wieso?«

Nobles Handy begann zu quaken, und er flitzte raus, bevor er ranging.

»Matthew Gibson kannte sie«, sagte Brook.

Fry kniff die Augen zusammen. »Kannte sie? Sind sie tot?«

»Besitzen Sie eine Schusswaffe?«, fragte Brook und ignorierte die Frage.

Frys Gesichtsausdruck verhärtete sich. »Ich habe Matthew Gibsons Eltern nicht getötet. Sie waren ein nettes altes Paar. Ich mochte sie.«

»Ich fragte, ob Sie eine Schusswaffe besitzen.«

»Nein«, sagte Fry schmallippig. »Ich bin fertig mit Waffen.«

»Nicht mal ein heimliches Souvenir von Ihrem Ausflug nach Afghanistan?«

»Warum sollte ich ein Souvenir von diesem Scheißloch behalten?«

»Ich habe keine Ahnung«, sagte Brook. »Aber wenn Sie eine haben, sagen Sie es uns jetzt, und wir werden keine weiteren Schritte einleiten, wenn die Waffe sauber ist. Die werden Sie natürlich dann verlieren.«

»Ich *habe* keine Waffe«, beharrte Fry mit wiedererwachender Aggression.

»Aber Sie haben eine Handfeuerwaffe bei der Armee benutzt.«

»Nein, wir haben die Kamelficker mit Sarkasmus in Schach gehalten«, höhnte Fry. »Klar hatte ich eine verdammte Waffe, ich war bei der Infanterie.«

»Welcher Typ?«, fragte Brook. »Waffe, meine ich.«

»Eine Standard-Glock 19.«

Brook schaute auf die Bierdose. »Trinken Sie Champagner?«

»Sehe ich etwa so aus?« Brook wartete. »Nein, ich trinke keinen Champagner.«

»Sie haben also keinen im Haus.«

»Das Weib mag mal ein Glas Chardonnay, aber ich halte mich ans Bier. Vielleicht Schnaps, wenn's sich ergibt. Ist das alles?«

»Sind Ihnen Champagnerflaschen aufgefallen, als Sie bei den Gibsons im Haus waren?«

»Nein, aber ich bin auch nicht der Typ, der in den Schränken anderer Leute wühlt, oder?«

»Wie viel haben die Gibsons Ihnen bezahlt?«, fragte Brook. Fry zögerte. »Nur aus Interesse.«

»Dreihundert Schleifen.«

»Billig.«

»Tja, ich habe auch nicht gerade einen glänzenden Lebenslauf, was?«

»Keine Hilfe von der Regierung?«

Fry lächelte mitleidig. »Sie machen Witze, was? Wir sind in Großbritannien, Inspector. Man hilft sich selbst oder hat nix zu beißen.«

Noble kam zurück. »Das war Cooper.« Er sah Fry an, dann bedeutete er Brook, ihm nach draußen zu folgen.

»Coop sagt, sie haben einen Treffer bei den Fingerabdrücken im Haus der Gibsons«, sagte Noble, sobald sie draußen auf der Straße standen. »Von David Fry.«

Brook drehte sich um und schaute zum Haus. Fry starrte ihn bösartig vom Fenster aus an. »Wo?«

»Auf einem Lichtschalter im Schlafzimmer.« Noble wartete auf eine Reaktion.

Brooks Miene ermutigte ihn nicht. »Er hat uns gerade erst erzählt, er habe dort gestrichen, John. Außerdem trug der Mörder Handschuhe. Darum haben wir keine Fingerabdrücke dort, wo er unseres Wissens die Hände hatte. Champagnerflasche, CD-Spieler, Gläser. Es ist nicht Fry.«

»Das ist egal«, konterte Noble. »Fry hat eine gewalttätige Vergangenheit und kennt sich mit Waffen aus; er hatte Zutritt zum Haus und hatte Streit mit den Besitzern.« Er wartete. Brook seufzte, denn er wollte in diesem Punkt nicht nachgeben. »Charlton wird nicht beeindruckt sein, wenn wir ihn nicht zumindest für einen Test auf Schmauchspuren mitnehmen.«

»Sie haben selbst gesehen, wie kurz seine Zündschnur ist«, sagte Brook. »Er hat die Gibsons auf keinen Fall getötet. Jedes vernünftige Motiv, das er hätte haben können, hätte zu impulsiver und chaotischer Gewalt geführt. Und vergessen Sie nicht, dass da ein Umschlag mit Bargeld war, der unberührt blieb.«

»Wir haben genug für einen Durchsuchungsbeschluss«, beharrte Noble. »Wir müssen die Kleinarbeit machen. Wir haben seine DNA und seine Fingerabdrücke in der Datenbank, aber wir müssen ihn für einen Test auf Schmauchspuren mitnehmen, damit wir wissen, ob er eine Waffe abgefeuert hat.«

Brook seufzte. Widerstrebend drehte er sich zum Haus um. »Vermutlich haben Sie recht.«

»Ich rufe Verstärkung«, sagte Noble. »Er könnte sich als schwierig erweisen.«

»Er hat es nicht getan, John.«

»Heißt nicht, dass er ruhig mitkommt. Und er ist kein Idiot. Er wird wissen, dass seine Vorstrafen ebenso wie die Indizien gegen ihn sprechen. Er wird sich aus dem Staub machen, wenn er glaubt, wir könnten ihn dafür verantwortlich machen.«

Fry drehte sich vom Fenster weg und rannte nach oben, wo er einen Rucksack nahm, der bereits gepackt im leeren Zimmer stand. Er warf sein Nachtsichtfernglas hinein und rannte wieder nach unten in die Küche.

Seine Frau sah den Rucksack. »Wo willst du hin?«

Fry ignorierte sie und riss den Kühlschrank auf, griff sich ein Stück Käse und eine Packung Schinken und stopfte beides in das leere Fach vorne am Rucksack. Er nahm noch ein Brot aus dem Brotkasten und drückte es flach, bis es ebenfalls hineinpasste.

»Wo willst du hin?«, rief sie.

»Pub.«

»Schwachsinn. Du nimmst dir was zu essen und den Fluchtrucksack.« Fry antwortete nicht. »Scheiße, Davey, was hast du getan?«

Er drehte sich kurz zu ihr um, doch er konnte den Augenkontakt nicht halten. »Nichts.«

»Du lügst«, sagte sie und schüttelte den Kopf. »Es ist eine andere Frau, stimmt's?«

Fry schloss verzweifelt die Augen. »Wie oft …?«

»Was ist es dann? Du kannst es mir sagen, ich verstehe das.«

»Ich habe es dir gesagt«, sagte er und fuhr wütend zu ihr herum. »Es ist nichts, ich schwöre. Jetzt lass mich in Ruhe.«

Angst huschte über ihr Gesicht, und sie schrak vor ihm zurück. »Du machst mir Angst, Davey. Irgendwas stimmt doch nicht. Irgendwas frisst dich auf, seit du aus Bastion zurück bist.« Er antwortete nicht, sondern zog seine Stiefel an. »Warum …?«

»Halt die Klappe«, zischte er, zog den Rucksack zu und warf sich die Camouflagejacke über, bevor er ins Wohnzimmer ging und nach draußen spähte, was vor dem Haus los war. Die beiden Detectives saßen in ihrem Auto, und DS Noble redete in ein Funkgerät.

Fry rannte zurück in die Küche und öffnete die Hintertür, bevor er sich an seine Frau wandte. Sein Gesicht drückte eine Art Abbitte aus. »Es tut mir leid, Liebes, aber du musst mir vertrauen. Es geht mir gut. Ich habe nur ein paar Dinge, um die ich mich im Knast kümmern muss. Ich werde ein paar Tage fort sein, das ist alles. Wenn die Bullen wiederkommen, sag ihnen einfach gar nichts, und erwähne nicht den Knast. Du weißt von nichts, okay?«

»Das wäre wohl kaum eine Lüge, oder?«, fauchte sie ihn an. Ihre Augen füllten sich mit Tränen. Sie starrte ihn an, und er trat zu ihr, um ihr einen Kuss zu geben, doch sie schrak zurück und drehte den Kopf weg, wobei sie eine Hand hob, um ihn von sich wegzuschieben. »Geh einfach.«

Ohne Zögern marschierte er zum hinteren Zaun, hob seinen Rucksack in den Nachbargarten und sprang auf die andere Seite.

Seine Frau zündete sich mit zittrigen Händen eine Zigarette an und knallte die Hintertür zu.

16

Neunzig Minuten später war Brook allein in dem BMW und teilte seine Aufmerksamkeit zwischen seinem Straßenatlas und der Suche nach der Abfahrt. Er entdeckte die Polizeistation am Canning Circus, wo er von der Hauptstraße in Nottingham abfahren wollte, und bog Richtung Park Terrace ab. Während er fuhr, bewunderte er die schönen Häuser, Gebäude aus einer anderen Ära, einer Zeit, als die reichen Kaufleute von Nottingham auf den Hügeln im Westen der Stadt lebten und hinabblicken auf die berühmte Burgruine und dahinter den Fluss Trent, jene Lebensader, um die die Stadt seit fünfzehn Jahrhunderten blühte.

Die Häuser waren massiv und imposant, einige aus traditionellem rotem Ziegelstein, andere hingegen verziert mit cremefarbenem oder grauem Stuck. Alle waren groß, und leider wurden nur wenige noch als Wohnhäuser genutzt, doch eines dieser Gebäude war sein Ziel.

Als er die Adresse fand, die er suchte, parkte Brook den BMW am

Bordstein auf der gegenüberliegenden Straßenseite und legte sein polizeiliches Fahrtenbuch auf das Armaturenbrett, um einen Strafzettel zu vermeiden. Dann stieg er aus und nahm das Haus verstohlen unter die Lupe. Es bestand aus zwei Stockwerken, mit einer dritten Ebene, die durch eine teilweise Erweiterung auf einer Seite des Dachs entstanden war. Die Wände waren grau verputzt, wodurch die weißen Rahmen der rechteckigen georgianischen Fenster hervorstachen. Zwei mächtige Holztüren erlaubten den Zutritt zum Gebäude; eine führte in eine erkerartig hervorstehende Eingangshalle mit Flachdach zur Linken, von der aus man die Büros im Erdgeschoss erreichte. An der Seite lief eine Veranda am Gebäude entlang zur Rückseite, wo breite Stufen den Hügel hinunter Richtung Park führten.

Brooks Handy vibrierte in der Tasche.

»Fry ist wie vom Erdboden verschluckt.«

»Hat seine Frau irgendwas gesagt?«

»Sie redet nicht«, antwortete Noble. »Soll ich sie mitnehmen?«

»Nein. Überprüfen Sie die Finanzen der beiden und seine Handyverbindungen. Finden Sie heraus, wohin er verschwunden ist.«

»Er war bei der Armee. Er kann überall sein, vielleicht sogar außer Landes verschwinden.«

»Vielleicht. Aber er hat die Gibsons nicht ermordet. Mir ist egal, wie viele Beweise gegen ihn sprechen.«

»Das macht ihn nicht weniger gefährlich, wenn die falsche Person ihm über den Weg läuft.«

Brook seufzte schwer. »Dann bringen Sie sein Fahndungsfoto in Umlauf.«

»Charlton will von uns einen Aufruf in den Medien.«

»Das ist unnötig. Postieren Sie einfach jemanden vor seinem Haus, der wartet, bis er versucht, wieder nach Hause zu kommen, und dann schnappen wir uns ihn dort. Wenn wir die Situation auf die Spitze treiben, wird er nur noch mehr verzweifeln und entsprechend handeln.«

»Aber Charlton …«

»… weiß nicht, dass wir es besser wissen, John. Ich schlage vor,

Sie erinnern ihn daran. Kein Aufruf in den Medien.« Brook beendete das Gespräch, bevor Noble antworten konnte. Er betrachtete die Tür zur Linken. Ein Messingschild verriet, dass es der Eingang zu einer Softwarefirma war. Der Summer und die Gegensprechanlage wurden durch einen großen Messingklopfer ergänzt. Er schaute durch das Fenster im Erdgeschoss und bemerkte die Fensterläden an beiden Seiten des Erkers. Einige sehr jung wirkende Leute arbeiteten an Computerarbeitsplätzen, und alles wirkte hell und luftig.

Die Tür zur Rechten war identisch mit der linken, doch neben dem Summer und der Gegensprechanlage war kein Messingschild angebracht, obwohl es eine funktionierende Sicherheitskamera gab. Brook drückte den Summer. Einige Minuten vergingen, doch niemand öffnete, deshalb trat er gerade rechtzeitig zurück, um zu sehen, wie ein schwerer Vorhang im oberen Stockwerk sich bewegte. Er klingelte erneut und bellte seinen Namen und Rang gegen das Gitter der Sprechanlage.

Nachdem er weitere fünf Minuten gewartet hatte, umrundete er das Haus auf der Veranda. An der Rückseite des Hauses hatte er einen atemberaubenden Ausblick auf die Baumwipfel und den gepflegten Park dahinter. Als er die Ecke umrunden wollte, wurde er von einem schmiedeeisernen Tor mit hervorstehenden Dornen aufgehalten. Hinter den Gitterstäben stand ein verwitterter Holztisch nebst Stühlen auf Steinplatten. Brook blickte zum ersten Stock hinauf und entdeckte eine aufwendige Feuertreppe aus Schmiedeeisen mit einer einziehbaren Leiter für zusätzliche Sicherheit. Die Feuertreppe ging von einer Tür aus, die völlig fehl am Platz weit oben am Haus und fest verschlossen war.

Er ging zurück und bemerkte, dass jedes Fenster im Erdgeschoss Gitter hatte, die nachts verriegelt werden konnten. Zweifellos, um die ganze teure Hardware zu schützen.

Ein junger Mann auf der Veranda stellte sich ihm in den Weg. »Kann ich helfen?«, wollte er wissen.

»Vielleicht«, antwortete Brook und zückte seinen Dienstausweis, um ihm den Wind aus den Segeln zu nehmen. »Ich suche nach Reardon Thorogood.«

»Da kann ich Ihnen nicht helfen.«

»Sie können oder Sie wollen nicht?«, erwiderte Brook. »Laut meinen Informationen ist das ihre Adresse.«

Der Mann zögerte. »Ich habe noch nie von ihr gehört.«

»Aber es wohnt jemand in den Wohnungen über den Geschäftsräumen«, sagte Brook und blickte am Haus hoch. »Und das ist ihre Adresse.«

»Sorry«, wiederholte der Mann, dann drehte er sich ohne ein Wort um und eilte um die Ecke. Eine Sekunde später schlug die Haustür zu.

»Muss mir wohl was entgangen sein«, murmelte Brook und trottete zurück zur Vorderseite des Hauses. Er klingelte wieder an der rechten Tür, trat zurück und verrenkte sich den Hals. Er sah wieder, wie der Vorhang im ersten Stock fiel, darum drückte er seinen Mund auf die Gegensprechanlage und hielt seinen Dienstausweis in die Kamera. »Ich weiß, dass Sie da sind, Miss Thorogood.«

Endlich hörte er eine krächzende Stimme durch den Lautsprecher. »Was wollen Sie, Inspector?«

»Mit Ihnen über den Mord an Ihren Eltern reden. Wollen wir die Unterhaltung über die Gegensprechanlage führen?«

Es herrschte Stille, und Brook versuchte schon, sich eine andere Strategie zu überlegen, aber das Surren des elektronischen Türöffners, gefolgt vom Klicken des Riegels, lud ihn ein, den Flur zu betreten, wo er von einer weiteren verschlossenen Tür begrüßt wurde. Wieder öffnete sich eine elektronische Sperre, und er zog die Tür auf und sprintete die Treppe zu einem großzügigen Absatz hoch, der von einem Oberlicht im Dach erhellt wurde. Hier stand er zwei stabil wirkenden Türen gegenüber. Eine Sekunde später öffnete sich die zur linken Hand.

In der Annahme, dies sei eine Einladung, betrat er einen großen, L-förmigen Raum, der in sanftes Wintersonnenlicht getaucht war. Am anderen Ende des Raumes befanden sich zwei Türen, von denen eine in eine helle, moderne Küche führte, die durch eine Durchreiche zu erkennen war – hinter der anderen lag vermutlich ein Schlafzimmer. Eine weitere Tür in der Außenwand ging zweifellos auf die Feuertreppe hinaus, die er von unten gesehen hatte.

Er trat in die Mitte des Raums. Brooks Schritte hallten laut auf dem nackten Holzfußboden, der in einem verwaschenen Gewerbeweiß gestrichen war, ähnlich wie die neuen Bodenbeläge auf der Black Oak Farm. Er sah sich um und entdeckte exklusive Wildlederpolstermöbel, darunter ein wuchtiges Sofa, das auf einen riesigen Flatscreen-Fernseher ausgerichtet war, der an einer Halterung in einer Ecke des Raums hing. Ein Kaffeetisch mit Glasplatte erfüllte alle Bedürfnisse der Sofabewohner, aber das war auch alles, was es an Möbeln gab.

Er überquerte einen großen, cremefarbenen Teppich, der seine Schritte für kurze Zeit schluckte. Ihn zog der atemberaubende Ausblick vom übergroßen Fenster bis zur Burgruine von Nottingham Castle an. Er starrte ein paar Sekunden auf den Park, dann erinnerte er sich an den Grund für seinen Besuch und drehte sich zu Reardon Thorogood um, die ihn hinter der Tür durch strähnige, ungekämmte Haare beobachtete.

»Inspector Brook, sagten Sie.« Sie schloss die Tür hinter ihm und schob zwei gut geölte, massive Riegel vor. Ihre Stimme war piepsig, zögernd, fast atemlos vor Angst. »Was ist mit DI Ford und Sergeant Caskey passiert?«

»DI Ford ist pensioniert«, sagte Brook und versuchte, nicht auf die bleiche, formlose Imitation zu starren, in die sich die junge Frau verwandelt hatte, die er auf dem Überwachungsvideo gesehen hatte. Ein Fuß mit Socke ruhte nervös auf dem anderen, wie ein Vogel im Käfig.

Was er von ihrem Gesicht erkennen konnte, war matt und fahl, ihre Augen rot, ihre Wangen verkniffen und ohne Farbe. Sie fummelte an den geröteten, wund wirkenden Fingern, und Brook bemerkte die nackten Nägel, die bis aufs Fleisch runtergeknabbert waren. Sie trug eine ausgebeulte Jogginghose und einen unförmigen Wollpullover, der alles, was von ihrer Figur geblieben war, verschluckte.

Obwohl ein ernst zu nehmendes Trauma selten das Aussehen eines Opfers verbesserte, war Brook entsetzt.

213

»Und DS Caskey?«

»Ist mit einem anderen Fall beschäftigt.«

»Ist er das?«

Brook legte den Kopf fragend zur Seite und überlegte einen Moment. Sie stellte ihn auf die Probe. »Sie.«

Reardon nickte zufrieden, und die Anspannung, die ihren Körper erfasst hatte, ließ etwas nach. Sie leckte ihre Lippen jedes Mal, wenn sie sprach. »Was haben die von unten gesagt?«

»Kein Wort«, antwortete Brook. »Die haben Sie gut im Griff.«

Sie lächelte nervös. »Mir gehört das Gebäude. Sie sind ein Software-Start-up, und ich habe ihnen eine günstige Miete eingeräumt, solange sie keine Fragen über mich beantworten.«

Brook schaute auf den Monitor neben der Tür. Er hatte einen vierfach geteilten Bildschirm, der den Hauseingang, das Dach, die Feuertreppe, die er von der Hausrückseite aus gesehen hatte, und die Veranda im Erdgeschoss zeigte.

»Und Sie haben eine Softwarefirma gewählt, weil die genauso pedantisch auf ihre eigene Sicherheit bedacht ist und sich damit auch Ihre erhöht.«

Reardons Lächeln erreichte nur ihre Lippen, die sie wieder leckte, bevor sie sprach. »Sehr scharfsinnig von Ihnen.«

»Nun, es gibt jedenfalls keinen Grund, sie rauszuwerfen, weil sie mich nicht abgehalten hätten«, sagte Brook. »Ziemlich strenge Sicherheitsmaßnahmen, nur um ein paar Journalisten fernzuhalten.«

»Ich habe keine Angst vor Journalisten«, sagte Reardon. »Ich habe Angst vor Leuten, die vorgeben, Journalisten zu sein. Oder Polizei.«

»Möchten Sie noch mal meinen Dienstausweis sehen?« Sie schüttelte den Kopf. »Haben Sie jemand Bestimmtes im Sinn, der als Polizist maskiert um die Ecke kommen könnte?«

Reardon tapste zur Feuerschutztür, stieß sie auf und betrat die schmiedeeiserne Plattform. Sie drehte sich zu Brook um und lehnte sich gegen das Geländer, wobei sie ein Päckchen Zigaretten unter den unförmigen Kleidungsschichten hervorkramte. Auf dem kleinen, metallischen Steg war kein Platz für zwei – immerhin fanden ein paar Topfpflanzen Platz, stellte Brook fest –, weshalb er in der Tür stand und auf die Stadt unter ihnen blickte. Reardon zündete die Zigarette mit einer Dringlichkeit an, die er von sich selbst aus früheren Tagen kannte, und bot ihm auch eine an, die er mit mehr Bedauern ablehnte, als ihm angenehm war.

»Mein geliebter Bruder Ray ist immer noch da draußen, oder?« Brook war überrascht. »Wo auch immer er jetzt ist, Ihr Bruder ist auf der Flucht.« Sie antwortete nicht, sondern inhalierte tief. »Ray kann nicht länger von Ihrem Tod profitieren. Er hat nichts zu gewinnen, wenn er versucht, Sie zu finden.«

Sie lächelte schwach. »Sie haben vermutlich recht.«

»Ich habe recht«, betonte Brook. »Sie haben eine traumatische Erfahrung durchgemacht, aber vertrauen Sie mir, es wird irgendwann besser, und dann kommen Sie darüber hinweg.«

»Ich werde nicht darüber hinwegkommen, wenn er mich tötet«, antwortete sie und nahm noch einen tiefen Zug.

Brook kramte in seinem Gedächtnis. »Die letzte Sichtung hat ihn in Spanien verortet.«

»Er ist nicht in Spanien.«

»Warum sind Sie so sicher?«

»Zu fremd. Ray hasst die Sonne. Und fettiges Essen.« Sie lachte freudlos. »Anders als Mum und Dad. Sie liebten alles Mediterrane. Sie würden das wissen, wenn Sie auf dem Hof gewesen wären, bevor … bevor …«

»Ich habe die Fotos vom Tatort gesehen«, sagte Brook rasch, weil er seinen unerlaubten Besuch dort nicht erwähnen wollte.

»Natürlich.« Noch ein tiefer Zug von der Zigarette. »Dann haben Sie es gesehen.« Ihr Lächeln schwand. »Tut mir leid, ich rede viel. Das sind die Nerven. Und ich habe nicht viele Menschen zum Reden.«

»Machen Sie sich keine Sorgen«, sagte Brook. »Ich würde gern mehr über Ihre Eltern hören.«

»Tatsächlich?« Das schien ihr zu gefallen. »Sie liebten Spanien und haben das Haus wie eine Hazienda eingerichtet – Türen, Fliesen, Wagenräder, die Farben des Mittelmeers.« Sie lachte. »Es war ziemlich protzig, um ehrlich zu sein. Mit ihrem ganzen Geld hätten sie … Keine Ahnung, sie hätten was Besseres haben können als einen geschmacklosen Bungalow inmitten von ein paar brachliegenden Äckern. Aber sie waren glücklich. Dad hatte sein Geld gemacht und sich zur Ruhe gesetzt, und sie haben einfach getan, was sie wollten.«

»Sie sind gerne gereist?«

»Reisen ist übertrieben. Ein paar Monate auf Teneriffa jeden Winter, um dem Wetter zu entkommen, das war ihr Ding.« Sie lächelte bei einer Erinnerung. »Als wir jung waren, sind wir im Sommer für zwei Wochen dort gewesen. Ich liebte diese Urlaube, aber Ray weigerte sich mitzukommen, sobald er alt genug war. Als ich nicht mehr mitfuhr, sind sie deutlich länger weggeblieben und kamen irre gebräunt und mit billigem Schnickschnack für uns zurück.«

Das hat Ray noch mehr verärgert als die Urlaube, weil sie ihr Geld für irgendeinen Scheiß verschwendet haben, den er nicht wollte. Gebt mir einfach das Geld, hat er immer gesagt. »Ihre Augen wurden glasig, ihr Lächeln erstarb. »Aber das haben sie nie getan. Und jetzt sind sie tot.«

»Das muss schwer für Sie sein.«

»Das Schwerste daran ist, dass die Anzeichen immer schon da waren, und Mum und Dad haben sie übersehen. Ray war neun, als er anfing, sich zu Weihnachten Geld zu wünschen statt Geschenke. Neun! Und jedes Jahr lachten Mum und Dad und gaben ihm ein kitschiges Geschenk aus Spanien oder Mexiko, einen Stierkämpferumhang oder einen Dreispitz oder etwas in der Art. Dann hatte er immer einen seiner Anfälle.« Sie starrte in die Ferne. »Er schäumte vor Wut wegen der Dinge, die er nicht haben durfte – ein Motorrad, als er sechzehn wurde, ein Auto mit achtzehn. Wenn sie nur gesehen hätten, wie er war.«

»Rückblickend fällt das leicht«, sagte Brook. »Wie hat Ray Sie behandelt?«

»Normal. Wie ein Bruder seine Schwester behandelt«, sagte sie. »Aber ich habe auch nicht das Geld kontrolliert.«

»Trotzdem hat er versucht, Sie töten zu lassen.«

»Das war nicht persönlich. Ich war ein Hindernis, mehr nicht.«

»Über wie viel Geld reden wir hier?«, fragte Brook.

Zuerst sträubte sie sich wegen seiner Unverblümtheit, doch dann sah sie wohl keinen Grund, ihm eine Antwort vorzuenthalten. »Ich bin mir nicht ganz sicher. Selbst jetzt nicht.« Sie schnipste mit zitternder Hand die Asche von der Zigarette und beobachtete, wie sie durch die Luft auf die Veranda rieselte. »Das Lustige ist, dass Ray im Umgang mit Geld völlig hilflos war. Er konnte es nie zusammenhalten, er wusste nicht, wie man damit umgeht. Als wir Kinder waren, hatte er sein Taschengeld noch am selben Tag ausgegeben, keine Ahnung, wofür. Dann bat er immer um mehr. Jeden Freitag drehte er die Schleusen auf, weil er sein Geld schon für Gott weiß was rausgeworfen hatte.«

»Nachdem er zu Hause ausgezogen war, wurde das Problem noch akuter, denn er konnte oder wollte keinen Job haben, und er gab sich verrückten Träumereien hin, dass er ein erfolgreicher Unternehmer sei. Natürlich war er das nicht, weshalb er ständig am Telefon hing und Dad um Unterstützung anbettelte für diesen oder jenen zwielichtigen Plan. Vermute, er dachte, nach all den blöden Urlauben und Scheißgeschenken wären sie ihm das schuldig.«

»Bekam er Unterstützung?«

»Nicht so oft, wie er wollte.« Sie zuckte mit den Schultern. »Meine Eltern glaubten an liebevolle Strenge. Sie hatten recht. Man kann im Leben mit Rays Einstellung keinen Erfolg haben. Alles, was er tat, verwandelte sich in Scheiße, und wenn seine Geschäftsideen den Bach runtergingen, war es eben zu einfach, sie um Almosen zu bitten.«

Brook nickte. »Wenn er also nicht in Spanien ist, was denken Sie, wo er sich aufhält?«

Sie sah ihm direkt in die Augen. »Er ist hier in Nottingham.«

Brook war überrascht. »Was macht Sie da so sicher?«

Sie zögerte. »Ich glaube, ich werde beobachtet.«

»Sie glauben?«

Reardon schien sich Brook gerade anvertrauen zu wollen, doch dann schüttelte sie den Kopf. »Sie denken, ich bin paranoid.«

»Ich weiß nicht, aber warum sollte irgendjemand Sie beobachten?«

»Nicht irgendjemand. Ray.«

»Da stellt sich dieselbe Frage.«

»Weil ich überlebt habe und sein Leben und all seine Pläne im Arsch sind. Dafür will er Rache.« Sie kniff den Mund zusammen beim Gedanken an dieses eingebildete Schicksal, bis sie wieder echsenhaft mit der Zungenspitze über die Lippen leckte.

»Das ergibt keinen Sinn. Selbst wenn Sie davon ausgehen, dass er weiß, wo Sie sind, wird er nichts erben.«

»Vielleicht will er mich ja nicht deshalb töten«, sagte Reardon.

»Welchen anderen Grund könnte er haben?«

»Ray ist ein totaler Versager, Inspector. Er konnte noch nie etwas zu Ende bringen. Vielleicht will er dieses eine Mal etwas richtig machen.«

»Wenn er etwas richtig machen wollte, hätte er Ihr Schicksal nicht in die Hände von Jonathan Jemson und Luke Coulson legen dürfen.«

Reardon verzog beim Klang dieser Namen das Gesicht. »Ray wird das nicht so sehen. Nichts ist jemals seine Schuld.«

»Er ist also nur zurückgekommen, um Sie zu töten.«

»Wenn er überhaupt je verschwunden ist«, antwortete Reardon. »Rachel – DS Caskey, meine ich – sagte, es gebe keinen Hinweis darauf, dass er das Land verlassen hat.«

»Sie haben seinen Wagen am Flughafen gefunden.«

»Aber wenn er in ein Flugzeug gestiegen ist, warum gibt es keine Spur von ihm?«, wollte sie wissen und drückte die Zigarette in der Erde eines Kräutertopfs aus, in dem bereits Dutzende Zigarettenstummel steckten.

Brook konnte nur mit den Schultern zucken. Er hatte dieselben Zweifel. »Also sperren Sie sich in dieser vergoldeten Festung ein.« Er nahm sich kurz Zeit, den Ausblick zu genießen.

Reardon zündete sich eine weitere Zigarette an und folgte Brooks Blick. »Es ist nicht so, als wäre ich eine Gefangene.«

»Wirklich nicht?« Brook ließ seinen scharfen Blick über ihre sackartige Kleidung gleiten, während sie den Blick auf den Horizont gerichtet hielt. »Wie oft gehen Sie raus?«

»Das hier ist draußen«, sagte sie und wies auf den Horizont.

»Ich meine durch die Haustür und in die Stadt. Für einen Drink oder ins Kino.«

Reardon zögerte. »Ich gehe manchmal runter auf die Veranda, wenn es dunkel ist, aber ich bleibe nie lange. Ich fühle mich nachts sicherer, verborgen in den Schatten. So kann ich nicht von Journalisten erwischt werden, die mich auf der Titelseite irgendeines lokalen Schmierblatts präsentieren – Tragische Überlebende des Findern-Massakers.« Sie lachte freudlos.

»Dann sind Sie effektiv betrachtet eine Gefangene.«

»Vielleicht. Ich habe das Internet, in dem ich herumwandern kann. Und Netflix.«

»Sind Sie sicher, dass es lohnt, so ein Leben zu schützen?«

»Wie bitte?«

»Tut mir leid, das hätte ich nicht sagen sollen«, entschuldigte sich Brook. »Aber wenn vergangene Traumata Sie daran hindern, Ihr Leben zu führen, können Sie genauso gut tot sein. Sie sperren sich weg, rauchen Kette, treffen niemanden. Überleben ist nicht dasselbe wie leben, und ich spreche da aus Erfahrung.«

»Tun Sie das?«, fragte sie. Sie starrte ihn an, ihr Gesicht war eine Mischung aus Wut und Überraschung. »Ich muss schon sagen, Sie gehen sehr offen mit Ihrer Meinung um.«

»Das gebe ich zu«, räumte Brook ein. »Aber ich habe auch schon viele Opfer von Gewaltverbrechen gesehen. Das bringt der Job mit sich. Versucht Ihre Freundin nicht, Sie vor die Tür zu locken?«

Reardon kniff die Augen zusammen. »Meine Freundin?«

»Ich bin heute nicht Ihr erster Besucher«, sagte Brook.

Sie starrte ihn an. »Haben Sie das Haus beobachtet?«

Brook zeigte auf den behelfsmäßigen Aschenbecher, in dem reihenweise zerdrückte Zigaretten lagen und die makellose Perfektion verhöhnten, mit der sie einst in der Schachtel gesteckt hatten. »Einige der Stummel haben Lippenstift am Filter. Und Sie tragen keinen.«

Sie starrte auf den Kräutertopf, dann sah sie nachdenklich wieder Brook an. »Ich hätte ja gestern welchen tragen können.«

Brook trat mit dem Schuh in eine kleine Regenpfütze auf der Metallplattform. »Es hat gestern Nacht geregnet. Der Großteil dieser Zigaretten ist vollgesogen, abgesehen von einem Dutzend frischen, die trocken sind. Und ich sehe mindestens drei davon mit Lippenstift. Das deutet auf eine lange Unterhaltung hin.«

Nach einer kurzen Stille grinste Reardon breit. »Sie sind gut.« Brook wartete auf ihre Antwort. »Meine Hundesitterin. Sie nimmt Sargent jeden Tag mit raus.«

»Sargent?«, fragte Brook überrascht. »Ihr Hund.«

»So ist es.«

»Sie haben ihn also noch.«

»Natürlich habe ich ihn noch. Er ist das einzig Gute, das von meinem früheren Leben geblieben ist. Was denn? Sie glauben, ich habe ihn weggegeben, damit er mich nicht an den Tag erinnert?«

»Das würden viele Leute tun.«

»Einen Hund loswerden, den ich liebe, wird mich nicht vergessen lassen, was passiert ist, Inspector. Sargent war auch ein Opfer. Und Opfer halten zusammen. Die Scheißkerle haben ihn betäubt, bevor sie ins Haus kamen. Er hätte sterben können. Zum Glück …« Sie verstummte, biss sich auf die Lippen. Ihre Augen wurden feucht. »Entschuldigen Sie, das klingt schrecklich, da meine Eltern …«

»Sie haben eine entsetzliche Erfahrung durchgemacht.« Er betrachtete sie und erinnerte sich an Terris andauernden Kampf. »Haben Sie mal an Therapie gedacht?«

»Ich habe an alles gedacht«, sagte Reardon. Sie wandte den Kopf ab, der Aussicht zu. »Selbst darüber, mich hier runterzustürzen.«

Brook schüttelte den Kopf. »Nein, haben Sie nicht.«

»Wie bitte?«

»Das Mädchen, das ich gesehen habe und das einem Mörder

getrotzt hat, der mit einem Messer wedelte, würde ihr Leben nicht so leichtfertig wegwerfen. Ich habe das Video gesehen, Reardon. Sie waren an der Haustür, der Weg war frei. Jemson war tot und Coulson durchwühlte das Haus. Sie hätten weglaufen können. Stattdessen haben Sie alles aufs Spiel gesetzt, um Ihre Eltern zu finden.«

Ihre Lippe bebte. »Ich musste wissen ...«

»Natürlich mussten Sie das«, sagte Brook. »Aber es war immer noch ein kaltblütiger Mörder im Haus. Unterschätzen Sie nicht den Mut, den das kostet.«

Reardon lächelte ihn an. »Danke. Das haben Sie nett gesagt. Und Sie haben recht, ich habe das alles nicht durchgestanden, um mich von der Feuertreppe zu stürzen.« Sie grinste. »Es könnte wehtun.« Ihre Heiterkeit verschwand genauso schnell. »Ich sollte nicht über Suizid witzeln, aber das heißt nicht, dass ich mich nicht schrecklich schuldig fühle, weil ich überlebt habe, während meine Eltern gestorben sind.«

»Eine natürliche Reaktion.«

Sie neigte den Kopf und sah ihn an. »Für einen Polizisten haben Sie nicht gerade viele Fragen gestellt. Zu dem Tag, meine ich. Ich habe mehr darüber gesagt, als Sie wissen wollten.«

»Ich bin nicht hergekommen, damit Sie das alles noch mal durchleben«, sagte Brook. »Ich habe die Fotos und das Video gesehen, die Berichte gelesen.«

Reardon leckte über ihre Lippen. »Warum sind Sie dann hier?«

»Eine Frage lässt mich nicht los.«

Sie runzelte die Stirn. »Die wäre?«

»Ray war an dem Nachmittag nicht auf dem Hof, richtig?«

»Ich weiß es ehrlich gesagt nicht«, sagte Reardon. »Ich weiß nur, dass ich ihn nicht gesehen habe.«

»Er war aber am Vorabend dort.«

»Ja, er kam spät am Abend vorbei und blieb über Nacht.«

»Aber sein Wagen war am Morgen fort.«

»Ich bin davon ausgegangen, dass er früh weggefahren ist.«

»Verstehe.«

»Was ist denn?«

»Wenn Ray nicht da war, woher wusste er dann, dass die Dinge nicht wie geplant liefen und dass er besser abhauen sollte?«

»DS Caskey hat sich das auch gefragt.« Reardon runzelte die Stirn.

»Und zu welchem Schluss ist sie gekommen?«

»Sie dachte, vielleicht war er doch da und hat alles beobachtet. Entweder das oder Luke hat ihn irgendwie angerufen. Hat ihm erzählt, dass der Coup fehlgeschlagen ist.«

»Was glauben Sie?«

»Ich weiß es nicht.«

Brook konnte sehen, dass ihre Panik wuchs. Er war versucht, sie zu fragen, zu welchen Schlüssen Caskey noch gekommen war, entschied sich aber dagegen. Er wollte sie nicht aufregen oder sein schwaches Blatt verraten. »Nach allem, was ich gesehen und gelesen habe, glaube ich nicht, dass es zwischen Luke und Ray eine Vereinbarung gab. Jemson und Ray, das lasse ich mir eingehen. Aber Coulson war als Bauernopfer vorgesehen. Er sollte den Überfall nicht überleben. Und wenn Luke nicht Ray angerufen hat und Jemson bereits tot war, woher wusste Ray dann, dass sich die Sache falsch entwickelte?«

»Ich weiß es nicht«, sagte sie leise. »Um ehrlich zu sein, habe ich versucht, darüber nicht nachzudenken. Nachdem Mum und Dad tot waren, habe ich bis zum Prozess irgendwie zugemacht. Als es schließlich dazu kam, hat Luke nicht mal ausgesagt. Er saß einfach Tag für Tag da mit diesem seltsamen Lächeln auf dem Gesicht und starrte mich an. Ehrlich gesagt bin ich immer noch nicht sicher, was an dem Tag passiert ist. Vielleicht werde ich es nie erfahren. Das Bauernopfer, sagen Sie.«

»Wie dafür gemacht«, sagte Brook. »Der einsame Verrückte, geringe Intelligenz und außerdem besessen von einer unerreichbaren Schönheit.«

Sie wurde rot. »Er wäre geheilt, wenn er mich jetzt so sehen könnte.«

»Irgendwann wird es Ihnen besser gehen«, versicherte Brook ihr ohne große Überzeugung. Sie lächelte zögernd. »Wenn das hier zu schmerzhaft ist …«

»Stellen Sie Ihre Fragen.«

»Also, laut den Verbindungsnachweisen wurden zum Zeitpunkt des Überfalls keine Textnachrichten oder Anrufe auf einem der Handys verzeichnet, die von den Personen auf dem Hof an dem Tag benutzt wurden«, sagte Brook. »Und das Festnetz war tot.«

»Was heißt das?«

»Rays offizielles Handy, ein Samsung, wurde nie gefunden. Wir kennen die Nummer eines zweiten Prepaidhandys, weil er mit diesem Textnachrichten an ein Handy schickte, das Jemson gehörte und das in seiner Wohnung versteckt war. Jemson hatte es auf dem Hof nicht bei sich und es an dem Tag auch nicht benutzt. Sein Handy steckte in der Jeans, aber das hatte er auch seit dem Morgen nicht benutzt, als er das Treffen mit Coulson vereinbart hatte und zum Hof gefahren war.«

»Ich erinnere mich.« Reardon nickte. »Wenn ich gewusst hätte, dass JJ es bei sich hatte, hätte ich die Polizei damit rufen können.«

»Meine Frage bleibt also. Woher wusste Ray, dass er weglaufen musste?«

Reardon dachte darüber nach. »Könnte JJ ihn nicht auf anderem Weg gewarnt haben?«

»Ich wüsste nicht, wie. Sie haben nur über Textnachrichten kommuniziert, und an dem Tag gab es keine Aufzeichnung über irgendwelche Aktivitäten auf ihren Handys. Außerdem lief ja alles nach Plan bis zu dem Moment, als Jemson angegriffen wurde.«

»Ich verstehe, was Sie meinen«, antwortete sie und wurde bei der Erinnerung etwas blass.

»Die einzigen anderen Handys waren das von Ihnen und Ihrer Mutter.«

»Meins wurde kaputt geschlagen ...«

»... und das Ihrer Mutter konnte nicht benutzt werden, weil der Akku leer war.«

»Richtig«, sagte Reardon und schüttelte den Kopf. »Mums Handy war uralt, und sie hat immer vergessen, es aufzuladen. Was ist mit Luke?«

»Er hatte sein Handy dabei, als er auf der M25 festgenommen

wurde, aber abgesehen von den SMS, die er am Morgen mit Jemson ausgetauscht hatte, hat er es nicht verwendet. Außerdem zeigt sein Verlauf keinen Kontakt mit Ray, und in seinen Nachrichten von Jemson wird der Überfall mit keinem Wort erwähnt.«

»Woher wusste Luke dann, was an dem Tag passieren würde?«

»Es ist durchaus möglich, dass er das nicht wusste. Jemson hat Luke mehr als einen Monat vor dem Überfall geschrieben, doch nie hat er Sie oder den Hof dabei erwähnt. Ich vermute, wenn er die Saat seiner Pläne säen wollte, hätte er das persönlich getan. Er und Ray wollten keine Aufzeichnungen der Verbindung zu Luke, abgesehen von ein paar unschuldigen Nachrichten von Jemson, in denen er vorschlug, ein paar alte Freunde könnten ja mal wieder was trinken gehen.«

»Merkwürdig.«

»Eigentlich nicht. Sie haben ihn benutzt. Sie mussten es so aussehen lassen, als wäre Luke der verrückte Einzelgänger, der seiner lang gehegten Besessenheit von Ihnen nachging. Der Besessenheit, von der er Ihnen erzählt hat, bevor Sie geflohen sind.«

»Und ich dachte, das war nur die Schwärmerei eines Teenagers.«

»Oh, es war sehr viel mehr, wie Jemson gewusst haben wird. Ray auch. Und wenn Sie und Coulson am Tatort gestorben wären, wäre es leicht gewesen, diese Geschichte zu erzählen, zumal Jemson ja Zeuge von Lukes Verliebtheit war.«

»Er hätte alles erzählen können«, stimmte Reardon zu.

»Und hätte das auch getan.«

»Und Rays offizielles Handy?«, fragte Reardon. »Das Samsung. Selbst wenn er es zerstört hat …«

»Wir haben es überprüft«, sagte Brook. »Er hat eine Woche vor dem Überfall aufgehört, es zu benutzen, und vermutlich hat er es weggeworfen, als er floh.«

Reardon bebte in einem plötzlichen Luftzug, der durch die Baumwipfel ging. Wenn das überhaupt möglich war, wurde sie noch blasser. »Es ist schwer zu glauben, dass der eigene Bruder und ein Exfreund sich so etwas Kaltblütiges mit solcher Akribie ausdenken können.«

»Nicht akribisch genug«, sagte Brook. Reardons Unterlippe begann wieder zu beben, und sie hob eine Hand und wischte eine Träne weg. »Geht es Ihnen gut?«

»Es gab eine Zeit, als JJ … wir …« Sie rieb sich mit der Hand übers Gesicht und rang um Fassung.

»War es ernsthaft?«

»Das dachten wir«, sagte sie, riss sich zusammen und atmete tief durch. »Wir waren natürlich noch Kinder, doch wir glaubten, unsere Liebe sei wie keine andere und dass sie ewig halten würde.« Sie schüttelte den Kopf. »Wenn ich jetzt an ihn denke, möchte ich nur kotzen. Bei Ray genauso. Ich erinnere mich an ein paar Dinge, die sie gesagt haben, aus dem Prozess.« Sie blies die Wangen auf, ihr Gesicht war rot. Doch dieses Mal konnte sie die Tränen nicht zurückhalten und begann zu schluchzen.

Brook trat vor und drückte ihren Arm. Er war nicht besonders gut in diesen Dingen. Er hatte mehr Fragen, doch die mussten warten.

Die Nachmittagssonne ließ langsam nach, und eine kühle Brise kam auf.

»Sie frieren«, sagte Brook. »Kommen Sie mit rein.« Er zog Reardon zurück in das warme Apartment und führte sie Richtung Küche. »Wir versorgen Sie erst mal mit einem heißen Getränk«, sagte er und schaltete den Wasserkocher ein. Nach einigem Kramen machte er ihr eine Tasse Earl Grey mit zwei Löffeln Zucker und schob ihn zwischen ihre eisigen Hände.

Hinter einem Baum im Park unterhalb des Hauses beobachtete ein Augenpaar durch ein Fernglas, wie Reardon sich von dem Geländer der Feuertreppe abstieß und Brook zurück ins Apartment folgte. Als die beiden außer Sicht waren, schloss sich die Feuerschutztür, und das Fernglas wurde gesenkt.

Als Brook auf den Treppenabsatz im ersten Stock trat, fiel sein Blick auf die angrenzende Tür, und er wandte sich an Reardon. »Sie haben einen Nachbarn?«

»Die steht leer«, sagte Reardon und hielt sich am Türrahmen fest. Sie wollte unbedingt in ihren Sarkophag zurückkehren.

»Sie sagten, Ihnen gehört das Gebäude?« Sie nickte. »Dann haben die Anwälte das Vermögen freibekommen.«

»Ja und nein«, antwortete Reardon. »Ich habe Zugang zum Geld, aber viel von Mums und Dads Geld könnte noch Jahre gebunden sein.«

»Weil Ray vermisst wird und nicht tot ist.«

»Richtig. Es ist kompliziert. Der Anwalt muss einen Antrag stellen, damit er in Rays Abwesenheit auf das Vermögen Zugriff hat.«

»Eine Benjamin Order?«

»Eine Benjamin Order«, wiederholte sie. »Ich verstehe da nicht alle Einzelheiten.«

»Das erlaubt Ihren juristischen Vertretern, das Vermögen zwischen der überlebenden Familie aufzuteilen, selbst wenn einer der Erben nicht offiziell tot ist.«

Sie zuckte mit den Schultern, und Brook konnte sehen, dass sie wünschte, er wäre endlich fort.

»Um mal das Thema zu wechseln – offenbar waren Sie mit meiner Tochter an der Manchester University«, sagte Brook und beobachtete sie scharf. »Terri.«

Reardon kniff die Augen zusammen, als müsste sie sich konzentrieren. »Terri Brook?«, fragte sie und schüttelte den Kopf.

»Sie hat Harvey-Ellis als Nachnamen verwendet.«

Reardons Miene hellte sich auf. »Ja. Ich kenne Terri. Amerikanische Literatur, richtig? Wie geht's ihr?«

Obwohl die Frage recht einfach war, war Brook nie darauf vorbereitet und musste immer eine Sekunde nachdenken. »Es geht ihr gut«, log er und überging damit die Antwort, die ihm zuerst in den Sinn kam. *Ist so ausgebrannt wie Sie.*

»Bestellen Sie ihr Grüße«, sagte Reardon lächelnd. Brook nickte und wandte sich zur Treppe. »Inspector!« Er drehte sich um. »Ich werde über das nachdenken, was Sie gesagt haben. Dass ich mein Leben leben soll. Das werde ich wirklich tun.«

Er erwiderte ihr Lächeln und polterte die Stufen runter.

Draußen im rasch kühler werdenden Nachmittag schloss Brook seinen Wagen auf und blickte zum Fenster im ersten Stock hoch. Reardon Thorogood schaute wie ein Geist in einem Spukhaus auf ihn herab – standbildhaft, entrückt. Ihre bleichen, ausdruckslosen Züge erinnerten ihn an Terri vor vier oder fünf Jahren, als die Bilder vom Missbrauchstäter am lebendigsten waren. Der Umgang mit den Traumata, die sie erlitten hatte, hatte Terri verwirrt, ihre Gefühle waren zerfetzt, und eine Weile lang war ihr einziger Ausweg gewesen, sich hinter die Zugbrücke eines leeren Gesichts zurückzuziehen. So ein Gesicht hatte Reardon jetzt.

17

Drei Stunden später wurde Brook in ein Büro geführt, das aussah, als wäre es bei den Dreharbeiten für *Bei Anruf Mord* entstanden – vornehme Ledersitze, ein massiver Eichenschreibtisch vor einem großen Schiebefenster. An einer Wand reichten Bücherregale vom Boden bis zur Decke und enthielten zahlreiche Bücher über Kriminologie. Die Geräumigkeit und die Einrichtung standen im Gegensatz zu dem funktionellen Gefängnisgebäude, durch das Brook soeben von einem einsilbigen Gefängniswärter geführt worden war.

Dr. Trevor Marshall, ein Mann mittleren Alters mit einer Mönchstonsur, saß hinter dem Schreibtisch und verströmte schwach etwas Akademisches. Sein kahler Scheitel war sommersprossig und glänzte, der Haarkranz reichte grau bis an die Ohren und war raspelkurz geschnitten, doch sein dunkler Anzug war auf den Schultern mit kleinen Schüppchen übersät.

Marshall stand auf und streckte die Hand über den Schreibtisch, und Brook erwiderte den festen Händedruck, da er wusste, wie viel Bedeutung manche diesen Dingen beimaßen.

»Willkommen im Haus der Monster«, sagte Marshall mit einem sarkastischen Grinsen. Brook hob eine Augenbraue. »Oh, wir geben uns keiner Illusion darüber hin, was wir hier im Wakefield-Gefängnis tun, Inspector Brook. Es ist aus gutem Grund ein Hochsicherheitsgefängnis, und wir beherbergen die Schlimmsten der Schlimmen, damit die Leute friedlich in ihren Betten schlafen können.« Er kniff die Augen zusammen, als erinnerte er sich an etwas, das ihm früher sehr vertraut gewesen war. »Brook«, murmelte er kryptisch. Er wies auf einen Stuhl und setzte sich hinter seinen Schreibtisch, klappte einen braunen Aktendeckel auf und verglich den Inhalt mit einem flachen Monitor, der vor ihm stand. »Das kommt recht kurzfristig, Inspector.«

»Tut mir leid«, antwortete Brook und setzte sich. »Eine neue Entwicklung.«

Marshall nickte und wartete vergebens, dass Brook sich weiter erklärte. »Sie sind der Kerl, der jedes Jahr zu Weihnachten einem unserer Gäste Portwein schickt.«

»Edward Mullen«, bestätigte Brook und stellte mit der Linken eine Flasche Port in Halbgröße auf den Schreibtisch. Er wappnete sich für den unausweichlichen Spott. »Dachte, ich spare mir dieses Jahr das Porto.«

In Marshalls Grinsen schwang eine Spur Verachtung mit. »Meine Leute von der Verpflegung lieben die Probleme, die das mit sich bringt. Nicht zu vergessen den Präzedenzfall, der damit geschaffen wird.«

»Irgendwie glaube ich nicht, dass Mullen betrunken wird und alles ausplaudert.«

Marshall bestätigte dies durch ein Heben des Blicks. »Erzählen Sie mir, wie, um alles in der Welt, bringt es ein Kindermörder zu so einem Deal?«

»Es war der kälteste Fall in unseren Akten«, erwiderte Brook. »Die Familien der Opfer wollten ihn abgeschlossen sehen, ich habe Zugeständnisse gemacht, damit es dazu kommt.«

»Aber dass Sie so durch den Reifen springen …«

»Wir haben ein paar Schlucke Weihnachtsport aus einem Plastikbecher nicht als einen allzu hohen Preis angesehen, um einen aktiven Serienmörder wegzusperren.«

Marshalls Lächeln war eisig. »Es überrascht mich, wie jeder ein Experte dafür ist, was Gefängnisse leisten können und was nicht, wenn es um die Behandlung gefährlicher Krimineller geht.«

»Versuchen Sie mal, mit ihnen umzugehen, ohne dass eine verschlossene Tür zwischen Ihnen ist«, erwiderte Brook scharf. Marshalls Augen glänzten, und Brook nahm sich zurück. Es würde ihn seinem Ziel nicht näherbringen, wenn er die Eitelkeit eines Gefängnisdirektors angriff. Sein Gesicht verzog sich zu einem Lächeln. »Aber Sie haben recht, Doktor. Selbst in meinem Job ist es unmöglich, die einzigartigen Probleme zu bemessen, denen Sie sich in einer Anstalt wie Wakefield gegenübersehen – bis man tatsächlich mal eine besucht, denke ich.« Er blickte sich theatralisch um. »Ich bin beeindruckt.«

Marshall blickte wieder auf den Monitor. Er schien besänftigt. »Danke. Gewöhnlich schenkt uns niemand Beachtung, bis wir irgendwas versauen, und dann stürzen sich Politiker und die Öffentlichkeit auf uns wie verrückt. Was erwarten sie denn?«

»Wunder zum Preis eines Schnürsenkels«, stimmte Brook mitfühlend zu.

»Exakt!«, sagte Marshall und erwärmte sich zusehends für sein Thema. »Obwohl wir bei den Ressourcen, die man uns zur Verfügung stellt, nicht sehr viel erreichen können.«

»Was auch immer Sie tun, ich bin sicher, für das Innenministerium ist es nicht genug«, fuhr Brook fort und schüttelte den Kopf. Er versuchte, die Schleimerei nicht zu übertreiben.

»Stimmt.« Marshall klickte mit der Maus. »Luke Coulson, Luke Coulson.« Sein Blick huschte hin und her. »Nach allem, was ich so sehe, ist er nicht eines unserer beängstigendsten Monster – oder die hellste Leuchte.« Er las vom Bildschirm ab: »›Ist ruhig, benimmt sich, respektvoll gegenüber dem Personal, aber leicht von anderen Insassen zu verführen. Reagiert negativ auf Aggressionen und wird weinerlich, wenn er verbal angegriffen wird. Eindeutig verletzlich. Wir empfehlen ihn für beschränkten Kontakt mit den anderen Gefangenen.‹ Nicht gerade eines der Alphamännchen hier«, schloss er und grinste, als wollte er sich dieser Gruppe zurechnen. »Und hier drin setzt er sich damit der Gefährdung durch diejenigen aus, die gerne manipulieren und bedrohen. Von denen wir eine Menge haben.«

»Gibt es jemand Bestimmtes, der in seinen Kopf will?«

»Wir haben unsere Vermutungen«, sagte Marshall.

»Mullen?«

»Nein«, sagte Marshall betont. »Nicht sein Stil, zum einen. Sie sind beide im Isolationsblock, und wir erlauben Mullen nicht, in die Nähe anderer Insassen zu kommen. Hier leben zwar Monster, aber es gibt immer noch welche, die glauben, sie wären den Kindermördern überlegen.«

»Aber Coulson ist kein Kindermörder. Ist was passiert?«

»Er hat einen üblen Schnitt im Gesicht bekommen, als er hier ankam, doch er wollte nicht sagen, wer das war. Da er sich keine Privilegien verdient hatte, gab es nichts, womit ich ihm hätte drohen können, darum haben wir ihn eine Weile isoliert.«

»Verdient er sich nicht den Respekt der anderen Gefangenen, wenn er nicht mit dem Finger auf jemanden zeigt?«

»Nicht so oft, wie man hoffen würde«, erwiderte Marshall. »Bestimmt nicht in Coulsons Fall, und sicher nicht hier. Ehrlich gesagt ist Coulson etwas begriffsstutzig und hat sich nicht angepasst. Er hat keine Ahnung, wie er sich verhalten oder benehmen soll, weshalb er ein leichtes Ziel ist, und wir haben ihn zu seiner eigenen Sicherheit aus dem generellen Vollzug geholt. Die Insassen haben hier ohnehin ihre eigenen Zellen, deshalb machte das nicht viele Umstände.«

Erneut schaute Brook auf die Werke zur Kriminologie im Bücherregal. Er entdeckte *Die Psyche des Täters* von Dr. Trevor Marshall, prominent platziert. Es sah zerlesen aus. Daneben bemerkte er zu seiner Überraschung Brian Burtons Buch *Die Suche nach dem Schlitzer* – ein schlecht geschriebener Schund über Brooks Bemühungen, den Serienkiller zu fassen, der in den frühen Neunzigern in London aktiv war und viele Jahre später auch in Derby, nachdem Brook nach Norden gezogen war. »*Danach* wusste er vielleicht, wie man sich verhält.«

Marshall sah Brook an, als versuchte er herauszufinden, wie er einzuschätzen war. »Das ist eine kluge Beobachtung, Inspector.«

Brook lächelte. »Sollte ich vielleicht auch ein Buch schreiben?«

Marshall konnte sich ein wohlwollendes Lachen nicht verkneifen. Er richtete den Blick erneut auf den Bildschirm, dann wieder auf Brook. »Black Oak Farm. Dreifacher Mord. Korrigieren Sie mich, wenn ich mich irre, aber war das nicht Frank Fords Fall?«

Brooks Mut sank. »Sie kennen Frank?«

»Schon eine ganze Weile. Ich habe zehn Jahre in Sudbury gesessen.« Marshall verzog bei dem Wortspiel zufrieden die Lippen. »Wie geht's dem alten Teufel?«

»Frank geht's prima«, antwortete Brook mit einem Lächeln, das jedoch nicht seine Augen erreichte.

»Gibt es einen Grund, weshalb nicht er diese neuerliche Befragung durchführt?«

»Er ist letzte Woche in den Ruhestand gegangen.«

»Das wusste ich ja gar nicht«, sagte Marshall überrascht. »Gesundheitlich ist er wohlauf?«

»Fit wie ein Turnschuh. Hatte einfach genug vom roten Absperrband und der ungeselligen Arbeitszeit.«

»So ist das.« Marshall nickte und drückte einen Knopf auf der Gegensprechanlage. »Ich muss ihn mal anrufen und ihm alles Gute wünschen.« Brook hielt sein strahlendes Lächeln aufrecht, doch langsam tat das weh. »Coulson hat nichts gesagt außer ›Ja, Sir – Nein, Sir‹, seit er hier angekommen ist. Warum glauben Sie, er wird mit Ihnen reden?«

»Wahrscheinlich wird er das nicht tun, aber da ich eine neue Spur habe, muss ich es versuchen.«

Derselbe Gefängniswärter, der Brook zum Büro des Direktors geführt hatte, kam mit einer Tragetasche herein. Er gab Marshall einen Zettel, dann zeigte er ihm den Inhalt der Tasche.

»Das ist mal was anderes als Zigaretten«, bemerkte Marshall und nickte dem Wärter zu.

Coulson schlurfte zu dem Tisch, den Blick gesenkt, in einem ausgebeulten Sweatshirt und einer tief hängenden Jeans, die seine Bewegungen einschränkte. Brook bemerkte eine Narbe, die noch ganz frisch war und über seine linke Wange verlief.

Der Gefängniswärter trat vor ihn und zog einen Plastikstuhl hervor. Nach einem kurzen Blick auf Brook ließ Coulson sich darauf fallen und starrte weiterhin auf den Boden.

Brook stellte sich vor und bat um Erlaubnis, das Gespräch aufzuzeichnen – *das hilft mir für meine Notizen* –, aber darauf kam keine Reaktion. Nicht mal kurzer Blickkontakt.

»Ich würde Ihnen gerne ein paar Fragen zur Black Oak Farm und dem Tod von Mr und Mrs Thorogood stellen.« Er wollte bewusst nicht zu viel preisgeben, und so wartete er, um zu sehen, ob Coulson reagierte. Nichts. »Und zu Ihrem Freund Jonathan Jemson.« Keine Bewegung, kein Blickkontakt. »Jonathan war doch Ihr Freund, oder?« Immer noch nichts. Brook war nicht entmutigt. Er wusste, wie man dieses Spiel spielte, wie man an jemandem herumklopfte, bis man auf die Hauptader der Selbstrechtfertigung stieß, die tief in jedem Kriminellen verborgen lag. Geduld war der Schlüssel.

»Ray Thorogood war auch Ihr Freund. Sie waren zu dritt in der Schule.«

Coulson vergrub die Hände tiefer in den Taschen seiner Jeans und starrte schmollend auf die Tischplatte.

Brook fand, es sei an der Zeit, eine Trumpfkarte auszuspielen. »Vier, wenn man Reardon hinzurechnet.« Er bemerkte ein kurzes Zucken eines Augenlids und legte nach. »Ich habe sie heute Morgen gesehen.«

Coulsons Kopf ging sofort hoch, doch eine Sekunde später senkte er bereits wieder den Blick. Zu spät – Brook hatte gesehen, wie etwas über sein Gesicht huschte. Gefühle. Die aufgesetzte Lässigkeit war eine Fassade. Brook hatte den Punkt gefunden, wo er ansetzen konnte.

»Es ist in Ordnung, Luke«, fuhr er fort. »Sie brauchen mir nicht zu erzählen, wie sehr Sie Reardon mögen. Sie sind der Mann, der sie vor JJ und ihrem Bruder gerettet hat. Die beiden wollten sie umbringen. Sie weiß das zu schätzen und ist dankbar für das, was Sie getan haben.«

Dieses Mal starrte Coulson ihn finster an. Sein Gesicht war erhitzt und gequält. Jetzt war es Brooks Aufgabe, Coulson ein paar Minuten kochen zu lassen; das gehörte zu seinem Konzept, dem Ziehen und Schieben des Mannes, bis er ihn aus dem Gleichgewicht brachte.

»Sie hat mir viel erzählt vor …«, er blickte auf die Uhr, »vier Stunden.«

Coulson starrte weiter mürrisch vor sich hin, doch zwischendurch warf er Brook ein paar finstere Blicke zu.

»Ich habe Ihre Schulakte gelesen, Luke. Wissen Sie, was ich entdeckt habe?«, fragte er, ohne eine Antwort zu erwarten. »Ich habe gelesen, dass andere Schüler es immer lustig fanden, Sie zu mobben. Sie haben Sie in der Grundschule gemobbt, sie haben das auch an der weiterführenden Schule gemacht. Ich mag keine Schulhofschläger, Luke. Mochte ich noch nie. Mir ist das auch passiert, als ich zur Schule ging. Ich war Einzelkind, so wie Sie, und es hat mich gequält, bis ich herausfand, dass alles, was sie von mir wollten, eine Reaktion war. Danach habe ich aufgehört zu reagieren. Selbst dann, wenn sie meine Eltern beschimpft haben. Ich habe nie mit ihnen geredet, habe nie ihre Freundschaft gesucht. Nichts. Ich wollte ihnen nicht die Befriedigung gönnen. Sie haben es geliebt, wenn ich wütend und aggressiv wurde, aber bald erkannte ich, dass sie dann nur lachten und mich noch mehr verhöhnten. Das haben sie genossen. Da haben sie gewonnen. Also ignorierte ich sie, bis ihnen langweilig wurde und sie sich jemand anders suchten.«

Er lehnte sich zurück und beobachtete Coulson. »Das haben wir gemeinsam, Luke. So sind Sie auch mit denen umgegangen, oder? Nie reagieren. Sie behandeln, als würden sie nicht existieren, so tun, als könnten Sie nicht die verletzenden Dinge hören, die sie sagen. Ihnen das Gefühl geben, dass es Zeitverschwendung ist, mit Ihnen zu reden. Und das Wichtigste, sie nie verpetzen, denn wenn Sie das machen, werden sie wissen, dass sie Sie verletzt haben.«

»Aber Sie haben nie etwas gesagt, Luke. Selbst kürzlich nicht, als jemand Sie geschnitten hat. Das bewundere ich. In der Schule haben die Kids schmerzhafte Dinge zu Ihnen gesagt. Über Ihre Mum. Über Ihre Art zu sprechen.« Brook machte eine wegwerfende Handbewegung. »Keine Reaktion. Selbst als Ihnen jemand ins Gesicht gespuckt hat, haben Sie das ignoriert. Sie hätten um sich schlagen können. Sie hätten es erzählen können. Aber das haben Sie nicht. Sie haben sie nicht gewinnen lassen.«

Lukes Blick ins Leere war inzwischen weniger ein Verteidigungsmechanismus und eher eine Verbindung in die Vergangenheit. Seine Miene war nicht mehr leer, während er vor seinem inneren Auge reale Ereignisse sah, und Brook konnte beobachten, wie sich die Konsequenzen in seinem Gesicht manifestierten. Ereignisse, die ihn beschädigt hatten, die ihn tiefer in sich selbst getrieben hatten, sodass niemand den Schmerz sehen konnte. Brook beobachtete ihn einige Minuten lang, bis er überzeugt war, dass Lukes Vergangenheit nicht länger seinen Verstand überflutete und er wieder in der Gegenwart angekommen war.

»Hat DI Ford Sie bedrängt, Luke?«, fragte er. »Hat er Ihnen gedroht, als Sie nicht reden wollten? Wenn er das getan hat, tut mir das leid. Falls es hilft: Sie werden DI Ford nicht wiedersehen. Niemals. Ich habe den Fall übernommen.«

»Ist er tot?«, fragte Coulson leise. Seine Stimme war heiser und kratzig, es klang, als könnte er die Konsonanten nicht richtig formen. Eine Mischung aus Überraschung und Respekt huschte über das Gesicht des anwesenden Gefängniswärters. Brook bemerkte es kaum, da er über seine Antwort nachdachte. Er wollte Coulson auf keinen Fall bedrängen, nicht das Falsche sagen. »In Pension gegangen.«

Coulson nickte, obwohl seine Miene verriet, dass er die Bedeutung zu ergründen versuchte. »Er war alt.«

Brook gab dem Beamten ein Zeichen, der mit hinter dem Rücken verschränkten Armen an der Wand stand. Er trat vor und zog die Tüte hervor, die er auf den Tisch stellte. Brook holte eine Limodose heraus und stellte sie vor Coulson hin. Dann kippte er den Rest aus – drei Pakete mit Marsriegeln. Coulsons Augen wurden groß beim Anblick der Süßigkeiten.

Brook schob ihm eine Packung zu. »Nehmen Sie sich.« Coulson zögerte, doch nach ein paar Sekunden öffnete er die Dose und nahm einen großen Schluck von der süßen Brause, dann stürzte er sich auf die Packung Schokoladenriegel. Er riss das Papier von einem Marsriegel nach dem anderen herunter und stopfte sich nacheinander fünf Riegel in den Mund, wobei er fast keine Pause zum Atmen machte.

Keuchend nahm er noch einen Schluck aus der Dose, bevor er sich zufrieden zurücklehnte. Ein lautes Rülpsen folgte, und er lächelte schuldbewusst, bevor er Brook betrachtete. »Ich liebe Marsriegel.«

»Ich weiß«, sagte Brook lächelnd. »Sie hatten Dr Pepper und Mars auf dem Beifahrersitz, als man Sie festgenommen hat.«

Coulson starrte ihn an. »Schlau.«

»Eigentlich nicht.«

»Und jetzt glauben Sie, ich werde Ihnen lauter Zeug erzählen, nur weil Sie Schokolade mitgebracht haben.« Er beobachtete Brook. »Zeug über das, was ich und JJ getan haben.«

Brook zuckte mit den Schultern. »Das liegt an Ihnen.«

»Sie verschwenden Ihre Zeit. Ich bin ein Mörder. Ich bin da, wo ich hingehöre.« Er verschränkte die Arme – eine klassische mentale und physische Sperre. Verteidigend. Beschützend. »Warum kümmert Sie das eigentlich?«

Brook dachte über die Antwort auf diese Frage nach, mit der er sich selbst schon auf der Fahrt nach Yorkshire beschäftigt hatte, um etwas parat zu haben, wenn Chief Superintendent Charlton irgendwann von seinem Besuch hier erfuhr.

»Ray Thorogood ist immer noch auf freiem Fuß«, sagte er, »Um Reardons willen würden wir ihn gern finden.«

»Was hat Ray damit zu tun?«

»Der Überfall war Rays Idee«, sagte Brook. »Seine und die von JJ.«

Coulson starrte Brook an. »Ich war beim Prozess. Ich bin nicht taub.«

»Dann wissen Sie, dass die beiden versucht haben, Sie zu benutzen, Luke.«

Er zuckte mit den Schultern. »Sieht so aus. Ändert nichts daran, was ich getan habe.«

»Und es ist Ihnen egal, wenn Ray damit davonkommt?«

»Sieht so aus, als wäre er das schon.«

»Reardon wird enttäuscht sein«, sagte Brook. »Sie ist starr vor Angst. Sie hofft, wir können Ray finden, damit sie wieder ihr eigenes Leben führen kann.«

Coulson brütete jetzt. Seine Stimme klang abgehackt. »Sie werden ihn nicht finden.«

»Warum sagen Sie das?«

Coulson dachte über seine nächste Antwort nach. Dann schien er mit seiner Wahl zufrieden. »Weil er zu schlau ist für Sie.«

»So schlau auch wieder nicht«, antwortete Brook. »Sein Plan ist gescheitert. Reardon sollte sterben, Luke. Und wenn alles nach Plan gelaufen wäre, auch Sie. Jemson war darauf vorbereitet, Sie zu töten, und es sollte so aussehen, als habe Reardon es zum Selbstschutz getan. Er wartete nur darauf, dass Ihre DNA überall auf Reardon war.« Er machte eine effektvolle Pause. »Oder noch besser, in ihr.«

Coulson sprang wütend auf, wobei sein Stuhl polternd hinter ihm umfiel. »Seien Sie nicht so widerlich.«

»Setzen Sie sich«, befahl der Gefängniswärter, der mit dem Stuhl im Nu hinter Coulsons Schulter stand; seine Hände drückten ihn mit sanftem Druck wieder auf die Sitzfläche. Doch Coulson stand noch eine Sekunde da, sein Blick brannte sich feindselig in Brooks, bevor er sich endlich setzte. Sein Gesicht glühte.

»Sie sind schmutzig, das sind Sie«, keuchte er, doch das Schlimmste seines plötzlichen Wutausbruchs war bereits verraucht. »Ich würde das nie mit Reardon machen, wenn sie's nicht wollte und wir verheiratet wären. Sie sind einfach dreckig.«

»Nicht ich«, sagte Brook und hob seine Hände. »Ray und JJ. Das war ihr Plan. Und sobald Sie und Reardon tot gewesen wären, hätte Ray das Vermögen seiner Eltern geerbt und Jemson wäre für seine Bemühungen entsprechend entlohnt worden. Wenn das passiert wäre, wären wir jetzt kein Stück klüger, und der Fall wäre längst abgeschlossen. Für die Polizei würde es so aussehen, dass Opfer und Täter tot sind – Ende der Geschichte. Aber das ist nicht passiert, Luke. Der Plan ist Ihretwegen gescheitert.« Keine Reaktion. Brook drang in ihn. »Ray und JJ haben Ihre Gefühle für Reardon unterschätzt. Darum war er nicht schlau.«

»Nun, wenn er so dumm ist, wie kommt es dann, dass Sie ihn noch nicht gefunden haben?«, höhnte Coulson.

»Ich habe nicht gesagt, er sei dumm«, sagte Brook. »Nur, dass er Sie unterschätzt hat. Sie haben alles verdorben, Luke. Sie haben Reardon das Leben gerettet.«

Coulson konnte sich bei diesem Lob nicht vollständig das Grinsen verkneifen. »Das habe ich, was?« Er schwieg, überlegte, formulierte eine Frage. »Wie … wie geht es ihr?«

»Sie ist verängstigt.«

»Auf dem Hof war sie nicht verängstigt.«

»Oh, da war sie auch sehr verängstigt, doch das konnte sie verbergen. So was gelingt den Menschen in einer Situation, bei der es um Leben oder Tod geht.«

»Sie war sehr tapfer«, stimmte Coulson zu und nickte. »Bei den Umständen.«

»Wenn wir Ray finden können, braucht sie keine Angst mehr zu haben. Wissen Sie, wo er ist?«

»Haben Sie es bei ihm zu Hause versucht?«, fragte Coulson und grinste leicht.

Brook lächelte und beobachtete ihn, bevor er theatralisch den Kopf schüttelte. »Nein, ich hätte auch nicht gedacht, dass Sie es wissen. JJ hat sich Ihnen vermutlich nicht anvertraut, und Ray erst recht nicht.«

»Da haben Sie Ihre Antwort«, sagte Coulson wieder mürrisch.

»Schade. Reardon hat sich auf Sie verlassen.«

»Hat sie das so gesagt?«

Brook nickte. »Sie braucht Ihre Hilfe, Luke. Sie müssen das nicht tun, aber wenn Sie meine Fragen beantworten, könnte ihr das helfen.«

»Ich mag keine Fragen. Die Lehrer haben mich immer gezwungen zu antworten, und dann haben alle gelacht.«

»Dann hören Sie stattdessen zu.« Brook wartete auf einen Einwand, der nicht kam. »Der Nachrichtenverlauf Ihres Handys zeigt Texte und Gespräche mit JJ bis zum Tag des Überfalls, doch Sie haben den Angriff nie erwähnt.« Coulson zuckte mit den Schultern. »Wie war das mit Ray? Haben Sie ihn gesehen oder persönlich gesprochen, bevor Sie zum Hof gefahren sind?«

Coulson sagte ein paar Minuten lang nichts, und Brook hatte schon fast die Hoffnung auf eine Antwort aufgegeben.

»Nein«, antwortete er schließlich.

»Was ist mit dem Tag selbst?«, fragte Brook leise. »Haben Sie Ray auf dem Hof gesehen?« Coulson schüttelte den Kopf. »Wann haben Sie ihn denn zuletzt gesehen?«

»An dem Tag, als wir von der Schule abgingen. Ich hab ihn seit dem Tag nicht gesehen oder gesprochen.«

»Das liegt sieben Jahre zurück.«

»Wenn Sie das sagen.«

»Und Sie haben nie mit ihm telefoniert?«

»Nö.«

»Die komplette Planung bis zum Tag des Überfalls, daran waren Sie nicht beteiligt?«

»Nö.«

»Hat JJ Ihnen gegenüber Ray überhaupt erwähnt?«

Darüber dachte Coulson länger nach, als nötig war, dann nickte er und nahm sich noch einen Marsriegel. »Auf dem Hof hat JJ mir erzählt, Ray sei dafür verantwortlich. Aber ich habe nie mit Ray gesprochen oder ihn gesehen.«

»Wann hat JJ Ray erwähnt?«

»Ich fragte ihn, woher er den Lageplan vom Haus hatte. Er sagte, Ray hätte ihm den gegeben.«

»Aber Sie haben Ray nicht gesehen?« Erneutes Kopfschütteln. »Was glauben Sie, warum das so war?«

»Denk mal, er wollt sich nicht die Hände schmutzig machen.«

»Und Reardon?«

Coulsons Miene verfinsterte sich. »Was ist mit ihr?«

»Wann haben Sie sie das letzte Mal vor dem Tag auf dem Hof gesehen?«

»Genauso lang nicht wie Ray.« Coulson brach den Blickkontakt ab, und als Brook seinen Kopf bewegte, um ihn wiederherzustellen, veränderte Coulson seine Position. *Er lügt.*

»Sie haben also Reardon nicht mehr gesehen, seit Sie die Schule verlassen haben?« Coulson schüttelte den Kopf, die Augen gesenkt. »Das ist eine lange Zeit, Luke. Kein Wunder, dass Ray Ihre Gefühle für sie unterschätzt hat.«

»Gefühle?«

»Sie haben Gefühle für sie, Luke. Das sieht doch jeder. Sie haben sie am Leben gelassen, und dafür bezahlen Sie mit Ihrer Freiheit. Wäre sie tot gewesen, wäre Ihre Flucht wahrscheinlicher gewesen.« Coulson sagte nichts. »Aber Sie konnten ihr nichts antun, weil Sie sie mögen.« Coulson nickte. »Sie haben sie seit dem Tag gemocht, an dem Sie sie das erste Mal gesehen haben.« Er wurde knallrot. »Das ist eine lange Zeit, Luke. Waren Sie in der Schule befreundet?«

»Nö.«

»Also war das nicht so wie mit Ray und JJ.«

»Das waren Jungs«, sagte Coulson leise.

»Jungs redeten also mit Ihnen, Mädchen nicht.«

»Mädchen mochten mich nicht.«

»Verstehe«, sagte Brook. »Wie oft haben Sie JJ gesehen, nachdem Sie aus der Schule waren?«

»Ab und zu.«

»Und wie lange nicht mehr, bevor er Ihnen einen Monat vor dem Überfall eine SMS geschickt hat?«

Coulson starrte an die Decke und schien zu rechnen. »Ein paar Jahre. Drei vielleicht.«

»Von den dreien haben Sie also nur JJ gesehen, seit Sie aus der Schule raus sind.«

»Jo.«

»Sie lügen«, sagte Brook und versuchte, sein Gegenüber aufzurütteln. Coulson begegnete kurz seinem Blick. »Nicht in Bezug auf

JJ und Ray. Klar haben Sie JJ gesehen. Er war wie Sie – hatte Probleme, einen Job zu halten, hatte keine Qualifikation, stammte aus armen Verhältnissen. Sie haben sich in denselben Kreisen bewegt. Aber die Familie von Ray und Reardon war reich. Sie bewegten sich in anderen Kreisen. Es würde mich überraschen, wenn einer von den beiden überhaupt von Ihrer Existenz wusste, nachdem Sie von der Schule abgegangen waren. Besonders Reardon.«

»Sie liegen falsch«, protestierte Coulson, wobei Gereiztheit in seiner Stimme mitschwang. »Sie hat sich an mich erinnert. Das hat sie gesagt.«

»Was sollte sie denn sonst sagen?«, wollte Brook wissen. »Sie wollte überleben. Sie wusste ja kaum, wer Sie waren. Sie musste sich so verhalten, als würde sie sich an Sie erinnern, aber das war auch schon alles – Schauspielerei.«

»Sie kannte meinen Namen«, knurrte Coulson.

»JJ muss ihn ihr gesagt haben, bevor Sie ihn umgebracht haben.«

»Nein, sie …« Kurz war Coulson von Panik erfasst, versuchte sich zu erinnern, bevor er boshaft grinste. »Sie haben selbst gesagt, ich würde lügen«, sagte er triumphierend. »Wie soll ich denn lügen, wenn Sie sagen, sie kannte mich nich?«

»Ich habe nicht gesagt, Reardon habe Sie gesehen«, sagte Brook. Sein Blick bohrte sich in den von Coulson. »Aber Sie haben sie gesehen. Sie haben sie beobachtet, haben sie aus der Ferne bewundert, und ich vermute, das ging schon eine ganze Weile so.« Coulson wurde weiß. »Wir haben einen Lippenleser, der sich Ihr Gespräch mit Reardon im Eingangsbereich angesehen hat. Ich habe die Abschrift hier.« Er nahm ein Blatt Papier zur Hand und las vor: »›Aber dein Dad hätte nicht schreien dürfen. Er hätte mich nicht jagen dürfen.‹ Das hat nichts mit dem Tag des Überfalls zu tun, stimmt's?« Keine Antwort, kein Augenkontakt. »Reardons Vater hat Sie mal ertappt, wie Sie sie beobachtet haben, richtig?« Keine Antwort. »Er hat Sie gejagt, Sie angeschrien. Wo waren Sie? Haben Sie sich in einem Feld versteckt oder hinter einem Baum? Haben Sie beobachtet, wie sie sich auszog?« Coulsons Augen schossen hin und her.

»Nein, so war es nicht, oder? Sie waren ja nicht an ihrem Körper interessiert. Sie haben sie dafür geliebt, wer sie war und was sie repräsentierte. Sie war distanziert und wunderschön, und Sie haben sie aus der Ferne betrachtet. Sie würden es nie wagen, ein Gespräch mit einem Mädchen wie Reardon anzufangen. Sie würden sich zu sehr vor Zurückweisung fürchten.« Brook lachte leise. »Und Reardon wäre lieber tot gewesen, als im Gespräch mit Ihnen gesehen zu werden, und vermutlich hätte sie Ihnen das ins Gesicht gesagt.«

»JJ war wie ich«, sagte Coulson trotzig. »Mit ihm is sie ausgegangen, oder?«

»JJ sah gut aus und war beliebt. Aber selbst mit ihm hielt es nicht lange, und er hat ihr deshalb gegrollt. Was für einen Groll haben Sie all die Jahre gehegt, bevor Sie dem Hof einen Besuch abstatteten, Luke?« Coulson leerte die Dose Dr Pepper, damit er nicht antworten musste. »War sie in der Schule gemein zu Ihnen?«

»Nicht sehr.«

»Also war sie's.«

»Nicht so wie andere Mädchen.«

»Nein«, überlegte Brook. »Weil sie abweisend gewesen ist. Sie hat Sie angesehen, als würden Sie nicht mal existieren.«

Coulson schüttelte den Kopf. »Ich hab das falsch verstanden. Wir haben das auf dem Hof geklärt.«

»Sie sind jetzt also Freunde?«

Coulson lächelte. »Wir haben es geklärt.«

Brook erlaubte sich ein leises Kichern. »Ich habe das Video gesehen, Luke. Sie haben gar nichts geklärt. Reardon hatte Angst vor Ihnen.«

Coulson atmete tief durch die Nase aus und blinzelte ein paarmal – ein nervöser Tick von ihm. »Am Anfang vielleicht. Weil ich 'n Messer hatte. Aber ich sag Ihnen, wir haben das geklärt.«

»Sie haben ihr also vergeben, wie gemein sie zu Ihnen war.«

»Ich habe ihr vergeben, wie gemein sie war«, sagte Coulson stolz, als hätte er sich die Phrase ausgedacht.

»Und darum haben Sie sie am Leben gelassen.«

»Was hätte ich denn sonst tun sollen?«, wollte Coulson wissen. »Ich konnte sie nicht umbringen. Ich liebe sie. Sie ist wunderschön.

Jedes Mal, wenn ich sie gesehen habe …« Er verstummte, auf seinem Gesicht eine Ansammlung all seiner unterdrückten Gefühle.

»Ich verstehe«, sagte Brook. »Sie die ganze Zeit zu sehen, vielleicht sogar aus der Nähe, und nicht das Fernglas zu brauchen.« Coulsons Kopf schoss hoch, er riss die Augen auf. »Es wurde in Ihrem Schlafzimmer gefunden, nachdem Sie festgenommen wurden.« Brook lehnte sich zurück, damit sich diese Eröffnung setzen konnte. »Keine Fotos?«

»Hätte mir nie eine von diesen schicken Kameras leisten können«, sagte er verbissen. »Brauchte ich übrigens auch nicht.« Er tippte sich an die Stirn und lächelte. »Ist alles hier oben drin. Auch wie wir uns auf dem Hof geküsst haben.«

Brook wies ihn nicht auf das Element der Nötigung hin, das in Coulsons einziger Umarmung gelegen hatte. »Als JJ vorschlug, zum Hof zu fahren, freuten Sie sich.« Ein Nicken. »Und weil Sie sie so sehr geliebt haben, konnten Sie sie nicht vergewaltigen und töten?«

»Nicht verheiratet«, murmelte er. Der Gefängniswärter grinste hinter Coulsons Rücken, aber Brook warf ihm einen mahnenden Blick zu.

»Nichts davon hätte Sie daran gehindert, sie zu fesseln. Sie hätten das tun können. Dann wären Sie vielleicht bis Dover gekommen und hätten die Fähre erwischt.«

»Ich konnte ihr nicht noch mehr wehtun nach dem, was JJ getan hat. Haben Sie gesehen, was er mit ihrem Gesicht gemacht hat? Das war nicht richtig.« Coulson senkte den Kopf. »Ich hätte nie auf ihn hören dürfen. Das hat mich hier reingebracht. Ich bin schuld, weil ich zugehört hab.«

»Warum sind Sie mitgegangen?«

»JJ sagte, er wollte nur mit ihr reden und wollte, dass ich mitkomm. Ich hab sie seit der Schule nicht gesehen. Nicht so richtig von Nahem. Er wusste, dass ich sie mochte. Das hab ich ihm erzählt. Darum hat er mich gefragt.«

»Und wann haben Sie gemerkt, dass etwas falschlief?«

»Als er Sargent das Fleisch gegeben hat …«

»Sargent?«

242

»Reardons Hund.«

»Ich weiß, dass es ihr Hund ist. Woher kennen Sie seinen Namen?«

»Ich hab mal gehört, wie sie nach ihm rief.«

»Als Sie sie beobachtet haben.« Coulson nickte. »Hat Reardon gesehen, wie Sie sie beobachtet haben?«

»Nein. Ich war voll vorsichtig.«

»Aber ihr Vater hat Sie gesehen.«

»Nur das eine Mal.«

»Reardon hat in ihrer Aussage nichts über das Stalking gesagt.«

Coulson zuckte mit den Schultern. »Ihr Vater wollte sie vielleicht nicht beunruhigen.«

Brook nickte. »Haben Sie JJ gefragt, was er da tat, als er den Hund betäubte?«

»Klar. Er sagte, wir wollten nur ein paar Mäuse und Ringe und so Zeug mitnehmen, und der Hund könnte ja bellen.«

»Haben Sie ihm das geglaubt?« Coulson schüttelte den Kopf. »Aber Sie waren doch erst auf dem Grundstück. Es war nicht zu spät, um noch zurückzugehen.«

Coulson zögerte. »Ich wollte Reardon sehen.«

»Um sie vor JJ zu beschützen.«

»Nein, ich wusste ja nicht, dass JJ was Böses vorhatte«, sagte Coulson. Sein Gesicht rötete sich wieder.

»Sie müssen doch etwas geahnt haben, als er Sie weggeschickt hat, um sich im Haus umzusehen. Sie müssen einen Verdacht gehabt haben.«

»Hab ich nie.«

»Müssen Sie.«

»Ich hab nix gewusst, das sag ich doch«, widersprach Coulson. Sein Atem ging in abgehackten Stößen. »Nicht, bis ich dazukam.«

»Sie meinen, als JJ die Hose um die Knöchel schlackerte und Reardon nackt war, ihr Gesicht blutig und zerschunden.« Coulson nickte. »Was haben Sie dann getan?«

»Ich hab ihm gesagt, er soll aufhören, aber das tat er nicht. Er lachte nur und meinte, jetzt wäre ich an der Reihe.«

»Aber Sie weigerten sich.«

»Ja.«

»Und?«

»JJ fing an zu lachen, hat sich über mich lustig gemacht und dann angefangen, Reardon noch mehr wehzutun, und das mochte ich nicht.«

»Das Messer war in Ihrer Hand.«

»Ja.«

»Und Sie haben ihn erstochen.«

»Wollt ich nicht. Aber er hörte nicht auf, darum stach ich zu.« Coulson musste bei der Erinnerung schlucken. Eine Träne suchte sich ihren Weg über seine gerötete Wange. »Er tat ihr weh, darum habe ich ihn aufgeschnitten, und er hörte auf. Und dann war er tot.« Er schaute auf seine Kleidung hinab, geradeso, als wäre er Lady Macbeth. »Ich war voll mit Blut, und ich wusste, ich bin böse gewesen. Dann ging ich in ein Schlafzimmer und hab mir Klamotten gesucht.«

»Sie sind nicht geblieben, um Reardon zu helfen.«

»Sie hat geheult«, sagte Coulson und atmete aus. »Und sie war …« Er zögerte, gelähmt vor Angst, die Augen weit aufgerissen.

»Nackt?« Coulson senkte den Kopf, um zu unterstreichen, wie peinlich berührt er war. »Was ist mit Mr und Mrs Thorogood?«

»Was soll mit denen sein?«

»Hat JJ Ihnen gesagt, Sie sollen sie töten?«

Er atmete tief durch, und sein Kiefer zuckte. »Ich wusste, was ich zu tun hatte.«

»Sie haben sie ermordet.«

»Wie ich schon sagte.«

»Aber das ist es ja, Luke – Sie haben es nicht gesagt. Mit keinem Wort. Sie haben nie gesagt: *Ich habe sie ermordet*. Ich habe die Haftverhöre gelesen, das Transkript vom Prozess. Nicht ein einziges Mal haben Sie es gesagt.«

»Weil's klar war.« Er zuckte mit den Schultern.

»Und warum sagen Sie es dann nicht?«

Coulson seufzte. »Mein Anwalt meinte, ich sollte lieber nicht aussagen, darum hab ich's nie gemacht. Er meinte, sie könnten glauben, ich wär ein Held oder so, weil ich Reardon gerettet habe.«

»Mit sie meinen Sie die Geschworenen.«

»Jep.«

»Nun, die Geschworenen sind nicht hier, und Ihr Anwalt genauso wenig. Also sagen Sie's mir.«

»Ihnen was sagen?«

»Sagen Sie mir, Sie haben sie getötet. Sprechen Sie es aus.«

»Sie sind tot. Was bringt's jetzt?«

»Mir bringt es was.«

Coulson starrte zurück. »Ich habe sie ermordet. Jetzt zufrieden?«

»Wahnsinnig«, schoss Brook zurück. »Wen haben Sie zuerst getötet – Mr Thorogood oder seine Frau?«

»Ich erinnere mich nicht.«

»Tatsächlich? Mr Thorogood wurde zuerst angegriffen. Sie haben ihn von hinten attackiert. Wie haben Sie es geschafft, ihn zu überraschen?«

»Ich hab mich auf ihn gestürzt. Er hat nicht mitgekriegt, was ihn getroffen hat.«

»Ich dachte, Sie haben gesagt, Sie erinnern sich nicht.«

»Daran schon.«

»Genug vielleicht, um DI Ford zu überzeugen«, sagte Brook. »Aber mich überzeugen Sie nicht so leicht. Sind Sie sicher, dass es nicht Ray war, der sie ermordet hat?«

»Nö. Ich habe sie getötet. Ich hab Mr Thorogood zuerst erl...«

»Nein, haben Sie nicht.«

»Was?«

»Thorogood wurde zuerst angegriffen, aber seine Frau starb vor ihm. Er war durch seine Verwundung außer Gefecht, doch ihre Verletzungen waren ernster. Nachdem er ihren Mann neutralisiert hatte, konnte sich der Mörder Mrs Thorogood vornehmen, ohne dabei gestört zu werden. Und als sie sterbend am Boden lag, schaffte Mr Thorogood es, für eine letzte Umarmung zu ihr zu kriechen, bevor er ebenfalls verblutete.«

»Das stimmt«, sagte Coulson und lächelte. »Er hat den Arm um sie gelegt.«

»Sie erinnern sich wieder.«

»Als wäre es gestern gewesen.« Coulson riss die Verpackung vom nächsten Marsriegel herunter, steckte ihn sich komplett in den Mund und kaute begeistert, bevor er schluckte.

»Und wie fühlen Sie sich bei dem, was Sie getan haben?«

»Ich hab was Schlimmes getan, und sie haben das nicht verdient, aber wenigstens sind sie jetzt im Himmel.«

»Sie bereuen also nichts.«

»Bringt nichts, über vergossene Milch zu weinen«, sagte Coulson und zuckte mit den Schultern.

Brook kniff die Augen zusammen. »Aber Sie weinen, richtig?«

Coulson starrte Brook an, dann auf den Boden, als würden die Thorogoods vor seinen Füßen liegen. »Ich habe noch nie vorher wen umgebracht, also ja, ich sehe sie. Die beiden, wie sie da lagen. Nachts. Überall auf dem Boden Blut, klebrig und heiß, an meiner Kleidung, meinen Händen.« Er schaute mit aufgerissenen Augen auf seine Handflächen. »Ich musste meine Hände waschen.«

»Woran erinnern Sie sich noch?«

»Hä?«

»Haben sie irgendwas gesagt, als Sie sie umgebracht haben? Haben sie um ihr Leben gefleht oder geschrien, als sie starben? Haben die Messer ein Geräusch gemacht, als sie eindrangen? Was konnten Sie riechen? Wenn ich jemanden umbringe, würde ich mich an jedes noch so kleine Detail erinnern.« Coulson antwortete nicht. Er starrte einfach vor sich hin wie in Trance, wo er die Leichen vor seinen Füßen in einer Bauernhausküche sah. »Erzählen Sie's mir.«

Coulson blinzelte und atmete tief durch. »Sie haben keinen Laut von sich gegeben, das ist eine Tatsache. Aber ich erinnere mich an den Geruch. Das Blut war süß und eklig.« Seine Miene wurde schamhaft. »Und ich glaube, sie haben Aa in die Hose gemacht.« Er kicherte gegen seinen Willen, und Brook bemerkte, wie auch der Gefängniswärter sich ein Grinsen erlaubte. »Sie waren nette Leute.«

Brook kniff die Augen zusammen. »Woher wissen Sie das?«

»Weil sie in den Himmel aufgestiegen sind«, erklärte Coulson stolz. »Ich hab gemerkt, wie sie gehen.«

»Was meinen Sie damit, Sie haben gemerkt, wie sie gehen?«

»Als ich mich über sie beugte, hab ich gespürt, wie ihre Seelen den Körper verließen. Als wären sie direkt durch mich zu Jesus aufgestiegen.«

Brook blickte zu dem Gefängnisbeamten, dessen Miene er als *Was haben Sie denn erwartet?* interpretierte.

»Warum sagen Sie das?«

Coulsons Augen wurden bei der Erinnerung groß. »Weil, als ich mich über sie beugte, da stieg diese Hitze von ihnen auf. Sie waren echt tot, aber sie waren heiß. Da wusste ich's. Es waren ihre Seelen, die zum Himmel aufstiegen.« Er zeigte mit einem Finger an die Decke, dann auf den Boden. »Wenn man böse war, geht's runter zum Teufel.«

Brook brauchte einen Moment, bevor er etwas dazu sagen konnte. »Werden Sie dorthin gehen, Luke?«

Er senkte den Kopf, als würde er gleich losheulen. »Schon.«

»Was haben Sie zu Reardon gesagt, als Sie sie geküsst haben?«

Er blickte an die Decke und versuchte sich zu erinnern. »Ich bat sie, mir zu vergeben.«

Nach langem Schweigen schaltete Brook das Aufnahmegerät aus und schob seinen Stuhl zurück. »Genießen Sie die restliche Schokolade, Luke.«

»Haben Sie Reardon echt heute Morgen gesehen?«, fragte Coulson, bevor Brook den Raum verlassen konnte.

»Ja.«

»Ist sie immer noch so schön?«

Brook zögerte, da er eine letzte Gelegenheit witterte. »Die Angst hat sie verändert. Angst vor ihrem Bruder, dass er zurückkommt und seinen Job zu Ende bringt.«

»Das passiert nicht«, sagte Coulson und schüttelte den Kopf. »Er kommt nicht zurück. Wenn Sie sie sehen, sagen Sie ihr, sie braucht keine Angst zu haben. Sagen Sie ihr, sie ist in Sicherheit.«

Brook wartete in dem geräumigen Flur des Isolationsblocks, während der Gefängniswärter Coulson wieder in seine Zelle sperrte. Er sah sich um, und sein Blick fiel auf die am weitesten entfernte Metalltür. Die Beobachtungsklappe stand offen, und zwei kalte, schwarze Augen starrten zurück.

»Sie haben meinen Brief also gelesen«, schrie Mullen unheilvoll hinter seiner Tür. Seine Stimme klang tiefer, seit Brook das letzte Mal in seiner Gegenwart gewesen war. Jetzt wirkte sie sonor, dröhnend. Vielleicht war dafür die Akustik verantwortlich. »Und doch versuchen Sie, uns aus dem Weg zu gehen, dabei haben wir so lange auf Sie gewartet.« Er drehte sich zu seiner Zelle um. »Nicht wahr, Kinder?« Der Gefängnisbeamte kam zurück, und Brook war froh zu sehen, dass er den Schlüsselbund bereits gezückt hatte. »Wollen Sie nicht Ihre toten Gefährten mit meinen bekannt machen?«, rief Mullen und kicherte. »Was für eine Geschichte sie wohl zu erzählen haben. Eines Tages werden wir Nachbarn sein.« Seine Stimme hallte von den weiß getünchten Wänden wider.

Als die Tür zum Block endlich aufgeschlossen war, schob sich Brook an dem Beamten vorbei in den kühlen Korridor dahinter, der von schwachen Glühbirnen nur unzureichend beleuchtet war. Er marschierte eilig auf den Ausgang zu, der knapp hundert Meter entfernt war. Sein Blutdruck beruhigte sich, je weiter er sich vom Isolationsblock entfernte.

»Ich bringe Sie zur Schleuse.« Er drehte sich um und sah Dr. Marshall, der hinter ihm aufgetaucht war. »Übrigens, wie haben Sie das geschafft?«

»Was denn?«

»Mein Mitarbeiter sagt, Coulson hat gesungen wie ein Vögelchen.«

»Er hat mir im Grunde nichts gesagt, was ich nicht schon wusste«, sagte Brook.

»Aber zumindest hat er geredet. Und es kann nicht nur an den Marsriegeln gelegen haben. Sie müssen wissen, mein Personal hat nicht die Zeit oder die Ressourcen, um so tief in der Psyche all meiner Insassen zu graben.«

Brook lächelte, um ihn zu beruhigen. »Ich war im Vorteil, Doktor. Das weiß ich.«

»Waren Sie. Trotzdem ist mir aufgefallen, dass Sie Coulson absolut korrekt behandelt haben. Ich freue mich schon auf das Gesprächsprotokoll.« Brook sah ihn fragend an. »Wir haben auch alles aufgezeichnet. Aus klinischen Gründen, verstehen Sie.«

»Und Sie haben es nicht erwähnt, falls es mich hemmt.«

»Sie haben eine gute Grundausbildung in Psychologie, Inspector. Sie haben Coulson nicht verurteilt und ihn nicht herablassend behandelt.«

»Das ist die einzige Möglichkeit, wie man das Monster aus dem Innern hervorlocken kann, damit es redet.«

»Mullen hingegen brauchte keine zweite Einladung, ist mir aufgefallen«, sagte Marshall.

»Wir pflegen eine besondere Beziehung«, gab Brook zurück.

»Der Portwein verrät mir das«, erwiderte Marshall. »Natürlich wissen Sie, was er über Sie zu sagen hat? Dass Sie vor vielen Jahren einen Mann namens Floyd Wrigley ermordet haben. Einen Mann, der eine junge Frau vergewaltigt und ermordet hat, behauptet Mullen.«

Brooks lief es eiskalt den Rücken hinunter, und er hörte kaum seine eigenen Worte. »Floyd Wrigley und seine Familie starben durch die Hand des Schlitzers. Das steht alles in der Akte.«

Marshall lächelte. »Verzeihen Sie. Natürlich beschuldigen Mörder den, der sie gefangen genommen hat.«

»Das kommt davon, wenn man verrückt ist.«

»Und doch war Mullen klar genug, um jahrelang in der Gesellschaft zu funktionieren, während er seine Opfer sammelte.«

»Das waren die einzigen Gelegenheiten, dass er sich außer Haus wagte«, sagte Brook. »Und er hatte große Hilfe, als es darum ging, sich der Festnahme zu entziehen, vergessen Sie das nicht.«

»Trotzdem ein sehr faszinierender Fall, dieser Schlitzer. Ein desinteressierter Serienmörder ist so selten.«

»Desinteressiert?«

»Die Opfer waren für ihn Fremde. Sie starben rasch, und der

Schlitzer schien wenig Vergnügen oder Nutzen aus ihrem Tod zu ziehen, sei es sexuell oder anderweitig. Sehr ungewöhnlich.«

»Sie klingen, als hätten Sie etwas Recherche betrieben.«

»Ein bisschen Hintergrundrecherche vielleicht.«

»Brian Burtons Buch?«

Marshall erlaubte sich ein kurzes Auflachen. »Ich habe es quergelesen, aber ich ziehe harte Fakten einem Sensationsjournalismus vor, wie ihn dieser schäbige Schmierfink mit seinem albernen Groll verbreitet – vor allem, wenn er sich gegen Sie richtet, Inspector.«

»Dann teilen wir eine Auffassung, Doktor.«

»Ich würde gerne mehr mit Ihnen teilen, Brook. Ich habe alles, was ich über den Schlitzer finden konnte, studiert, und ich beabsichtige, einen Aufsatz über das Thema zu schreiben.«

»Tun Sie das?«

»Nun, und da Sie leitender Ermittler in London und der SIO hier in Derby waren, würde ich Sie gerne dazu ausfragen.«

Brook zögerte. »Ich kann einen offenen Fall nicht diskutieren.«

»Sie glauben doch nicht wirklich, dass er noch offen ist, oder, Inspector?«

Brook war erstaunt. »Warum sollte ich nicht? Er ist ungelöst.«

»Aber meine Quellen bei der Met sagen mir, Ihr Hauptverdächtiger, ein skandinavischer Industrieller, sei vor ein paar Jahren gestorben.«

Brook versuchte, dem bohrenden Blick des Gefängnisdirektors standzuhalten. »Sie sind gut informiert, Doktor.« Marshall nahm diese Anerkennung mit einem Kopfnicken an. »Und er war allein *mein* Hauptverdächtiger, nicht der von sonst jemandem. Aber Sie vergessen, dass der Schlitzer eine Familie in Derby ermordet hat, nachdem dieser Verdächtige gestorben war.«

Marshall lächelte. »Ach ja. Wie nachlässig von mir.«

Fry bibberte über dem kleinen Campingkocher und legte die Hände über die blaue Flamme, die half, die Kälte und Feuchtigkeit aus der Garage zu vertreiben. Als seine Hände wärmer waren, machte er sich daran, seine Habseligkeiten zu packen. Sein leichtes Tarnzelt und der Schlafsack steckten bereits im Rucksack, darum befüllte er nun die Seitentaschen und fing mit der aufgerollten Plastiktasche an, die seine Auswahl deutscher Jagdmesser enthielt. Schließlich packte er Konservendosen mit Irish Stew in jede verbliebene Lücke, die er fand.

Er trank den Becher schwarzen Tee aus, wechselte die Kartusche seines kleinen Kochers, und nachdem er diesen sorgfältig in der oberen Tasche verstaut hatte, band er den Rucksack auf den Gepäckträger seines alten Norton-Motorrads, dann kniete er sich hin und untersuchte den kleinen, schwarzen Fleck unter dem Motor. »Du wirst schon noch durchhalten müssen, Graham.«

Er schob den Riegel der Doppeltür zurück und zog die Kette heraus, spähte in die kalte Nachtluft, bevor er sich noch einmal umdrehte und auf das Durcheinander aus fleckigen Schutzlaken blickte, die sich auf einem dreckigen, alten Sessel türmten. Nach kurzem Zögern bückte er sich, zog eine kleine Kiste unter den Laken hervor und öffnete sie.

Einen Moment lang starrte er auf die Glock. Dann nahm er sie zur Hand, öffnete das Magazin, und nachdem er festgestellt hatte, dass es voll war, rammte er es wieder in den Griff und vergewisserte sich, dass der Sicherheitshahn gespannt war.

Er ließ die Schusswaffe in eine Tasche seiner Bomberjacke gleiten, schob das Vorderrad der Norton gegen die Tür, um sie aufzudrücken, und rollte das Motorrad in die Nacht hinaus. Er hob die Kette auf und fädelte sie durch beide Griffe, dann hängte er das Schloss ein.

Die Straße war kalt und dunkel in diesem postindustriellen Streifen der Stadt. Wenn die Straßenbeleuchtung überhaupt funktionierte, war sie blass und erfüllte kaum ihren Zweck, und selbst die vereinzelten Sexarbeiter waren in so einer abweisenden Winternacht woanders.

Fry schwang das Bein über das Motorrad, trat den Kickstart durch, und der Motor röhrte in der Dunkelheit auf.

Nach diesem vollen Tag versuchte Brook, auf der langen Fahrt zurück nach Hartington abzuschalten. Es half ihm, dass der Berufsverkehr schon nachgelassen hatte und er auf der M1 schnell vorankam. Aber sobald er Richtung Chesterfield abfuhr, musste er seine Grübeleien beiseiteschieben und sich auf die dunklen, gewundenen Landstraßen konzentrieren, die vom Winterregen glitschig waren. Kurz nachdem er das Dörfchen Rowsley hinter sich gelassen hatte, vibrierte sein Handy, und für den Fall, dass es Terri war, fuhr er in die nächstgelegene Haltebucht und nahm den Anruf an.

»Wo sind Sie?«, fragte Noble.

»Im Auto.«

»Ist Terri bei Ihnen?«

Brook zögerte. »Ja, wir sind gerade unterwegs zum Essen.«

»Toll. Ich würde gern Hallo sagen.«

»Sie ist gerade noch mal ins Cottage und holt ihre Zigaretten.«

Am anderen Ende war es kurz still. »Okay, bestellen Sie Grüße von mir.«

»Mach ich. Gibt's was Dringendes?«

»Nicht, wenn Sie gerade wegwollen.«

»Irgendeine Spur von Fry?«

»Nichts.«

»Ich komme morgen früh, um mich auf den neuesten Stand zu bringen.«

»Dann bis morgen.«

Noble warf sein Handy auf den Beifahrersitz, dann stieg er aus dem Wagen. Er ging den gepflasterten Weg zu Brooks Cottage hoch, eine Flasche Rotwein in der Hand. Er öffnete die Verandatür des dunklen Gebäudes. Dort stellte er die Weinflasche auf ein Regal und lehnte die Karte für Terri dagegen, bevor er nachdenklich zurück zu seinem Wagen lief.

18

Freitag, 4. November

Um sechs Uhr am nächsten Morgen durchquerte Brook den Empfangsbereich im Revier St Mary's Wharf, und ein boshaftes Grinsen von Sergeant Hendrickson begrüßte ihn; noch so einer von Ex-DI Fords alten Freunden im Revier, der hinter dem polierten Holztresen stand.

»Inspector«, sagte Hendrickson mit höhnischem Lächeln.

»Sergeant«, gab Brook durch kaum geöffneten Mund zurück. Es überraschte ihn, wieder das Ziel der arglistigen Aufmerksamkeit dieses Mannes zu sein, nachdem sie vor ein paar Jahren heftig aneinandergeraten waren und Hendrickson deshalb gerügt worden war. Er hatte Brook in Gegenwart des Chief Superintendent beschimpft, und Charlton mochte manch anderen Fehler haben, aber sein unerschütterliches Vertrauen in die Befehlskette hieß in diesem Fall, dass Hendricksons Akt der Insubordination rigoros geahndet wurde. Tatsächlich war er nur um Haaresbreite einem Rausschmiss entkommen, und von diesem Tag an hatte er Brook bei ihren Begegnungen mit Samthandschuhen angefasst. Aber heute hatte sich offenbar etwas geändert.

Als Brook um die Ecke verschwand, nahm Hendrickson den Telefonhörer und drückte eine Taste. »Er ist da.«

Brook öffnete die Tür zu seinem Büro und stellte Notebook und Thermoskanne auf den Tisch. Noble blickte nicht von dem Bericht auf, den er las, also schenkte Brook sich Tee ein, während er sich seine Worte zurechtlegte.

»Danke für den Wein, John.«

Noble schaute nicht auf. »Kein Problem.«

»Und die Karte.«

»Hat sie ihr gefallen?«

Brook wartete, dass Noble nachgab. Das tat er nicht. »Terri ist vorgestern wieder gefahren, aber ich vermute, das haben Sie schon herausgefunden.«

Noble blickte auf. »Ich wusste, dass Sie vermutlich nicht mit zwei Wagen zum Essen fahren würden. Vor zwei Tagen, sagten Sie?«

»Ich hätte es Ihnen erzählen sollen.«

»Sie brauchen mir gar nichts zu erzählen«, sagte Noble. »Sie hatten bis vor drei Tagen eine Woche Urlaub, und dank Charlton wurden Sie gegen Ihren Willen in Fords Ermittlung reingezogen. Und ich habe mitgespielt, einfach weil ich nicht mit Ford zusammenarbeiten wollte. Ich nehme also auch einen Teil der Schuld auf meine Kappe.«

»John ...«

»Tatsächlich haben Sie auch jetzt noch Urlaub. Gehen Sie nach Hause, wenn Sie wollen. Sie und Terri haben offenbar Probleme, und wenn Sie die in Ordnung bringen wollen, gebe ich Ihnen bis Montag Deckung.«

»Ich wünschte, es wäre so einfach, John.«

»Wie meinen Sie das?«

»Je weniger ich Ihnen erzähle, umso weniger müssen Sie lügen, wenn das Sprichwörtliche am Dampfen ist.«

»Wovon reden Sie? Wo steckt sie?«

»Ich weiß es nicht. Wir haben nicht mehr gesprochen.« Brook zögerte. »Sie hat das Gesetz gebrochen.«

»Terri hat das Gesetz gebrochen? Wie das?«

»Das kann ich Ihnen nicht sagen. Überflüssig zu erwähnen, dass es meine Schuld ist.«

»Das bezweifle ich nicht«, schnaubte Noble. »So oft, wie Sie das Recht beugen, liegt's dem armen Mädchen im Blut.«

»Das ist nicht lustig, John.«

»Ich mache keine Witze.«

»John ...«

»Was hat sie angestellt?«, fragte Noble.

»Keine Sorge, es wurde niemand verletzt.«

»Dann erzählen Sie es mir.«

Brook sank schwerfällig auf seinen Stuhl und nahm einen Schluck Tee. »Black Oak Farm.«

Noble runzelte die Stirn. »Der Dreifachmord letztes Jahr in Findern. Fords Fall«, fügte er hinzu, nachdem Brook zur Bestätigung nickte. »Was ist damit?«

»Das versuche ich ja herauszufinden. Vor drei Tagen bekam ich einen Brief von Mullen.«

»Edward Mullen, Serienmörder?« Brook senkte zur Bestätigung nur den Blick. »Was ist mit ihm?«

»Sie wissen, dass wir Schach spielen.«

Noble runzelte die Stirn. »Immer noch? Ich habe es Ihnen doch gesagt. Beenden Sie das. Sie schulden ihm nichts.«

»Ich habe ihm mein Wort gegeben, John.«

»Erzählen Sie einfach«, sagte Noble und seufzte.

»Vor drei Tagen schickte er seinen üblichen Umschlag mit den nächsten Zügen. Aber dieses Mal befand sich auch ein Brief über Luke Coulson darin.«

»Luke Coulson?«

»Er sitzt lebenslang wegen der Morde auf der Black Oak Farm.«

»Ich weiß. Was ist mit ihm?«

»In dem Brief behauptet Mullen, Coulson sei unschuldig.«

Noble erstarrte kurz. »Sie haben das nicht wirklich ernst genommen, oder?«

»Halten Sie mir das zugute.«

»Woher weiß Mullen überhaupt irgendwas über Coulson?«

»Sie sitzen im selben Block im Wakefield-Gefängnis ein.«

»Im Monster Mansion?« Noble dachte darüber nach. »Drei Tage her. Das war der Tag, an dem ich Sie zum Gibson-Mord gerufen habe.«

»Ich habe den Brief auf meinem Schreibtisch gelassen, und als ich nach Hause kam, hatte Terri ihn gelesen und fing an, mich darüber auszufragen.«

»Was stand darin?«

»Nur, dass Luke Coulson bei zwei der drei Morde auf der Black Oak Farm unschuldig sei.«

»Und das basiert worauf?«, hakte Noble nach. Als Brook keine

Antwort gab, kam Noble zu seinem eigenen Schluss und schüttelte den Kopf. »Auf Mullens verrückter Behauptung, er könne die Toten sehen. Was haben Sie Terri erzählt?«

»Dass er verrückt ist und sie es vergessen soll.«

»Aber das hat sie nicht.«

»Offensichtlich nicht. Der Abend war dann recht angespannt. Am nächsten Morgen, als ich mich rausschlich und ins Revier fuhr, hat sie ihre Sachen gepackt. Was ich erst später bemerkte, war, dass sie sich in das Polizeinetzwerk eingeloggt und alles aus der Akte über die Black Oak Farm ausgedruckt hatte.«

»Wie hat sie das geschafft?« Brook sah weg, und Noble verschränkte missbilligend die Arme. »Erzählen Sie es mir nicht. Sie schreiben alle Ihre Passwörter auf und verwahren sie dort, wo man sie finden kann.«

»Etwas in der Art.«

»Vollgekritzelte Post-its am Monitor?«

»So ähnlich«, sagte Brook leise. »Das bleibt unter uns, John. Wenn wir deshalb unter Beschuss geraten, nehme ich das auf meine Kappe. Es ist schließlich mein Profil in der Akte.«

»Das erklärt immer noch nicht ihr Interesse an der Black Oak Farm.«

»Stimmt«, pflichtete Brook ihm bei. »Aber es gibt eine mögliche Verbindung. Das Mädchen, das überfallen wurde – Reardon Thorogood ...«

Noble zerbrach sich den Kopf. »Die Tochter?«

»Sie war mit Terri in Manchester an der Uni.«

»Und Sie glauben, sie hat Terri gebeten, mal einen Blick darauf zu werfen, wo wir stehen?«

»Das schließe ich nicht aus.«

»Sie sagen, Sie haben nicht mehr mit Terri gesprochen.«

»Ihr Handy ist ausgeschaltet«, sagte Brook.

»Sie können sie zu Hause nicht erreichen?«

»Das ist die andere Sache. Sie ist aus ihrer Wohnung in Manchester ausgezogen. Schon vor Monaten. Mit allem Drum und Dran. Ohne es mit einem Wort zu erwähnen.«

Noble klang zögerlich. »Haben Sie mit ihrer Mutter gesprochen?«

»Dazu hatte ich noch keine Gelegenheit.«

»Warum nicht?« Brook antwortete nicht. »Warum nicht?«, beharrte Noble. »Sie hatten doch zumindest die Nachmittage frei.«

Brooks Antwort war kaum hörbar. »In Wirklichkeit waren die nicht frei. Ich habe im Black-Oak-Farm-Fall neue Ermittlungen angestellt.«

»Oh Gott.« Noble starrte ihn an, bevor er nach einer Rechtfertigung suchte. »Ich vermute, wenn Sie nur ein paar Akten gelesen haben ...«

»Ich habe gestern Nachmittag mit Reardon Thorogood gesprochen.«

Nobles Miene war erschöpft. »Großartig. Das ist alles?«

»Danach bin ich nach Wakefield gefahren und habe Coulson befragt.«

Noble war außer sich. »Sie sind ins Monster Mansion gefahren? Ich glaub es nicht.«

»Ich kam gestern Abend gerade nach Hause, als Sie anriefen.«

»Haben Sie irgendwas Neues erfahren?«, fragte Noble sarkastisch.

»Genug, um zu wissen, dass es unbeantwortete Fragen gibt.«

»Natürlich gibt es die«, spottete Noble. »Coulson hat keine Aussage gemacht und sich nicht verteidigt, wenn ich mich richtig erinnere. Das bedeutet nicht, dass er nicht schuldig ist wie sonst was.«

Brook blieb stumm. »Wie wird das aussehen, wenn Sie einen abgeschlossenen Fall aufgrund des Geredes eines geistesgestörten Serienmörders neu aufrollen?«

»Schlimm«, räumte Brook ein. »Aber irgendwas stimmt daran nicht. Etwas fehlt.«

»Sie meinen den Bruder.«

»Unter anderem.«

»Und Sie glauben, Coulson ist unschuldig.«

»Nein, das ist es ja«, erwiderte Brook. »Er ist ein Mörder und gehört ins Gefängnis, keine Frage. Aber irgendwas nagt an mir.«

»Und wenn Charlton das herausfindet?«

»Ich vermute, das hat er bereits. Hendrickson hat mich vorhin am Empfang herablassend behandelt. Das hat er schon eine ganze Weile nicht gemacht.«

»Sie glauben, Hendrickson weiß Bescheid.«

»Ich denke schon. Er schien sich sehr zu freuen, mich zu sehen.«

»Sie sind paranoid. Charlton wird das alte Fossil wohl kaum einweihen, und überhaupt, wie konnte der Chief das so schnell herausfinden?«

»Der Gefängnisdirektor von Wakefield ist ein alter Freund von Frank«, sagte Brook. »Er hat versprochen, ihn anzurufen, um ihm eine schöne Pensionierung zu wünschen.«

»Das wird's gewesen sein. Sie glauben, nach der Nummer sind Sie erledigt?«

»Ich mache mir um Charlton keine Sorgen. Er wird ziemlich inkompetent aussehen, wenn er den Mann vor die Tür setzt, der übernommen hat, nachdem er einen anderen DI suspendiert hat.«

»Das heißt nicht, dass er Sie nicht mit Beschuldigungen überhäuft.«

Das Telefon klingelte. Nach kurzem Blick auf seine Uhr nahm Noble ab. Er lauschte, bevor er den Blick hob.

»Ja, er ist hier, Sir«, sagte er und sah Brook an. »Wir kommen sofort.« Er legte auf. »Er will uns sehen.« Er stand auf und zog sein Jackett an.

»Es gibt hier kein wir, John«, sagte Brook. »Er will mich, nicht Sie.«

»Versuchen Sie's gar nicht erst«, erwiderte Noble und hielt ihm die Tür auf.

Vor Chief Superintendent Charltons Büro hielt Brook Noble zurück. »John, ich kriege das allein hin.«

»Vergessen Sie's«, funkelte Noble ihn an. »Es ist meine Schuld, dass Sie nicht mit hochgelegten Füßen zu Hause sitzen.«

Brook bekam ein Lächeln zustande. »Stellen Sie sich wirklich so meinen Urlaub vor?«

»Nun ja …«

Die Tür ging auf, und DC Cooper erschien. Er blickte Brook entschuldigend an und verschwand in Richtung Einsatzzentrale.

»Kommen Sie rein«, sagte Charlton. Seine Stimme war leise, moduliert und verströmte die Autorität seines Rangs. Brook trat ein, dicht gefolgt von Noble. »Sie müssen nicht hier sein, Sergeant.«

»Bei allem Respekt, Sir, ich denke, das muss ich.«

Charlton zögerte. »Also gut. Setzen Sie sich.«

Brook und Noble hielten inne, als sie DS Caskey auf dem Stuhl neben Charltons Schreibtisch sahen. Sie blickte Richtung Besucherstühle und vermied den Augenkontakt.

»Ich vermute, Sie wissen, warum ich Sie hergebeten habe, Brook«, sagte Charlton.

»Eine neue Initiative, Sir? Die Altmetall-Razzia war eine Meisterleistung.«

Charlton sah ihn böse an und widerstand der Versuchung einer Ermahnung. »Es ist mir zu Ohren gekommen, dass Sie Ihre Zeit damit zubringen, in einem der alten Fälle von DI Ford und DS Caskey neu zu ermitteln. Ein Fall, der vor über einem Jahr abgeschlossen und sechs Monate später vor Gericht verhandelt wurde.«

»Sie meinen die Black Oak Farm«, antwortete Brook. Caskeys Kopf ruckte bei dem Eingeständnis hoch, und sie blickte zu Charlton, bevor sie weiter ihre Knie betrachtete.

»Ich danke Ihnen für Ihre Offenheit. Wenigstens das«, sagte Charlton.

Brook warf Caskey einen Blick zu. »Wie haben Sie Kenntnis von meinen Ermittlungen bekommen, Sir?«

»Wir haben Meldungen über einen Herumtreiber auf dem Hof«, erklärte Charlton. »Und da es eine wohlhabende Gegend ist, hat ein Spaziergänger, der mit seinem Hund unterwegs war, Ihr Autokennzeichen notiert und es uns gemeldet.«

»Ein Herumtreiber?«, fragte Brook. »Ich habe einen Tatort besichtigt.«

»Mitten in der Nacht?«, hakte Caskey nach. Behutsam, aber beharrlich. Sie mied geschickt die direkte Konfrontation, die Ford sicher gesucht hätte.

Brook lächelte. »Zeitdruck, Sergeant. Da meine Einheit überlastet ist, bin ich frühmorgens dorthin gefahren, ja. Aber es ist Spätherbst, darum war es natürlich noch dunkel.«

»Sie geben es also zu«, sagte Caskey.

»Würde es denn was bringen, wenn ich leugne?«, fragte Brook.

»Nein. Wir haben selbst ein paar Erkundigungen eingezogen«, fuhr Charlton fort. »Und wir haben mit der Unterstützung von DC Cooper festgestellt, dass Sie auf die Berichte und Akten über die Black Oak Farm in der Datenbank zugegriffen haben.«

»Das ist korrekt«, strahlte Brook mit so viel Angeberei, wie er zustande brachte. »DC Cooper hat auf meinen direkten Befehl gehandelt.«

»Sagen Sie«, sagte Charlton.

Brooks Grinsen wurde breiter. »Sonst noch etwas, Sir? Oder haben Sie Fragen?«

Caskey kniff den Mund zusammen, doch sie blieb stumm und wandte sich abwartend Charlton zu.

»Fangen wir damit an, was zum Teufel Sie sich dabei denken, was Sie da treiben«, sagte Charlton leise. »Ganz abgesehen vom ernsthaften Verstoß gegen die Etikette, den Sie begangen haben. Haben Sie nicht genug am Hals, auch ohne dass Sie durch die Landschaft gondeln und eine uralte Geschichte ausgraben? Die uralte Geschichte eines Kollegen, wie ich hinzufügen möchte.«

Brooks Miene drückte Verwirrung aus. »Uralte Geschichte? Tut mir leid, Sir. Aber ich dachte, nach DI Fords Pensionierung wollten Sie mich für den Fall haben.«

»Ich habe Ihnen nicht die Erlaubnis erteilt, sich den Black-Oak-Farm-Fall anzusehen«, knurrte Charlton. »Die Ermittlung ist abgeschlossen. Eine Verurteilung wurde erreicht.«

»Dessen bin ich mir bewusst, Sir. Aber ich habe mir das nur angesehen wegen der Ähnlichkeiten mit Breadsall und Boulton Moor.«

Das brachte Charlton und Caskey zunächst zum Schweigen. Aus dem Augenwinkel bemerkte Brook Nobles verwirrte Miene.

»Welche Ähnlichkeiten?«, fragte Caskey, die zuerst ihre Stimme wiederfand.

»Die Tatsache, dass ein verheiratetes Paar in seinem eigenen Heim ermordet wurde und Arm in Arm starb.«

»Aber auf die Thorogoods wurde mehrmals eingestochen, sie wurden nicht gefesselt und erschossen«, sagte Caskey.

»Ich habe nicht gesagt, es gebe keine Unterschiede«, sagte Brook.

»DI Ford und DS Caskey haben den Mörder festgesetzt …«, konterte Charlton und wedelte mit der Hand in Caskeys Richtung.

»Luke Coulson«, sprang sie ihm bei.

»Coulson«, bestätigte Charlton. »Es ging vor Gericht, und er sitzt eine lebenslange Haftstrafe ab.«

»Das ist mir bewusst«, sagte Brook.

»Worauf zum Teufel spielen Sie dann an?«, knurrte Charlton.

»Korrigieren Sie mich, wenn ich falschliege, aber gibt es nicht einen offenen Haftbefehl gegen Ray Thorogood?«

Caskey starrte ihn ungläubig an. »Sie glauben, Ray Thorogood könnte für Breadsall und Boulton Moor verantwortlich sein?«

»Ich habe keine Ahnung«, sagte Brook und streckte die Arme aus. »Ich habe nur DI Fords Fälle übernommen.«

Charlton und Caskey waren einen Moment lang still, ehe Charlton seine Stimme wiederfand. »Warum haben Sie nicht daran gedacht, diese Fragen mit DI Ford oder DS Caskey zu klären? Oder, besser noch, mit mir?«

»Das könnte mein Fehler sein, Sir«, meldete sich Noble zu Wort. Köpfe wandten sich ihm zu, auch der von Brook.

»Ich höre«, bellte Charlton.

»Nun, als ich mit Ihnen darüber sprach, dass DI Brook die Gibson-Ermittlung übernimmt, schlug ich vor, dass wir völlig freie Hand brauchen, um unsere eigenen Theorien zu dem Verbrechen zu entwickeln.«

»Freie Hand«, wiederholte Charlton leise. Er sah, wie der Tag der Abrechnung näher rückte.

»Jawohl, Sir.« Noble machte eine Pause, damit seine Worte sich setzen konnten. »Und wenn ich mich recht erinnere, haben Sie zugestimmt.«

Mit zusammengekniffenen Lippen blickte Charlton zur mürrischen Caskey, dann zu Brook und Noble. Schließlich begann er nach ein paar Sekunden zu nicken. »Ja. Ja, das habe ich.«

»Als DI Brook und ich also bemerkten, welche Ähnlichkeiten zwischen der Black Oak Farm und den letzten Morden bestanden, habe ich ihm Ihre Verfügung in Sachen freie Hand direkt übermittelt. Sir.«

»Natürlich taten Sie das«, stimmte Charlton leise zu. Er dachte einen Moment über das Ergebnis nach und war sich dabei der vollkommenen Niederlage bewusst, die er würde einstecken müssen. Dann wandte er sich an Caskey, die gerade eine andere Frage formulieren wollte. »Beantwortet das Ihre Bedenken, Sergeant?«

Caskey war sprachlos, doch da sich die Aufmerksamkeit nun auf sie richtete, nahm sie ihre Kraft zusammen und brachte ein Nicken zustande.

Brook kam auf die Füße. »Nun, wenn sonst nichts mehr ist, Sir, habe ich eine Ermittlung zu führen.«

Brook, Noble und Caskey verließen gemeinsam Charltons Büro, obwohl Letztere sich Richtung Toiletten entfernte, sobald es angemessen war.

»Könnte unangenehm werden«, sagte Noble und zeigte auf Caskeys sich entfernende Gestalt.

»Gehen Sie schon mal vor, John.«

Noble kniff die Augen zusammen. »Was werden Sie tun?«

»Ich werde den sanften Balsam der Personalführung auftragen.«

»Himmel«, sagte Noble. »Soll ich den Gewerkschaftsvertreter schon mal rufen?«

»Ihr grenzenloses Vertrauen bleibt nicht unbemerkt«, erwiderte Brook und runzelte die Stirn.

Noble wollte schon gehen. Dann blieb er stehen und sah sich um, ob jemand sie hören konnte. »Sie haben nicht allen Ernstes irgendwas von dem Müll über die Black Oak Farm geglaubt, oder?«

Caskey tauchte aus dem Waschraum auf und rieb sich Handcreme in die Handflächen. Sie blieb abrupt stehen, als sie Brook bemerkte, bevor sie weiterging, als wäre er unsichtbar. Brook ging neben ihr her.

»Ich nehme an, Sie sind hier, weil Sie mich von der Gibson-Ermittlung abziehen wollen«, sagte sie und hielt den Blick nach vorne gerichtet.

»Ganz im Gegenteil. Ich wollte Sie für Ihre Loyalität Frank gegenüber loben. Sie haben sich gut für seine Sache eingesetzt.«

»Es ist auch meine Sache.«

»Aber klüger wäre es gewesen, wenn Sie sich nicht in die Klemme gebracht hätten«, sagte Brook. »Ich hasse es, Metaphern zu verwenden, aber Frank hätte in dieser Situation alle Brücken hinter sich abgebrochen. Eine seiner Schwächen.«

»Schwächen?«, wiederholte Caskey. »Und ich nehme an, Sie haben keine.«

»Sie können John nach einer Liste fragen, wenn Sie mögen. Es ist eine interessante Lektüre.«

Caskey blieb stehen und drehte sich zu Brook um. Sie musste ihre Wut bezähmen. »Wissen Sie, Sie sind sehr selbstsicher für jemanden mit …«

Brook hob eine Augenbraue, als sie mitten im Satz verstummte. »Jemanden, der einen Nervenzusammenbruch erlitten hat?«

Ihr Blick ging zum Boden. »Ich … das habe ich nicht gesagt.«

»Aber Sie wollten es sagen«, erwiderte Brook. Caskey leugnete es nicht. »Glauben Sie mir, ich bin weit davon entfernt, selbstsicher zu sein, obwohl eine direkte Konfrontation mit dem Chef immer das Beste in mir zum Vorschein bringt.«

»Eine Ihrer Stärken?«

»Sie sammeln die ja geradezu im Vorbeigehen.«

»Ich habe bereits das Gerede im Revier gehört, Inspector.«

»Nichts Gutes, hoffe ich.«

»Ich werde mir mein eigenes Urteil bilden.«

»Ich bin sicher, Frank hat Sie in dem Glauben gelassen, ich wäre unverbesserlich, doch ich hoffe, das bin ich nicht.«

»Nicht so schlimm wie die schlechteste Meinung und nicht so gut wie die beste?«, äußerte sie behutsam.

»Etwas in der Art.« Brook lächelte. »Gefährliche Sache, das Gerede im Revier. Wenn ich etwas über Sie höre, werde ich bestimmt die Fakten direkt mit Ihnen abgleichen.«

Sie starrte ihn an. »Ich versuche es zu vermeiden, ein Thema zu sein.«

»Damit hatten Sie Erfolg«, sagte Brook. »Sie sind ein leeres Blatt.«

»Weil meine Vergangenheit nur mich etwas angeht.« Ihre Lippen schlossen sich fest um die Worte, und Brook erkannte ihren Schmerz am Beben ihrer Wange.

»Werden Sie Frank erzählen, wie ich über seine Fälle hinwegpflüge?«, fragte Brook.

Sie warf den Kopf nach hinten. »Nein. Aber um seinetwillen und nicht um Ihretwillen.«

»Das ist der bessere Grund«, sagte Brook. »Aber falls er über eine andere Quelle davon erfährt, können Sie ihm von mir ausrichten, dass Coulson ein Mörder ist, so viel ist klar.«

Caskey kniff die Augen zusammen. »Ich bin sicher, er wird dafür sehr dankbar sein, doch ich höre ein *aber* heraus.« Brook widersprach ihr nicht. »Sie haben Fehler in der Fallarbeit gefunden?«

Brook wählte den diplomatischen Weg. »Unterlassungen würde besser passen.«

»Unterlassungen?«, wiederholte sie schmallippig. »Wir haben einen Mörder festgenommen, dessen Mittäter entweder tot waren oder auf der Flucht sind. Es gab nicht viel, was wir noch hätten tun können.«

»Aber es gab Fragen, die nicht vollständig geklärt wurden. Wenn sie überhaupt gestellt wurden.«

Caskey verschränkte die Arme. »Zum Beispiel?«

»Zum Beispiel, wo Ray Thorogood war, als seine Eltern ermordet wurden?«

»Sie glauben, wir haben uns die Frage nicht gestellt?«

»Das haben Sie vielleicht«, sagte Brook. »Aber haben Sie versucht, eine Antwort zu finden?«

»Soweit wir das feststellen konnten, war Ray Thorogood an jenem Nachmittag nicht auf der Farm. Laut Reardons Aussage war er in der Nacht davor da gewesen und am Morgen weg.«

»Haben Sie nicht in Betracht gezogen, dass er ohne Reardons Wissen dort gewesen sein könnte – vorzugsweise, wenn er nicht gesehen werden wollte?«, fragte Brook.

»Natürlich haben wir das«, fauchte Caskey. »Wir haben es verworfen.«

»Auf welcher Basis?«

»Auf Basis der anderen Beweise. Insbesondere der ziemlich offensichtliche Punkt, dass Ray, wenn er anwesend gewesen wäre, in dem Moment eingegriffen hätte, als sein Plan für Reardon dabei war fehlzuschlagen. Ihr Überleben hat für ihn alles ruiniert. Wenn seine Schwester lebt, kann sie seine Anwesenheit auf dem Hof zu dem Zeitpunkt bestätigen, als das Sicherheitssystem und das Festnetz ausgeschaltet wurden. Wenn er also da war, hätte er eingegriffen und sie getötet. Da dies nicht geschah, lag es nahe, dass er nicht dort gewesen ist.«

»Und woher wusste er dann, dass alles schiefging und er lieber verschwinden sollte?«

Caskey zögerte. »Wir sind nicht sicher. Niemand hat ihn an dem Tag kontaktiert, zumindest nicht mit einem der Telefone, von denen wir wissen.«

»Ich weiß«, sagte Brook. »Jemson bekam gar nicht die Gelegenheit, weil alles gut lief bis zu dem Punkt, als ihm in Reardons Schlafzimmer die Kehle aufgeschlitzt wurde. Coulson hat ihn nicht kontaktiert, einfach aus dem Grund, weil er der Sündenbock und kein Mitverschwörer war, wie die Textnachrichten zwischen JJ und Ray beweisen.«

»Das konnten wir nicht daraus schließen. Coulson könnte einbezogen worden sein …«

»Coulson hatte anfangs nicht die geringste Ahnung von dem Plan. Er behauptet überzeugend, dass er seit Jahren nichts von Ray gesehen oder gehört hat.«

Caskeys Miene verriet, dass sie einen Einwand hatte.

»Das stimmt, Sergeant«, fuhr Brook fort, bevor sie etwas sagen konnte. »Ich habe ihn gefragt.«

»Sie waren in Wakefield?«

»Gestern Abend.«

»Warum?«

»Ich dachte, ich hätte das schon in Charltons Büro erklärt«, sagte Brook. »Wenn ich Fords Fälle übernehme, schaue ich mir an, was ich will.«

»Und Sie haben Coulson dazu gebracht, mit Ihnen zu reden.«

»Eine weitere meiner Stärken.«

»Coulson ist ein verurteilter Mörder«, höhnte Caskey. »Die lügen doch gerne mal.«

»Jeder lügt«, sagte Brook. »Aber das ändert nichts an der Tatsache, dass kein Anruf und keine Nachricht aufgezeichnet wurde, die Luke an eines von Rays bekannten Handys geschickt hat.«

»Ray hatte dann vielleicht ein drittes Handy, von dem wir nichts wissen.«

»Dann würde es eine Aufzeichnung auf einem der Handys am Tatort geben, doch es gab keine ausgehenden Anrufe oder SMS auf irgendeinem Gerät, das irgendeiner Person gehörte, die an diesem Tag auf der Black Oak Farm war – und schon gar nicht, sobald der Überfall erst lief. Nicht von Jemsons Handy, nicht von Coulsons, nicht von Patricia Thorogoods oder dem ihres Mannes. Und das Festnetz wurde vor dem Überfall durchtrennt. Das einzige Handy, bei dem ich es nicht sicher weiß, ist das von Reardon Thorogood.«

»Es wurde während des Überfalls in ihrem Schlafzimmer zerschmettert«, sagte Caskey.

»Und?«, fragte Brook und hob eine Braue.

»Wir haben natürlich den Verlauf geprüft«, sagte Caskey pikiert. »Es wurden keine Anrufe gemacht, keine Nachrichten verschickt, sobald der Überfall im Gange war. Ihre letzte Mitteilung war eine Nachricht an eine Freundin in Derby, und das war eine halbe Stunde vor der Ankunft von Jemson und Coulson. Danach war es unbrauchbar.«

»Und es gab keine herrenlosen Handys auf dem Hof«, sagte Brook.

»Nein. Und wir haben dort alles von oben bis unten durchsucht. Keine Mails oder andere Nachrichten sind in der Zeit verschickt worden, bevor Sie danach fragen. Dass Coulson nicht in den Plan eingeweiht war, haben die Geschworenen nicht berücksichtigt. Falls er ein Prepaidhandy hatte, hätte er Ray warnen und es danach jederzeit auf der M1 loswerden können.«

»Ray hatte also ein drittes Handy, mit dem er nur mit Coulson kommunizierte«, folgerte Brook. »Ich glaube eher nicht.«

»Da Sie so dicke mit Coulson sind, wieso haben Sie ihn das nicht direkt gefragt?«

»Das habe ich. Coulson hat behauptet, er habe nichts von dem geplanten Überfall gewusst, bis er zum Hof kam und Jemson den Hund betäubte. Er hatte Ray seit der Schule nicht mehr gesehen und wusste nichts von seiner Beteiligung, bis Jemson ihm erzählte, von wem er den Grundriss des Hauses bekommen hatte.«

»Wie ich schon sagte, Mörder lügen«, sagte Caskey.

»Wenn das so ist, erzählt er Lügen, die seinen IQ übersteigen.«

»Das kann ich nicht wissen, da ich nie mit ihm gesprochen habe.«

»Dann ist es ja ein Glück, dass ich das Gespräch aufgezeichnet habe.«

»Ich weiß jedenfalls, dass er schlau genug war, sein offizielles Handy auszuschalten, damit er nicht über GPS geortet werden konnte, als er sich auf den Weg nach Dover machte.«

»Und vergaß dann, die Tüte mit seinen blutigen Kleidern zu entsorgen«, sagte Brook. »Das halte ich nicht gerade für schlau. Aber Sie haben recht. Er hat mich angelogen. Etwas hat er verborgen. Etwas sehr Persönliches.«

»Was?«

»Coulson hat Reardon seit Jahren gestalkt.«

»Er war ein Spanner?«, sagte Caskey.

»Er hatte ein Fernglas, mit dem er sie gern beobachtete.«

»Auf dem Hof?«

»Ich glaube schon.«

Caskey war nachdenklich. »Reardon hat das in ihrer Aussage nie erwähnt.«

»Sie hat es vielleicht nicht gewusst«, sagte Brook. »Doch ihr Vater wusste es. Er hat Luke einmal verjagt. Luke sagt, er habe ihn deshalb getötet.« Er atmete tief durch. »Meine Frage nach dem Verbleib von Ray während des Überfalls bleibt.«

»Er war nicht da, sonst hätte er die Sache zu Ende gebracht, als Reardon davonlief«, beharrte Caskey.

Brook lächelte. »Dann habe ich noch eine Frage. Eine, die Sie vermutlich nicht beantworten können, aber wenn Sie rauskriegen, warum ich sie gestellt habe, können Sie entscheiden, ob Sie in meinem Team bleiben wollen oder nicht.«

»Und wenn nicht?«

»Dann werde ich entscheiden.«

Sie dachte einen Moment nach. »Stellen Sie die Frage.«

»Wenn Ray nicht auf dem Hof war, warum war er dann nicht woanders?«

19

»Wie hat er reagiert?«

»Gibson? Normal, denke ich«, sagte Morton. »Er war nicht gerade begeistert, als wir seinen Champagner mitgenommen haben, aber insgesamt war's okay.«

»Sein Partner Trimble war wütender«, sagte Read. »Man sollte denken, bei seiner Vergangenheit weiß er, wie das läuft, aber er kochte vor Wut und bestand darauf, uns bei der Durchsuchung aller Räume zu beobachten.«

»Aber nichts von Interesse gefunden«, sagte Brook. Read schüttelte den Kopf.

»Dave?«

Von der rückwärtigen Seite der abgedunkelten Einsatzzentrale lud Cooper das verschwommene Bild des glatzköpfigen, geheimnisvollen Mannes auf Frazers und Nolans Party auf das Whiteboard.

»Das wird lange dauern, bis wir den Mann gefunden haben«, sagte er. »Alles, was wir über ihn wissen, ist, dass seine Frau tot ist.«

»Und dass er vielleicht Alex oder Ollie heißt«, fügte Noble hinzu.

»Das hilft nicht gerade weiter«, sagte Cooper. »Ich weiß nicht, ob der Verdächtige aus Derbyshire, Nottinghamshire, Staffordshire oder Leicestershire stammt. Wenn wir alle Witwer überprüfen, könnten wir auf Hunderte Verdächtige kommen.«

»Das ist ein Anfang«, sagte Brook. »Das Bild vom Polizeizeichner?«

»McConnell kommt erst heute Nachmittag, wir befinden uns also immer noch im Blindflug.«

»Nehmen Sie ein paar Annahmen zu Hilfe«, sagte Brook. »Beschränken Sie es auf Derbyshire, und gehen Sie nicht weiter als zwei Jahre zurück.«

»Dann beschränken Sie es auf Männer im Alter von fünfunddreißig bis fünfzig und beginnen mit dem Abgleich«, sagte Noble.

Cooper schien gerade noch weitere Einwände formulieren zu wollen, entschied sich dann jedoch dagegen. »Ich werde mein Bestes geben.«

»Wissen wir überhaupt, ob er unser Mann ist? Oder haben wir ein tragfähiges Motiv für ihn?«, fragte Banach. »Ich meine, was ist sein Blickwinkel? Meine Frau ist tot, darum ermorde ich glückliche Paare, damit ich mich besser fühle?«

Die Tür zu dem dunklen Raum ging auf, und Brook drehte sich um in der Erwartung, dass Charlton mal wieder auftauchte. Stattdessen huschte die schmale Gestalt von Rachel Caskey zu einem Stuhl im hinteren Bereich. Ein paar Köpfe drehten sich zu ihr um, nicht alle mit freundlichem Blick, nachdem die Nachricht von ihrer Beschwerde bei Charlton die Runde gemacht hatte.

»Die Musik und der Champagner sprechen eine andere Sprache«, sagte Brook. »Der Mörder ist aufmerksam und fürsorglich. Wenn er einen Groll gegen seine Opfer hegt, hätten wir das den Leichen angesehen.«

»Und er würde sie bestimmt nicht Händchen halten lassen«, sagte Banach.

»Wir sind sicher, dass sie das freiwillig machen?«, fragte Smee.

»Vielleicht hat er nur den Knoten falsch geknüpft.«

»Zweimal in Folge?«, fragte Banach.

»Angie hat recht«, sagte Brook. »Alles geschieht mit Absicht. Besonders die Präsentation. Der erste Blick, den wir auf die Opfer haben, entspricht dem, was wir sehen sollen – es ist der direkte Draht in den Kopf des Mörders.«

»Und es wäre das Einfachste auf der Welt, die Leichen anders zu arrangieren, sobald sie tot sind«, sagte Noble. »Gehen Sie davon aus, das Händchenhalten ist Bestandteil der Inszenierung.«

»Aber warum ist er so fürsorglich, wenn er sie nicht kennt?«, fragte Morton.

»Er kennt sie«, sagte Caskey leise, den Blick auf den Boden gerichtet. Sie war sich immer noch bewusst, dass es viel böses Blut zwischen ihr und den anderen gab. Die Köpfe drehten sich zu ihr um. DS Mortons Miene verriet, dass ihm eine höhnische Bemerkung auf der Zunge lag.

»Woher?«, fragte Brook, bevor es so weit kam.

»Ich denke, es hängt alles mit dem Tod seiner Frau zusammen«, antwortete Caskey. »Und er schert sich gar nicht so sehr um die Opfer. Es ist mehr als das.« Sie suchte nach den richtigen Worten. »Er beneidet sie. Seine Opfer sind Teil einer liebevollen Beziehung. Etwas, das er immer für selbstverständlich hielt. Zum Teil dient das, was er tut, dazu, es zu feiern.«

»Was ist das denn für eine Feier, wenn er sie tötet?«, fragte Smee.

Caskey atmete tief durch. »Es ist sein Geschenk an sie. Er bietet ihnen etwas an, das er nie erleben durfte. Von dem er sich wünscht, er hätte es erlebt.«

»Und was ist das?«

»Eine Reise in die Ewigkeit mit der Liebe seines Lebens.«

Im Raum war es mucksmäuschenstill, während alle erst Caskey und dann einander ansahen. Caskey blickte nicht auf.

»Und wie wählt er sie aus?«, fragte Brook.

Caskey blinzelte. »Die Viktimologie ist merkwürdig. Serienkiller wählen normalerweise ihre Opfer aus derselben sozialen Gruppe, weil ihre Psychopathie dort geformt und geschliffen wird.«

»Und wo begegnet man sowohl wohlhabenden schwulen Berufstätigen als auch älteren, pensionierten Heterosexuellen mit geringem Einkommen?«, wollte Brook wissen.

»Die begegnen sich nie ...«, begann Morton.

»Die Privatanzeigen«, sagte Noble plötzlich.

»Wie bitte?«

Nobles Miene verriet seine Aufregung. »Doktor Petty hat bei der Obduktion etwas gesagt. Sie liest gern die Privatanzeigen im *Derby Telegraph*.«

»Das stimmt«, sagte Banach. »Todesanzeigen und Geburtsanzeigen, aber es gibt auch welche über Hochzeiten, Verlobungen, Nachrichten von einsamen Herzen ... Eine bunte Mischung persönlicher Beziehungen, versammelt an einem Ort.«

»Frazer und Nolan haben ihre Hochzeit im *Telegraph* verkündet«, erklärte Noble. »Petty erinnerte sich daran, weil sie kurz darauf die Obduktion der beiden vornahm.«

»›Für immer vereint. Stephen und Iain‹«, sagte Banach still.

»Für immer vereint«, wiederholte Caskey. »Das ist es. Vielleicht haben die Gibsons eine ähnliche Ankündigung in die Zeitung gesetzt.«

»Damit hätten wir es jeden Monat mit Hunderten potenziellen Opfern zu tun«, meinte Smee entsetzt.

»Setzen Sie die Pressestelle auf den *Telegraph* an, John«, sagte Brook. »Finden Sie heraus, wann Frazer und Nolan in der Zeitung standen. Dann fragen Sie, ob die Gibsons eine ähnliche Ankündigung gemacht haben.«

»Im August vielleicht«, nickte Noble und machte sich eine Notiz. »Da war ihr Hochzeitstag.«

»Gut«, sagte Brook. »Und falls sie es getan haben, werden sie zu Hause eine Kopie aufgehoben haben.«

»Ich werde das mit dem Beamten von der Spurensicherung klären«, sagte Noble.

»Und die Pressestelle soll den *Telegraph* bitten, bis auf Weiteres auf alle Privatanzeigen zu verzichten, besonders die, in denen es um Beziehungen geht – Hochzeiten, Hochzeitstage, Verlobungen. Sie wissen, was ich meine.«

»Damit haben sie vielleicht ein Problem«, sagte Noble. »Das wird sie Geld kosten.«

»Mir kommen gleich die Tränen«, erwiderte Brook und hielt betreten inne, als er für die Bemerkung das ein oder andere schiefe Lächeln erntete. »Schlechte Wortwahl, aber es ist sechs Tage her, seit die Gibsons ermordet wurden, und wenn der Mörder nicht bereits seine nächsten Opfer ausgewählt hat, wird er es aber bald tun.«

»Was, wenn sie nicht einwilligen?«, fragte Caskey, die es endlich schaffte, ihn anzusehen.

»Charlton braucht was Gehaltvolles für seine Pressekonferenz. Wenn der *Telegraph* die Anzeigen nicht zurückhält, werden wir verkünden, wie der Mörder seine Opfer auswählt. Lassen wir die Öffentlichkeit den Druck ausüben.«

»Sie werden Sie dafür lieben«, sagte Noble.

»Und das nach so viel guter Presse, die ich bekommen habe«, witzelte Brook.

»Vielleicht war dieser Kerl bei der Party eher zufällig dort«, sagte Banach und nickte zu dem geheimnisvollen Mann auf dem Whiteboard. »Vielleicht ist unser Mörder den Opfern nicht persönlich begegnet.«

»Wir müssen ihn immer noch irgendwie ausschließen«, sagte Brook.

»Da wären noch ein paar E-Mails«, sagte Cooper und klickte mit seiner Maus. »Ein Techniker von der Ballistik will Sie wegen einer Rekonstruktion bei EMSOU sehen.«

»Wer?«, wollte Brook wissen.

»Donald Crump.«

»Crumpet«, sagte Noble und lächelte. »Habe ihn nicht mehr gesehen, seit er ins Hinterland gezogen ist. Was für eine Rekonstruktion soll das sein?«

»Mehr steht hier nicht. Er will Sie und DI Brook drüben bei EMSOU sehen«, sagte Cooper.

»Wir sollen uns den ganzen Weg nach Nottinghamshire schleppen?«, stöhnte Noble. »Ist hoffentlich wichtig.«

»Das ist wildes Land«, sagte Morton und zwinkerte Noble zu. »Brauchen Sie eine bewaffnete Eskorte?«

»Sie sprachen von mehreren E-Mails«, sagte Brook mit gerunzelter Stirn.

»David Frys Militärakte«, sagte Cooper. »Brauchen wir die immer noch?«

»Er war im Haus der Gibsons und wird vermisst«, sagte Brook.

»Ist ausgeschieden aus der Armee nach unehrenhafter Entlassung«, sagte Cooper und blickte auf seinen Monitor. »Er hat einen Soldaten unter seiner Befehlsgewalt tätlich angegriffen, und der Junge war danach eine Woche im Krankenhaus.«

»Gibt es einen Grund, warum er in Derby auf freiem Fuß ist und nicht im Militärgefängnis in Colchester?«, fragte Noble.

»Das ist alles, was sie mir gegeben haben«, sagte Cooper.

»Interessant«, fand Brook.

»Ihm rutscht also schnell die Faust aus«, argumentierte Banach. »Das Problem daran ist, dass keines unserer Opfer verprügelt wurde.«

»Champagner und Schüsse entsprechen nicht seinem Stil«, bestätigte Brook nachdenklich. »Trotzdem ist er für uns von Interesse, darum ist es vielleicht jetzt an der Zeit, etwas rauszugeben.« Er sah Noble an. »Machen Sie aber deutlich, dass wir ihn zu diesem Zeitpunkt als Zeugen suchen und nicht als Verdächtigen.«

»Ich muss also nicht raus nach Hucknall latschen?«, erkundigte sich Noble.

»Zu gefährlich«, scherzte Brook und sah Caskey an. »Sergeant. Sie kommen mit.«

Auf der M1 war Caskey die Erste, die das unangenehme Schweigen nach ihrem letzten Gespräch brach. »Mein Verhalten vorhin tut mir leid.« Ihre Stimme war zögerlich, als wäre sie es nicht gewohnt, sich zu entschuldigen.

»Vergessen Sie's.«

»Ihre Frage nach Ray Thorogood. Der Gedanke ist mir bisher nicht gekommen. Wenn Ray nicht auf dem Hof war, hätte er die Gelegenheit nutzen können, sich ein Alibi zu verschaffen. Dass man ihn irgendwo sonst sieht.«

»Ihn sieht und sich daran erinnert«, sagte Brook. »Da seine ganze Familie abgeschlachtet werden sollte und Ray dann alles erben würde, brauchte er ein bombensicheres Alibi, um einen Großteil der Verdächtigungen aus dem Weg zu räumen. Man würde meinen, dass man Spuren von ihm überall im Haus finden würde, aber das hätten wir alles übergangen, wenn Reardon gestorben wäre.«

»Und ein Alibi würde all dem vorbeugen«, nickte Caskey.

»Sie haben keine Spur von ihm an oder rings um die Opfer gefunden?«

Caskey blickte ihn von der Seite an. »Nichts rings um die Haupttatorte. Einige Haare und Fingerabdrücke in seinem alten Zimmer und an typischen Stellen wie der Küche. Aber nichts mit Blut oder an den Leichen. Im Sicherheitsraum waren überall seine Fingerabdrücke, aber das beweist nicht, dass er das System runtergefahren hat. Es waren die SMS, die er mit Jemson ausgetauscht hat und die ihn ins Fadenkreuz gerückt haben.«

»Ich habe sie gelesen«, sagte Brook. »Grauenvolle Lektüre.«

»Man würde nicht glauben, dass jemand so kalt die Ermordung seiner eigenen Schwester plant.«

»Unterschätzen Sie nie die Verderbtheit der menschlichen Art, Sergeant. Und Jemson war genauso hartherzig mit seinem Plan, ein Mädchen zu vergewaltigen und zu töten, das er einst angeblich geliebt hat.«

»Sie kann von Glück sagen, dass sie am Leben ist und die Geschichte erzählen kann«, sagte Caskey. Etwas Raues in ihrer Stimme ließ Brook zu ihr blicken. »Ohne ihre Aussage hätten wir Ray nicht am Vorabend am Tatort verorten können.« Große Regentropfen begannen, die Sicht durch die Frontscheibe zu verwischen, und Caskey schaltete den Scheibenwischer ein.

»Wie intensiv haben Sie nach Ray gesucht?«

»Vertrauen Sie mir, sein Foto war noch am selben Abend überall. Und damit meine ich überall. Im nationalen Fernsehen und den Zeitungen. Alle Behörden. Der Fall stand im Fokus der Öffentlichkeit.«

»Aber keine Reaktion.«

»Nicht mal ein Hauch. Jedenfalls nichts, woraus sich mehr ergab. Niemand hat ihn am Tag der Morde gesehen, auch nicht Reardon. Und niemand sah ihn abhauen. Er verschwand ohne Spur, bis er angeblich in Spanien gesichtet wurde, und selbst das ist nicht bestätigt.«

»Seine Finanzen?«, wagte Brook sich vor, obwohl er die Antwort kannte. »Elektronische Zeugen sind sehr viel verlässlicher als die Menschen.«

»Das war meine erste Anlaufstelle«, antwortete Caskey. »Selbes Ergebnis – in der Woche bevor seine Eltern abgeschlachtet wurden, hat er seine Kreditkarten nicht benutzt.«

»Das habe ich in der Akte gelesen«, sagte Brook. »Ich fand es komisch.«

»Ich auch, bis ich herausfand, dass seine Karten in der Woche davor bis ans Limit ausgereizt worden waren«, sagte Caskey.

»Ausgereizt?«

»Er hat mit seinen Karten so viel Geld abgehoben, bis sein Dispo verbraucht war. Eine Vorsichtsmaßnahme, falls der Plan schiefging, haben wir angenommen.«

»Und er machte sich offenbar keine Sorgen, wie verdächtig das aussehen würde, wenn alles wie geplant lief«, erwiderte Brook. »Die Überwachungskameras am Geldautomaten?«

»Er trug einen Schal vor dem Gesicht und einen Hoodie«, antwortete Caskey.

»Merkwürdig«, sagte Brook.

»Was denn?«

»Die Mischung aus detaillierter Vorbereitung und krasser Inkompetenz.«

»Inkompetenz?«

»Er hat Leute wie Jemson und Coulson angeheuert, damit sie seinen Plan ausführen.«

»Jemson war kein Einstein, aber er hatte einen normalen IQ«, erwiderte Caskey.

»Und er hegte einen Groll gegen Reardon.«

»Nicht zu vergessen das Know-how, das Ray benötigte, um das Sicherheitssystem auszuschalten und die Kameraaufzeichnung zu löschen«, sagte Caskey.

»Sie haben den wichtigsten Grund vergessen, weshalb Jemson rekrutiert wurde«, sagte Brook. »Er wusste nicht nur von Lukes heimlicher Leidenschaft für Reardon, er wusste auch, dass der einen guten Grund zum Groll gegenüber Mr Thorogood hatte. Beides machte ihn zum idealen Sündenbock.«

»Ein Sündenbock, der es schaffte, den Spieß umzudrehen.«

»Ich würde ein Leben im Gefängnis nicht gerade als einen umgedrehten Spieß bezeichnen«, sagte Brook.

»Er ist am Leben«, erwiderte Caskey. »Das ist mehr, als Sie von Jemson behaupten können.«

Brook schaute sie von der Seite an. Sein Blick wurde von einem Anhänger gefesselt – der Buchstabe G an einer Silberkette –, der unter ihrer Bluse zu erkennen war. Sie ertappte ihn dabei. »Tut mir leid«, sagte er.

Sie berührte den Buchstaben sanft, als würde sie ihn streicheln, dann schob sie ihn wieder durch die Lücke zwischen den Knöpfen unter die Bluse. Ihr Lächeln konnte den Schmerz nicht verbergen. »Mein verstorbener Partner.« Brook blieb aus Respekt still, doch sie begriff sein Schweigen als Frage. »George.«

»Und er trug einen entsprechenden Anhänger?«

Sie sah Brook an, dann schaute sie weg. »Etwas in der Art.«

»Er muss sehr jung gewesen sein. Als er starb, meine ich.«

Caskey richtete ihre Aufmerksamkeit auf den Verkehr. »So alt wie ich.« Wieder verstand sie sein Schweigen als Frage. »Neunundzwanzig.«

»Darf ich fragen, was passiert ist?«

»Ein Wohnungseinbruch, während ich bei der Arbeit war.«

»Und Sie haben die Leiche gefunden.« Sie nickte unmerklich.
»Das tut mir leid.«

Ihr Blick war auf das dunkle Teerband der A38 geheftet. »Ich bin drüber hinweg«, sagte sie. Die Stimme heiser, was das Gegenteil verhieß. Brook verstand ihre Lüge als Abschluss des Gesprächs. Niemand war *jemals* über den Tod eines geliebten Menschen hinweg, vor allem dann nicht, wenn es ein plötzlicher und gewaltsamer war.

Er zeigte auf die nächste Abzweigung, und Caskey lenkte auf die innere Spur der Umgehung. »Was wollen Sie also machen?«

»Machen?«, fragte Caskey.

»Sie wissen jetzt, warum ich die Frage gestellt habe. Sie können wählen.«

Sie brauchte einen Moment zum Nachdenken. »Ich dachte, das wäre offensichtlich. Ich würde gern weiter bei der Ermittlung mitwirken, bitte.«

»Sie haben die Wette gewonnen, deshalb müssen Sie mich nicht bitten.«

»Und wenn ich nicht gewonnen hätte?«

»Aber das haben Sie«, beharrte Brook.

»Ich wüsste es gern.«

Er dachte kurz nach. »Nach Ihren Erkenntnissen bei der Sitzung brauche ich Sie im Team. Sie sind in den Kopf des Mörders gelangt. Dorthin, wo die Monster leben. Das ist unser Job. Dort müssen wir sein, wenn wir ihn aufhalten wollen.«

Sie sah ihn forschend an, etwas Spöttisches umspielte ihre Lippen. »Wo die Monster leben?«

»Ein kleiner Ausflug, den ich von Zeit zu Zeit mache.« Caskey war still, doch er konnte sehen, wie die Fragen zu seiner Vergangenheit hochkamen. »Sie können fragen.«

»Ich kenne die meisten Details von DI Ford.«

»Ich bin sicher, er war sehr mitfühlend«, sagte Brook grinsend.

Caskey lächelte knapp. »Er war nicht Ihr größter Fan. Aber ich bin nicht so naiv, dass ich eine Einzelmeinung übernehmen würde. Und so, wie ich das sehe, ist Sergeant Noble Ihnen loyal ergeben.«

Brook lächelte. »Manchmal zu sehr. Er hat mir sehr geholfen. Als ich damals nach Derby kam …«

»Sie müssen mir das nicht erzählen«, sagte Caskey. »Ich weiß, warum man persönliche Dinge dort belässt, wo sie hingehören.«

»Das weiß ich«, sagte Brook. »Aber Sie müssen wissen, was passiert ist.«

»Warum?«

»Weil ich Ihr vorgesetzter Kollege bin, und irgendwann in der Zukunft muss ich vielleicht einen Befehl erteilen, der Sie in Gefahr bringt.«

»Und?«

»Und das wird nicht funktionieren, wenn Sie mir nicht völlig vertrauen.«

Caskey zuckte mit den Schultern. »Ich höre.«

»Es ist schon lange her. Ich war jung und habe einen Fehler gemacht. Habe mich zu sehr von einem Fall vereinnahmen lassen. Ein Fall, der mich die Ehe und fast den Verstand gekostet hat.«

»Die Schlitzer-Morde«, sagte Caskey. Brook ließ sein Schweigen als Bestätigung wirken. »War er Ihr erstes Monster?«

»Das ist etwas, das ich immer noch herauszufinden versuche«, antwortete Brook mit einem Lächeln. »Aber er war die schlauste Beute, die ich bisher gejagt habe, und er hat mich offen und ehrlich besiegt. Ich wurde ausgetrickst und ausmanövriert.«

»Klingt hart.«

»Es gab einen Trost«, sagte Brook. »Ich habe eine Menge über das Böse gelernt und noch mehr über mich selbst.«

»Zum Beispiel?«

»Dass es wichtig ist zu wissen, wo die Monster sind, Sergeant.« Brook wandte sich ihr zu. »Aber Sie würden dort nicht leben wollen.«

Ein paar Minuten Stille folgten. Brook konzentrierte sich darauf, Caskey durch weitere Kreisverkehre zu dirigieren.

»Kann ich Sie was fragen?«, sagte sie.

»Ich sehe, wie Sie versuchen, sich ins Team zu integrieren.«

Sie lächelte. »Ich habe gehört, es sei unmöglich, Sie zu verärgern.«

»Darüber weiß ich nichts, aber Sie können frei sprechen, solange Sie es in anständigem Englisch tun, nicht in meiner Gegenwart fluchen und, das Wichtigste, mich niemals Boss nennen.«

»Weil das die Zeit bei der Met zurückbringt?«

»Etwas in der Art. Wir sind da.«

Caskey bog mit dem Saab auf einen kleinen Parkplatz ein und stellte ihn direkt neben dem trostlosen Gebäude ab, das die East Midlands Special Operations Unit, kurz EMSOU, beherbergte. Das Gebäude gab nichts von der strategischen Bedeutung preis, die die Arbeit unter diesem abgewetzten Flachdach hatte. Immerhin waren hier die Abteilungen untergebracht, die die komplette forensische Arbeit in den gesamten East Midlands überwachten, die sich über fünf Landkreise erstreckten.

Die veraltete Gestaltung und die schäbige Konstruktion schrien förmlich Fertigbau aus der Nachkriegszeit, und Brook fand das so deprimierend, dass er in der Regel so viele Seminare und Kurse beim EMSOU ausfallen ließ wie möglich.

»Wie lautet Ihre Frage?«

Caskey dachte über die Formulierung nach, bevor sie sich für die einfachste entschied. »Sie haben nicht wirklich den ganzen Quatsch bezüglich einer Verbindung zwischen der Black Oak Farm und dem Champagnermörder geglaubt, oder?«

Brook beobachtete sie. »Sie haben nicht wirklich den ganzen Quatsch bezüglich eines schwulen Lustmörders geglaubt, oder?«

»Touché!«

»Wonach suchen wir hier, Don?«

Donald Crump drehte sich mit rot geränderten Augen, die in einem verschwitzten Gesicht mit Hängebacken saßen, zu Brook um.

»Wie geht es Ihnen denn, Don?«, begann er. »Mir geht's gut, Inspector. Freut mich, Sie zu sehen. Wie war Ihr Umzug hier raus in dieses beschissene Gebäude am Ende der Welt, Don? Als wäre man vom Rand der Erde gefallen, Inspector.«

Brook hatte Crumps schroffe Art und seinen gesteigerten Sinn für seine eigene Wichtigkeit vergessen. Er blickte Caskey an, die amüsiert eine Braue hob. »Wie war denn der Umzug nach Hucknall, Don?«, sagte er mit einer Stimme, die sicherstellte, dass das Fehlen jeglichen Interesses an der Antwort nicht zu überhören war.

»Fragen Sie nicht«, antwortete Crump und schüttelte den Kopf. »Hier draußen ist es wie im Wilden Westen. Schwer zu glauben, dass dieses Land Waffengesetze hat, bei den ganzen drogenbedingten Schießereien in den Vororten von Nottingham.«

Brook nickte und machte eine kurze Pause, bevor er auf die vier Crashtest-Dummys zeigte, die auf verschiedenen Stühlen platziert waren. Drähte kamen aus in die Puppen gesteckten Pflöcken heraus und führten zu zwei Pfosten, die etwa drei Meter entfernt standen. »Was schauen wir uns hier an?«

»Eine Rekonstruktion der zwei Erschießungen«, sagte Crump. Er zeigte zuerst auf die Dummys zur Linken und dann auf die zur Rechten. »Das ist Breadsall, und das da Boulton Moor.«

»Und das ist die Position des Schützen«, sagte Brook und zeigte auf die beiden Pfosten.

»Richtig. Wie Sie sehen, waren wir mithilfe der Position der Leichen, die von der Spurensicherung am Tatort gesichert wurde, grob in der Lage, den Winkel jeder einzelnen Schussbahn von der Waffe ausgehend zu extrapolieren. Und mit Einsatz von Lasern können wir auch die Kugel zurück zu ihrer Quelle verfolgen und bekommen einen ziemlich genauen Hinweis auf die Größe des Schützen. Der Mörder ist zwischen eins zweiundsiebzig und eins dreiundachtzig groß, wie Sie wissen.«

»Der Mörder?«, fragte Caskey und sah Brook an. »Also reden wir über einen einzelnen Schützen.«

»Tut mir leid, falls das Ihrem Profil in die Quere kommt, aber ich dachte, das sollten Sie wissen«, sagte Crump. »Es wurden zwei unterschiedliche Waffen verwendet, doch es war nur ein Schütze.«

»Wie können Sie so sicher sein?«, wollte Caskey wissen. »Können es nicht zwei Schützen mit ähnlicher Größe sein?«

»Vielleicht, wenn sie siamesische Zwillinge sind«, sagte Crump. Er trat zu den zwei Drähten, die aus den Dummys zur Rechten ragten. »Als wir die Flugbahn der Kugeln zurück zu ihrem Ausgangspunkt verfolgt haben, wurde klar, besonders beim zweiten Vorfall, dass die Pistolen nicht mehr als fünfzehn Zentimeter voneinander entfernt gehalten wurden.« Er hob seine Hände zu den Drähten, um zu beweisen, wie nah die Hände des Schützen gewesen sein mussten. »Sehen Sie? Wir haben dieses Detail in Breadsall nicht ganz so deutlich gesehen, weil eines der Opfer seinen Körper leicht gedreht haben muss, als der tödliche Schuss kam. Selbst dann waren die beiden Pistolen nicht weiter als dreißig Zentimeter auseinander. Boulton Moor ist eindeutiger. Keines der beiden Opfer hat versucht, sich wegzudrehen, und die Kugeln drangen in dem Winkel ein, den Sie hier sehen, abgefeuert von der hier nachgezeichneten Position. Es gibt keinen Irrtum. Ihr Schütze war allein und hat mit einer Waffe in jeder Hand gefeuert.«

»Ein Mörder«, sagte Caskey und runzelte verwundert die Stirn. »Zwei Schüsse wurden abgefeuert, aber von zwei verschiedenen Pistolen. Was übersehe ich gerade?«

»Er wollte, dass beide Opfer zum selben Zeitpunkt sterben?«, rief Noble.

»Zum exakt identischen Zeitpunkt«, sagte Brook und nahm einen Begrüßungsschluck Tee. »Darum hat er zwei Pistolen verwendet. Damit er simultan feuern konnte.«

Noble hob die Hände. »Warum?«

»Weil er seinen eigenen Partner fürs Leben verloren hat«, sagte Caskey. »Seinen Seelenverwandten. Er fühlt sich betrogen, allein.«

»Mehr als das«, fügte Brook hinzu. »Er ist von der Idee besessen, dass er mit ihr hätte sterben müssen, damit sie gemeinsam ihre Reise fortsetzen konnten.«

»Hand in Hand?«, vermutete Noble.

»Ganz genau.«

»Warum bringt er sich nicht um, wenn er so depressiv ist?«, fragte Banach.

»Weil der Tod keine Erleichterung ist, wenn er die Reise allein antreten muss«, sagte Caskey. »Leben oder sterben, er kann nichts von beidem allein ertragen.«

Noble nickte und dachte darüber nach. »Er bietet also einen Service und beschließt, glückliche Paare zu erledigen, um ihnen damit den Schmerz zu ersparen, dass ihr Partner vor ihnen abkratzt.«

»Einen Service«, stimmte Brook zu. »Ein Geschenk. So sieht er das.«

»Das ist fast ergreifend«, bemerkte Banach.

»Und der Auslöser?«, fragte Morton. »Ich meine, wenn wir davon ausgehen, dass unser Mann Frazer und Nolan nicht am Tag nach dem Tod seiner Frau getötet hat.«

»Es könnte alles sein«, sagte Brook. »Etwas, das er gesehen oder gehört hat. Etwas, das alles wieder hochgeholt hat, das ihn davon überzeugt hat, dass glückliche Paare zu töten einem der beiden ein Leben in einsamer Qual erspart.«

»Und unser mysteriöser Mann bei der Party ist wieder unser Hauptverdächtiger«, sagte Morton.

»Soweit wir wissen, trauert er, weshalb er in das Profil passt«, sagte Brook. »Außerdem ist er stark und hat ungefähr die passende Größe laut Maureen McConnells Beschreibung. Und er kannte die ersten Opfer.«

»Matthew Gibson ist eins dreiundachtzig«, sagte Noble hoffnungsvoll.

»Es ist nicht Gibson«, sagte Brook. »Er hat einen Partner gefunden, nicht verloren.«

Noble gab mit einem Heben der Augenbrauen nach. »Und ich vermute, wir können Trimble aus demselben Grund ausschließen.«

»Ja.«

»Und David Fry?«

»Wir können ihn offiziell nicht ausschließen«, sagte Brook.

»Aber seine Frau ist am Leben.«

»Sie gehen davon aus, dass Frys Frau seine große Liebe ist«, sagte Banach. »Vielleicht hat er noch ein anderes Objekt seines Kummers. Eine geheime Freundin.«

»Oder einen Freund«, sagte Banach.

»Sie glauben, Fry ist schwul?«, fragte Noble.

»Warum nicht?«, antwortete Banach. »Das kommt vor. Selbst in der Armee.«

Eine Sekunde lang herrschte Stille, während sie über die Schlussfolgerung nachdachten.

»Diese Schlägerei, wegen der Fry entlassen wurde«, überlegte Brook. »Ich hatte vor Jahren mal so einen Fall in der Met. Ein Soldat auf Urlaub stach einen anderen Landser nieder, und wir hielten ihn fest, bis die Rotkappen von der Militärpolizei kamen. Ich habe später herausgefunden, dass er ebenso unehrenhaft entlassen wurde wie Fry.«

»Statt einer Gefängnisstrafe?«, erkundigte sich Morton. »Klingt zweifelhaft.«

»Genau das ist es. Einen Monat später hörten wir, es habe mildernde Umstände gegeben. Offenbar hatte der verwundete Soldat ihm sexuelle Avancen gemacht.«

»Und dann war es okay, ihn abzustechen?«, fragte Banach. »Ich würde seine Sexualität nicht als mildernde Umstände bezeichnen.«

»Haben wir auch nicht, aber in der Armee war das Vorgehen ein anderes, und wir sprechen hier von einem Vorfall vor zwanzig Jahren«, sagte Brook. »Die Armee hat das damals berücksichtigt. Das Interessante daran war, dass ein paar Jahre später der Soldat, der seinen Kameraden niedergestochen hatte, festgenommen wurde. Wegen Unzucht mit einem Teenager.«

»Er war die ganze Zeit schwul?«

»So sieht es aus«, sagte Brook.

»Es ist schade, dass da draußen immer noch Leute sind, die so sehr mit ihrer Sexualität kämpfen, dass sie auf Gewalt zurückgreifen, um sich nicht der für sie unangenehmen Wahrheit zu stellen«, sagte Banach.

»Können Sie da ein bisschen tiefer graben, Dave?«

»Ich versuch's«, sagte Cooper. »Aber die Armee war nicht gerade übermäßig kooperativ.«

»Listen Sie zumindest alle Vorfälle auf, an denen Fry beteiligt gewesen sein könnte und bei denen es um signifikante Todesfälle oder ernste Traumata ging.«

»Fry muss viele Soldaten kennen, die in Afghanistan umgekommen sind«, sagte Noble. »Und auch Zivilisten.«

»Wie sehen also meine Suchparameter für unseren geheimnisvollen Mann aus?«, fragte Cooper und seufzte schwer.

»Orientieren Sie sich an der Statistik, Dave«, sagte Brook. »Gehen Sie von einem männlichen Mörder mit einer toten Ehefrau aus. Kombiniert mit offensichtlicher Erfahrung mit Schusswaffen, Alter und Größe, und ziehen Sie daraus eine Liste mit möglichen Verdächtigen.«

»Und weiten Sie die Suche aus, während wir die einzelnen Kategorien ausschließen«, fügte Cooper leise hinzu.

»Ich sage immer noch, dass der Mörder genauso gut eine trauernde Frau sein kann«, warf Banach ein.

»Irgendwo müssen wir anfangen«, sagte Noble.

»Ich glaube nicht, dass es eine Frau ist«, sagte Smee.

»Ist das so?«, höhnte Banach mit einem frechen Zwinkern in Caskeys Richtung. »Sie glauben also nicht, dass Frauen zu kaltblütigem Mord fähig sind?«

»Natürlich sind sie das, aber selbst mit einer Pistole hätte es bei Frazer und Nolan einiges an Aufwand gebraucht.«

»Und nur Männer verfügen über die nötige Charakterstärke?«, fuhr Banach vor und wandte sich Hilfe suchend an Caskey. Caskeys Lächeln geriet schwach.

»Also, nein …«, begann Smee.

»Würden Sie gerne sehen, wie leicht eine Frau zwei Männer in den Griff bekommt?«, wollte Banach wissen.

»Ich besorg dir 'ne Schaufel, Kumpel«, sagte DC Read zu Smee. »Dann kannst du dir schon mal ein tieferes Loch graben.«

»Sagen wir einfach, die Statistik spricht für einen Mann«, verkündete Brook und nickte zu den Fotos. »Hierzu will ich, dass wir jeden Gast auf der Party von Frazer und Nolan noch einmal befragen. Finden Sie heraus, wer mit unserem geheimnisvollen Mann gesprochen hat. Worüber wurde geredet? Wo hat er seine Gastgeber kennengelernt? Was hatte er für einen Akzent? Hat er etwas zur Party mitgebracht? Hat sich seine Stimmung geändert? Wann kam er an, wann ging er – hat jemand sein Auto gesehen? Notieren Sie jedes noch so winzige Detail, wie unbedeutend es auch scheinen mag.«

»Wir haben damals schon all diese Fragen gestellt«, sagte Caskey. »Die Erinnerung wird nicht besser mit der Zeit.«

Brook reagierte mit einem Schulterzucken. »Was wurde aus dem *Telegraph*?«

»Beide toten Paare haben eine Anzeige in die Zeitung gesetzt«, sagte Morton. »Frazer und Nolan Mitte Juli kurz vor ihrer Hochzeit und die Gibsons Ende August zu ihrem Hochzeitstag.«

»Für immer vereint?«, fragte Noble.

»Etwas in der Richtung.«

»Das war irgendwie schon prophetisch«, sagte Noble.

»Vielleicht ist es mehr als das«, schlug Brook vor.

»Sie meinen, der Mörder sucht nach dieser Formulierung?«

»Vielleicht nicht nach genau diesen Worten, aber nach etwas, worin sich die Stimmung, die ihn antreibt, wiederfindet.«

»Die Anzeige der Gibsons wurde von ihrem Sohn Matthew bezahlt«, sagte Cooper. »Keine Ahnung, ob das von Bedeutung ist.«

»Es wäre der Anfang für ein weiteres Gespräch«, sagte Brook.

»Bringt der *Telegraph* auch Todesanzeigen?«, fragte Banach leise. Alle drehten sich zu ihr um. »Ich meine, wenn der Mörder die Opfer aus den Privatanzeigen auswählt …«

»Dann hat er vielleicht auch die Zeitung benutzt, um den Tod seiner Frau anzuzeigen.«

»Oder seines Mannes«, gab Banach zu bedenken.

»Das wäre ein Gedanke«, sagte Brook. »Dave.«

»Wie weit zurück?«, seufzte Cooper und sah zunehmend erschöpft aus.

»Die Wunde ist noch frisch, gehen Sie also nicht weiter als zwei Jahre zurück.«

»Versuchen Sie es auch mit den Jahresanzeigen für die Toten«, sagte Noble. »*Du fehlst immer noch so sehr.* Solche Sachen.«

»Und richten Sie den Fokus auf alles, was besonders innig klingt, vielleicht schon fast klebrig süß«, sagte Brook. »Unser Mörder meint das ernst, er würde also nichts Oberflächliches schreiben.«

Noble hob in Coopers Richtung eine Braue. »Nichts Oberflächliches, Dave. Haben Sie das?«

»Das werde ich, wenn ich erst mal so weit bin.«

»Wenn der Mörder die Privatanzeigen verwendet, um seine Opfer auszuwählen«, sagte Morton langsam, »wie kommt er dann vom Text einer Anzeige zu einem Namen und der Adresse? Ich meine, es ist das eine, wenn man ein Opfer aus der Zeitung auswählt, aber etwas völlig anderes herauszufinden, wer derjenige ist und wo er wohnt. Ich kann mir nicht vorstellen, dass der *Telegraph* solche Informationen herausgibt.«

»Das ist bei einer Hochzeit doch ganz leicht«, sagte Smee. »Man schaut bei der Kirche und sucht den Verweis auf den Gottesdienst und gräbt von dort aus weiter.«

»Und vergessen Sie nicht, dass unser Verdächtiger Frazer und Nolan vielleicht vorher schon kannte«, sagte Banach.

»Aber mit dem Profil hatten wir recht: Er hat die Gibsons nicht gekannt«, bemerkte Morton. »Wie kam er also an ihre Adresse, ohne bei der Zeitung nachzufragen?«

20

»Ich bin's. Ich brauche Geld.« Eine Pause, Frys Atem stieg in Wölkchen in die kalte Luft auf. »Das ist nicht genug. Die Polizei war hinter mir her. Die Nachbarin hat mich im Haus gesehen … Mach dir darum jetzt keine Gedanken mehr. Was ist mit dem Geld? … Fünfhundert? Verarsch mich nicht. Ich weiß jetzt, wo du wohnst, also pass auf, dass ich nicht mal zu dir rauskomme … Einen Riesen? Das wird reichen müssen … Nein, natürlich werde ich nicht nach mehr fragen. Wo und wann?« Er schaute auf die Uhr. »Ich werde da sein.«

Er legte auf, dann nahm er das neue Handy auseinander und schob die Einzelteile in dieselbe Tasche, in der schon sein ausgeschaltetes iPhone war. Er hockte auf der Zeltplane und blickte zu den Sternen auf, die ihm vom wattigen Himmel zuzwinkerten. Es gab hier draußen, wo sich Fuchs und Hase Gute Nacht sagten, keine Lichtverschmutzung, und die Lichter über ihm erinnerten ihn an den erstaunlichen Sternenhimmel, den er in der Wüste von Helmand gesehen hatte. Melancholie huschte über seine Züge und ließ seine Miene hart werden.

Er leerte sein Heißgetränk, wischte den Becher mit einem Blatt aus und brach das Lager ab. Der kleine Kocher hatte sich ausreichend abgekühlt, sodass er ihn einpacken konnte; also schüttelte er die Feuchtigkeit von der Plane und verstaute sie aufgerollt in einer Seitentasche des Rucksacks, den Campingkocher darin eingepackt. Schließlich warf er sich den Rucksack über die Schulter, setzte sich auf seine Norton und legte sich den Weg zurück zur Straße in der Dunkelheit zurecht. Der dunkle Fleck unter dem Motor fiel ihm ins Auge, und er kniete sich rasch hin, um mit den Fingern darüberzufahren. Das Leck wurde schlimmer.

Eine Sekunde später erwachte die Norton keuchend und mit beißendem Gestank zum Leben. Ohne das Licht einzuschalten, tuckerte Fry über den Feldweg am Fluss, bis er zu der schadhaften Landstraße gelangte, die ihn zurück zur Hauptstraße führte.

Trotz der späten Stunde herrschte in der Einsatzzentrale immer noch geschäftiges Treiben, weshalb Brook kurz verschwand und in das Büro ging, das er sich mit Noble teilte. Zufrieden stellte er fest, dass es dunkel und verlassen war. Er schaltete sein iPhone ein und wählte eine Nummer aus dem kleinen Adressbuch in seinem Schreibtisch. Er zögerte, bevor er die grüne Anruftaste drückte.

»Hallo?«

Brook hörte ein Lachen in der Stimme seiner Exfrau. »Amy? Ich bin's.« Am anderen Ende herrschte kurz Stille, obwohl er im Hintergrund gedämpfte Gespräche und Fröhlichkeit hören konnte. »Tut mir leid. Ich störe wohl bei etwas.«

»Ist schon in Ordnung«, sagte sie. »Was willst du?«

»Es geht um Terri.«

Panik schwang in Amys Stimme mit. »Geht es ihr gut?«

»Soweit ich weiß. Darum rufe ich dich an. Sie ist für ein paar Tage hergekommen, aber seitdem versuche ich sie zu erreichen, und sie nimmt meine Anrufe nicht an.«

»Was ist passiert? Was hast du zu ihr gesagt?«

»Nichts. Aber als sie hier war, war sie … Sie wirkte auf mich sehr unglücklich. Hat sich jeden Abend in den Schlaf getrunken.«

»Und du hast sie darauf angesprochen, nehme ich an.«

»Das ist ungesund, Amy. Wir reden hier von drei Flaschen Wein am Tag.«

»Schon mal darüber nachgedacht, dass das nur passiert, wenn sie bei dir ist?« Brook verkniff sich die Bemerkung, die ihm auf der Zunge lag. »Tut mir leid. Das war nicht in Ordnung. Ich habe beim letzten Mal bemerkt, dass sie niedergeschlagen war.«

»Und was unternehmen wir jetzt?«

»Nichts. Sie macht eine schwere Zeit durch, aber das wird sie schon hinkriegen. Du wirst sehen.«

»Du klingst sehr überzeugt.«

»Terri ist ein schlaues Mädchen.«

»Das ist ja Teil des Problems«, sagte Brook. »Sie denkt zu viel nach.«

»Ich frage mich, von wem sie das wohl hat.«

»Wusstest du auch, dass sie aus ihrer Wohnung ausgezogen ist?«

Eine Pause. »In Manchester. Ja, wusste ich. Sie hat auch ihren Job aufgegeben.«

»Das hat sie dir erzählt?«, rief Brook.

»Ich bin ihre Mutter.«

Brook biss sich auf die Lippe. »Hat sie gesagt, warum?«

»Es langweilte sie, nehme ich an. Du hast selbst immer gesagt, sie sei für den Lehrberuf überqualifiziert.«

»Ich mache mir keine Sorgen über einen Berufswechsel, Amy. Ich frage mich nur, wo sie lebt und warum sie sich mir nicht anvertraut.«

»Nimm das nicht persönlich. Mir vertraut sie auch nicht alles an«, sagte Amy.

»Wenigstens weißt du, wo sie steckt.«

»Eigentlich tue ich das nicht.«

»Das glaube ich dir nicht.«

»Glaub doch, was du willst.«

»Und wo steckt sie dann? Womit verdient sie ihr Geld?«

»Sie braucht kein Geld, Damen. Lass sie einfach in Ruhe. Terri ist schlau. Sie wird das schon hinkriegen.«

»Was hinkriegen?«

»Beziehungen.«

»Zu uns?« Keine Antwort. »Zu wem dann?«

»Ich weiß es nicht. Ich habe dir schon gesagt, sie vertraut sich mir nicht an.«

»Aber du glaubst, da ist noch ein anderer Mann im Spiel.«

»Sie ist in den Zwanzigern, Damen. Es gibt immer jemanden im Spiel. Oder hast du völlig vergessen, wie man nach Liebe und Anerkennung sucht?«

Brook seufzte in das Telefon. »Ich glaube, das habe ich.«

»Ich muss jetzt los.«

Brook hörte im Hintergrund ein Auflachen. »Klingt so, als hättest du viel Spaß.«

»Was heißt das nun wieder?«

»Es heißt gar nichts.«

»Ich kann das nicht, Damen. Gute Nacht.«

»Pass auf dich auf, Amy.«

»Du meinst, ich soll mich nicht wieder in einen manipulativen Missbrauchstäter verlieben.«

»Das habe ich nicht …«

Die Leitung war tot. Brook folgte einem Impuls und wählte noch mal Terris Nummer, doch ihr Handy war immer noch ausgeschaltet. Er verließ das Büro, eilte an der geschäftigen Einsatzzentrale vorbei Richtung Parkplatz und fuhr von St Mary's Wharf hinaus in die dunkle Nacht.

Banach schob sich neben Caskey an den Teekocher. »Sie sind echt lieb, wenn man sie erst mal kennenlernt, Sarge.«

»Wer?«

»Smee und die anderen DCs.«

»Sind sie das?«, sagte Caskey.

»Wie kommen Sie bisher zurecht?«

»Es ist nur vorübergehend«, sagte Caskey.

»Nun, wenn Sie auf eine Beförderung aus sind, ist diese Einheit dafür die richtige«, gab Banach zurück. »Mit DI Brook zu arbeiten ist toll, obwohl er auch recht brüsk sein kann, wenn man nicht sein Bestes gibt.«

»Was Sie nicht sagen.«

Banach lachte. »Der Vorteil ist, man kassiert die ganzen Lorbeeren für die eigene Arbeit, und manchmal auch noch ein paar für seine. Gelegentlich ist es eher ein Männerclub, aber hier lästert niemand, und wir sind alle auf Augenhöhe.« Ihr Lächeln stieß auf wenig Reaktion.

»Herzerwärmend«, sagte Caskey ungerührt.

»Sarge?«

»Sie sind vielleicht alle hoffnungslos ineinander verknallt in DI Brooks Einheit, aber vergessen Sie nicht, Constable, dass wir in einer Männerwelt leben.«

»Sie irren sich …«

»Ihre Vorgesetzten sind allesamt Männer, oder? Freut mich ja für Sie, dass Sie Freundschaften geschlossen haben, die Sie diese harte Realität vergessen lassen, aber wenn alle Stricke reißen, halten die Männer zusammen.«

»Sie sind meine Vorgesetzte und eine Frau«, sagte Banach und fixierte Caskey. »Und mit Ihnen an Bord können wir sie schon zurechtschleifen.«

»Ist das nicht die Aufgabe von DI Brook?«

»Letztlich schon«, sagte Banach. »Aber wir sind hier alle erwachsen, und der Inspector behandelt uns auch so.«

Caskey dachte kurz darüber nach. »Ich bin es gewohnt, mir Ellbogenfreiheit zu erkämpfen.«

»Nun, für den Anfang machen Sie das gut.« Caskey neigte den Kopf. »Das Profil. Ich bin weniger als ein Jahr bei ihm, aber ich konnte sehen, dass er beeindruckt war.« Caskey nickte. »Muss hart gewesen sein.«

Caskey hob eine Augenbraue, in ihrem Blick lag etwas Herausforderndes. »Was denn?«

Banach wurde rot. »Was soll ich sagen? Es wird geredet. Dem entkommt man nicht, fürchte ich.«

»Sprechen Sie weiter.« Banach zögerte, weshalb Caskey ihre Stimme senkte. »Ich meine das ernst, Angie. Ich würde gern hören, was man sich erzählt.«

»Es ist alles etwas vage.«

»Gut.« Caskey lachte kurz auf. »So war es auch gedacht.«

»Sie sind eine geheimnisvolle Frau, was?«, sagte Banach mit einem Grinsen.

»Nicht mehr, offensichtlich. Was haben Sie gehört?«

»Nur dies und das.«

»Erzählen Sie's ruhig.«

Banach konnte spüren, wie Caskey darauf brannte, weshalb sie ihre Worte mit Bedacht wählte. »Sie sagen, Ihr ... Partner wurde bei einem Wohnungseinbruch getötet. Ein Raub, der schiefging oder etwas in der Art. Während Sie bei der Arbeit waren.«

»Das sagen sie also?«, wiederholte Caskey, ohne es zu bestätigen oder zu leugnen.

»Tut mir leid. Das muss schrecklich gewesen sein.«

Caskeys Blick wurde glasig. »Ja.«

»Sie sind immer noch davon gezeichnet«, sagte Banach. »Die Sachen, die Sie in der Sitzung darüber gesagt haben, dass man sich betrogen fühlt, wenn jemand Geliebtes stirbt ...«

»Das verschwindet nie.« Caskey lächelte schwach und rieb sanft Banachs Arm, um weiterem Mitgefühl vorzubeugen. »Hoffen wir einfach, Sie müssen das nie herausfinden.«

Am Ende ihrer Schicht fuhr Caskey nach Hause zu ihrem kleinen Reihenhaus in Ripley, der Kleinstadt eine halbe Autostunde nördlich von Derby. Die nackten Bretter des Hausflurs wurden nur von einem großen Teppichmuster undefinierbarer Formgebung aufgelockert, und die Tür knallte hinter ihr mit einem Nachhall zu, wie man es nur von leeren Gebäuden kannte.

Sie rannte die kahlen Stufen zu ihrem Schlafzimmer hoch und zog sich rasch um. Sie griff eine Jeans und einen Pullover von dem Berg ungebügelter Klamotten auf einem Stuhl und spürte den Hunger, der von innen an ihr zerrte – wieder ein Tag ohne ordentliche Mahlzeit.

Sie öffnete den Kühlschrank in ihrer leeren Küche, fand aber nichts Frisches darin, und obwohl sie zwischen den Gläsern mit Eingemachtem und Pesto herumstöberte, fand sie keine anständigen Reste. Ein Blick auf die dreckige Tupperschüssel im Spülbecken bestätigte, dass sie jeden Rest kalte Pasta, trockenen Pizzarand und ausgehöhlte Backkartoffel im Haus aufgegessen hatte, und der Stapel ungespültes Geschirr, auf dem eingetrocknete Speisereste an der Glasur festklebten, erzählten von ihrem Leben, das aus Imbisssnacks und Tiefkühlmahlzeiten bestand.

Abgesehen von ein paar Büchsen mit gebackenen Bohnen waren die Schränke und Regalbretter leer. Sie schnappte sich den letzten Apfel mit braunen Stellen aus einer Schüssel, nahm ein paar Bissen und warf die angefaulte Frucht in den Müll.

»Das ist nicht gut, Georgie«, sagte sie mit einem Seufzen. »Ich muss dich sehen.«

Sie zog ein Paar Cowboystiefel aus einem Schrank und schlüpfte hinein, dann verließ sie das Haus und fuhr das kurze Stück nach Butterley Hall, wo das Hauptquartier der Polizei von Derbyshire war. Dass es dort einen Schießstand gab, war für sie der ausschlaggebende Faktor für ihren Umzug in die Stadt gewesen.

Zehn Minuten später schlenderte sie die Stufen zum Schießstand hinunter und rief dem korpulenten, uniformierten Sergeant hinter der Plexiglasscheibe an der Pforte einen Gruß zu.

»Wieder da, Rachel?«

»'n Abend, Freddie.«

»Schon ein bisschen später als Abend, meine Liebe.« Sergeant

Freddie Preston schaute auf die Uhr hinter sich. »Ich habe gerade die Ventilatoren ausgeschaltet und wollte gehen.«

»Ich brauche nur zwanzig Minuten«, sagte sie mit einem Lächeln und versuchte, die Verzweiflung aus ihrer Stimme zu tilgen. »Kann's mir nicht leisten einzurosten.«

»Ich bin allein hier«, sagte Preston. »Kein Offizier auf der Anlage.«

»Zum Glück bin ja nur ich zu überwachen«, sagte sie im Versuch, ihn zu überreden.

Preston runzelte die Stirn. »Was willst du machen?«

»Nur Scheiben.«

Preston betrachtete sie, bevor er seine Schlüssel fürs Arsenal zückte. »Zwanzig Minuten und keine mehr«, sagte er. »Einige von uns haben ein Leben, weißt du.«

»Ich liebe dich, Freddie.«

»Das will ich hoffen«, gab er mit einem Grinsen zurück. »Und du bist nicht eingerostet. Du bist die beste Schützin auf der Liste. Du solltest aufhören, dich beim CID durchzuschnorren, und wieder bei der ARU mitmachen.«

»Das werde ich, wenn ich alle bösen Jungs geschnappt habe.«

»Ohhhh. Woran arbeitest du, meine Liebe? Etwas Interessantes?«

»Das könnte ich dir erzählen, Freddie, aber dann müsste ich dich umbringen.«

»Das wird mir eine Lehre sein«, seufzte er und gab ihr das Logbuch, damit sie unterschrieb, dann setzte er seinen Namen daneben. Er trug Datum und Uhrzeit ein, dann verschwand seine Hand unter dem Tisch, und er drückte den Summer, um sie einzulassen. Sie folgte ihm langsam zur Waffenkammer. »Du könntest einen Schlafsack mitbringen. Spart Sprit.«

Sie verzog das Gesicht wieder zu einem Grinsen; den Preis bezahlte sie gern für den Einlass. »Gar keine so schlechte Idee.«

»Was hältst du von einem schnellen Tee, während du dich einrichtest?«

»Das wäre wunderbar.«

Preston musterte sie. »Geht es dir gut, Rachel? Du siehst müde aus.«

»Neue Diät«, antwortete sie mit einem Strahlen.

Preston sog die Luft tief ein und zog den Bauch dabei ein. »Das gefürchtete Wort«, seufzte er und atmete schwer aus. Er schloss die Metalltür zu dem Schrank auf, in dem sich die Munition befand, die getrennt von den Waffen aufbewahrt wurde. »Wie viele?«, fragte er.

»Sind zwanzig okay?« Von einem Regalbrett nahm Preston eine kleine Schachtel und haute sie ihr in die Hand. »Ich habe eigentlich auf richtige Geschosse gehofft«, sagte sie und ermunterte ihn mit einem hilflosen Lächeln.

»Du willst wohl, dass ich gefeuert werde?«, erwiderte er in gespielt tadelndem Tonfall. »Die Dinger kosten Geld. Zwanzig Neunmillimeter, nicht mehr«, sagte er, kramte in einer anderen Schachtel und gab ihr zwanzig Kugeln. Er füllte ein Formular an einem Klemmbrett aus und reichte ihr den Stift zum Unterschreiben.

Während Preston den Munitionsschrank abschloss und losging, um ihr Tee zu kochen, suchte Caskey den Umkleideraum auf, wo sie eine transparente Schutzbrille und ein Paar Ohrstöpsel aus ihrem Spind holte. Sie öffnete die Spindtür weiter und schaute liebevoll auf das Foto der lächelnden, jungen Frau mit kurzen blonden Haaren und makelloser Haut, die auf der Aussichtsplattform des Eiffelturms stehend über die großstädtische Weite von Paris blickte. Ihr perfekter Mund war lachend aufgerissen, die funkelnden Augen sahen an der Kamera vorbei, da sie nicht wusste, dass sie fotografiert wurde.

Caskey lächelte, als stünde Georgia gerade neben ihr, einen Moment lang erfasst von der reinen Freude auf dem Gesicht ihrer Geliebten.

»Wir werden Paris immer haben«, krächzte sie, weil die Gefühle ihre Stimme stocken ließen. Sie küsste ihre Fingerspitzen und drückte sie gegen Georgies körperloses Gesicht, bevor sie den Spind schloss und zum Schießstand zurückkehrte.

Zwei Minuten später kam Preston mit zwei dampfenden Bechern, aus denen Tee auf die Gummimatte kleckerte. Er stellte sie auf die Ladebank und schloss die Tür zur Waffenkammer daneben auf.

»Die übliche?«, erkundigte er sich und gab ihr eine Glock vom Regal, gefolgt von einem weiteren Formular, das sie unterschreiben musste.

Caskey nahm einen großen Schluck Tee, der ihr das Abendessen ersetzte, und wünschte sich, sie hätte nach Zucker gefragt, damit sie wenigstens etwas Energie bekam. Sie bestückte einen Speedloader mit zehn Kugeln und ging zum vierten und letzten Schießstand, setzte die transparente Schutzbrille auf und legte sich den Ohrschützer um den Hals. Sie rammte das Magazin in ihre Waffe. »Zehn sind drin«, rief sie.

Preston war zum Scheibenhebel gegangen, setzte sich ebenfalls eine Brille und einen Gehörschutz auf und streifte eine neongelbe Schutzweste über. »Bereit«, rief er über das Lärmen der Ventilatoren, die frische Luft zirkulieren ließen, damit man nicht zu viel von den giftigen Schießpulverdämpfen einatmete.

Caskey trat an ihre Schießbahn und schob die Ohrschützer an Ort und Stelle, positionierte sich vor dem Gefahrenwarnband und spreizte die Füße. Mit beiden Händen hob sie die Waffe.

»Sehen und reagieren«, rief Preston und zog den Hebel.

Caskey feuerte in rascher Folge ihre Munition auf die Ziele und leerte rasch das Magazin. »Leer«, rief sie nach dem zehnten Schuss. »Nachladen.«

»Nachladen«, echote Preston.

Sie steckte die verbliebenen zehn Kugeln in den Speedloader und schob das Magazin zurück, dann durchlief sie dieselbe Schnellfeuereinheit ein zweites Mal.

»Schießübung komplett«, rief Preston, als sie sich danach lockerte. »Entladen und zeigen.« Caskey entlud die Waffe und hielt das Magazin zur Inspektion hoch. »Du bist sauber«, bestätigte er und nahm seine Ausrüstung ab. »Lass mal locker, meine Liebe. Die Schussbahn ist sauber.«

Caskey trat vor und inspizierte ihre Zielscheibe. »Ich glaube, ich habe eine danebengehauen, Freddie.«

»Zu eifrig«, erwiderte er. »Das ist deine Schwäche. Mach langsamer und spüre den Schuss, als würde die Kugel von deinem Verstand über den Arm abgegeben.«

»Ich werd's versuchen.« Sie lächelte und bückte sich, um die leeren Hülsen aufzusammeln und in einem Eimer zu entsorgen. Dann gab sie Preston die Waffe zurück.

Als sie ihre Ausrüstung im Spind verstaute, blickte sie noch einmal auf Georgias wunderschönes Lächeln und spielte mit dem Gedanken, sie mit nach Hause zu nehmen. Aber dann erkannte sie, dass sie wohl die ganze Nacht nur auf dieses Gesicht starren würde. »Ich liebe dich«, sagte sie, und mit einem tiefen Durchatmen schloss sie die Tür. Einen Moment später trug sie sich aus und wünschte Preston fröhlich einen schönen Feierabend.

Brook hielt gegenüber von Reardon Thorogoods Haus in Nottingham. Es war in Dunkelheit gehüllt, die Rollläden im Erdgeschoss waren für die Nacht heruntergelassen. Nebel zog vom kalten Grund des Parks herauf und hing wie Rauch eines Lagerfeuers in der feuchten Luft, beleuchtet vom flüchtigen Licht der Straßenlaternen. Ein halbherziges Feuerwerk ging in der Ferne los, violette und grüne Funken stoben zum Himmel auf, bevor sie schnell wieder verloschen.

Er leerte seine Thermoskanne mit lauwarmem Tee und blickte zu den Fenstern im Obergeschoss hinauf. Die Vorhänge waren zugezogen, nichts deutete auf die Bewohner oder auch nur etwas Licht hin. Nachdem er seinen Becher ausgetrunken hatte, stieg er aus. Die kalte Novemberluft packte ihn. Er stand vor der Haustür, immer noch unsicher, ob er Reardons zerbrechlichen Seelenfrieden noch einmal stören sollte.

Statt den Summer zu drücken, ging er zur Veranda hinter dem Haus. Im Dunkeln umrundete er die Hausecke und stand vor dem schmiedeeisernen Tor, das ihm den Weg versperrte. Er blickte zu der Plattform der Feuertreppe im ersten Stock hoch und sah zufrieden, dass Licht brannte. Eine Sekunde später ging die Tür auf.

Instinktiv trat er zurück hinter die Hausecke, damit er nicht entdeckt wurde. Sein Blick blieb auf die Metallplattform gerichtet. Eine schlanke Gestalt in unförmiger Kleidung trat in die kalte Nachtluft. Wie schon bei seinem vorherigen Besuch zündete sie sich eine Zigarette an und stützte sich mit dem wenigen Gewicht, das sie noch hatte, auf das feuchte Geländer und blickte über den düsteren Park unter sich. Eine gedämpfte Stimme aus der Wohnung ließ sie herumfahren.

»Ich rauche nur eine Zigarette«, rief sie. Die gedämpfte Stimme antwortete etwas. »Dann soll er mich halt erschießen«, erwiderte Reardon trotzig. »Was kümmert es mich? Das soll ein Leben sein? Ich bringe es lieber hinter mich.« Die Stimme sagte noch etwas, aber Brook konnte nicht verstehen, was genau es war. Reardon nahm noch einen tiefen Zug und schnipste die brennende Zigarette vom Ausguck. Sie landete neben Brooks Füßen und versprühte orange Funken. »Okay, okay«, jammerte sie. »Ich komme ja schon rein. Bist du nun zufrieden?«

Als die Tür hinter ihr zuknallte, trat Brook auf die brennende Zigarette und kehrte zur Vorderseite des Gebäudes zurück. Er war kaum um die Ecke, als er irgendwo in der Straße noch eine Tür knallen hörte. Er blieb stehen.

Ein großer Hund tauchte auf und zerrte an der Leine. Brook war nicht sicher, was es für eine Rasse war, doch er besaß große Ähnlichkeit mit dem Hund, den er auf den Fotos in der Black-Oak-Farm-Akte gesehen hatte. Er sah sich Reardons Hund Sargent gegenüber, einem vier Jahre alten Beauceron.

Er zog sich hinter die Hausecke zurück, als eine Gestalt dem Hund am anderen Ende der Leine folgte und sich nach hinten lehnte, um das eifrige Tier zu bremsen, das kraftvoll Richtung Park zog. Der Hundeausführer war größer als Reardon und trug Jeans, Stiefel und eine wasserdichte Regenjacke gegen die Witterung.

Halb gehend, halb joggend erreichten die beiden das obere Ende der Stufen und verschwanden in dem Park. Eine Minute später folgte Brook ihnen.

Am unteren Ende der Treppe führte ein Kiesweg links und rechts um die Rasenfläche herum. Brooks Augen gewöhnten sich an die

Dunkelheit, und er entdeckte die Gestalt, die im Schatten der Bäume am Wegesrand dahinschlenderte, während der Hund, den sie von der Leine gelassen hatte, ausgelassen über den mondbeschienenen Rasen tobte und eine seiner beiden täglichen Freiheiten genoss. Er schien gänzlich unbeeindruckt von den gelegentlichen Feuerwerksexplosionen, die Nachtschwärmer schon mal für die kommende Nacht knallen ließen.

Um eventuellem Misstrauen vorzubeugen, nahm er den Weg in entgegengesetzter Richtung und blickte immer mal wieder hoch, um zu sehen, wie weit die Person mit der Kapuze gekommen war. Als sie sich am Ende des Rundwegs einander näherten, warf er heimliche Blicke auf das Gesicht des Hundeausführers. Es war unmöglich, die Gesichtszüge unter dem pechschwarzen Umhang der Nacht zu erkennen, aber als er nur noch fünf Meter von seiner Beute entfernt war, explodierte eine Rakete über ihren Köpfen, und die dunkle Gestalt wurde kurz beleuchtet.

»O mein Gott!«, rief eine vertraute Stimme.

»Terri«, sagte Brook und klang fast verärgert.

»Dad«, kreischte sie. »Was machst du denn hier?«

»Was ich hier tue? Ich folge dir.«

»Mir folgen? Warum?«

»Ich bin Ermittler, Terri. Damit verdiene ich mein Geld. Und erzähl mir jetzt nicht, das sei für dich ein Schock. Reardon muss dir doch von meinem Besuch erzählt haben.«

Terri zögerte. Das Licht der Rakete war erloschen, aber Brook sah, wie die Kapuze nickte. »Hat sie.«

»Hast du dich hier die letzten Tage versteckt?«

»Natürlich. Ich habe Reardon geholfen, bin mit ihrem Hund rausgegangen und habe sie unterstützt.«

»Ich habe mich schon gefragt, warum jemand, der vor dem vermissten Bruder Angst hat, mich auf die Feuertreppe lockt und sich so auf dem Präsentierteller zeigt. Du warst hier unten im Park, und sie wollte dich wissen lassen, dass ich in der Wohnung war.«

»Es ist ein Signal«, sagte Terri. »Du scheinst nicht überrascht, mich zu sehen.«

»Du hast schon verstanden, dass ich Ermittler bin?«, erwiderte Brook. »Ich habe genug Aschenbecher geleert, um deine Lippenstiftfarbe zu erkennen. Nicht zu vergessen die Papierspur, die du von der Black Oak Farm ausgehend gelegt hast.«

»Das tut mir leid«, sagte Terri, nun traurig. »Aber Reardon hat sich echt Sorgen gemacht, als ich sie anrief und ihr von dem Brief des Mörders aus Wakefield erzählte. Ich wusste, du würdest es dir ansehen, Dad. Ich habe ihr alles über dich erzählt. Darüber, was für ein großartiger Detective du bist und dass Ray so gut wie hinter Gittern ist, wenn du dich des Falls annimmst.«

»Du schmeichelst mir«, sagte Brook, obwohl er insgeheim tatsächlich ein wenig geschmeichelt war. »Und wenn der Hund jetzt mit seiner Runde fertig ist, würde ich gerne wieder ins Licht gehen, damit ich dein Gesicht sehen kann.«

»Also hast du mich vermisst.«

»Natürlich habe ich dich vermisst«, sagte Brook. »Bist einfach so weggelaufen. Das war nicht richtig. Ich war krank vor Sorge. Vor allem, als ich herausfand, dass du deinen Job hingeschmissen und deine Wohnung gekündigt hast. Warum hast du mir das nicht erzählt?«

»Es tut mir leid«, seufzte Terri. »Aber ich wusste, du würdest dir Sorgen machen, und das wollte ich nicht.« Sie rief den Hund, der auf sie zusprang und aufgeregt an ihren Händen schnupperte. Sie befestigte die Leine am Halsband, und sie stiegen die Stufen hoch. »Ich musste herkommen, Dad. Reardon ist in Gefahr. Sie braucht mich.«

»Nach dem, was ich vorhin gehört habe, klingt es für mich, als würde sie sich mit ihrer Situation abfinden und will nun nach vorne schauen.«

»Du hast unser Gespräch belauscht?«

»Einen Teil davon.«

»Dass du Ermittler bist, gibt dir die Erlaubnis, andere Leute zu belauschen, ja?«

»Schon irgendwie«, bestätigte Brook unbeeindruckt.

Terri spitzte missbilligend die Lippen, doch dann wurde sie

weich. »Ich vermute, nach dem, was ich getan habe, hast du jedes Recht dazu. Wenigstens bist du nicht wütend.«

»Nur weil ich nicht schreie und die Fäuste balle, heißt das nicht, dass ich nicht wütend bin. Terri, du hast das Gesetz gebrochen.«

»Das musste ich«, beharrte sie. »Wir mussten wissen, wie nahe du daran bist, Ray zu fassen.«

»Nun, jetzt wisst ihr es. Er wird vermisst, und man vermutet ihn auf dem Festland.«

»Spanien.«

»Dort wurde er zuletzt gesehen, auch wenn das unbestätigt ist.«

»Du weißt es also nicht sicher?«

Am oberen Ende der Treppe warfen die Straßenlaternen ihr blasses Licht auf ihre Gesichter.

»Nichts ist sicher.« Brook warf die Arme hoch, und der Hund näherte sich ihm und schnupperte, ob es bei ihm Leckerlis gab. »Gibt es sonst noch was, womit ich dir helfen kann?«

»Du bist wütend«, sagte Terri.

»Ich denke, dazu habe ich jedes Recht. Du hast vertrauliche Dateien gehackt, indem du mein Passwort benutzt hast, dann bist du ohne ein Wort verschwunden, obwohl du ganz genau wusstest, dass ich nicht ruhen würde, bis ich dich gefunden habe. Das alles nur, damit ich deiner Freundin helfe, nehme ich an.«

Terri senkte den Kopf. »Dad, ich musste etwas tun. Als ich den Brief sah …«

»Der Brief kam von einem Geisteskranken und Serienmörder. Ich hätte ihn einfach wegwerfen sollen.«

»Aber das hast du nicht, und jetzt ist dein Interesse geweckt, nicht wahr?« Brook leugnete es nicht. »Wenn du den Fall lösen könntest und ihren Bruder findest … Reardon war außer sich. Sie hat keine Information darüber, was mit ihm passiert ist. Nichts mehr seit dem Prozess.«

»Welche Information braucht sie denn? Ihr Bruder hat eine Verabredung zum Mord getroffen, damit sie und ihre Eltern sterben und er das ganze Geld bekommt. Sie kann von Glück sagen, dass sie mit dem Leben davongekommen ist.«

»Sie ist nicht glücklich«, antwortete Terri. »Nicht, solange sie nicht sicher weiß, wo Ray ist. Dieser andere Ermittler ...«

»DI Ford.«

»Richtig. Er hat sie nicht ein einziges Mal darüber informiert, wie es mit der Suche vorangeht.«

»Es sollte zumindest einen Verbindungsoffizier geben, der mit ihr Kontakt hält.«

»Nun, von denen hat sie nie was gehört.«

»Was ist mit DS Caskey?«

»Kein Wort«, sagte Terri.

»Sie hatten vermutlich keine Informationen, die sie herausgeben konnten. Ray hat sein Verschwinden gründlich geplant, verstehst du.«

»Und darum musste ich das tun, was ich getan habe. Es tut mir leid, aber Reardon brauchte mich.«

»Hat sie dich darauf angesetzt?«

»Ganz im Gegenteil«, sagte Terri trotzig. »Es war allein meine Idee. Reardon wollte einfach nur vergessen, dass das alles passiert ist.«

»Und warum respektierst du ihre Wünsche nicht?«

»Weil sie das nur sagt, damit ich mir keine Sorgen mehr mache. Sie ist starr vor Angst und zu stolz, um um Hilfe zu bitten.«

»Oder vielleicht will sie wirklich versuchen, ein normales Leben zu führen, statt sich länger zu verstecken.«

»Sie hat gesagt, du wolltest sie dazu überreden.«

»Und ich habe jedes Wort so gemeint. Es ist doch kein Leben, wenn man sich vor der Welt versteckt. Ich habe es versucht.«

»Aber sie ist in Gefahr.«

»Das weißt du nicht«, beharrte Brook. »Ray könnte inzwischen am anderen Ende der Welt sein – oder tot, nach allem, was wir wissen.«

»Oder er könnte irgendwo hier sein, sie beobachten und auf seine Chance warten.«

»Sie kann nicht den Rest ihres Lebens auf dieser Annahme aufbauen.«

»Dann finde es heraus, Dad. Damit wir sicher sind.«

»Es gibt keinen Beweis dafür, dass er überhaupt noch im Land ist, Terri.«

»Ist das so? Nun, etwas ist vor sechs Monaten passiert, als ich noch in Manchester war.«

»Vor sechs Monaten?«

Terri zögerte. »Sie hat mich angerufen. Noch aus dem Krankenhaus.«

»Was ist passiert?«

»Reardon hat versucht, wieder ihr Leben zu führen – so wie du es ihr rätst. Und eines Nachmittags fand sie den Mut und fuhr mit dem Auto los.«

»Reardon hat ein Auto?«

»Jetzt nicht mehr.«

»Was ist passiert?«

»Die Bremsen haben versagt, und sie ist gegen eine Wand gekracht und hat sich an der Hüfte verletzt. Sie hatte Glück, dass sie nicht umgekommen ist.«

»Die Bremsen können versagen, wenn das Auto eine Weile nicht benutzt wurde.«

»Sie ist kein Idiot, Dad. Sie hatte es in der Woche davor zur Inspektion gebracht. Jemand hat den Wagen manipuliert.«

»Autos sind Maschinen, Terri. Maschinen versagen – vor allem dann, wenn die Menschen sie nicht richtig benutzen.«

»Ich wusste, dass du mir nicht glaubst.«

Brook seufzte. »Wo ist das Auto jetzt?«

»Sie hat es reparieren lassen und dann verkauft.«

»War die Polizei einbezogen?«

»Sie sagte, sie bekam ein Aktenzeichen für die Versicherung. Überprüfst du das?«

Brook zögerte. »Wenn ich die Zeit finde. Was hat sie darüber gesagt?«

»Sie behauptete, es sei ein Unfall gewesen, aber das hat sie nur gesagt, damit ich mir keine Sorgen mache. Tief in ihrem Innern ist sie überzeugt, dass Ray den Wagen manipuliert hat.«

Brook seufzte. »Terri, du musst dir klarmachen, dass Ray nicht länger vom Tod seiner Schwester profitiert.«

»Und wenn es nicht ums Geld geht?«

»Hast du die Akten nicht gelesen, die du geklaut hast?«, erwiderte Brook ernst. »In dem ganzen Fall geht es nur ums Geld. Und jetzt ist Ray Thorogood auf der Flucht und wird wegen Mordes gesucht. Reardon könnte diesen Moment tot umfallen, und er würde immer noch nichts erben. Alles, was ihm geblieben ist, ist seine Freiheit, und wenn er versucht, Reardon zu töten, setzt er die aufs Spiel.«

»Du glaubst also, er ist außer Landes?«

»Alle Anzeichen deuten darauf hin. Er wurde seither nicht mehr in Großbritannien gesehen.«

»Was so ziemlich gar nichts beweist.«

»Sein Auto wurde am Flughafen gefunden«, erinnerte Brook sie. »Ihr müsst aufhören, euch Sorgen zu machen. Reardon muss nach vorne schauen.« Er seufzte, bevor er leise hinzufügte: »Das solltest du auch.«

»Ich schaue nach vorne, Dad. Ich kümmere mich nur um meine Freundin.«

»Dann konzentriere dich darauf, dass es ihr wieder gut geht.«

»Wieder gut geht?«, wiederholte Terri ungläubig.

»Reardon ist ausgebrannt, Terri«, sagte Brook. Er wurde ungeduldig. »Traumatisiert.« Und bevor er sich bremsen konnte: »Sie ist nicht die Einzige.«

Ein entsetzter Blick verwandelte Terris Gesicht, bevor sich ihre Züge wieder verhärteten und sie davonstapfte, wobei sie an der Hundeleine zerrte.

Brook machte sich Vorwürfe und schloss kurz die Augen, bevor er ihr folgte. »So sollte das gar nicht klingen. Ich weiß, du hast eine schwere Zeit durchgemacht …«

Sie drehte sich an der Tür um. Ihr Gesicht war tränenüberströmt. »Eine schwere Zeit?«, schrie sie. »Mein verdammter Stiefvater hat mich missbraucht.«

Brook zuckte vor ihrem Zorn zurück, doch er sah seine Chance.

»Ja, das hat er, und du hast Narben davongetragen, Terri. Ich wünschte, das wäre nicht passiert. Ist es aber, und das kann ich nicht ändern. Und der Missbrauch war dadurch noch schlimmer, dass er die Lüge verbreitet hat, du hättest eingewilligt, obwohl du das gar nicht hättest tun können. Du warst noch minderjährig, und er war ein Verbrecher.« Jetzt kam die Scham, und er blickte nach unten und atmete schwer. »Wenn ich dort gewesen wäre, hätte ich den Mistkerl mit meinen eigenen Händen getötet. Aber ich war nicht da, und auch das kann ich nicht ändern. Ich kann dir nur den Rat geben, den man mir gegeben hat, als ich meinen Zusammenbruch hatte. Hol dir Hilfe, bevor es zu spät ist, denn erst, wenn du dich mit einem Profi hinsetzt und über alles sprichst, wird es dir besser gehen, das garantiere ich dir.«

»Reardon hilft mir«, schluchzte sie.

»Nein, tut sie nicht«, knurrte Brook. »Ich weiß, sie ist deine Freundin, aber sie kämpft mit ihren eigenen Dämonen. Du musst doch sehen, dass du ihre Krücke bist, Terri. Und wenn ihr so dahinhumpelt, hilft das niemandem, es ist nur Gesellschaft, die ihr einander auf dem Weg nach unten seid. Rede mit einem Profi, ich flehe dich an. Und bring Reardon dazu, dasselbe zu tun.«

Die Haustür ging auf. Brook und Terri drehten sich bei dem Geräusch um. Reardon stand da, barfuß und in der ausgebeulten Jogginghose und dem ausgeleierten Sweatshirt.

»Ich habe eure Stimmen gehört.«

»Sie erinnern sich bestimmt an meine Tochter Terri«, sagte Brook sarkastisch. »Universität von Manchester? Amerikanische Literatur?«

Reardon wurde rot, und Terri wandte sich mit kalter Miene wieder an Brook. »Vielen Dank auch für die Analyse, Dad. Ich bin sicher, sie hat Hand und Fuß. Nur eines hast du falsch verstanden. Reardon ist nicht meine Freundin, sie ist meine Geliebte, und das schon eine ganze Weile.« Sie packte Reardon grob im Nacken, zog ihren Mund zu sich und küsste sie ausgiebig und leidenschaftlich, zu Reardons Schreck. Ein paar Sekunden dauerte es, bis Reardons überraschte Miene der gleichen Leidenschaft Platz machte, und die beiden genossen ihre Umarmung, während der Hund aufgeregt an ihnen hochsprang.

Als sie schließlich voneinander abließen, warf Terri einen letzten, bösen Blick in Brooks Richtung und verschwand im Haus, wo sie die Stufen hinaufstapfte.

Reardon grinste dümmlich. »Tja, das ist jetzt unangenehm.«

»Ich bin das schon gewohnt.«

»Tut mir leid, dass Sie es so herausfinden mussten. Sie wollte es Ihnen erzählen.«

Brook atmete tief durch. »Dass sie eine Lesbe ist? Ich bin nicht sicher, ob sie weiß, was sie ist.«

»Sie ist sich sicher«, sagte Reardon.

»Sie beide wurden von Männern schrecklich verraten«, sagte Brook. »Aber ich bin nicht überzeugt, dass das ausreicht, damit Sie beide sich Ihrer Sache sicher sind.«

»Nun, für den Moment wird das reichen müssen«, sagte Reardon. »Aber wenn unsere Beziehung Sie stört …«

»Die stört mich nicht«, sagte Brook und schüttelte den Kopf. »Nicht im Geringsten. Solange Terri glücklich ist, bin ich glücklich. Das ist alles, was Eltern für ihr Kind wollen. Aber macht sie auf Sie einen glücklichen Eindruck?«

»Wir schaffen das.« Reardon wollte schon die Tür schließen, doch sie zögerte. »Geht es um den Brief, den Terri mir gezeigt hat?«

»Zum Teil.«

»Inspector, könnte der Mann recht haben? Ist es möglich, dass nicht Luke Coulson Mum und Dad ermordet hat?«

»Edward Mullen ist verrückt«, sagte Brook. Plötzlich war er sehr müde. »Terri hätte den Brief nie lesen dürfen, und sie hätte ihn definitiv nicht Ihnen zeigen dürfen.«

»Ich wunschte, sie hätte es nicht getan.« Reardon wartete einen Moment. »Sie glauben also, er irrt sich in Bezug auf Luke? Ray mag ein kaltherziger Bastard sein, aber die Art, wie Mum und Dad …«

»Alles, was Mullen sagt, sollte man mit äußerster Vorsicht genießen«, sagte Brook. »Männer wie er – Lebenslängliche – spielen gerne ihre Spielchen. Das ist der einzige Spaß, der ihnen bleibt.«

305

Reardon nickte zufrieden. Brook schaute zu seinem Wagen. »Ich sollte gehen.«

»Sie dürfen Terri keine Vorwürfe machen, weil sie die Akten gestohlen hat«, sagte Reardon. »Sie dachte, sie hilft mir damit. Bekommt sie jetzt Probleme?«

»Sie hat meinen Namen benutzt.« Brook lächelte schwach. »Also nein.«

»Aber Sie?«

»Mein Boss wird vielleicht glauben, dass ich wieder mal den Verstand verloren habe, aber das ist nichts Neues.« Brook warf ihr einen Blick zu, weil er wissen wollte, ob sie verstand, was er damit sagen wollte. Offensichtlich schon. »*Sie* könnten allerdings Probleme bekommen, allein weil Sie die Akten haben. Sie sollten sie vernichten.«

Reardon leckte sich die Lippen. »Warten Sie hier.« Sie verschwand auf der Treppe und kam kurz darauf wieder und händigte Brook eine Plastiktüte mit A4-Ausdrucken aus. »Hier. Ich will das verfluchte Zeug nicht. Es … erinnert mich daran.« Brook sah in die Tüte.

»Es ist alles drin – Berichte, Fotos, alles.«

Er nahm die Tüte, doch dann zögerte er. »Terri hat einen Autounfall vor sechs Monaten erwähnt.«

»Das hätte sie nicht tun sollen.«

»Was ist passiert?«

»Die Bremsen haben versagt, und ich bin gegen eine Wand gekracht«, sagte Reardon. »Warum?«

»Sie dachte …«

Reardon nickte. »Das dachte ich auch. Aber Sie haben recht. Ray kann nicht zurück nach Großbritannien kommen. Das ergibt keinen Sinn.« Brook wandte sich ab, doch Reardons Stimme hielt ihn zurück. »Sie ist ein tolles Mädel. Ihre Tochter.«

Brook brachte ein Lächeln zustande. »Danken Sie nicht mir.«

»Täuschen Sie sich nicht«, sagte Reardon. »Sie ist sehr stolz auf Sie, hat an der Uni ständig von Ihnen geredet. All die Fälle, an denen Sie gearbeitet haben, die Mörder, die Sie erwischt haben. Sie liebt Sie sehr.«

21

Brook öffnete die Tür seines Cottage kurz vor Mitternacht und lud Thermosflasche und Notebook auf dem Tisch ab, zusammen mit der Plastiktüte mit den kopierten Akten. Er wollte sich gerade einen Tee machen, stellte aber fest, dass ihm die Milch ausgegangen war, weshalb er sich stattdessen einen kleinen Malt Whisky eingoss, den er mit einem ordentlichen Schuss Wasser auffüllte. Er nahm einen Schluck, sank an den Tisch und zog das iPhone hervor, um eine Nachricht zu schreiben.

Jedes Mal, wenn wir uns sehen, streiten wir, Terri. Ich weiß, das ist meine Schuld, aber das liegt daran, dass ich dich lieb habe. Ich will das Beste für dich und hasse es, dich unglücklich zu sehen. Wenn du bereit bist, mir noch eine Chance zu geben, bin ich hier. X

Mit schwerem Herzen schickte er die Nachricht hinaus in den Äther, nahm noch einen Schluck und verfasste die nächste Nachricht an Cooper.

Dave, können Sie Details über einen Unfall herausfinden, in den Reardon Thorogood vor etwa sechs Monaten verwickelt war? Finden Sie auch heraus, ob Ford die Videobänder vom Flughafen East Mid für den Zeitraum der Black-Oak-Farm-Morde angefordert hat. In beide Richtungen, wenn möglich. Bitte direkt mailen.

Cooper reagierte fast sofort, und Brook widmete danach seine Aufmerksamkeit der Tüte mit Akten zur Black Oak Farm, die Terri ausgedruckt hatte. Er leerte die Tüte auf den Tisch und teilte das Material in zwei ordentliche Stapel auf – Fotografien und Berichte, darunter auch die Befunde der Spurensicherung. Da er die Fotos bereits gesehen hatte, zog er den größeren Stapel mit Aussagen zu sich heran und begann, sie aufzuteilen. Nach ein paar Minuten hatte er drei Stapel mit Dokumenten, die grob chronologisch sortiert waren – die Aussagen von Reardon Thorogood und den Beamten am Tatort, die Obduktionsberichte und forensische Berichte.

Er hatte die Obduktionsberichte bisher nur einmal gelesen, und das auch nur flüchtig, da die Todesursache für alle drei Opfer außer Frage stand. Er las sie noch einmal systematisch, erfuhr dabei aber nichts Neues. Die Kernkörpertemperatur zeigte, dass Mr und Mrs Thorogood zwischen zwölf und ein Uhr am fraglichen Mittag gestorben waren, beide an einer Kombination aus Blutverlust und Organversagen. Die Arterie am Hals und das Herz waren bei beiden Opfern extrem betroffen.

Der Befund für Jonathan Jemson erzählte eine ähnliche Geschichte. Seine tödliche Wunde war die am Hals, die Coulson ihm beigebracht hatte, und Dr. Petty hatte notiert, dass der Angriff wie in Raserei erfolgt sein müsse. Als Jemson Reardon vor Coulsons Augen vergewaltigte, hatte er eine unerwartete Wildheit bei seinem früheren Klassenkameraden geweckt, die ihn das Leben kostete. Jemsons Hals war von hinten aufgeschlitzt worden, wobei Luftröhre und Karotis durchtrennt wurden. Reardon Thorogood war von dem arteriellen Blut bespritzt worden, als Jemson in seinen Todeszuckungen auf ihr zusammenbrach.

Brooks Blick ging nach unten auf der Seite, und er versuchte, die Beschreibungen der Wunden mit den Fotos zu vergleichen, doch Terris Schwarz-Weiß-Ausdrucke, die sie mit seinem billigen Drucker gemacht hatte, waren unzureichend, also trottete er in das Büro und holte den Aktendeckel mit den identischen Farbfotos vom Tatort, die Cooper ihm besorgt hatte. Er verglich sie mit den Schwarz-Weiß-Fotos, um zu prüfen, ob auch alle da waren, dann legte er sie neben den Bericht und fuhr mit seiner Lektüre fort.

Er blätterte zu den Farbfotos von Jemson weiter. Die Jeans hing ihm um die Knöchel, er war leblos nach vorne gekippt. Er hatte nur kurz gegen Coulsons tödlichen Angriff gekämpft, da ihn sein halb bekleideter Zustand behinderte, sodass er dort gestorben war, wo er angegriffen wurde, völlig ausgeblutet, als sein kurzes, nutzloses Leben zitternd zu einem Ende kam, und der Schock auf seinem Gesicht hatte den Moment überlebt, in dem er die körperliche Welt verließ.

Im selben Stapel mit Farbfotos folgte Brook Coulsons Schritten zum Mord an den Thorogoods und blickte kurz auf das im eigenen

Blut liegende Paar. Er blätterte über die Jemson-Fotos hinweg und hielt bei ein paar banalen Fotos inne, die er bisher nicht bemerkt hatte, als er die schwarz-weißen Kopien durchgegangen war. Vielleicht hatte das Fehlen von Blut ihn dazu gebracht, sie inmitten des sie umgebenden Gemetzels zu übersehen. Beide Fotos zeigten kaum sichtbare Blutspuren auf dem cremefarbenen Teppich in Reardons Schlafzimmer.

Eines der Fotos war eine Nahaufnahme direkt neben einem nummerierten, gelben Beweismittelschildchen, das andere zeigte einen größeren Bildausschnitt, damit man den Fleck im Raum verorten konnte. Die Blutspur befand sich ungefähr einen Meter vor dem Fenster, ein ganzes Stück vom Bett und der bleichen, starren Leiche von Jonathan Jemson entfernt.

Brook legte den Stapel mit Farbfotos auf die Seite und nahm Terris Schwarz-Weiß-Ausdrucke zur Hand und blätterte sie durch, ob darin auch die beiden Fotos enthalten waren. Er fand sie zwischen den Aufnahmen von Mr und Mrs Thorogoods leblosen Körpern und denen von Jemsons blutleeren Überresten. In Schwarz-Weiß waren diese beiden Aufnahmen nicht besonders beeindruckend, besonders deshalb nicht, weil auf den meisten anderen Fotos das Blutvergießen geradezu spektakulär war, um es vorsichtig zu formulieren.

Er legte die beiden Fotos zurück in den Stapel und zählte sie. Es gab genauso viele Schwarz-Weiß-Fotos wie farbige – alle waren da. Er machte dasselbe mit den Berichten. Wie versprochen hatte Reardon ihm alles zurückgegeben, was Terri aus der Polizeidatenbank gestohlen hatte. Seine Tochter konnte jetzt nicht länger juristisch belangt werden.

Erleichtert blätterte er die Unterlagen durch und fand die Berichte, die sich mit der forensischen Untersuchung von Reardons Schlafzimmer befassten. Er überflog die Seite auf der Suche nach der Zahl auf dem Beweismittelschild. Don Crump hatte die Blutspur analysiert:

*Die Probe (Beweismittelschild 7) wurde als das Blut von Mrs P. Thorogood
identifiziert. Vermutlich von der Küche durch das Schuhwerk des Täters (LC)
dorthin gelangt.*

Brook prüfte noch einmal die Nahaufnahme. Das sah nicht wie ein
Fußabdruck aus. Andererseits hatten Coulsons Schuhe deutliche
Abdrücke auf dem Teppich im Flur hinterlassen, als er auf dem Weg
von der Küche zum Schlafzimmer gewesen war, weshalb eine weniger deutliche Spur nach so reichlichem Übertrag durchaus zu
erwarten war. Die eigentliche Frage, die sich hier stellte, war die,
warum Luke Coulson, nachdem er Jemson angegriffen und getötet
hatte, um seinen sterbenden Freund herumging und ans Fenster
trat? Um Ray etwas zu signalisieren?

Er legte die Fotos für einen Moment beiseite, um darüber nachzudenken, und schüttelte den Kopf. Dieselben Einwände, die er
schon vorher gehabt hatte, blieben: Wenn Ray da gewesen wäre,
hätte er etwas unternommen, als die Dinge plötzlich so falsch liefen.

Bei der Gegenprobe mit Reardons ausführlicher Aussage bezüglich der Ereignisse im Schlafzimmer fand Brook kein Wort darüber,
dass Coulson woanders gewesen sein könnte als auf dem Stück von
der Tür zu Jemson am Fußende des Betts und zurück. Sie erwähnte
mit keinem Wort, dass er den Raum durchquert hätte und ans Fenster getreten wäre. Brook machte sich widerstrebend eine Notiz, um
sie danach zu fragen, falls sich die Gelegenheit dazu ergab, wobei er
sich aufgrund seiner großen Erfahrung des Umstands bewusst war,
dass man von jemandem, der gerade einen anderen Menschen getötet hatte, kein logisches Verhalten erwarten durfte.

Als Nächstes sah er noch einmal die Ergebnisse der Obduktion
der Thorogoods durch, wobei er sie dieses Mal mit den Fotos des
liebenden Paars abglich, das tot in seiner auffallend roten Küche lag,
umrahmt von einem großen See aus trocknendem Blut.

Dr. Pettys Notizen zeigten, dass Mrs Thorogood Stiche in Herz
und Hals beigebracht worden waren – beides erhebliche Verletzungen, die jede für sich tödlich gewesen wären. Sie hatte außerdem

Schnittwunden an den Händen, wo sie zur Selbstverteidigung nach dem Messer geschnappt hatte. Alle Verletzungen fanden sich an der Vorderseite ihres Körpers. Sie hatte gewusst, dass sie angegriffen wurde.

Mr Thorogood hatte weniger Verwundungen, darunter nur eine, die sich als tödlich erwiesen hatte – ein tiefer Schnitt quer über die Luftröhre. Da er der Stärkere der beiden war und daher für Coulson die Hauptbedrohung darstellte, war es nur natürlich, dass er zuerst angegriffen wurde, obwohl er nach seiner Frau gestorben war. Coulson hatte sich damit begnügt, Thorogood außer Gefecht zu setzen, bevor er seine Aufmerksamkeit einem längeren Angriff auf Mrs Thorogood widmete.

Dann, als seine Frau tot war oder sterbend auf dem Boden lag und trotz des massiven Blutverlusts und der physischen Traumata, hatte Thorogood genug Willenskraft und Stärke aufgebracht, über den Boden zu kriechen, durch den wachsenden Blutsee, um in den Armen seiner Frau zu sterben. Brook starrte auf die letzte Ruhestätte des Paars.

»Für immer vereint«, sagte er. »Wie die Gibsons. Wie Frazer und Nolan.« Er starrte auf das Foto der beiden Opfer. »Anderer Zeitrahmen, andere Waffe, anderer Modus Operandi.« Er nahm noch einen Schluck Whisky. »Anderer Mörder.«

Er blätterte die restlichen Fotos aus der Küche durch, verglich sie mit sämtlichen gesicherten Spuren, die für eine bestimmte Aufnahme notiert waren. Die meisten brauchten keine Erklärung, wie auch das Foto des toten Festnetztelefons, das an der Schnur baumelte, oder Mrs Thorogoods leeres Handy, das inaktiv auf dem Boden lag.

Brook schob die Unterlagen beiseite und trank den letzten Schluck des verwässerten Whiskys. Er ließ ihn im Mund kreisen, bevor er schluckte, und genoss die ungewohnte Hitze. Für ein paar Sekunden überlegte er, ins Bett zu gehen, doch die Erinnerungen an seine Auseinandersetzung mit Terri stürzten wieder auf ihn ein, und er wusste, dass er keinen Schlaf finden würde. Er starrte auf die Whiskyflasche, dann stemmte er sich gegen das Vergessen, schleppte sich zum Auto und fuhr zurück zu St Mary's.

22

Caskey drehte den Schlüssel im Schloss und betrat leise die dunkle Küche. In Anbetracht der späten Stunde ließ sie die Tür behutsam zugleiten und drückte die Klinke herunter, bevor sie ins Schloss fiel.

Sie tastete mit einer Hand nach dem Lichtschalter, und die Leuchtstoffröhren erwachten zu Leben und fluteten die Küche mit grellem Licht. Nachdem sie sich am Spülbecken ein Glas Wasser eingeschenkt hatte, nahm Caskey einen frischen Apfel aus der Obstschale und verschlang ihn. Die Arbeit hatte wieder Vorrang vor dem Essen gehabt, aber es war viel zu spät, um jetzt noch was Gehaltvolles zu essen, denn sonst würde sie nie schlafen.

Sie trank das Wasser, schaltete das Küchenlicht aus und schlüpfte aus Jacke und Schuhen, während sich ihre Augen auf die Dunkelheit einstellten. Sie hatte sich endlich an das Haus gewöhnt und schaffte es, die Stufen hochzusteigen, ohne noch mehr Licht anzumachen. Am Fuß der Treppe hängte sie die Jacke über den Treppenpfosten, nahm ihr Handy und den Dienstausweis aus der Jackentasche und legte beides auf die unterste Stufe. Sie öffnete die Hose, ließ sie zu Boden fallen und stieg aus der feuchten Wärme des Kleidungsstücks, bevor sie es aufhob und über einen Stuhl an der Wand warf.

Sie lächelte bei der Erinnerung an Georgias oft wiederholte Klagen über die Spur aus abgelegten Kleidungsstücken, die sich durchs Haus zog. Sie schlich nach oben, knöpfte dabei ihre Bluse auf, knüllte sie zusammen und stopfte sie in den Wäschekorb auf dem Treppenabsatz. Dann betrat sie die Wärme des Schlafzimmers. Der Wecker auf dem Nachttisch zeigte ein Uhr nachts.

Sie öffnete ihren BH, ließ ihn lautlos zu Boden gleiten und schlüpfte in das kühle T-Shirt, das unter ihrem Kissen wartete, und zog es über Kopf und Oberkörper. Sie nahm die Kette ab und legte sie auf den Nachttisch, wobei sie den schweren, G-förmigen Anhänger so arrangierte, dass er richtig herum lag.

Darüber musste sie lächeln. »Zwangsstörung«, flüsterte sie und ahmte Georgias amüsierte Warnung nach. Georgias eigener R-förmiger Anhänger wurde immer achtlos auf den Teppich neben dem Bett geworfen, vergessen bis zum Morgen.

Caskey schlüpfte unter die weichen Laken, die angenehm kalt waren, und sie schob sich näher zu der schlafenden Gestalt auf der anderen Bettseite.

»Es ist kalt«, flüsterte sie zweideutig, fuhr mit einer Hand über die glatte Taille ihrer Bettgefährtin. Sie verharrte an ihrem Bauchnabel. Ihre Gefährtin war eiskalt. »Georgie?« Sich aufsetzend zog Caskey die Hand zurück und spürte etwas Nasses an ihren Fingern und jetzt auch am nackten Oberschenkel.

Sie stürzte zum Lichtschalter an der Tür, fummelte daran herum und sprang zurück zum Bett, um die Bettdecke von Georgias reglosem Körper wegzureißen. Sie krümmte sich voller Entsetzen beim Anblick von Blut und Hirnmasse, die in dem Wirrwarr aus blondem Haar erstarrt waren, das jetzt rote Strähnen aufwies. Georgias zerschmetterte Zähne waren kaum erkennbar, sie waren rings um das geronnene Blut aus dem zu Brei geschlagenen Krater verteilt, der einst ihr hübsches Gesicht gewesen war.

Die Zeit schien für Caskey stillzustehen, während sich der Anblick in ihre Augäpfel brannte. Sie konnte nichts hören bis auf ihr eigenes Blut, das ihr in den Ohren rauschte. Verzweifelt versuchte sie, einen Sinn in dem zu erkennen, was sie da sah. Und plötzlich begriff sie es. Ihr Gehör kehrte zurück, und sie begann zu hyperventilieren, ihr Mund war augenblicklich wie ausgetrocknet, ihr Puls ging förmlich durch die Decke. Ihre geliebte Georgia war tot.

»Oh Gott. Oh Gott«, stammelte sie, kam auf die Füße, füllte ihre Lungen, um zu schreien, doch kein Laut kam heraus.

»Biste jetzt glücklich, du kranke Schlampe?«, höhnte eine Stimme hinter ihr, die das letzte Wort genüsslich geiferte.

Caskey fuhr herum, als die Schranktür aufging und ein Mann auftauchte. Ein Gesicht, das sie erkannte, wütend und tränenreich, doch jetzt war es hasserfüllt, mit Blut befleckt.

313

»Warum …?«, wollte Caskey fragen, doch die Worte kamen ihm nicht über die Lippen.

»Warum?«, schäumte er. »Das ist mein verdammtes Haus.« Er nickte zu der entstellten Gestalt auf der Matratze. »Georgia ist meine Frau, und du hast sie mir weggenommen, du perverse *Fotze*.«

»Georgia«, würgte sie, versuchte zu denken, sich an ihre Ausbildung zu erinnern. Doch ihr Kopf schwamm in einem Strudel, der ihre Zukunft bereits in den Abgrund gerissen hatte. Sie versuchte, sich zu sammeln. Ein Haus, das angefangen hatte, ihr vertraut zu sein, war ihr nun wieder fremd.

»Ihr wart geschieden«, brachte sie hervor.

»Glaubst du, das war meine Idee, Schlampe?« Er umrundete langsam das Bett in ihre Richtung, und Caskey entdeckte den Baseballschläger, den er dicht am Bein hielt. Er bemerkte ihren Blick und zeigte mit dem blutigen Ende auf sie. Ein Stück Hirnmasse baumelte hin und her, als der Schläger vor ihren Augen wippte. »Du hast mein hübsches Mädchen in eine verdammte Lesbe verwandelt.« Tränen stiegen ihm in die blassen Augen, als er auf die blutige Leiche auf dem Bett schaute. »Ich habe sie geliebt«, krächzte er, sein Gesicht von plötzlicher Wut verzerrt. Eine Sekunde später verhärteten sich seine Züge, und er machte noch einen Schritt auf sie zu. »Du hast sie gegen mich aufgehetzt.«

Caskey brach den Augenkontakt ab und stürzte Richtung Tür, doch er trat sie zu und zielte mit dem Schläger auf ihren Kopf. Sie duckte sich und versuchte zu entkommen, doch sie wusste nicht, wohin, und der Nachttisch drückte von hinten gegen ihre Beine. Sie tastete hinter sich und stieß die Lampe um im verzweifelten Versuch, irgendeine Waffe in die Hand zu bekommen. Das Metall ihres Anhängers berührte ihre rechte Hand, und ihre Finger schlossen sich darum.

»Sieh mich nicht so an«, höhnte er. »Du hast noch ein bisschen Zeit, Schlampe. Nachdem ich dich bewusstlos geschlagen habe, werde ich ihn dir reinstecken.« Er warf ihr einen Kuss zu, und um seinen Worten mehr Gewicht zu verleihen, schielte er anzüglich auf ihre harten Nippel unter dem T-Shirt. »Ich glaube, das schuldest du mir. Und wenn ich meine Ladung verschossen habe, falls du sagen kannst: ›Danke, Barry. Das war großartig, Barry‹, und ich dir glaube, lasse ich dich vielleicht am Leben.«

Caskey suchte nach einem Fluchtweg. Es gab keinen. Sie nahm all ihren Mut zusammen. »Du glaubst wirklich, ich will noch länger leben, nachdem du deinen Schwanz in mir drinhattest?«, keuchte sie und versuchte sich an einem atemlosen Lachen.

Das Grinsen auf Barrys Gesicht verpuffte, und er schwang den Schläger wild in Richtung ihres Kopfs. Da sie nirgendwohin ausweichen konnte, war sie gezwungen, den Schlag mit ihrem Arm abzufangen, wobei der Schläger sie am Ellbogen traf und sie vor Schmerz aufschrie. Sie bekam jedoch den schmalen Griff zu fassen und versuchte, ihm die Waffe zu entwinden. Aber er war zu stark, zog den Schläger an seine Brust, zerrte sie zu sich und verpasste ihr einen Kopfstoß gegen die Stirn.

Caskey stöhnte und fiel nach hinten aufs Bett, sie war kurz davor, das Bewusstsein zu verlieren. Im selben Moment packte eine Hand sie grob am Nacken und riss sie vom Bett, drehte sie mit derselben Bewegung herum und drückte ihr Gesicht in die Matratze. Sie hörte den Schläger klappernd auf den Boden fallen, dann drückte sich ein Knie in ihren unteren Rücken, während ihr dünnes Höschen heruntergerissen wurde.

»Nein«, stöhnte sie in das Bettlaken. Sie versuchte sich freizukämpfen, aber das war unmöglich, solange er sich mit seinem ganzen Gewicht auf sie drückte und ihre Arme unter ihrem Körper gefangen waren. Obendrein schlug er sie auf den Hinterkopf, um sie zum Schweigen zu bringen.

Eine Sekunde später verschwand das Gewicht, als er aufstand und an seinem Reißverschluss herumfummelte, und Caskey schaffte es, den Kopf zu heben. Georgias geschundene Leiche lag direkt in ihrem Blickfeld. Wunderschöne, zärtliche, liebevolle Georgia, eingetaucht in verkrustetes Blut und Eingeweide.

Mit einem wütenden Heulen drückte sie sich hoch und befreite einen Arm. Sie schlug blind mit dem schweren Anhänger um sich. Instinktiv wich Barry zurück, wobei er vorsichtiger war, da er seinen erigierten Penis schützen wollte. Sie trat mit dem Fuß um sich, dann kam sie auf die Beine und kratzte ihn wie eine in die Enge getriebene Wildkatze. Dank der Hose, die ihm um die Knöchel hing, konnte sie ihn aus dem Gleichgewicht bringen, und er fiel rückwärts gegen die Wand.

Er versuchte, irgendwie seine Hose hochzuziehen, doch ihm blieb keine Zeit, da Caskey mit dem nächsten Tritt auf seinen Kopf zielte und ihn dabei streifte. Doch es reichte, dass er rückwärts gegen die Wand knallte und nach unten auf die Fersen rutschte. Sie stürzte Richtung Tür und riss sie auf, doch er packte ihren Knöchel, sodass sie stolperte und auf den Treppenabsatz fiel. Mithilfe des Geländers zog sie sich hoch, drehte sich um und sah, wie er hinter ihr herstürzte, den Baseballschläger bereits wieder im Anschlag.

»Du Schlampe«, schrie er und zielte mit dem Schläger auf ihren Kopf.

Caskey duckte sich und wich seinem massigen Körper aus, sodass er gegen das Treppengeländer knallte. Als er auf das wacklige Konstrukt traf, stemmte sie sich auf seinen Oberkörper, um ihn weiter aus dem Gleichgewicht zu bringen, und seine Füße verloren die Bodenhaftung. Er kämpfte wie eine umgedrehte Schildkröte darum, wieder in Balance zu kommen, doch Caskey packte einen seiner zappelnden Füße und hob ihn Richtung Decke. Mit einem Heulen machte er eine Rolle vorwärts in die Dunkelheit und landete mit hörbarem Krachen und einem Stöhnen auf dem Hartholzboden darunter.

Caskey legte die Hände auf die Knie, um wieder zu Atem zu kommen, dann brach sie schluchzend auf der obersten Stufe zusammen. Einen Augenblick später holte die Wirklichkeit sie ein. *Wunderschöne Georgia. Tot. Für immer.*

Sie wurde vom Geräusch einer schmerzerfüllten Bewegung im unteren Stockwerk aufgeschreckt. Caskey schaltete das Flurlicht an und sah Barry, der wie eine Schnecke versuchte, auf seinem Bauch vorwärtszurutschen, wobei jeder Zentimeter von einem Grunzen begleitet wurde.

»Schlampe«, brachte er hervor, als er merkte, dass sie ihn beobachtete. »Du hast mir den Rücken gebrochen.«

Statt einer Antwort stieg Caskey die Treppe hinab, langsam und bewusst, verschwand in der Küche und tauchte wenige Sekunden darauf mit einem großen Tranchiermesser auf. Ruhig näherte sie sich dem sich abmühenden Barry und setzte sich rittlings auf ihn, doch mit dem Gesicht nach unten würde er nicht sehen können, wie sie das Messer hob. Würde das Glitzern der Klinge nicht sehen, und auch nicht den Tod, der darauf folgte. Würde nicht um Gnade flehen können.

Grob riss sie ihn am Gürtel hoch und drehte ihn kurzerhand auf den Rücken. Mit grimmiger Befriedigung registrierte sie seinen Schrei, der diese Prozedur begleitete. Sie stellte sich über ihn und wartete, bis er die Augen öffnete, bevor sie das Messer zückte. Sein Hals hatte einen merkwürdigen Winkel, bemerkte sie, und er konnte den Kopf nicht heben. Sein Lächeln war eine mühselige Grimasse, die Zähne blutverschmiert. »Mach schon, Schlampe. Tu es.« Tränen tauchten in seinen Augen auf. »Ich kann ohne meine Georgie nicht leben.«

Caskey packte die Waffe fester, doch sie bemerkte, wie ihre Hand zitterte. Das lag nicht an irgendwelchen Zweifeln. Sie wollte diesen Mann tot sehen, aber noch mehr als das wollte sie ihn, wie ihr bewusst wurde, leiden lassen. Er sollte wissen, dass er von einer Frau geschlagen worden war. Dass seine Georgie ihn nie zurücknehmen würde. In diesem Moment scherte Caskey sich nicht um ihre Karriere. Es kümmerte sie nicht, ob sie überlebte oder starb. Georgia war fort. Die Liebe ihres Lebens war ihr genommen worden, und sie hatte keinen Grund mehr zu existieren, außer um zu sehen, wie ihr Mörder ein langes Leben voller Qualen führte. Das Tier, das ihr so brutal Georgia genommen hatte, flehte um einen kurzen und schmerzlosen Tod. Das durfte sie nicht zulassen.

»Gewöhn dich schon mal dran, in einen Beutel zu scheißen, Miststück«, murmelte sie und senkte das Messer. Sie nahm ihr Telefon von der untersten Stufe und machte ruhig den Anruf. Ihre Stimme wirkte in Georgias Haus in Medway seltsam surreal, als würde sie jemand anderem zuhören, der in der Einsatzzentrale einen Überfall meldete.

Als sie den Anruf beendet hatte, ließ sie das Telefon fallen und schleppte sich nach oben, das Messer in der Hand. Erschöpft und ungläubig sank sie zu Boden und ließ die Tränen kommen – und sie kamen, sie rannen über ihr bebendes Gesicht, fielen auf die Waffe, die sie locker in der Hand hielt.

Barrys schmerzerfülltes Gelächter brachte sie zurück. »Willst du was wissen?«, murmelte er und keuchte vor Anstrengung.

Hör ihm nicht zu, hör ihm nicht zu, hör ihm nicht …

»Als ich meine Georgie gevögelt habe, hat sie genauso geheult wie du jetzt, weil sie dachte, du kommst nach Hause und rettest sie …«

Mit einem Heulen, das tief aus ihrem Innern aufstieg, sprang Caskey auf die Füße, legte beide Hände auf Geländer und stürzte sich in den Abgrund. Sie sprang mit den Füßen voran auf Barrys Brust. Er sah, wie sie auf ihn fiel, und öffnete den Mund, um zu schreien, doch sie landete auf ihm, dass die Rippen barsten, bevor ein Ton über seine Lippen kam, und das letzte Geräusch, das aus seinem Mund entwich, war das Gurgeln des Bluts, das ihm von der rupturierten Lunge in die Kehle schoss.

Eine Ewigkeit später hörte sie, wie der Rammbock die Haustür aufbrach, wie Kollegen ihren Namen riefen. Sie hob Georgias alabasterweiße Hand an ihre Lippen, um einen Abschiedskuss auf ihre langen, blutbefleckten Finger zu setzen. Dann ließ sie widerstrebend los und zog das Messer von ihrem eigenen Handgelenk zurück und ließ es auf den Boden fallen.

»Wir werden wieder zusammen sein, Liebste. Und nächstes Mal wird es für immer sein.«

Als sie sich aufrichtete, bemerkte sie Georgias Kette mit dem R-förmigen Anhänger auf dem Teppich vor dem Bett und nahm ihn in die Hand. Sie schob ihn sich mit großer Ruhe über den Kopf.

»Hier oben!«, schrie sie die Schlafzimmertür an.

Caskey wachte schweißgebadet auf, sie hielt das Kissen umklammert, das ihr einziger verlässlicher Liebhaber war seit jener schrecklichen Nacht vor zwei Jahren. Sie löste sich aus der unbeantworteten Umarmung und setzte sich auf die Bettkante, Ellbogen auf die Knie gestützt, die Hände auf ihr feuchtes Gesicht gelegt. Die Uhr zeigte gerade mal halb vier an, aber trotz der frühen Stunde trottete sie unter die Dusche und zerrte ihr nasses Laken dabei auf den Boden.

Dreißig Minuten später war sie draußen in der kalten Nacht von Derbyshire.

23

Brook konnte seine Überraschung nicht verbergen, Caskey um 4.30 Uhr durch die Tür kommen zu sehen. Sie war genauso überrascht, ihn anzutreffen.

»Probleme beim Schlafen?«, fragte Brook und hielt das Video auf seinem Monitor an.

»Fast immer«, sagte sie und gab sich Mühe, ein Lächeln zu zeigen. »Besonders wenn ich an einem Fall dran bin.« Sie füllte den Wasserkocher, dann warf sie einen Blick auf Brooks Monitor. »Was ist das?«

»Das«, sagte Brook und zeigte mit der Hand auf das angehaltene Video, »ist die Ausbeute von ein paar Tagen Überwachungskamera im Langzeitparkhaus 1 des East-Midlands-Flughafens. Sie haben das Material angefordert.«

»Die Fortsetzung ist besser«, witzelte sie.

»Sie sollten sich das ansehen«, gab Brook zurück. »Können Sie besser einschlafen.«

Caskeys Lächeln schwand. »Ich habe es bereits gesehen.«

»Haben Sie das?«

»Einen Teil«, antwortete Caskey zögernd. »Ich hätte Ihnen sagen können, dass es da nichts zu sehen gibt.«

»Ich hätte es mir trotzdem angeschaut«, sagte Brook. »Ich bin nicht der beste Delegierer. Noch eine Schwäche.«

»Meine auch«, sagte Caskey und setzte sich an einen leeren Schreibtisch. »Habe ich etwas übersehen?«

»Überhaupt nichts«, bemerkte Brook. »Vom Mittag am Tag der Morde bis zu dem exakten Zeitpunkt, als Rays Porsche gefunden wurde, haben Sie nichts übersehen.« Er machte eine effektvolle Pause. »Kommt Ihnen das nicht merkwürdig vor?«

»Merkwürdig?«

»Dass es keinerlei Anzeichen dafür gibt, wie sein Porsche sich auf einer der Zufahrtsstraßen dem Flughafen nähert und kein Bild der Kennzeichenerkennungskamera an der Schranke. Trotzdem stand der Wagen dort.«

Langsam kippte Caskey heißes Wasser in ihren Becher. »Wir sind von irgendeiner Fehlfunktion ausgegangen. Das ist die einzige Erklärung.«

»Wir?«

»DI Ford und ich.«

»Sie haben also die Kamera an der Schranke überprüft.«

»DI Ford hat das gemacht.«

»Und er fand keine Erklärung dafür, warum es keine Spur von Rays Auto auf dem Video an der Schranke gab.«

»Wie ich bereits sagte.« Caskey bemühte sich, geschäftsmäßig zu klingen. »Eine Fehlfunktion.«

Brook nickte. »Ich vermute, Sie sind davon ausgegangen, dass Ihr Vorgesetzter seine Arbeit tut.«

Caskey nahm einen Schluck vom heißen schwarzen Kaffee, während sie sich wieder an DI Fords genaue Worte erinnerte. *Das ist nicht wichtig, Rach. Wir haben Coulson. Machen Sie weiter.* »Haben Sie etwas gefunden?«

»Ja und nein.«

»Was heißt das?«

»Ich habe keine Hinweise auf eine Fehlfunktion gefunden.«

»Wie können Sie so sicher sein?«

»Wenn die Kameras nicht richtig funktioniert hätten, gäbe es Lücken bei der Digitaluhr«, sagte Brook leise. »Die gibt es nicht.«

»Keine?«

»Keine.« Er ließ ihr Zeit, damit sich die Erkenntnis setzen konnte. »Das Video, das ich gesehen habe, beweist nur, dass Rays Porsche zwischen dem Mittag des Mordes und dem Zeitpunkt, als wir seinen Wagen gefunden haben, nicht die Schranke des Parkhauses passiert hat. Trotzdem war er da.«

Caskey war verwirrt. »Es gibt nur eine Zufahrt und eine Ausfahrt, richtig?«

»Die Ticketschranke geht rein und raus.«

»Dann weiß ich nicht, was Sie damit sagen wollen. Die Tatsache, dass der Porsche im Parkhaus stand, beweist doch, dass er die Schranke passiert haben muss.« Erste Zweifel schwangen in ihrer Stimme mit. »Was bedeutet, irgendwas stimmt nicht mit dem Film.«

»Sie wissen ja, was man über Kameras sagt«, lächelte Brook.

»Sie lügen, wenn sie defekt sind«, fauchte Caskey. Ihre Gelassenheit begann zu bröckeln.

»In dem Fall gäbe es Zeitlücken auf der Uhr.«

»Sie haben sich das Video in Echtzeit angeschaut?«

»Natürlich nicht«, räumte Brook ein. »Das würde Tage dauern.«

»Dann müssen Sie es übersehen haben.«

»Ich glaube nicht«, sagte Brook.

»Wie können Sie so sicher sein?«

»Das ist leicht. Sehen Sie, Ray hat das Parkhaus nicht im Voraus gebucht …«

»Natürlich hat er es nicht im Voraus gebucht«, spöttelte Caskey. »Er wird wohl kaum eine Kartenzahlung auf seinen Namen generieren wollen, wenn er versucht zu verschwinden.«

»Klar. In dem Fall müsste er, um hineinzugelangen, ein Tagesticket lösen.« Brook hob eine Braue als Aufforderung, seinem Gedankengang zu folgen.

Sie starrte ihn undurchdringlich an und dann ins Leere, bevor sie die Augen schloss, als sie verstand. »Und jedes Ticket hat einen Zeitstempel.«

»Auf die Minute genau. Was bedeutet …«

»Sie können zu jedem Tagesticket vorspulen, um Nummernschild und Marke des Fahrzeugs zu prüfen.« Caskey war jetzt ruhig, und Brook sah keinen Grund, sie nicht ein bisschen schmoren zu lassen. »Aber wenn der Wagen nach den Morden im Parkhaus war, muss er auch hineingefahren sein.«

Brook nahm einen Schluck Tee. »Das ist in beiden Punkten eine falsche Annahme.« Caskey kniff die Augen zusammen. »Er ist nicht durch die Schranke gefahren. Zumindest nicht mit eigener Motorleistung.« Er kramte nach einem Bogen A4. Es handelte sich um einen Lageplan des Langzeitparkhauses. Er zeigte auf einen Punkt auf einer bestimmten Ebene. »Hier haben wir den Porsche gefunden, direkt vor der Absperrung, richtig?«

»Korrekt«, sagte Caskey. »Ray war schlau. Er hat so weit wie möglich von der Schranke entfernt geparkt.«

»Und so weit wie möglich von den Überwachungskameras weg«, fuhr Brook fort.

»Kann schon sein, aber der Wagen war dort«, sagte Caskey. »Den konnte er wohl kaum vor uns verstecken.«

»Nein, konnte er nicht«, stimmte Brook lächelnd zu. »Aber das wollte er auch gar nicht.«

»Ich verstehe nicht.«

»Es ist wirklich einfach. Der Wagen sollte uns glauben lassen, dass Ray außer Landes geflogen ist, richtig?«

»Ja«, sagte sie langsam.

»Er wollte nicht nur das Auto nicht vor uns verstecken, er wollte geradezu, dass wir es finden.«

»Warum?«

»Damit wir denken, er sei in ein Flugzeug gestiegen, obwohl er das gar nicht getan hat.«

Caskey nahm einen Schluck Kaffee, um sich etwas Bedenkzeit zu verschaffen. »Sie glauben, er ist immer noch in England.«

»Ich habe keine Ahnung. Alles, was ich nach Sichtung dieses Videos weiß, ist, dass er nach den Morden keinen Flug vom East Midlands genommen hat. Er hat den Wagen dortgelassen, um uns auf eine falsche Fährte zu locken. Wir sollten glauben, dass er außer Landes geflohen ist, nachdem seine Eltern ermordet wurden.«

»Okay, er hat uns in die Irre geführt«, räumte Caskey ein. »Ist es denn wichtig, ob er das Land per Flugzeug, Zug oder Auto verlassen hat?«

»In diesem Fall schon«, sagte Brook. »Sehen Sie, der Porsche wurde am East Midlands abgestellt, *bevor* der Überfall auf die Black Oak Farm begann.«

»Davor? Ich verstehe nicht.«

»Wirklich nicht? Ray hat nicht versucht, das Auto zu verstecken. Er hat nur versucht zu verbergen, *wann* es abgestellt wurde. Darum haben Frank und Sie es nicht auf dem Überwachungsvideo gefunden.«

»Er kann doch unmöglich den Wagen schon vor dem Überfall abgestellt haben.«

»Das sollen wir glauben«, sagte Brook. »Und da wir glauben, dass das unmöglich ist, werden wir eher von einer Fehlfunktion der Kamera ausgehen, wenn wir überzeugt sind, dass der Wagen nach dem Überfall zum Flughafen gefahren wurde.« Er zuckte mit den Schultern. »Es half, dass Sie bereits einen wie für diesen Fall gemachten Täter hinter Schloss und Riegel hatten und für das Verbrechen eine plausible Geschichte.«

Caskey nahm einen Schluck Kaffee. »Und wann genau wurde der Porsche nun am Flughafen abgestellt?«

Brook klickte auf den Monitor, lud eine andere Datei und drückte auf das Start-Icon für das Video. »Es ist dunkel, und man erkennt kaum mehr als die Umrisse, aber das Wesentliche können Sie erkennen.«

Auf dem Monitor fuhr ein großer Van zur Ticketschranke. Caskey konnte zwei undeutliche Personen im Innern ausmachen, beide dunkel gekleidet und mit Baseballkappen, die sie tief ins Gesicht gezogen hatten. Das Fahrzeug kam vor der Schranke zum Stehen, und der Arm eines Mannes griff nach dem Ticket vom Automaten.

Brook hielt den Film an. »Der Größe und dem Körperbau nach zu urteilen, würde ich sagen, das am Steuer ist Jemson.«

»Sie glauben also, Ray ist der Beifahrer.«

»Möglich ist es. Aber wir können es leider nicht gut genug erkennen.«

»Was also ein ziemlich großer Schritt wäre«, sagte Caskey. »Man kann ja nicht mal ihre Gesichter erkennen.«

»Ich glaube, das ist Absicht.« Brook klickte eine andere Datei ein. Sie bot einen Überblick des Parkhauses von einer höher angebrachten, unverstellbaren Sicherheitskamera. In einer Ecke des Bildschirms zeigte Brook auf einen weißen Van, der in der Ferne kaum erkennbar war. »Derselbe Van fünf Minuten später nahe der Parkbucht, wo Sie den Porsche gefunden haben.«

Caskey sah ihn an. Langsam verstand sie. »Warten Sie mal. Sie glauben, die haben den Wagen in einem Van reingebracht und ausgeladen?«

»Das ist die einzig vernünftige Erklärung.«

Caskey schüttelte den Kopf. »Das glaube ich einfach nicht.«

»Schauen Sie mal.« Eine Minute später fuhr der Van wieder von den geparkten Fahrzeugen weg zu den Parkbuchten in der Nähe der Abflughalle. Brook zeigte auf dem Bildschirm auf ein Fahrzeug in einiger Entfernung. »Sehen Sie? Da ist der Porsche.«

»Wie können Sie so sicher sein?«

»Das ist Rays Wagen«, beharrte Brook.

»Ist das der einzige Blickwinkel?«

»Ich fürchte, ja.« Er spulte den Film zurück und vor. Obwohl nur schwach erkennbar, sah man doch, dass die Parkbucht vor der Ankunft des Vans leer war und danach besetzt, obwohl es nicht leicht war, den Wagen zu identifizieren.

»Das ist alles andere als beweiskräftig«, sagte Caskey.

»Es gibt noch mehr«, antwortete Brook. Er klickte auf ein weiteres Video, auf dem die Rückseite des Vans sehr viel näher an der unverstellbaren Kamera war. Dieses Mal sprang der Fahrer aus der Kabine und marschierte entschlossen Richtung Flughafenhalle.

»Sie sagen, das ist Jemson«, murmelte Caskey.

»Richtige Größe, richtiger Körperbau.«

»Was macht er?«

»Er ist los und zahlt für das Parkticket«, antwortete Brook lächelnd. »Bar, offensichtlich.« Er schaltete den Film ab und lehnte sich zurück. »Fünf Minuten später kommt er zurück, und der Van fährt weg. Ich weiß noch nicht wohin, aber ich drücke uns die Daumen, dass Cooper es herausfindet. Und die Nummernschilder waren gefälscht, bevor Sie fragen.«

Caskeys Blick wanderte zu der digitalen Datumsanzeige, und ihr Mund blieb offen stehen. »Drei Tage vor den Morden.«

»Ja.«

»Wir haben dieses Video nie gesehen.«

»Weil Frank nie daran gedacht hat, es sich anzuschauen.«

Caskey war fassungslos. »Drei Tage *vor* den Morden. Das verstehe ich nicht.«

»Ich bin auch nicht sicher, ob ich es verstehe«, sagte Brook. »Es wirkt alles etwas kompliziert. Aber die Tatsache, dass er verschleiert hat, *wann* der Wagen dort abgestellt wurde, führte dazu, dass Ex-DI Ford und Sie eher bereit waren zu akzeptieren, dass er am Morgen der Morde von der Black Oak Farm hingefahren war, um ein Flugzeug zu erwischen.«

»Warum stand in den Textnachrichten von Ray und Jemson darüber kein Wort?«

Brook lächelte. »Gute Frage.« Caskey wartete. »Ich weiß darauf auch keine Antwort. Noch nicht.«

»Wenn der Porsche also drei Tage vor den Morden am East Midlands geparkt wurde, muss Reardon gelogen haben, dass Ray noch mal auf dem Hof war.«

»Nicht unbedingt«, widersprach Brook. »Ich habe ihre Aussage überprüft. Sie sagte, Ray sei spät auf den Hof angekommen und morgens wieder verschwunden. Sie hat nie den Wagen gesehen, nur ihren Bruder.« Er schenkte sich aus der Thermoskanne Tee nach. »Vielleicht wurde er abgeholt.«

»Mit dem Van?«

»Wer weiß?« Brook lachte kurz auf. »Aber er hat kein Taxi bestellt.«

Caskey hatte die Lippen zusammengekniffen, aus ihrem Gesicht war die Farbe gewichen. »Und wo steckt er jetzt?«

»Meine Vermutung ist, dass er nie das Land verlassen hat.«

325

Caskey brachte ein angestrengtes Lächeln zustande. »Vermutung, ja?«

»Das war nicht mein Fall«, sagte Brook. »Darum muss ich Vermutungen anstellen, bis ich meine eigene Theorie aufstellen kann. Aber Reardon Thorogood glaubt, er ist hier. Sie hat sich in einer Festung im oberen Stockwerk eines Wohnhauses in Nottingham verschanzt und fürchtet um ihr Leben.«

Caskeys Entsetzen vermischte sich mit Wut. »Sie haben mit Reardon gesprochen?«

»Donnerstagnachmittag, bevor ich nach Wakefield gefahren bin und Coulson befragt habe«, sagte Brook. »Ist das ein Problem?«

»Würde es Ihnen was ausmachen, wenn es eins wäre?«

Brook war verblüfft über ihre direkte, fast grobe Art – das gefiel ihm. »Eigentlich nicht. Ich habe die Rückendeckung vom Chief. Fords Fälle sind meine Fälle.«

»Aber DI ... wir haben ihn abgeschlossen.«

»Bis zu einem gewissen Punkt.«

Caskey leerte ihren Kaffee. Sie konnte Brook nicht widersprechen. »Wie ging es ihr?«, fragte sie leise.

»Reardon? Sie ist ein Schatten des Mädchens, das ich beobachtet habe, wie sie Coulson auf dem Hof beruhigt hat. Sie wirkte schwach, mitgenommen.«

»Ich habe keinen Zweifel, dass sie darüber hinwegkommt.«

»Mit der Zeit bestimmt«, sagte Brook. »Und mit professioneller Hilfe.«

Caskey schüttelte den Kopf. »Ray wird definitiv nicht zurückkommen, um sie zu töten, wenn er nicht erben kann. So viel habe ich ihr gesagt.«

»Sie haben sie also auf dem Laufenden gehalten?«

»Bis zu einem gewissen Punkt«, sagte Caskey. »Es gab ziemlich wenige Entwicklungen.«

»Es wurde ein Autounfall vor sechs Monaten erwähnt.«

Caskey nickte. »Sie dachte, jemand habe die Bremsen ihres Autos manipuliert.«

»Sie wussten davon?«

Caskey zögerte. »Reardon rief mich aus dem Krankenhaus an und hat mir davon erzählt.«

»Davon habe ich nichts in der Akte gesehen.«

»Ich bin der Sache auf den Grund gegangen. Der Mechaniker sagte, die Bremsen seien in Ordnung. Es war ein Fahrfehler. Feuchtes Wetter, feuchte Schuhe. Ihr Fuß ist von der Bremse gerutscht, und sie ist in eine Mauer gekracht.«

»Keine Zeugen?«

»Nein.« Caskey stand auf und schaltete den Wasserkocher wieder an. »Ich habe keinen Bericht in der Akte hinterlegt, weil es ein Unfall war. Er besaß keine Relevanz für die Ereignisse auf der Black Oak Farm.«

»Wohl wahr.« Brook kramte in den Unterlagen auf seinem Schreibtisch. »Da wir von dem Hof reden, wie haben Sie diese Blutspuren interpretiert?«

Caskey zog die zur Diskussion stehenden Fotos zu sich heran und schaute sie sich konzentriert an. »Das ist der Teppich in Reardons Schlafzimmer ...«

»Etwa einen Meter vom Fenster entfernt«, fügte Brook hinzu.

»Ich erinnere mich. Das Blut stammt von Mrs Thorogood. Wir sind davon ausgegangen, dass es durch Coulsons Schuhe dorthin gekommen ist.«

»Sie sind davon ausgegangen?«

»Das war die Analyse der EMSOU.«

»Das ist keine Analyse«, sagte Brook scharf. »Sie sind die Ermittlerin. Die Forensik kann Ihnen nur sagen, welche Hinweise es gibt. Ihre Aufgabe ist es, sie zu interpretieren ...«

Noble kam in den Raum und blieb überrascht stehen. Instinktiv schaute er auf die Uhr. »Morgen«, sagte er knapp und legte sein Notebook auf einen Tisch.

Das einsilbige Grunzen, das er als Antwort erhielt, ließ ihn zögern. »Irgendwas Neues zu Fry?« Brook schüttelte den Kopf. Caskey studierte den Boden und schien ihn nicht zu hören. Nach ein paar Sekunden unangenehmen Schweigens verließ Noble den Raum wieder. »Ich glaube, ich hole mir unten ein KitKat. Will sonst noch jemand was?«

Brook und Caskey schüttelten den Kopf, ohne aufzublicken, und Noble sah sich die beiden Kämpfer nachdenklich an, bevor er hastig den Rückzug antrat.

Caskey wandte sich an Brook. »Gibt es etwas, das Sie sich von der Seele reden wollen, Sir?«

Brook zögerte. Der Umgang mit Leuten, die ein großes Ego besaßen, gehörte nicht zu seinen Stärken. »Ich versuche nur die Fragen zu stellen, die DI Ford hätte stellen müssen.«

»Sir, DI Ford …«

»Hätte schon vor fünf Jahren in Pension gehen sollen«, unterbrach Brook sie. »Vor zwei Jahren hätte man ihn dazu gedrängt, wären nicht Sie in sein Team gekommen und hätten seine Aufklärungsrate deutlich verbessert. Das ganze Revier weiß, dass Sie für ihn den Laden geschmissen haben.«

»DI Ford war ein guter Bulle …«

»Quatsch. Wenn er Arzt gewesen wäre, hätte er inzwischen jemanden umgebracht. Ford war schon seit Jahren kein guter Bulle mehr, und das wissen Sie. Ich musste ein paar seiner früheren Katastrophen aufräumen. Fälle, die er selbst hätte aufklären können, wenn er sich nur ein bisschen angestrengt hätte. Sie haben eine Zeit lang die Fehler vertuscht, aber man kann nicht von Ihnen erwarten, dass Sie alles immer wieder ausbügeln.«

»Ich habe nur …«

»Langweilen Sie mich nicht mit Ihren Treueschwüren. Das rechtfertigt nicht, über schlechte Arbeit einfach hinwegzusehen.«

»Sie schätzen Loyalität also nicht?«, fragte Caskey, inzwischen angriffslustiger.

»Nicht, wenn sie auf meinem Rang beruht«, gab Brook zurück. »Die Detectives in meiner Einheit geben sich keiner Illusion hin, dass Loyalität schön und gut ist, doch am Ende zählt nur das Resultat, und damit wir das erreichen, möchte ich, dass sie offen sprechen, wenn ihre Kollegen nicht ihre Arbeit machen. Selbst dann, wenn sich jemand auf die Füße getreten fühlt.«

»Und wenn dabei auch Sie kritisiert werden?«

»Wenn ich Fehler mache, will ich, dass die Leute mir das sagen, damit ich mich am Riemen reiße oder anderen Platz mache. Ich habe zu viel mittelmäßige Polizeiarbeit gesehen im Laufe der Jahre, darum kann ich meine Ansprüche nicht herunterschrauben.«

Caskeys Miene war grimmig, und Brook blies angestrengt die Wangen auf.

»Sehen Sie, Rachel.« Sie verzog bei der Erwähnung ihres Vornamens das Gesicht, als hätte er sie geohrfeigt. »Der Job des DI ist es, strategisch zu denken. Ich stelle die Fragen und lenke die Ermittlung in die Richtung, in die sie führen muss, bis jede Facette Sinn ergibt. Ich nicke nicht einfach einen spekulativen Bericht der EMSOU ab. Ich bin verantwortlich, und ich halte den Kopf hin. Merken Sie sich das, wenn Sie befördert werden.«

»Die Chancen sind eher gering«, antwortete sie. »Alle reden über Gleichstellung, und meine Tür steht Ihnen immer offen, aber das ist nur Management-Sprech, und wenn es hart auf hart kommt, geht es nur darum, dass die Führungsriege ihre eigene Position sichert.«

»Glauben Sie mir, wenn ich sage, dass ich genau weiß, was Sie meinen.«

»Noch mehr doppelzüngiger Management-Sprech«, schäumte sie. »Bitte hören Sie auf, mich so zu behandeln.«

Brook lächelte. »Schön. Aber glauben Sie mir, ich bin sehr viel weiter entfernt von der Führungsriege als Sie.«

»Es überrascht mich, dass man es überhaupt geschafft hat, Sie zu integrieren«, erwiderte sie und hob sarkastisch die Brauen. Eine Sekunde später legte sich Zweifel über ihre Miene, und sie schaute beiseite.

Brook strich sich über das Kinn. »Wieder richtig. Politische Korrektheit macht es schwerer, als es sein sollte, sich von seelisch in stabilen Beamten zu trennen.«

»Das habe ich nicht gemeint«, murmelte sie.

»Doch, haben Sie.« Seine Miene wurde weich, er lächelte. »Aber mich kann man mit so etwas gar nicht treffen, schon vergessen?«

»Teil des Heilungsprozesses?«, witzelte sie. Brooks Lächeln

wurde breiter. »Es ist also nur die schlechte Polizeiarbeit, die Ihnen auf den Wecker geht?«

»Vor allem meine eigene.« Für einen Moment herrschte Stille, während Caskey sich die Konsequenzen aller Beleidigungen überlegte, die sie schon mal auf einen vorgesetzten Offizier abgefeuert hatte. »Sie würden einen guten DI abgeben, Rachel.« Brook begegnete ihrem Blick. »Aber Sie müssen die Ablenkungen meiden.«

»Ablenkungen?«

»Diejenigen, die Sie seit der Black Oak Farm beeinflussen.«

Ihre Miene wurde defensiv. »Wovon reden Sie?«

»Ich habe mir angesehen, was Sie erreicht haben, seit Sie in Derby sind. Vor der Black Oak Farm war Ihre Akte makellos, und Ford war der Nutznießer. Aber seitdem ist es, als hätte jemand einen Schalter umgelegt, und Sie sind nicht mehr derselbe Bulle.« Caskey starrte auf einen Punkt hinter Brooks Kopf. »Die ganze Ermittlung war ein Saustall. Okay, Sie haben ein Teilergebnis erzielt, aber auch nur, weil Coulson Ihnen in den Schoß fiel. Dann, vor fünf Wochen, haben Sie nur danebengestanden, als Ford diesen ganzen Stuss über einen schwulen Lustmörder verbreitet hat, und selbst Charlton hat erkannt, dass nicht alles in Ordnung war. Etwas hat Sie auf der Black Oak Farm verändert. Was war das?«

Ihre Miene nahm einen gequälten Ausdruck an, und sie griff instinktiv nach dem Anhänger unter ihrer Bluse. »Nichts.«

»Das hat was mit dem Verlust Ihres Partners zu tun, oder?«

Sie funkelte ihn an. »Das geht Sie nichts an.«

Brook lächelte mitfühlend. »Doch, tut es. Wir sind hier bei der Polizei, Rachel. Hier stehen Leben auf dem Spiel. Wenn wir nicht funktionieren, entkommen Kriminelle, und Menschen sterben.« Er zeigte auf den Anhänger. »Erzählen Sie mir von dem Mord. Was ist mit George passiert?«

Ihr Gesicht rötete sich. »Ich kann nicht.«

»Sie müssen«, sagte Brook.

»Ist das so?«, schnaubte sie.

»Wenn nicht mir, dann jemandem, der Ihnen helfen kann.«

»Inwiefern helfen?«

»George wurde vor über zwei Jahren getötet«, sagte Brook. »Dann kamen Sie zum CID in Derby und hatten sofort alles im Griff, Sie haben sich in die Arbeit gestürzt.«

Caskey presste die Lippen zusammen, ihre Antwort war knapp. »Ein neuer Job. Neue Kollegen wollten beeindruckt werden.«

»Selbstverständlich. Aber dann ist auf der Black Oak Farm etwas passiert, das Sie aus Ihrer Komfortzone gerissen hat und zurück zu jener Nacht brachte. Etwas hat Sie an Georges Tod erinnert, oder?«

Sie starrte ihn an und nickte schließlich, als wäre sie nicht ganz bei sich. »Die Opfer ...«

»Mr und Mrs Thorogood.«

»Sie waren ...«

Brook machte das Foto ausfindig, das er letzte Nacht angestarrt hatte – jenes, bei dem Mr Thorogood seine tote Frau in die Arme schloss. Er hielt es hoch, und Caskey sah nur kurz hin, bevor sie den Blick abwandte.

»Sie waren am Ende zusammen«, sagte Brook. »Ist es das, was Sie wollten?«

Tränen rollten Caskey über das Gesicht. »In der Nacht, als ich nach Hause kam und Georges Leiche fand – ich erinnere mich, wie ich ...«, sie blinzelte eine Träne weg, »wie ich ... seine ... Hand hielt. Sie war kalt. Wie Marmor.«

»Und Sie wollten mit ihr sterben, damit Sie zusammen sein konnten.« Caskeys Kopf fuhr hoch, und ihre Blicke trafen sich. »Dachten Sie, wir würden das nicht verstehen, Rachel?«

»Dass ich eine Lesbe bin«, krächzte sie. »Ich wollte einfach nicht ...«

»Wir haben Gleichstellungsbeauftragte ...«

»Scheiß auf die Gleichstellungsbeauftragten«, stieß sie hervor. »Ich schäme mich nicht für meine Sexualität.«

»Gut«, sagte Brook, und er war ausnahmsweise zufrieden, denn in diesem Fall passte ein Kraftausdruck durchaus. »Und weshalb schämen Sie sich dann? Schwäche?«

Mehr Tränen rannen ihr über die Wangen. »Ich hätte mit meiner Seelengefährtin sterben sollen, dann hätten wir niemals getrennt werden können. Ich hatte sogar das Messer schon am Handgelenk. Stattdessen …« Beschämt senkte sie den Kopf.

»Hier, putzen Sie sich die Nase.« Brook gab ihr ein Taschentuch.

»Wie gut ich Ihre Stärke vor zwanzig Jahren hätte brauchen können.« Sie blickte zu ihm auf. »Sie steuern dorthin, wo ich einst war, Rachel, wenn Sie sich keine Hilfe suchen.«

»Wo die Monster leben?« Sie trocknete sich die Augen. »Ich glaube nicht. Ich bin einfach jämmerlich.«

»Nein, sind Sie nicht. Sie haben etwas erlebt, das nicht viele von uns durchmachen müssen. Und nur so konnten Sie neulich das Profil des Champagnermörders so gründlich ausarbeiten. Den Verlust, die Rohheit dahinter.«

»Ich träume jede Nacht davon, wache schweißgebadet auf und keuche wie ein Schulmädchen.«

»Das habe ich auch durchgemacht«, sagte Brook leise. Sein Mund verzog sich zu einem kleinen Lächeln. »Vielleicht mit Ausnahme dieses Schulmädchenvergleichs.«

Caskey stieß einen explosionsartigen, bitteren Lacher aus, der die Stille durchschnitt. Dann blickte sie in die Vergangenheit, als läge sie wie ein aufgeschlagenes Buch vor ihr. »Geht Ihnen das nicht an die Nieren? Die Schrecklichkeit dessen, was Sie gesehen haben.«

»Natürlich.«

»Aber Sie sind darüber hinweggekommen.«

»Einigermaßen«, sagte Brook. »Sehen Sie, ich habe begriffen, dass unsere Träume nur dazu da sind, unseren Dämonen ein Heim zu bieten. Es gefällt uns vielleicht nicht, aber solange wir jeden Morgen aufwachen, geht es uns gut. Doch selbst mit diesem Wissen musste ich mir noch Hilfe holen.«

»Aber Sie wirken immer auf mich, als hätten Sie die volle Kontrolle.«

»Kontrolle ist das, wofür man mich bezahlt«, erwiderte Brook. »Mein Team muss an mich glauben können. Ohne diesen Glauben wird es führungslos und kann nicht funktionieren. Wie DI Fords Haufen, bis Sie dort auftauchten.«

Caskey stöhnte auf, doch dann atmete sie tief durch und setzte sich auf. »Keine Sorge, mit dem Heulen bin ich fertig.«

»Da bin ich aber froh«, witzelte Brook. Er kramte in einer Tasche und gab ihr eine Zehnpfundnote. »Sie sehen halb verhungert aus, Rachel. Es gibt einen Imbisswagen an der Ecke, der gleich aufmacht. Holen Sie Schinkensandwichs für uns drei, und wenn Sie gegessen haben, rufen Sie den Makler von der Black Oak Farm an. Danach organisieren Sie einen Forensiker von der EMSOU, damit er dort noch mal Blutspuren abnimmt.«

»Blutspuren? Das ganze Haus wurde entkernt und renoviert, und das war noch nach der Reinigung.«

»Ich weiß, aber wenn meine Vermutung stimmt, gibt es eine bestimmte Stelle, wo wir noch etwas finden können.«

Caskey ging Richtung Tür und drehte sich noch einmal um. »Woher wussten Sie, dass ich eine Lesbe bin?«

Brook zuckte bescheiden mit den Schultern. »Ich bin ein geübter Ermittler.«

»Im Ernst.«

»Das Gerede auf dem Revier.«

Caskey war verwirrt. »Aber es gibt keins.«

»Ganz genau.«

24

»Sie und Caskey scheinen immer besser auszukommen«, sagte Noble und wischte sich das Schinkenfett von den Händen.

»Wir haben nur die Anomalien des Falls diskutiert«, sagte Brook und legte den Bericht beiseite, den er gerade las. »Wissen Sie mehr über ihre Geschichte?«

»Caskey? Nein. Nur, dass sie bei der Medway gearbeitet hat und ihr Freund ermordet wurde.«

»George«, sagte Brook, ohne das weiter auszuführen.

»Klingt, als wüssten Sie mehr als ich.«

»Wissen Sie etwas über die Nacht, in der er starb?«

»Smee glaubt, Caskey hat den Leichnam nach einer Spätschicht gefunden, das Gesicht eingehauen. Der Mörder war noch da.«

»Noch da?«, rief Brook. »Was ist dann passiert?«

»Sie hat ihn erledigt. Offenbar hat der Typ versucht, sie zu vergewaltigen, sie hat gegen ihn gekämpft. Er starb an seinen Verletzungen.«

»Ein sauberer Tod?«

»Der Ausschuss hat ihn für sauber erklärt«, sagte Noble.

»Wissen Sie, *wie* sie ihn getötet hat?«

»Was meinen Sie?«

Brook runzelte die Stirn und drehte die Handflächen nach oben. »Schusswaffe? Messer? Flammenwerfer? Giftige Pilze? Atombombe?«

Noble lächelte. »Keine Ahnung.«

»Finden Sie es heraus, ja?«

»Ernsthaft?« Brook machte sich die Mühe, eine Braue zu heben. »Wann meinen Sie etwas nicht ernst?«, murmelte Noble und beantwortete damit seine eigene Frage. »Wo ist sie?«

»Sie kümmert sich darum, dass ein Techniker noch mal zur Black Oak Farm fährt«, sagte Brook und schenkte sich aus der Thermoskanne Tee nach.

»Black Oak Farm!«, sagte Noble. »Waren das die Anomalien, über die Sie diskutiert haben?« Keine Antwort von Brook. »Und ich dachte, Sie haben Caskey ins Team geholt, weil sie die zweite Ermittlerin bei Frazer und Nolan war.« Immer noch keine Antwort. »Sie wollten sie in Ihrem Team, damit Sie weiter bei der Black Oak Farm graben können, richtig?«

»Kann schon sein.«

»Definitiv. Haben wir nicht schon genug zu tun?«

»Ich bin hier und mache das, John«, sagte Brook und nickte zu den Papieren auf seinem Schreibtisch.

»Und warum brauchen Sie einen Techniker auf dem Hof?«

»Damit er nach Blutspuren und einem Fingerabdruck sucht.«

»Das ist über ein Jahr her. Bestimmt wurde dort alles schon vor Monaten gebleicht und dampfgereinigt.«

»Trotzdem.«

»Hier geht es um Terri, richtig?«

»Nein.«

»Dann um Mullen – der Fall Black Oak Farm wurde abgeschlossen.«

»Das hätte nicht passieren dürfen«, sagte Brook. »Dass Coulson gefasst wurde und Ray Thorogoods Auto am Flughafen gefunden wurde, gab Ford die Möglichkeit, alles mit einer hübschen Schleife zuzuschnüren.«

»Das bedeutet nicht, dass es dort noch was zu finden gibt.« Noble wartete auf eine Antwort. »Es gibt bei jeder Ermittlung unbeantwortete Fragen.«

»Unbeantwortete Fragen sind das eine, John. Berechtigte Ermittlungsschritte, die ignoriert werden, etwas anderes.«

»Zum Beispiel.«

»Ich habe das Video vom Flughafen überprüft. Zwei Leute haben mit einem Van Ray Thorogoods Auto zum East-Midlands-Flughafen gebracht, drei Tage vor den Morden. Und – warum würden sie das machen?«

Nobel dachte einen Moment lang darüber nach. »Damit wir glauben, Ray sei in ein Flugzeug gestiegen.«

»Dafür sorgt ja schon der Wagen. Warum ist Ray also nicht einfach selbst dorthin gefahren?«

»Vielleicht konnte er nicht.«

»Warum nicht?«

»Er war beschäftigt?«, vermutete Noble, ohne großes Interesse zu zeigen.

»Es war mitten in der Nacht, John.«

»Dann war er vielleicht bereits außer Landes, als seine Eltern ermordet wurden, und wir sollten nicht erfahren, dass er abgehauen ist.«

»Warum nicht?«, hakte Brook nach. »Ist es nicht das bestmögliche Alibi, wenn man in einem anderen Land ist? Wenn die Sache auf dem Hof nicht völlig schiefgegangen wäre, wären Rays Eltern und seine Schwester tot gewesen, und niemand hätte mit dem Finger auf ihn zeigen können. Wäre er außer Landes gewesen, hätte ihn das für alle Zeiten von jedem Verdacht freigesprochen, John. Wenn er also vor dem Überfall verschwunden ist, hätte er das kundtun können.«

»Wie sicher sind Sie, dass er kein Flugzeug genommen hat?«

»So sicher, wie ich nur sein kann.«

»Falscher Reisepass? Verkleidung?«

»Keiner der Passagiere, die einen Flug drei Tage vor und nach den Morden genommen haben, passt zu Ray Thorogoods Beschreibung«, sagte Brook. »Er hat kein Flugzeug genommen, und er hat nicht versucht, sich selbst ein Alibi zu verschaffen. Was in der Summe nahelegt, dass etwas anderes dahintersteckt.«

»Und was?«

»Ich weiß es nicht.«

Cooper kam von seinem Arbeitsplatz herüber, einen Stapel Papier in der Hand. »Reardon Thorogoods Autounfall.«

Brook ignorierte den dargebotenen Stapel und blickte ihn mit blutunterlaufenen Augen an. »Bitte nur eine Zusammenfassung, Dave.«

»Langer Rede kurzer Sinn, es gab nichts Verdächtiges daran. Die Werkstatt hat die Bremsen geprüft, und sie funktionierten tadellos. Keine abgefahrenen Bremsbeläge, kein Verlust von Flüssigkeit, keine Sabotage.«

»Caskey hatte also recht«, murmelte Brook.

»Caskey?«

»Sie hat sich das vor sechs Monaten angesehen. Inoffiziell.«

»Dann tut es mir leid, wenn ich Ihre Zeit verschwendet habe«, sagte Cooper gespielt verärgert.

»Sie haben heute gute Arbeit geleistet«, beschwichtigte Brook ihn.

»Ich habe aber kein Schinkensandwich dafür bekommen, oder?«, brummte Cooper.

»Das hätte dir ohnehin nicht geschmeckt«, sagte Noble und verzog das Gesicht. »Viel zu fettig.«

»Haben Sie geprüft, ob es noch mehr Videomaterial über den Van am Flughafen gibt, Dave?«, fragte Brook. Nobles Gesichtszüge verhärteten sich.

»Gefälschte Nummernschilder, wie Sie schon sagten«, seufzte Cooper, während er nach den entsprechenden Unterlagen suchte. »Ich bin das Videomaterial von der Verkehrsüberwachung durchgegangen und habe den Van bis zur Abfahrt auf die A453 weiterverfolgt, wo er Richtung Osten auf die M1 gefahren ist.«

»Und danach?«

»Geben Sie uns einen Moment, Dave?«, fragte Noble. Cooper nahm seinen Becher und verließ die Einsatzzentrale.

Brook neigte den Kopf und sah Cooper an. »Probleme, John?«

»Ich glaube, Dave kann Ihnen nicht helfen.«

Brook hob eine Augenbraue. »Was dagegen, mir zu sagen, warum nicht?«

»Erstens ist das Video älter als ein Jahr«, sagte Noble. »Wir dürfen nicht auf die automatische Nummernschilderkennung über die letzten zwölf Monate hinaus zugreifen, es sei denn, ein Superintendent zeichnet das ab, und es handelt sich um einen Antiterroreinsatz.«

»Ich kann mit Charlton reden …«

»Außerdem haben wir einen aktiven Serienmörder auf freiem Fuß, der einem Zeitplan folgt.«

Brook spitzte die Lippen. »Und Sie denken, ich sollte meine Energie mehr darauf verwenden, ihn zu erwischen.«

»Mit einem Wort, ja. Sehen Sie, ich weiß, dass Sie Ihre Rätsel genauso sehr lieben, wie Sie es hassen, nichts zu tun zu haben, aber der Champagnermörder ist da draußen und plant seinen nächsten Schlag, und sobald er so weit ist, werden zwei weitere Menschen sterben.«

»Sie sagen selbst, er folgt einem Zeitplan«, sagte Brook mit so viel Selbstbewusstsein, wie er zusammenbringen konnte. »Wir haben noch drei Wochen bis zum nächsten Mord.«

»Sie wissen genauso gut wie ich, dass ein organisierter Serienmörder sich normalerweise zwischen dem zweiten und fünften Mord steigert.«

»Tue ich das?«

»Jedenfalls haben Sie mir das so beigebracht«, sagte Noble. »Ich soll an den Rausch denken, den der Mord ihm verschafft, sagten Sie. Das ist wie eine Droge, sagten Sie, und um diesen Rausch erneut zu erleben, sind sie anfällig dafür, die Zeitspanne zwischen den Morden zu verkürzen, sagten Sie. Nach allem, was wir wissen, könnte er sich gerade darauf vorbereiten, heute Nacht zuzuschlagen.«

Brook schwieg einen Moment. »Zwischen dem zweiten und fünften Mord, sagen Sie.«

»Nicht ich, *Sie*.«

»Ich klinge wie ein verflixt guter Ermittler.«

»Na ja.«

»Es besteht nicht mal der Hauch einer Chance, dass wir eine verwertbare Probe bekommen, wenn danach gründlich sauber gemacht wurde«, sagte Don Crump und biss in einen Donut. Er lud eine schwere Kiste aus dem Laderaum seines Vans, überprüfte den Inhalt, dann wandte er sich an Caskey, die neben ihm stand und wie erstarrt auf das Gebäude schaute. »Sergeant?«

»Wie bitte?«

»Ich *sagte*, es besteht nicht der Hauch einer Chance, dass wir nach dem Saubermachen noch Blutspuren finden. Diese Leute tragen Schutzanzüge und spritzen mit Bleiche herum, als gäb's kein Morgen.«

»Wir fischen nicht im Trüben, Don. Es gibt nur eine Stelle, die wir untersuchen.« Sie lächelte. »Und? Haben Sie auch genug Wattestäbchen dabei?«

»Wattestäbchen?«, wiederholte er. Ihm entging nicht ihre grinsende Miene. »Sind wir schon bei den Forensikerwitzen angelangt?« Er ging mit der Kiste voran, watschelte Richtung Haus und murmelte vor sich hin. »Tja, diese Scherzkekse, die sich für witzig halten, bräuchten mal einen Vortrag darüber, was hyperspektral sichtbare Wellenlängen darstellen können …«

Caskey starrte dorthin, wo das Bett gestanden hatte, stellte sich das Blut vor, das in einem Bogen von ungefähr anderthalb Metern aus dem Hals von Jonathan Jemson in alle Richtungen gespritzt war. Hätte er nicht bereits gekniet, wäre es vermutlich doppelt so weit gespritzt.

Nach dem tödlichen Schnitt hatte sich Jemsons Blut größtenteils unter seinem Kopf gesammelt, und zwar dort, wo er, das Gesicht voran, mit einem Ausdruck des Entsetzens halb auf, halb neben dem Bett zusammengebrochen war. Sie erinnerte sich gut an die bittere Galle der Zufriedenheit, die sie an jenem Tag verspürt hatte und die von der Tatsache herrührte, dass ein Vergewaltiger und Möchtegernmörder beim Akt ausgeschaltet worden war, so unwahrscheinlich der Racheengel auch sein mochte. Vor allem erinnerte sie sich an die Tortur der verletzlichen jungen Frau, der wunderschönen Reardon, deren Welt, wie ihre Kleidung, an einem einzigen brutalen Nachmittag zerfetzt worden war.

Es war ein kleiner Sprung zu jener entsetzlichen Nacht, in der Georgie ihr genommen worden war; vergewaltigt und in ihrem Bett abgeschlachtet, deren Racheengel nach einer Doppelschicht nach Hause kam. Zu spät, um sie zu retten.

Caskey atmete tief durch und beruhigte sich. Sie hielt die Fotos hoch und verglich sie mit Reardons Schlafzimmer, das nun komplett leer war. Den Teppich gab es nicht mehr, aber anhand der Fotos von der Kriminaltechnik und dem Lageplan der Blutspritzer war es möglich, die Stellen zu lokalisieren, wo die Blutflecken gewesen sein mussten, die Brook erwähnt hatte. Sie ging zu der Stelle, die ungefähr einen Meter vom Fenster entfernt war und wohin die Flecken von Mrs Thorogoods Blut weitergetragen worden waren.

»Die Blutflecken hier«, sagte sie und stellte geräuschvoll ihre Füße auf die Holzdielen. »Mrs Thorogoods Blut.« Sie schaute zu dem Fenster. Es war ein modernes Kunststofffenster, bei dem sich das Oberlicht nicht öffnen ließ, dafür aber das doppelt verglaste Schiebefenster mit Chromschlössern und Beschlägen. Der Makler, der sie hereingelassen hatte, hatte es aufgeschlossen und Caskey den Schlüssel dagelassen. »Warum ist hier Mrs Thorogoods Blut und nicht das von ihrem Mann?«

»Kein Geheimnis, meine Liebe«, sagte Crump, der etwas vorbereitete, das wie eine Kamera aussah, aber keine war. »Übertragung ist schon eine komische Angelegenheit. Manchmal sterben zwei Leute, und das Blut von beiden kann an einem Schuh oder einem Fuß haften bleiben. Es heißt nicht, dass beider Blut eine Spur ergibt oder an etwas haften bleibt, das davon berührt wird.«

»Selbst dann, wenn Coulsons Schuhe mit dem Blut von beiden bedeckt waren«, sagte Caskey.

»Die Gesetze der Physik erfordern nicht, dass Coulson in beider Blut tritt. Das weibliche Opfer starb zuerst, weil ihre Wunden ernster waren. Daher wird ihr Blutverlust größer gewesen sein und logischerweise auch schneller.«

»Das spielt eine Rolle?«

»Natürlich«, sagte Crump. »Als Coulson sich anschickte, die Küche zu verlassen, war die Frau praktisch ausgeblutet, während der Prozess beim Mann noch im Gang war.«

»Die Blutpfütze von Mr Thorogood entstand also noch, als Coulson ging und an seinen Schuhen das Blut der Frau klebte.«

»Würde ich so sagen. Ich habe den Plan überprüft, als Sie mich angerufen haben. Die Kehle des Mannes war von hinten aufgeschnitten worden, aber das war seine einzige schwere Verwundung. Er wurde dadurch außer Gefecht gesetzt, verblutete aber langsamer.«

»Thorogoods Oberkörper wird also Coulsons Kleidung und Schuhe vor dem Schlimmsten der Blutfontäne geschützt haben«, schlussfolgerte Caskey.

»Exakt«, sagte Crump. »Aber da er die Frau von vorne angegriffen hatte, war ihr Blut innerhalb von Sekunden überall an seiner Kleidung, an Händen und Schuhen.«

»Das bedeutet, mehr von ihrem Blut an ihm, das er in anderen Zimmern verteilen konnte.«

»So ist es. Sie können seinen Weg über das ganze Anwesen anhand dieser Kontaminierung verfolgen. Und als er das Schlaf-

340

zimmer der Tochter erreichte, war das bisschen, was vom Blut des männlichen Opfers an seinen Schuhen war, bereits weg.«

Caskey nickte und schaute auf den Lageplan der Blutspritzer. »Okay. Aber wenn Coulson in Reardons Schlafzimmer kam, Jemson tötete, dann hier zum Fenster trat«, sie zeigte nach unten zu ihren Füßen, »wie kommt es dann, dass keine blutigen Fußspuren zwischen Jemsons Leiche da drüben am Bett und hier zu sehen sind?«

Crump sah zu ihr hinüber. »Was meinen Sie?«

»Laut Plan ist der Bereich zwischen Bett und Fenster frei von Blut, abgesehen von dieser einen Stelle, wo Mrs Thorogoods Blut auftaucht. Aber der Fleck ist drei Meter vom Bett entfernt.«

»Und?«

»Und ich vermute, Coulson ist nicht mit einem Sprung hier drüben gelandet und hat den Raum dann genauso verlassen.«

Crump marschierte zu ihr hinüber und blickte ihr über die Schulter. »Ganz ruhig.« Er fuchtelte mit dem Hochglanzfoto vor ihrer Nase herum. »Das ist kein Fußabdruck.«

»Was ist es dann?«

»Blut, das von seiner Kleidung tropft? Vielleicht hat er sich aus irgendeinem Grund hingekniet.«

»Ja schön, aber wie ist er hier herübergekommen?«, beharrte Caskey. »Er hatte Blut an seinen Schuhen. Es sollte Spuren von diesem Blut geben, die hierherführen, selbst wenn er bereits einen Großteil davon abgelaufen hat. Wenn man es genau bedenkt, hat er doch gerade erst Jemson getötet, sollte er da nicht auch Spuren von Jemsons Blut am Fenster hinterlassen?«

Crump verzog das Gesicht. »Bisschen spät für diese Fragen, oder? Der Typ ist ausgereizt und hat die volle Strafe kassiert, die er im Monster Mansion absitzt. DI Ford war zufrieden, und damals haben Sie keine dieser Fragen gestellt.«

Caskey wurde rot. »Ich stelle sie jetzt.«

Crump zuckte mit den Schultern und dachte ein paar Augenblicke darüber nach. »Simpel. Er tötete Jemson, dann zog er seine Schuhe aus.«

»Warum?«

»Er hat doch seine Kleidung ausgezogen, oder nicht?«, sagte Crump grinsend. »Vielleicht hat er hier drin schon damit angefangen.«

»Coulson hat Mr Thorogoods Kleidung aus dem Schlafzimmer gestohlen, und laut Ihrem Blutschema hat er sich auch dort umgezogen, denn in den Fußabdrücken dort waren Spuren von Jemsons Blut.«

Crump zuckte wieder mit den Schultern. »Schauen Sie, es ist unsere Aufgabe, Ihnen zu sagen, wo welches Blut ist. Ihre Aufgabe ist es herauszufinden, wie und warum es dorthin gelangt ist.«

»Aber …«

»DI Ford hielt das nicht für wichtig, und er ist in Pension gegangen. Sie haben das Blutschema gesehen. Wenn Sie damit nicht glücklich waren, hätten Sie das früher zur Sprache bringen können. Warum haben Sie das nicht getan?«

Caskey blieb still. Brook hatte recht. Fords Ermittlung hatte nicht mal an der Oberfläche der Ereignisse an jenem Tag gekratzt, und dafür war zum Teil auch sie verantwortlich.

»Ich bin so weit«, sagte Crump. »Wo soll ich für Sie suchen?«

»Hier vorne am Fenster.«

»Das ist das Beste, was sie hinbekommt«, sagte Smee.

Brook starrte auf das Porträt des Polizeizeichners von dem mysteriösen Mann auf der Party von Frazer und Nolan, bevor er es an eine Pinnwand hängte. »McConnell hat das Porträt bestätigt?«

»Soweit sie sich erinnern konnte«, sagte Smee. »Es war schon eine Weile her. Wir vergleichen ihn mit dem örtlichen Fahndungsregister. Bislang kein Treffer.«

»Brauchen wir auch nicht«, sagte Cooper. »Das ist Jason Statham.«

»Sie kennen ihn?«, rief Brook erfreut, was eine Welle der Erheiterung in der Einsatzzentrale auslöste.

»Das ist ein Schauspieler«, erklärte Noble. »Gewissermaßen.«

»Eigentlich wäre er ganz gut, wenn es mal einen Film gäbe«, ergänzte Banach mit einem hämischen Grinsen.

»Brad Pitt und Ryan Gosling können Sie und mich spielen, Sarge«, sagte Cooper zu Noble.

»Und William Shatner für den Boss«, fügte Noble kaum hörbar hinzu.

»Das habe ich gehört«, beklagte Brook sich und erntete wieder Gelächter.

»Mich überrascht, dass Sie überhaupt wissen, wer das ist«, sagte Noble.

»Weiß ich nicht. Es war die Art, wie Sie das gesagt haben.« Brook gab die Skizze zurück. »Okay, dann bringen Sie Jason mal bei den Medien in Umlauf. Was ist mit den Partygästen?«

»Wir haben jeden einzelnen erneut befragt«, sagte Smee. »Niemand erinnert sich, mit dem Typen geredet zu haben, wobei eine Person mit Frazer über ihn geredet hat. Er erinnert sich aber nur an das, was uns schon McConnell erzählt hat. Der Typ war ein Streuner, den sie beim Einkaufen getroffen haben, und sie haben ihn aus Mitleid eingeladen, um ihn mit ihrer Nachbarin zu verkuppeln. Wenn wir keine Hinweise aus der Bevölkerung bekommen, ist es eine Sackgasse.«

»Vielleicht sollten wir uns auf den Mord an den Gibsons konzentrieren«, sagte Noble. »Ist schließlich der frischeste.«

»Aber zugleich auch der vollendetste«, sagte Brook. »Frazer und Nolan waren sein erster Mord, wo er seine Methode entwickelt hat und noch Fehler gemacht hat. Er kannte sie entweder, oder er wusste etwas über sie. So kam er auf die Idee.«

»Aber wenn das unser Mann ist, warum hat er dort gemordet, wo er vorher gesehen wurde?«, wollte Noble wissen.

»Warum nicht?«, erwiderte Brook. »Was gibt es Neues über Fry?«

»Immer noch abgetaucht. Sie scheint das nicht zu beunruhigen.«

»Tut es das nicht?« Brook seufzte. »Er ist vielleicht nicht der Champagnermörder, John, aber er hat ein gewalttätiges Naturell und ist irgendwo da draußen, verzweifelt und damit potenziell gefährlich.«

»Und wenn Sie recht haben, dass er mit seiner Sexualität kämpft und dann den Weg von Frazer und Nolan gekreuzt hat …«

»Pure Vermutung, John«, erwiderte Brook.

»Es ist mehr als nur eine Vermutung, wenn wir doch wissen, dass er im Haus der Gibsons war.«

»Das gibt ihm kein plausibles Motiv für ihren Tod.«

Noble starrte ein Foto von Matthew Gibson auf dem Whiteboard an. »Dann hatte er vielleicht ein anderes Motiv.«

Brook blickte ebenfalls nachdenklich auf das Bild, dann wieder zu Noble.

25

»Wir wissen, dass Sie über David Fry gelogen haben«, sagte Brook über das Lärmen eines Zementmischers hinweg, den Trimble und sein Sohn etwa zehn Meter weiter befüllten. Beide blickten auf in ihren feuchten und staubigen Bauarbeiterklamotten, die Hände und Arme mit Zementstaub bedeckt.

»Sie haben ihn beschäftigt, damit er das Haus Ihrer Eltern streicht«, fügte Noble hinzu und beugte sich zu Gibson, damit seine hilfreiche Information auch bei ihm ankam. »Ein Haus, das Ihnen gehört.«

Gibsons Verhalten, das bei ihrem letzten Besuch so selbstbewusst und spöttisch gewesen war, wirkte nun eher gedämpft. »Sagt wer?«

»David Fry.«

Gibson zuckte mit den Schultern. »Sein Wort steht gegen meins.«

Brooks Lächeln war aufrichtig. Das war der Teil der Arbeit, die er liebte – ruhig, aber unnachgiebig die Zeugenaussage eines Verdächtigen auseinandernehmen und dabei zusehen, wie dessen Widerstand in sich zusammenfiel. »Wir haben außerdem Frys Fingerabdrücke auf einem Lichtschalter im Schlafzimmer Ihrer Eltern. Er war im Haus.«

»Dann sollten Sie ihn vielleicht wegen Mordes festnehmen.«

»Erst müssen wir ihn finden«, sagte Noble. »Er scheint untergetaucht zu sein.«

»Haben Sie ihn gesehen?«, fragte Brook.

»Warum sollte ich ihn gesehen haben?«, erwiderte Gibson.

»Weil Sie ihn kennen. Weil Sie gelogen haben. Weil er im Haus Ihrer Eltern war. Sie sind der Vermieter. Wenn Ihre Eltern ihn nicht reingelassen haben, dann Sie.«

Gibson kniff die Lippen zusammen. »Wann bekomme ich meine Kiste Champagner zurück?«

Brook blickte Noble an. »Ist das zu glauben, John? Seine Eltern werden niedergeschossen, und wir bekommen keine anständige Antwort, schon gar nicht die Hilfe, um die wir ihn bitten.«

»Unglaublich«, sagte Noble und schüttelte den Kopf.

»Ich weiß nichts«, protestierte Gibson.

»Mr Gibson, David Fry ist verschwunden«, fuhr Brook fort. »Ein Mann, mit dem Sie sich um Geld gestritten haben. Ein Exsoldat mit einer gewalttätigen Vergangenheit, der sich mit Waffen auskennt.«

»Wir müssen uns fragen, warum Sie geleugnet haben, ihn zu kennen, obwohl er doch für Sie gearbeitet hat«, sagte Noble.

»Das finden wir merkwürdig«, fügte Brook hinzu.

»Wenn nicht geradezu verdächtig.«

Gibson bewahrte die Fassung. »Sie glauben, ich habe ihn angeheuert, damit er meine Eltern tötet.«

»Haben Sie?«

»Warum sollte ich? Ich hätte nichts zu gewinnen und viel zu verlieren.«

»Zum Beispiel?«

»Zum Beispiel hätte ich ein verunreinigtes Haus, das schwieriger zu verkaufen sein wird, und Ärger, weil ich von Ihren Leuten belästigt werde.«

»Wo steht auf dieser Liste der Umstand, dass Sie Ihre Eltern verloren haben?«, fragte Noble.

Gibson wurde bleich. »Ganz oben natürlich. Sehen Sie, ist Ihnen noch nicht in den Sinn gekommen, dass ich meine Eltern mit einer

345

Hand auf den Rücken gefesselt hätte umbringen können? Ich wäre nicht auf die Hilfe von jemandem angewiesen gewesen, und ich hätte bestimmt keine Flasche Champagner mitgenommen und sie gezwungen, sich wie fürs Ausgehen anzuziehen, Himmel noch mal.«

»Das hätten Sie vielleicht getan, wenn sie Sie darum gebeten hätten«, deutete Noble an.

»Jetzt gehen Sie also von einem assistierten Suizid aus«, sagte Gibson nickend. »Das Problem ist, Mum und Dad waren für ihr Alter gesund.«

»Aber sie wurden auch nicht jünger«, argumentierte Brook und schaute zu den Trimbles, die neben dem dröhnenden Zementmischer Zigaretten rauchten. Trimble senior warf seine Zigarette weg, dann kippte er den Inhalt der Mischmaschine in eine Schubkarre und schaltete die Maschine aus. Die tödliche Stille der ländlichen Gegend setzte ein, und Trimble kam zu ihnen herüber und blieb in ein paar Metern Entfernung stehen.

»Alles okay, Matty?«

»Alles bestens, Jimmy«, gab Gibson lächelnd zurück und hob bestätigend die Hand. »Nur ein paar zusätzliche Fragen.« Trimble blickte von Gibson zu Brook und zurück, bevor er langsam zu der halb fertigen Scheune trottete. Seine Körpersprache verriet, dass er weiterhin in ihre Richtung lauschte.

»Sind Sie schon mit der Überprüfung meiner Waffe weiter?«, fragte Gibson laut genug, dass Trimble ihn hörte.

»Sind wir«, sagte Brook und lächelte. *Dieses Spiel können auch zwei spielen.* »Sie wurde nicht abgefeuert«, fügte er hinzu, wobei seine Stimme bis zur Scheune trug.

»Wann kann ich sie zurückhaben?«

»Wo ist David Fry?«, rief Brook.

Gibsons Miene änderte sich. »Woher, zur Hölle, soll ich das wissen?«, gab er wütend zurück. Trimble schüttelte die nächste Zigarette aus dem Päckchen. »Also, ich hab noch zu tun …«

»Aber Sie wissen, wer er ist«, behauptete Brook dreist.

»Ich habe es Ihnen schon gesagt, nein.« Gibson wandte sein Gesicht Brook und Noble zu und leckte sich nervös die Lippen. Noble durchschaute Brooks Strategie.

»Und warum ist dann sein Fingerabdruck ...?«, rief er.

»Kann ich wohl mal Ihre Toilette benutzen?«, bat Brook, bevor Noble den Satz vollenden konnte.

Gibson hielt kurz Brooks Blick stand, dann hob er den Arm und zeigte zum Haus. »Dort entlang.«

Einen Moment später standen die drei Männer ungestört in Gibsons geräumiger Küche.

»Da drüben und dann links«, wies Gibson ihm den Weg.

Brook lächelte, bewegte sich aber nicht. Er sah Noble an.

»Fry war in Ihrem Haus«, sagte Noble leise. »Derselbe David Fry, der, während er noch in der Armee war, verurteilt wurde, weil er einen anderen Soldaten angegriffen hatte.«

»Wir können nachweisen, dass das Opfer dieses Angriffs David Fry unwillkommene sexuelle Avancen gemacht hat«, sagte Brook. »Die er so gewaltsam von sich wies, dass sein Opfer tagelang im Koma lag. Und das ist der Punkt, der uns verwirrt. Warum, fragen wir uns, würde ein so offen schwuler Mann wie Sie jemanden einstellen, der so demonstrativ homophob ist, damit er für ihn arbeitet?«

»Das habe ich Ihnen schon gesagt«, erklärte Gibson. »Ich habe ihn nicht eingestellt.«

»Das ist eine Lüge«, sagte Brook.

»Das können Sie nicht beweisen.«

»Für den Moment genügt es, dass ich es weiß«, sagte Brook. »Und mehr noch, ich weiß, warum.« Gibson kniff die Augen zusammen. »Ich habe Ihnen die Möglichkeit zu einem diskreten Gespräch gegeben, aber wenn Sie nicht richtig kooperieren und die Wahrheit sofort sagen, sehe ich mich gezwungen, nach draußen zu gehen und Ihren Partner zu befragen.«

Gibson starrte ihn einige Sekunden an, und Brook ließ ihn in seinem Unbehagen köcheln. Schließlich senkte Gibson den Kopf. »Bitte tun Sie das nicht.«

»Dann erzählen Sie uns von der Affäre mit Fry.«

Gibsons Miene wurde säuerlich. »Affäre nennen Sie das.«

»Wie würden Sie es nennen?«

»Einen Moment des Wahnsinns.« Er schüttelte den Kopf, atmete tief durch. »David hatte ... er kämpft mit seiner Sexualität.«

»Kämpft in welcher Hinsicht?«

»Er ist schwul, aber es fällt ihm schwer, sich dem zu stellen.«

»Warum?«

»Wer weiß schon, wie die Leute sich selbst sehen?«, fragte Gibson. »Aber bei Davids Vergangenheit und seinem Leben in der Armee war Schwulsein nicht der leichteste Weg.«

»Und er sieht seine sexuellen Triebe als eine Art Schwäche.«

Gibson nickte. »Genau so ist es.«

»Eine Schwäche, über die man hinwegkommen kann?«

»Wenn er nur hart genug dagegen ankämpft.«

»Aber man kann die Natur nicht bekämpfen.«

»Nein, kann man nicht«, erklärte Gibson, der sich jetzt auf sicherem Terrain bewegte. »In der Community glauben wir, jeder Schwulenfeind versucht, seine eigenen Wünsche zu Brei zu schlagen. Je brutaler sie zuschlagen ...« Den Rest ließ er ungesagt. »Das mit dem armen Kerl in der Armee tat ihm leid, aber andere haben zugesehen, weshalb er seinen Standpunkt klarmachen musste. Er wollte nach außen das Gesicht wahren.«

»Verstehe. Und er rang mit seiner Schwäche, während Ihre Eltern letztes Jahr weg waren?«, fragte Brook.

Gibson schloss voller Selbstverachtung die Augen. »Ich will, dass Sie eins wissen: Ich liebe Jimmy mit jeder Faser meines Seins.«

»Ist notiert«, antwortete Brook.

»Diese Sache war nach zwei Tagen vorbei, und es war strikt OwV. Sollte es zumindest.«

»OwV?«, fragte Brook.

»Ohne weitere Verpflichtungen«, erklärte Noble.

»Aber so hat es sich nicht entwickelt.«

»Ganz im Gegenteil.« Gibson legte eine Hand über die Augen. »Gott, was für ein Chaos.«

»Wir müssen alles wissen«, sagte Brook.

»Also schön. Das Haus war leer, meine Eltern waren in Cornwall. Davey hatte ein paar Flyer in der Nachbarschaft verteilt und bot sich für Malerarbeiten, Gartenarbeit und dergleichen an. Das Haus von Mum und Dad wirkte etwas langweilig, und Davey war müde und brauchte das Geld.«

»Also haben Sie ihn angeheuert?«

»Er hat ein paar Zimmer für mich auf Vordermann gebracht, ja.«

»Erzählen Sie weiter.«

»Bestimmt können Sie sich den Rest denken.«

»Das hier ist eine Mordermittlung, Mr Gibson«, sagte Noble. »Keine Spielshow.«

Gibson atmete tief durch. »Ich fuhr hin, um den Fortschritt zu überwachen. An einem Tag vor Weihnachten.« Er war einen Moment still. »Jimmy war oben in Schottland zu Besuch bei seiner Familie, und … Davey und ich hatten … eine sexuelle Beziehung.« Er bedeckte wieder die Augen mit der Hand. »Ich kann nicht glauben, dass ich so dumm war. Noch dazu im Bett meiner Eltern«, fügte er mit einem verqueren Stolz hinzu und starrte Brook an, als wollte er ihn herausfordern, ihn zu verurteilen.

»Und dann?«

»Nichts und dann. Wir gingen getrennte Wege.«

»Und warum hat Fry vor Weihnachten an die Tür Ihrer Eltern gehämmert?«, fragte Noble.

»Ein paar Tage nachdem wir Sex hatten, fragte er nach Geld. Viel Geld.«

»Mehr, als Sie fürs Anstreichen vereinbart hatten?«

»Fünfzehnhundert Pfund.«

»Und Sie haben sich geweigert zu zahlen.«

»Ja, ich habe mich geweigert zu zahlen.«

»Er hat versucht, Sie zu erpressen«, sagte Noble.

»Fünfzehnhundert Pfund sind wohl kaum Erpressung.« Gibsons Grinsen war schief. »Ich war früher in dem Geschäft tätig, daher weiß ich, welche Summen den Besitzer wechseln können, wenn man den richtigen Kerl aufgabelt.«

»Wenn es keine Erpressung war, wie würden Sie es dann nennen?«

»Er hat einfach was probiert, das ist alles.«

»Geld für geleistete Dienste.«

»Und dafür, dass er unsere kleine Indiskretion nicht mit geliebten Menschen teilte.«

»Und Sie sagten Nein?«

»Natürlich habe ich Nein gesagt!«, rief Gibson empört. »Ich habe nie im Leben für Sex bezahlt, und ich wollte auch nicht damit anfangen.«

»Ich bin sicher, wir können die Ironie dahinter ein anderes Mal hochwühlen«, sagte Brook. »Was passierte dann?«

Gibson zuckte mit den Schultern. »Er ist verheiratet, wie ich auch, weshalb die Sache zweischneidig war. Als ich mich weigerte, begann er zu verhandeln. Er wollte nur noch tausend. Sonst hätte er meinen Eltern davon erzählt.«

»Aber die wussten bereits, dass Sie schwul sind.«

»Wir haben es in ihrem Bett getrieben, Inspector. Können Sie sich das vorstellen?«

»Erzählen Sie weiter.«

»Als meine Eltern zurückkamen, ging Davey zu ihnen. Ich bin ihnen dankbar, denn sie haben ihm dreihundert Pfund gegeben, als er ihnen erzählte, ich hätte vergessen, ihn zu bezahlen.«

»Hat er ihnen von Ihrer kleinen Tändelei erzählt?«

»Das würde er nicht wagen«, sagte Gibson mit zusammengekniffenen Lippen. »Ich habe ihnen das Geld zurückgezahlt und Davey weitere dreihundert gegeben, damit er mich in Ruhe lässt.«

»Und das hat er akzeptiert?«

»Welche Wahl hatte er denn?«, fragte Gibson. »Ich habe es drauf ankommen lassen. Er hatte genauso viel zu verlieren wie ich. Vermutlich sogar mehr.«

»Und warum haben Sie ihm dann überhaupt was gezahlt?«, fragte Noble.

Darauf antwortete Brook. »Das war Sühnegeld.«

»Unter anderem«, sagte Gibson. »Außerdem tat er mir leid. Er war hin- und hergerissen. Und er brauchte das Geld wirklich.«

»Hat er Sie bedroht?«

»Eigentlich nicht. Er war unbeherrscht, das stimmt, aber er kannte meine Adresse nicht, darum habe ich ihm das zusätzliche Geld zugesteckt, bevor er versucht hat, sie herauszufinden. Und das war alles.«

»Und jetzt?«

»Was jetzt?«

»Jetzt ist er auf der Flucht«, erklärte Brook. »Sein Aufenthaltsort ist unbekannt.« Gibson spreizte die Hände und spielte den Dummen.

»Hat er sich mit Ihnen in Verbindung gesetzt?«, fragte Noble.

»Er hat meine Eltern nicht umgebracht«, sagte Gibson. »Er hätte die Miete mitgenommen.«

»Das wissen wir.«

Auf Gibsons Gesicht zeichnete sich Verwirrung ab. »Wenn Sie das wissen, worum, zur Hölle, geht es dann hier?«

»Sind Sie wirklich so begriffsstutzig?«, sagte Brook. »Hier geht es vor allem darum, ihn sicher zurückzubringen. Wenn er sich in die Ecke gedrängt oder bedroht fühlt, zeigt seine Militärakte, dass er mit Gewalttätigkeit reagiert.«

»Was hat das mit mir zu tun?«, wollte Gibson wissen.

»Das wissen Sie nicht?«, rief Brook.

»Was weiß ich nicht?«

»Wenn nicht er Ihre Eltern getötet hat, muss es ja jemand anders gewesen sein«, sagte Brook. »Nach allem, was er weiß, haben Sie sie getötet, und er weiß, wie es aussehen wird, wenn Sie ihn beschuldigen.«

»Seine Fingerabdrücke sind im Haus und er hat ein Strafregister wegen Gewalttaten«, fuhr Noble fort. »Er ist der ideale Sündenbock, und das weiß er.«

»Und als Sie geleugnet haben, dass Sie ihn kennen, hatte er vermutlich das Gefühl, dass Sie ihn reinreiten wollen.«

»Damit, dass er Mum und Dad ermordet hat?«

»Warum nicht?«, sagte Brook. »Für ihn würde es jedenfalls Sinn ergeben, so wie Sie sich verhalten haben.«

»Himmel«, sagte Gibson leise und dachte darüber nach. »Armer Davey.«

»Und arm ist auch derjenige dran, der ihm über den Weg läuft, wenn wir ihn nicht vorher aufgreifen. Darum frage ich Sie noch einmal, und ich will mich nicht wiederholen. Hat er Sie in den letzten vierundzwanzig Stunden kontaktiert?«

Ein Moment Stille, gefolgt von einem kaum sichtbaren Nicken. »Er hat mich angerufen. Sagte, er wüsste, wo ich wohne, und er bräuchte einen Ort, wo er sich verkriechen kann. Ich erklärte ihm, ich könne ihm nicht helfen. Also fragte er nach mehr Geld.«

»Haben Sie es ihm gegeben?«

»Tausend Pfund. Unter der Bedingung, dass er nicht bei mir zu Hause auftaucht.«

»Und wie haben Sie ihm das Geld gebracht?«

»Ich habe ihn im Dorf getroffen.«

»Wissen Sie, wie er dorthin gekommen ist?«, fragte Noble.

»Er hatte ein altes Motorrad. Eine Norton Commando, sagte er. Eine richtige Antiquität.«

Noble schüttelte in Brooks Richtung den Kopf. »Fry hat nichts bei der Kraftfahrzeugzulassungsbehörde.«

»Es war echt alt«, bekräftigte Gibson. »Sah aus, als hätte es ein Jahrzehnt lang in einer Scheune gestanden.«

»Falls er auftaucht oder Sie anruft …«

»Wird er nicht.«

»Falls doch, sagen Sie ihm bitte, er soll uns anrufen. Und betonen Sie, dass wir ihn nicht des Mordes an Ihren Eltern verdächtigen.«

Gibson stimmte mit einem Nicken zu.

»Und es könnte alles leichter machen, wenn Sie ihm außerdem sagen, dass Sie ihn ebenfalls nicht verdächtigen.«

»Da ist noch etwas«, sagte Gibson leise. »Letztes Jahr, als Davey und ich … Wir haben über Schusswaffen geredet.« Brook forderte ihn mit dem Heben einer Braue auf weiterzusprechen. »Ich habe sie nie gesehen, wissen Sie, doch er sagte, er hätte ein Souvenir in

einer Garage in Peartree. Eine Waffe, die er aus Afghanistan hierher-
geschmuggelt hatte.«

»Das ist nicht zufällig eine Glock, oder?«, fragte Brook.

Gibson starrte zu Boden. »Ein Kamerad wurde getötet. Davey
nahm seine Waffe an sich.«

»Eine letzte Frage«, sagte Noble. »Ihre Eltern hatten eine Ausgabe vom *Daily Telegraph* aufbewahrt, datiert auf den 25. August, in der
sie mit einer Anzeige ihren Hochzeitstag feierten. Haben Sie das bezahlt?«

»Habe ich«, sagte Gibson. »Es war Jimmys Idee. Ich hatte ihm
erzählt, dass Mum immer die Privatanzeigen in der Zeitung las und
nach Leuten schaute, die sie kannte. Wir dachten, es wäre doch ganz
nett, wenn sie dabei mal etwas Positives liest. Warum?«

26

»Wenn er eine Waffe hat, bleibt uns keine Wahl. Sagen Sie Cooper, er
soll Frys Foto an alle Medien verteilen, mit oberster Priorität. Und
sie sollen betonen, dass er bewaffnet ist und man sich von ihm fern-
halten soll.«

»Wir hängen quasi eine Zielscheibe für das Sondereinsatzkommando an ihn dran.«

»Was bleibt uns anderes übrig?«, seufzte Brook. »Fry ist vielleicht kein Mörder, aber wenn er bewaffnet ist, ist er gefährlich. Was
ist mit dem Motorrad?«

»Keine Spur. Nichts auf ihn zugelassen.«

»Und die Garage?«

»Read und Smee sind unterwegs nach Peartree und suchen nach
der Waffe.«

Brook nickte. »Hoffen wir, sie finden was. Irgendein Signal von
seinem Handy?«

»Nichts über GPS.«

»Bei seiner Ausbildung wird er wohl kaum nachlässig werden«, überlegte Brook. »Beantragen Sie eine Fangschaltung für seinen Festnetzanschluss, John – so schnell wie möglich. Wenn er verzweifelt ist, könnte er vielleicht noch mal mit seiner Frau sprechen wollen.«

»Er ist Soldat«, erinnerte Noble ihn. »Er wird sie nicht anrufen, weil er damit rechnet, dass wir sie abhören.«

»Aber das könnte ihm egal sein, wenn er sich nur verabschieden will.«

»Und uns so einen Hinweis auf seine Position geben? Das ergibt keinen Sinn. Wäre ich an seiner Stelle, würde ich tagsüber in der Pampa in Deckung gehen und mich nachts auf den Weg außer Landes machen.«

»Sie gehen davon aus, dass er verschwinden will, John.«

»Da brat mir doch einer 'nen Storch«, sagte Crump und spähte durch die Linse.

»Was ist?«, fragte Caskey, die neben ihm kniete.

»Blut. Besser noch, mit Fingerabdruck.«

»Brook hatte recht.«

»Coulson muss aus irgendeinem Grund das Fenster geöffnet haben«, sagte Crump und imitierte die Handlung mit beiden Händen. »Und als er es hochschob, hat er die Hände unter den Rahmen gelegt und so an der Unterseite den Abdruck hinterlassen. Als die Tatortreiniger kamen, um ihre Arbeit zu verrichten, war das Fenster geschlossen, und so wurde die Spur geschützt.«

»Klingt nachvollziehbar«, sagte Caskey und kroch näher, um sich den schwärzlichen Fleck genauer anzusehen, wobei ihr Gesicht fast Crumps Wange berührte. Sie stand auf und legte ihre Hände auf den oberen Teil des Rahmens. »Es sei denn, Sie erwarten, dass er ähnlich blutige Abdrücke hinterlassen hat, als er das Fenster wieder schloss.«

»Die wären allerdings sichtbar gewesen, und wir hätten sie gefunden«, sagte Crump. »Er muss es abgeputzt haben.«

Ihre Miene zeigte Skepsis, denn es schien ihr absurd, dass Coulson sich damit aufgehalten haben sollte, einen blutigen Fingerabdruck in einem Haus abzuwischen, das in Blut gebadet war. »Oder Sie haben ihn übersehen«, schlug sie vor.

Crump reagierte auf diese Andeutung mit eisiger Verachtung. »Waschen Sie sich den Mund mit Seife aus, Mädel. Wenn es Ihnen nichts ausmacht … Das dürfte aber ein Weilchen dauern.«

Während Crump seiner Arbeit nachging, verließ Caskey Reardons Schlafzimmer und wanderte durch den leeren Eingangsbereich, vorbei an dem verschlossenen Überwachungsraum in die frisch renovierte Küche. Die Doppeltüren im Haziendastil waren durch etwas Geschmackvolleres ersetzt worden, und sie trat hindurch in einen jungfräulichen, schneeweißen Raum, makellos und unbenutzt.

Alles war anders, neu, selbst der Boden, der Caskeys Blick anzog. Sie suchte die Stelle, wo sie das erste Mal die leblosen Körper von Monty und Patricia Thorogood gesehen hatte.

Sie bemerkte, dass ihre Atmung sich beschleunigt hatte, und erinnerte sich wieder an das Gefühl von Neid, das sie in dem Augenblick erfasst hatte, als sie die beiden sah. Neid auf das Paar, das gemeinsam gestorben war, der eine in den Armen des anderen, so waren sie in die Ewigkeit gegangen, hatten einander in der tödlichen Umarmung umschlossen.

Wie sehr unterschied sich das von der schlimmsten Nacht ihres Lebens, Messer auf der Vene, und jenseits ihres Blickfelds in krassen Farben gezeichnet lag Georgias entstellte, reglose Schönheit, kalt und leblos.

»Mach deine Arbeit, Rachel«, murmelte sie und ballte die Fäuste. Sie gab sich einen Ruck und trat an die Fenstertüren und betrachtete das Buschwerk, das das Grundstück umgab. »Du wirst darüber hinwegkommen.« In der Ferne sprühte Feuerwerk seine Farben in den dunkelblauen Abendhimmel, die Explosionen gedämpft durch die Doppelverglasungen, und sie bemerkte, dass die Proben vorbei waren. Die Bonfire Night hatte begonnen.

Sie drehte sich wieder zum Raum um, und ihr Blick wanderte zum einzigen vertrauten Gegenstand von jenem tödlichen Nachmittag – dem weißen Telefon an der Wand. Sie schlich hinüber und hob es ohne besonderen Grund ans Ohr und lauschte dem Freizeichen, wobei ihre Hand auf dem Thermostat ruhte. Es funktionierte. Sie legte den Hörer auf und wollte schon gehen, als sie innehielt und den Blick wieder auf die Wand richtete, die Augen zusammengekniffen.

»Alles erledigt«, sagte Crump, und sie fuhr herum. »Wenn es Ihnen nichts ausmacht, meine Frau erwartet mich zu Hause für das Feuerwerk und ein Barbecue.«

»Sauberer Abdruck?«

»Kristallklar«, sagte Crump.

»Ich muss wissen, von wem er stammt«, sagte sie und starrte ihn an. »Schnellstens.«

Crump war schmallippig. »Warum die Eile? Der Fall ist abgeschlossen. Ist ja nicht so, als wüssten Sie nicht, dass Coulson mit Blut an den Händen im Schlafzimmer der Opfer war.«

Caskey blieb dabei. »Wenn Sie sich dann besser fühlen, komme ich mit, während Sie den Abdruck durch die Datenbank jagen.«

»Warum nehmen wir Fry erst jetzt ernst?«, wollte Charlton wissen. »Ein Exsoldat, der um die Ecke wohnt, sein Fingerabdruck wurde im Haus der Gibsons gefunden, und Sie haben ihn nicht sofort hergebracht?«

»Das haben wir versucht, Sir«, antwortete Brook, ohne seinen Blick zu erwidern. »Er ist getürmt.«

»Darum rufen wir in solchen Fällen Verstärkung«, grollte der Chief Superintendent.

»Das schien in unseren Augen nicht nötig, Sir.«

»Nicht nötig? Bei seinem Vorstrafenregister hätte er vom ersten Moment an auf unserem Radar auftauchen müssen.«

»Er passt nicht ins Täterprofil«, sagte Brook. »Der Champagnermörder wird nicht von dieser Art Wut und Verwirrung geleitet, die Fry antreiben.«

Charltons Miene wurde eisig. »Hat Fry ein Alibi?« Brook blieb stumm. »Nein. Motiv?« Wieder antwortete Brook nicht. »Das begreife ich mal als ein Ja.«

»Es reicht als Motiv nicht, um eine Serie zu begründen.«

»Er hat eine Verbindung zu Gibson und dem Haus von dessen Eltern«, sagte Charlton. »Er weiß, wie man mit Waffen umgeht, und er ist bewaffnet auf der Flucht.«

»Er war es nicht.«

Charlton funkelte Brook an. »Warum läuft er dann weg?«

»Weil er genau die Gründe, die Sie gerade aufgezählt haben, auch begriffen hat, und als Sergeant Noble und ich ihn befragt haben, geriet er in Panik.«

»Und floh mit einer Waffe.«

»Was bisher noch unbestätigt ist, aber Matthew Gibson behauptet, Fry habe ihm von einer Glock erzählt, die er aus Afghanistan nach Hause geschmuggelt hat.« Brook war sich bewusst, dass er soeben den nächsten Nagel in Frys Sarg trieb. »Er hat sie einem toten Kameraden abgenommen.«

»Sondereinsatzkommando?«

»Ist alarmiert.«

»Wo suchen wir nach ihm?«

»Gibson lebt in Ticknall, und gestern war Fry dort und hat das Geld abgeholt.«

»Was darauf hindeuten könnte, dass er einige Meilen zwischen sich und Derby bringen will.«

»Vielleicht«, sagte Brook. »Er besitzt die Ausdauer und die Fähigkeiten, um sich zu verdrücken und auch verschwunden zu bleiben.«

»Hoffen wir, dass wir ihn erwischen, bevor das passiert. Ringsum sind Straßensperren errichtet?«

»Ja, Sir.«

»Was noch?«

»Wir rufen für morgen früh bei Anbruch des Tages einen Helikopter hinzu.« Brooks Handy vibrierte, und er hob eine Hand. »Okay, John. Sperren Sie dort ab.« Er beendete das Gespräch. »Fry hatte eine Garage in Peartree. Dort sind haufenweise Leitern und Farbe, aber sie haben auch ein paar Schachteln für Neunmillimetermunition gefunden. Leer.«

»Irgendeine Spur von der Waffe?«

Brook schüttelte den Kopf.

Zurück in der Einsatzzentrale, schaltete Brook den Wasserkocher ein und blickte zu Frys Fahndungsfoto an der Pinnwand. Das digitale Phantombild des unbekannten Mannes auf der Party von Frazer und Nolan hing direkt daneben.

Das Telefon auf DC Coopers Schreibtisch klingelte. »Da ist Caskey für Sie.«

Brook ging hinüber und nahm den Hörer. »Sergeant?«

»Komme gerade von der EMSOU«, sagte Caskey. Sie klang atemlos.

»Sie mussten aber nicht noch so spätabends mitfahren.«

»Ich wollte aber. Und Sie hatten recht. Wir haben Blut auf dem Fensterrahmen gefunden. Wir haben sogar einen Fingerabdruck gesichert. Anscheinend war die Unterseite des Fensters durch den Rahmen geschützt, als die Putzkolonne da war.«

»Und?«

»Wir haben gerade einen Treffer, auch wenn sie noch nicht das Blut verglichen haben.« Sie machte eine effektvolle Pause. »Es war nicht das, was wir erwartet haben.«

»War es Reardon Thorogoods Abdruck?«

Einen Moment lang herrschte Stille am anderen Ende der Leitung. »Das wussten Sie?«

»Nicht sicher«, erwiderte Brook. »Aber es gab keine blutigen Schuhabdrücke, die zu dem Fleck führten, und Reardon war die Einzige, die barfuß in dem Raum war.«

»Richtig«, gab Caskey zu. »Nun, wir werden bald Bescheid wissen. Ich bin unterwegs nach Nottingham, um sie zu fragen.«

»Nein!«, sagte Brook, lauter als beabsichtigt.

An beiden Enden der Leitung war es nun still. Brook blickte auf und sah, wie Cooper rasch den Blick abwandte.

»Warum nicht?«, fragte Caskey mit erstickter Stimme. »Vertrauen Sie mir nicht?«

»Das ist es nicht«, sagte Brook und suchte nach einem vernünftigen Grund, um Caskey von Terri fernzuhalten. Ihm fiel keiner ein.

»*Wenn* wir mit ihr sprechen müssen, will ich dabei sein.«

»Warum sollten wir nicht mit ihr sprechen müssen?«

»Es ist schließlich ihr Schlafzimmer. Der Fingerabdruck bedeutet vielleicht nichts.«

»Aber daran klebt Blut«, antwortete Caskey. »Und sie hat in ihrer Aussage nichts darüber gesagt, dass sie das Fenster geöffnet und geschlossen hat.«

»Sie stand unter Stress und unter Schock«, argumentierte Brook.

»Vielleicht, aber das Blut … «

»… stammt vermutlich von Jemson, und wenn das so ist, wäre erklärbar, warum es am Fensterrahmen klebte. Sehen Sie, Sergeant, wir reden so lange nicht mit Reardon, bis wir wissen, wessen Blut das ist. Dann können wir unsere Fragen auf diesen Kontext ausrichten.«

»Und warum haben Sie mich dann den weiten Weg zum Hof geschickt? Crumpet hätte den Abdruck auch allein gefunden.«

»Es ist immer noch Ihr Fall«, sagte Brook und versuchte, ermutigend zu klingen. Das bereute er sofort.

»Wenn es mein Fall ist, warum darf ich nicht Reardon befragen?«

»Weil ich die Idee mit dem Abdruck hatte, weshalb es jetzt auch mein Fall ist. Sie haben heute gute Arbeit geleistet, Rachel«, sagte Brook. »Wir nehmen den Fall wieder … «

Die Leitung war tot. Brook seufzte. Das neueste Mitglied seines Teams glaubte nun, er würde ihr nicht völlig vertrauen. Und er war nicht sicher, dass sie sich irrte.

Caskey blickte voller Hass auf das Handy, bevor sie es ausschaltete, falls Brook sie noch einmal anrief. Sie warf das Tablet auf den Beifahrersitz, starrte verärgert hinüber zu Reardons Stuckhaus und dem dunklen Park dahinter. Ein Sprühnebel aus rotem und grünem Feuerwerk explodierte am schwarzen Himmel und beleuchtete kurz die dunklen Außenanlagen.

»Das ist *mein* Fall«, murmelte sie, stieg aus dem Wagen und richtete ihren Blick auf das obere Stockwerk. Hinter den dicken Vorhängen, die fest verschlossen waren, konnte man kein Licht und keine Bewegung erkennen. »Mein Saustall, mein Fall.«

Sie marschierte über die Straße und klopfte an die schwere Tür, dann drückte sie den Knopf der Gegensprechanlage.

»Reardon. Hier ist Rachel Caskey. Öffne die Tür, bitte.« Keine Reaktion. Sie versuchte es erneut. »Ich weiß, dass du da drin bist, Reardon.« Sie wedelte mit ihrem Dienstausweis vor der Überwachungskamera.

Nach weiteren und lauteren Versuchen, sich Zutritt zu verschaffen, ging Caskey auf die gefliese Veranda, die um das Haus herum zur dunklen Rückseite verlief. Dort angelangt, blickte sie durch die Dunkelheit hinauf zum oberen Stockwerk. Kein Lebenszeichen hinter den Fenstern oder der Tür, die auf die schmiedeeiserne Plattform zur Feuerleiter führte. Kein Licht, keine Bewegung, nicht mal das leise Zucken eines Vorhangs von einem nervösen Bewohner.

Sie kehrte zur Haustür zurück und drückte wieder die Gegensprechanlage. »Reardon. Wir müssen reden. Es ist wichtig.« Sie begann, in ihrer Tasche zu kramen, doch sie hielt inne, als der schimmernde Messingbeschlag ihr ins Auge fiel. Er war brandneu. Die Schlösser waren ausgetauscht worden.

»Reardon!«, rief sie jetzt wütend und hämmerte an die Tür, stieß ihren Daumen auf den Knopf der Sprechanlage. »Lass mich rein. Ich muss mit dir reden.«

Ein leichter Regen setzte ein, und als eine weitere Explosion in der Nähe erklang, trat Caskey zurück und starrte auf die Tür, bevor sie widerstrebend zurück zu ihrem Wagen ging. Sie setzte sich auf den Fahrersitz, knallte die Tür zu und fuhr mit quietschenden Reifen davon.

Caskey platschte durch die Pfützen vor dem Eingang zum Schießstand und war erleichtert, dass nicht Freddie der diensthabende Offizier war – wenigstens blieben ihr so das übliche Geplänkel und seine neugierigen Fragen über ihr Wohlergehen erspart.

Sobald sie sich eingetragen hatte, lief sie zu ihrem Spind. Zwei

Minuten später verließ sie das Gelände wieder, die Jacke eng um sich gezogen.

Zurück im Wagen, setzte sie sich hinter das Lenkrad. Regentropfen hatten ihr heißes Gesicht benetzt und sie abgekühlt. Während der Regen stärker auf die Windschutzscheibe prasselte, verschwand die Welt aus Schmerz hinter einem Vorhang aus Wasser. Vor der Welt beschützt, zog Caskey das Foto von Georgia auf der Plattform des Eiffelturms unter ihrer Jacke hervor und drückte die Klebepunkte an den Ecken fest, damit es an dem Armaturenbrett klebte. Tränen stiegen ihr in die Augen, und ihre Schultern fingen an zu beben.

»Ich habe es versucht, Baby. Ich habe es wirklich versucht.« Sie berührte das metallene G, das auf ihrem Brustbein unter der Bluse ruhte. Dann griff sie unter den Fahrersitz und zog eine Schusswaffe hervor. Eine Glock 17. Sie schob die Waffe hinten in den Hosenbund. »Auf keinen Fall schaffe ich es ohne dich, Baby. Tut mir leid. Du warst das Beste, was mir je passiert ist, und ich habe dich verraten.«

Fry wachte von dem entfernten Doppelknall gleichzeitiger Schüsse auf, die lange nach dem Verstummen des Feuerwerks erklangen. Halb wach rollte er sich in seinem leichten Schlafsack herum, während sein Verstand unbewusst die Waffe identifizierte. Eine Glock. Vielleicht eine 17, vielleicht eine 19. Er setzte sich auf, als die Temperatur ihn daran erinnerte, dass er nicht länger in Afghanistan war. Ein dritter Knall. Dann ein vierter. Lauter. Näher.

Bereits angezogen für einen raschen Rückzug, schlüpfte er aus dem Zelt und kramte in einer Tasche nach seinem Nachtsichtfernglas. Innerhalb von Sekunden hatte er es auf die Häuserzeile gerichtet, die sich hinter Bäumen etwa eine Viertelmeile entfernt befand. Eine Bewegung fiel ihm ins Auge – eine Gestalt, die sich von dem letzten Haus in der Reihe entfernte und sich dabei eine schwarze Skimaske überzog. Aus der Entfernung und in der dunklen Nacht hier auf dem Land wirkte das Haus wie ein kleines Boot, das auf dem Ozean dümpelte. Die Gestalt blieb stehen und schob zwei schwarze Metallgegenstände in eine Reißverschlusstasche, bevor sie sie energisch verschloss. Es handelte sich um zwei Pistolen.

»Scheiße«, hauchte Fry und senkte kurz das Fernglas. Dann setzte er seine Nachtwache fort und folgte der Gestalt, die von Kopf bis Fuß schwarz oder marineblau gekleidet war, bis ans Ende der Straße. Er konnte die Streifen auf den Achselklappen und die Schlaufen für das Funkgerät an der Jacke sehen, und obwohl er keine Abzeichen entdeckte, war die charakteristische gelbe Neonweste, die derjenige unter den Arm geklemmt trug, unverwechselbar.

»Das ist ein Bulle«, stieß er atemlos hervor. Sein Puls beschleunigte sich. Eine Sekunde später verschwand die Gestalt aus seinem Sichtfeld auf der verlassenen Hauptstraße, die durch Ticknall führte.

Fry verstaute das Fernglas, zog eine Taschenlampe hervor und ließ sie kurz über seiner Uhr aufflackern. Nach zwei Uhr am Morgen. Es würde lange genug dunkel sein, dass er sich unbemerkt davonmachen konnte. Und selbst wenn die Polizei ein paar Straßensperren errichtet hatte, würde er vermutlich keine Probleme bekommen, wenn er in den nächsten Stunden querfeldein floh.

Es dauerte etwas länger als eine Minute, bis er das federleichte Zelt abgebaut hatte, selbst im stygischen Dunkel des wild wuchernden Wäldchens. Er verstaute Zelt und Schlafsack in seinem Rucksack, streifte sich die Riemen über die breiten Schultern und bereitete sich darauf vor, zu seinem Motorrad hinüberzumarschieren. Doch etwas ließ ihn wie angewurzelt stehen bleiben.

Der Kodex. Ein Kodex, nach dem er in Helmand gelebt hatte. Lass nie jemanden zurück! Nicht, ohne es zu wissen, nicht, ohne nach einem Lebenszeichen zu suchen. Selbst als Private Dunphys Beine von einer Sprengfalle zerfetzt worden waren, schlug niemand einen Rückzug vor, obwohl sie sich der überwältigenden Feuerkraft des Feinds ausgesetzt sahen. Kalaschnikows und Neunzigmillimetergeschosse der M79 gingen auf sie nieder, aber niemand rührte sich vom Fleck, während Doc versuchte, die Blutung zu stoppen.

Wir hielten die Stellung, bis alles, was getan werden konnte, getan war.

Fry befestigte seinen Rucksack hinten auf der Norton, die an einem jungen Baum lehnte, dann schob er das Krad zu dem Haus, das einige Hundert Meter entfernt war. Er lehnte es gegen die Trocken-mauer und zog die Glock aus seiner Jacke, prüfte das Magazin und löste den Sicherungshahn, bevor er sich dem Haus näherte. Er sah die erste Leiche, eine Sekunde nachdem er durch das Tor gekommen war – ein junger Mann, rücklings auf dem Weg liegend, tot, doch den Mund geöffnet, als wollte er etwas sagen. Schüsse in Kopf und Herz. Ein sauberer Mord. Unnötig, den Puls zu prüfen.

Geduckt lief er zum Haus. Blickte durch eines der beleuchteten Fenster und sah zwei weitere Leichen, und der Kummer fuhr ihm in die Magengrube, als er das leblose Paar da sah. Matty und sein Partner – Jimmy irgendwas. Sie waren jeder an einen Sessel gefes-selt. *Tot wie Dunphy, aber deutlich weniger schmutzig.* Ein Schuss ins Herz. Mann tot. Er hatte seinen Beweis. Mehr gab es für ihn nicht zu tun.

Er starrte Gibson an, bei dem sich das Blut im nach oben ge-richteten Mund sammelte, und ging in Gedanken seine Optionen durch. Viele waren es nicht. *Du bist so am Arsch, Soldat. Hast du mich jetzt doch in die Scheiße geritten, Matty? Hast du mich endlich in den Arsch gefickt?* Er steckte einen Knöchel in den Mund. Seine Hand zitterte. Dann traf er eine Entscheidung, griff in eine Tasche, zog den Stapel Geld he-raus und warf ihn auf den Boden, wo sich die Scheine im feuchten Gras verteilten.

»Ein Land, geschaffen für Helden«, lachte er bitter, entfernte das Magazin seiner Waffe und verstaute es in einer Hosentasche. Die Pistole behielt er ungeladen in der Hand. »Macht Männer aus uns. Wir töten oder werden getötet. Aber was fangen wir mit dem Frie-den an, Eure Majestät? Ihr bringt uns heim, erschöpft und im Arsch, nur um uns mitzuteilen, dass wir gewalttätige Außenseiter sind. Aufs Schlachtfeld gehören wir. Und dort hätte ich sterben sollen. Mit Dunphy. Hast du mich verarscht, Matty? Hast du?«

Er sah sich um, bemerkte die offene Tür bei der Terrasse und ging langsam in die Küche.

Dreißig Minuten später schlenderte Fry lässig aus der Küche, die Jacke aufgeknöpft, Blut am Kinn von einem letzten Kuss. Er trug eine verschlossene Flasche Bourbon unter dem Arm und die Neige in einer zweiten in der Hand. Er leerte sie bis zum letzten Tropfen und warf sie leer Richtung halb fertige Scheune, wo sie laut zerschellte. Dann öffnete er die zweite und nahm noch einen ordentlichen Schluck, bevor er die Kappe wieder daraufdrehte und die Flasche in eine der geräumigen Taschen seiner Kampfhose steckte.

Ein Licht fiel auf ihn, und ein Fenster im Nachbarhaus ging weit auf. Ein Mann mittleren Alters beugte sich heraus. Er starrte ein paar Sekunden lang verständnislos auf die Leiche auf dem Weg, dann richtete sich sein Blick auf Fry. Im Nu fiel Fry auf ein Knie und richtete die Waffe auf das Fenster. Ängstlich aufheulend warf der Nachbar sich zu Boden.

Fry lächelte und stand auf. »Lasst die Herdfeuer nicht verlöschen, Bürger«, rief er und trottete zurück zu seiner Norton. Er schwang sich den Rucksack über die Schultern, dann beugte er sich vor und tätschelte die Maschine liebevoll. »Das ist für dich, Graham. Du bist noch mehr am Arsch als ich.«

Während Fry in die Dunkelheit steuerte, stimmte er einen unzusammenhängenden Vers der Hymne vom Camp Bastion an. »*Is this the way to Amarillo* …«

Brook wachte aus seinem Schlummer auf, als sein Handy in der Hosentasche vibrierte. Verschlafen starrte er auf das Display, während er sich auf dem winzigen Sofa in seinem Cottage aufsetzte.

»John!« Er befeuchtete seine trockenen Lippen. »Wie spät ist es?«

»Sie hatten recht.« Nobles Stimme war straff wie das Fell einer Trommel, und er klang weit entfernt.

Brook blinzelte kurzsichtig zur Uhr. »In welcher Hinsicht?«

»Es war nicht Gibson.«

27

Die Landluft war feucht, und die Kälte biss ihn in Nase und Ohren, obwohl der Schutzanzug und die Überschuhe seine eigene Körperwärme bis zu seinem Gesicht und Hals aufwallen ließen, während er ging. Brook suchte sich einen Weg vorbei an den Pfützen auf der dunklen Straße, die vom unablässigen Zucken der Lichter der Einsatzfahrzeuge beleuchtet wurde. In jedem Haus waren Fenster erleuchtet, umrahmten die Bewohner, die die grauenvollen Vorgänge beobachteten, nachdem man ihnen verboten hatte, das Haus zu verlassen, solange ein verwirrter Schütze auf freiem Fuß war.

Am Ende des Wegs lehnte ein altes Motorrad an der Stützmauer, das von DS Morton und ein paar Kriminaltechnikern in Schutzanzügen untersucht wurde.

»Fry«, sagte Brook und blickte auf das Motorrad. Ihm sank der Mut. Charlton würde einen Festtag haben, weil er sich geirrt und den Exsoldaten nicht ernst genommen hatte.

»Jep«, sagte Morton.

Brook richtete seinen Blick auf das Gebäude in einiger Entfernung, doch er kam nicht weiter als zu DC Banach, die eine Leiche im Garten untersuchte. Morton zeigte auf einen mit Absperrband abgeteilten Weg, auf dem alle rings um die Leiche herumlaufen konnten, ohne potenzielle Fußabdrücke zu zerstören, die bereits gekennzeichnet waren und von einem Techniker fotografiert wurden.

Im Licht einer einzelnen Bogenlampe erkannte Brook Sean Trimble, der rücklings auf dem Kiesweg lag, Mund geöffnet, die Arme ausgestreckt, als würde er sich auf eine Umarmung vorbereiten. Blutrinnsale gingen fächerförmig in alle Richtungen von dem dunklen Loch aus, das in seiner Stirn explodiert war. Eine weitere Wunde, schwarz wie die Nacht, zeigte, dass eine zweite Kugel in seinen Brustkorb eingedrungen war.

Banach blickte kurz auf, als er sich näherte. »Sean Trimble«, bestätigte sie überflüssigerweise. »Falscher Ort, falsche Zeit.«

»Ist das nicht immer so?«, bemerkte Brook.

»Zwanzig Jahre alt«, fügte sie mit einer Spur Verbitterung hinzu.

Brook wurde durch ihre offensichtliche Empörung kurz abgelenkt. »Wut ist eine Emotion, die uns blind macht, Angie. Je kleiner sie brennt, umso leichter fällt es uns, zu funktionieren.«

Sie nickte. »Mir geht's gut.«

Brook nickte zu dem bleichen Haufen Fleisch auf dem Boden. »Higginbottom?«

»War da und ist schon wieder weg«, antwortete Banach. »Es gibt keinen Zweifel an der Todesursache. Die zwei im Haus haben jeweils einen Herzschuss. Bei Sean Herz und Kopf.«

»Der klassische Doppelschuss der Profis«, sagte Brook. »Was denken wir darüber?«

»Dass er ein Anhängsel war«, sagte Banach und wies auf die Position der Leiche. »Auf dem Rücken, Kopf Richtung Tor, die Füße zeigen zum Haus. Ich vermute, er kam gerade nach Hause, als er erschossen wurde. Fry hat ihn hier nicht erwartet, was merkwürdig ist, wenn man bedenkt, dass er das Haus doch vermutlich beobachtet hat. Er riecht noch nach Bier, war also vermutlich was trinken und kam früher zurück als erwartet.«

»Ist also über den Mörder gestolpert, als dieser gerade verschwinden wollte«, stimmte Brook ihr zu. »Wir überprüfen die lokalen Pubs?«

»Tun wir.«

Er ging in die Hocke und roch nun auch das Bier. Zum Glück war die Leiche noch frisch, unberührt vom üblichen Gestank der entleerten Blase und Gedärme. Der Tod war so schnell zu Sean Trimble gekommen, dass er kaum Zeit gehabt hatte, die Angst zu spüren. Und in der kalten Luft hatte das Blut, das da war, noch nicht den süßen, kupfrigen Geruch der Verwesung angenommen.

»Da ist jemand nicht gerade auf der Flucht«, sagte er und richtete sich auf.

»Sir?«

»Sein Motorrad steht da noch.« Brook zeigte zu der großen Doppelgarage. »Gibsons Autos?«

»Unberührt. Der Nachbar von nebenan sagt, Fry sei zu Fuß geflohen und querfeldein verschwunden.«

»Zu Fuß? Wie lange ist das her?«

»Vielleicht zwei Stunden. Die Hundestaffel ist schon unterwegs. Der Helikopter auch. Sie haben auch Infrarot. Die Verkehrspolizei errichtet weitere Straßensperren.«

»Er wird sich nicht an die Straßen halten. Sonst hätte er eins von Gibsons Autos genommen.« Brook blickte in die Nacht hinaus. Sein Blick bewegte sich in einem flachen Bogen am schwarzen Horizont entlang, verharrte bei einem Wäldchen, das sich über der flachen Wiese auf einem Hügel erhob. »Wenn Sie mal einen Moment Zeit haben, soll jemand zu dem Aussichtspunkt da drüben gehen.«

Brook ging weiter zum Haus. Vorbei an der halb fertigen Scheune und einer Feuerstelle, deren Glut noch immer Wärme verströmte; vorbei an einer zerschellten Flasche, die fotografiert und sorgfältig eingetütet wurde, um Fingerabdrücke zu nehmen. Reste eines Feuerwerks lagen auf dem Boden. Zu seiner Überraschung bemerkte er auch einige Zwanzigpfundnoten, die auf dem Boden lagen und von einem Kriminaltechniker im Schutzanzug sorgfältig fotografiert und dann eingepackt wurden.

Als er die Küche erreichte, bemerkte Brook die offene Flasche Champagner und die einzelne Champagnerflöte, die fast leer war. Zwei Gläser mit Rotwein standen daneben.

Die Opfer tranken bereits, als Fry eintraf.

Das Blitzen einer Kamera zog ihn zum Tatort nebenan, einem spärlich möblierten Wohnzimmer mit glänzendem Parkettboden und minimalistischer Einrichtung, das an die Küche grenzte. Zwei Ledersessel waren unpassend in der Mitte des Raums zusammengeschoben worden, in jedem saß eine Leiche.

Wie schon bei Frazer und Nolan vor fünf Wochen waren Matthew Gibson und James Trimble ordentlich gefesselt, damit sie keinen Widerstand leisten konnten. Die Verschnürungen ließen ihnen gerade so viel Freiraum, dass sich ihre Hände berühren konnten, die jetzt schlaff herabhingen. Im Unterschied zu den beiden letzten

Tatorten war Gibsons Blut über sein Kinn und die Oberlippe verschmiert.

»Sie haben dagegen angekämpft.«

»Würden Sie das nicht auch tun?«, fragte Noble, der neben Brook auftauchte.

Brook schaute kurz auf den DS und entschied, dass eine Halbwahrheit wohl weniger ablenken würde. »Natürlich.« Er richtete den starren Blick wieder auf die Szene und nahm alles in sich auf, damit er zu einem späteren Zeitpunkt jedes Detail wieder abrufen konnte.

»Jeweils eine Kugel«, bestätigte Noble.

»Zwei Pistolen?«

»Unbekannt. Aber der Nachbar hat nur eine gesehen. Fry hat eine Bourbonflasche kaputt geworfen, hat ihn damit aufgeweckt, als er verschwand.«

»Er wurde nicht von den Schüssen geweckt?«

»Bonfire Night«, sagte Noble.

Brook nickte. »Dieser Mord ist anders, John.«

»Die Eskalation?«

»Mehr als das. Er hat das Ende erreicht und wirft das Handtuch. Darum zieht er unsere Aufmerksamkeit auf sich.«

»Würde ich auch sagen. Wie schon der Augenzeuge und das Motorrad gibt es auch deutliche Fingerabdrücke auf der kaputten Flasche, den Weingläsern und der Champagnerflasche. Wir haben sogar lehmige Stiefelabdrücke auf dem Fußboden.«

»Er macht Schluss«, seufzte Brook.

»Großartig. Jetzt müssen wir ihn nur noch fassen.«

Brook runzelte die Stirn. »Das ergibt keinen Sinn.«

»Das tut es sehr wohl«, sagte Noble. »Fry und Gibson hatten was laufen. Gibson hat versucht, ihn mit Geld zum Schweigen zu bringen, und Fry hat es ihm ins Gesicht geworfen, bevor er ihn getötet hat.«

»Aber es war Fry, der das Geld gefordert hat.«

»Vielleicht war es ein Sinneswandel.«

»Ein Verbrechen aus Leidenschaft?«

»Nun, der Nachbar hat gesehen, dass um Frys Mund Blut war.«
Noble zeigte auf das Blut auf Gibsons Gesicht.

»Besiegelt mit einem Todeskuss.« Brook schüttelte den Kopf.
»Und warum dann beide fesseln? Er ist ein Meisterschütze. Wieso
hat er sie nicht dort erschossen, wo sie standen?«

Noble rang um eine Erklärung. »Es ist ein Verbrechen aus Leidenschaft. Er will der Methode folgen, aber er ist durchgedreht, weil
er am Rande der Verzweiflung ist. So viel wissen wir. Posttrauma-
tischer Stress. Und er ist gewalttätig. Vielleicht haben Gibson und
Trimble einander unsterbliche Liebe geschworen, und die Eifersucht hat sich bei ihm geregt, und er hat die Kontrolle verloren. Für
euch kein Schampus. Peng, peng.«

»Eifersucht führt zu Chaos und Gewalt, John.«

»Die sich in einem größeren Durcheinander widerspiegelt, wie
Sie hier sehen. Und die meisten Leute würden es als ziemlich gewalttätig ansehen, wenn man jemanden erschießt.«

»Vermutlich«, grummelte Brook, ohne überzeugt zu sein. »So
oder so beklecckere ich mich hier nicht gerade mit Ruhm, was?«
Keine Antwort von Noble. »Die Opfer haben den Champagner nicht
getrunken.«

»Es fehlt in der Flasche nur ein Glas. Meine Vermutung ist, dass
Gibson und Trimble nicht mitgespielt haben und nicht trinken wollten, weshalb Fry versucht hat, ihnen den Champagner in den Mund
zu kippen. Man kann es an ihren Hemden riechen. Er verliert die
Kontrolle, knallt beide ab. Hier ist Endstation, weshalb er sich einen
Schluck genehmigt, um das zu feiern, und sich nicht länger um irgendwelche Spuren schert.«

»Aber warum hat er Matthews Eltern getötet?«

»Keine Ahnung, aber zumindest besteht eine Verbindung zu der
Familie.«

»Es gibt aber keine zu Frazer und Nolan.«

»Wir werden sie finden. Sie haben den Sohn gesehen?«

Brook nickte. »Noch etwas, das vom Skript abweicht.«

»Das könnte ihn wieder zur Vernunft gebracht haben, denn er
hat den Nachbarn gesehen, aber nicht auf ihn geschossen.«

»Gewissensbisse«, erwiderte Brook und ließ sich den Gedanken durch den Kopf gehen.

»Das ergibt Sinn«, sagte Noble. »Er will ja eigentlich Paare gemeinsam in die Ewigkeit schicken, musste aber Sean töten – der alleine starb. Die Schuldgefühle reißen ihn aus seiner Psychose.«

»Und er klaut kein Auto, um einen Schnitt zu machen, weil er sich darauf vorbereitet, Suizid durch einen Polizisten zu begehen«, schloss Brook und dachte darüber nach. Er schüttelte den Kopf. »Aber wo ist der Verlust in Frys Leben? Seine Frau lebt. Was triggert ihn?«

»Ein toter Freund bei der Armee?«, schlug Noble vor. »Wer weiß?«

»Ich sehe es nicht, John. Und wie bekam er Gibson und Trimble unter seine Kontrolle? Die Feuerstelle brennt. Wenn sie draußen waren und gefeiert haben, warum ließen sie sich von Fry nach drinnen führen, wo er sie fesselte?«

»Er hatte eine Waffe.«

»Aber nicht das Überraschungsmoment auf seiner Seite. Gibson muss erkannt haben, was ihnen blühte, besonders wenn Fry ein Seil dabeihatte. Er hätte sich nicht fesseln lassen, ohne wenigstens zu versuchen zu fliehen.«

»Die Geschichte ist voll mit Leichen, die wie angewurzelt stehen blieben, als der Tod sich ihnen näherte«, sagte Noble. »Jeder ist anders. Und wenn Fry gewartet hat, bis Sean ausgegangen war, hat er Gibson und Trimble vielleicht erzählt, dass er ihm auflauern wird, und wenn sie nicht mitspielten, würde er auch sterben.«

Brook nickte beeindruckt. »Sie hätten diese Ermittlung alleine führen sollen, John. Ich bin wie Blei wegen Terri und diesem Unsinn mit der Black Oak Farm. Sie hatten recht mit der Eskalation und auch damit, mir Kummer zu bereiten. Wo steckt Caskey?«

»Ich habe sie angerufen, aber ihr Handy ist aus.«

Brook war nachdenklich. »Sie wohnt in Ripley, richtig?«

»Ich glaube schon.«

»Versuchen Sie's noch mal. Und wenn Sie sie nicht erreichen, schicken Sie einen Streifenwagen zu ihr nach Hause und richten Sie ihr aus, sie soll sofort herkommen.«

»Das ist eine Fahrt von einer Stunde. Ich glaube, wir schaffen das hier ...«

»Auf der Stelle«, beharrte Brook und fixierte Noble, um jeden Zweifel im Keim zu ersticken.

Noble zückte sein Handy und hielt es sich ans Ohr. »Gibt es etwas, das ich wissen sollte?«

»Gehen wir an die frische Luft«, sagte Brook und machte sich auf den Weg durch die Küche zurück auf die Terrasse. »Wo stehen wir bei den Befragungen?«

»Wir wecken das ganze Dorf auf. Ticknall ist eine ruhige Gegend, den Leuten ist bestimmt was aufgefallen.«

»Legen Sie für den Moment den Schwerpunkt darauf, Fry zu finden. Sorgen Sie dafür, dass jeder eine Beschreibung von ihm bekommt und weiß, wo er zuletzt gesehen wurde. Er ist schlau und könnte kehrtmachen, um uns abzuschütteln. Obwohl ich das bezweifle.«

»Wir haben zu wenig Leute.«

»Dann besorgen Sie uns so viele Leute, wie Charlton kriegen kann. Was ist mit der lokalen Polizei?«

»Die nächstgelegenen Reviere sind Swadlincote und Ashby, aber es gibt einen Gemeindesaal, den wir als Leitzentrale benutzen können.«

»Gut. Koordinieren Sie von da aus den Helikopter, die Verkehrspolizei und die Hunde.«

»Sondereinsatzkommando?« Als Brook zögerte, machte Noble seinen Standpunkt klar. »Fry war hier. Leute sind gestorben. Er hat eine Schusswaffe. Wenn wir ihn nicht vor Tagesanbruch fassen, kann das hässlich werden.«

Brook stimmte mit einem kurzen Senken der Augen zu. »Er wird nicht weglaufen, aber besorgen Sie uns trotzdem eine Einheit.«

»Hoffen wir einfach, dass es nicht so weit kommt.«

»Fry ist ein Sonderling, der nicht zu dem Fall passt, John. Er hat sich nicht ein hochmotorisiertes Auto besorgt und hat nicht die Absicht, sich aufzugeben. Es gibt daher nur noch eine andere Option.«

Durch die Bäume richtete Fry sein Nachtsichtfernglas auf den Helikopter in der Ferne.

Er lächelte und nahm einen weiteren großen Schluck vom Bourbon. Noch keine Hunde. Bis Tagesanbruch sollte er sicher sein. Das genügte ihm. Er kippte noch einen ordentlichen Schluck vom Bourbon runter und lehnte sich gegen die bröckelnde Ziegelmauer des Nebengebäudes vom Calke-Abbey-Anwesen. Er hatte das vor sich hin rottende Scheunentor der verfallenen Scheune weggerissen, falls er vor den Infrarotkameras in Deckung gehen musste, sobald der Heli seinen Suchradius vergrößerte. Selbst so, ohne Hundeführer, die die Suche nach ihm am Boden koordinierten, war er für ein paar Stunden noch in Sicherheit. Er nahm noch einen wärmenden Schluck.

Lagebericht kritisch. FUBAR. SNAFU. Bin bald bei dir, Dunphy.

Er grinste bei dem Gedanken an seinen gefallenen Kameraden, bei dem Gefühl der brüderlichen Verbundenheit, des gemeinsamen Ziels und der Kameradschaft. Das wärmte ihn mehr, als der Bourbon es je vermochte.

»Wenn ich dich das nächste Mal sehe, hast du deine Beine zurück.« Er starrte mit glasigem Blick in die Dunkelheit. »Und ich werde der Mann sein, der ich sein will.«

Er holte die ungeladene Glock hervor und legte sie auf den Boden, dann zog er sein Handy aus der Jackentasche, schaltete es aber nicht an. Er wollte noch nicht das GPS aktivieren, aber wichtiger war, dass er den Akku schonen wollte, den er für eine letzte Nachricht an seine Frau brauchte. Er brauchte nur ein Signal. Seine überraschend heitere Laune schwand, als er an sie dachte, darum nahm er noch einen Zug aus der Flasche. Zeit nachzudenken. Zeit, sich zu überlegen, was er seiner seit langer Zeit leidenden Roberta sagen wollte.

Bin bald bei dir, Dunphy.

Brook und Noble standen auf dem nassen Feld und machten den Kriminaltechnikern Platz, die auf das ganze Gelände ausgeschwärmt waren. Sie merkten, wie ihnen die Kälte in die Knochen kroch, und

Brook verspürte den Drang, einen strammen Marsch über drei Meilen zu machen, damit ihm wieder warm wurde. »Keine Antwort?«

»Ihr Handy ist immer noch ausgeschaltet«, sagte Noble und legte auf.

»Prüfen Sie, ob der örtliche Polizist eine Antwort bekommt, wenn er dort anklopft.«

Noble starrte Brook an. »Was ist das mit Ihnen und Caskey?«

»Keine verflixte Sache«, witzelte Banach und kam mit einem Tablett zu ihnen, auf dem zwei dampfend heiße Becher standen.

»Möchten Sie etwas beitragen, Angie?«, bemerkte Brook.

Banach hielt ihnen das Tablett hin. »Tee und Kaffee von den Kollegen hier gefällig?«

Brook nahm seinen Becher und schloss beide Hände um die Wärme, wobei er Banach weiter beäugte.

»Sie sind unser Lebensretter«, sprudelte Noble hervor und nahm einen ordentlichen Schluck. »Sie können nicht zufällig ein Schinkensandwich auftr…«

»Versuchen Sie es gar nicht erst«, wies Banach ihn zurecht.

»Sind Sie Amerikanerin?«, erkundigte sich Noble und grinste Brook um Unterstützung heischend an. Der Scherz kam nicht an.

»Sie hat es Ihnen erzählt?«, fragte Brook, den Blick auf Banach geheftet.

»Rachel?« Banach lächelte. »Das brauchte sie nicht. Ein Mädchen weiß so was.«

»Weiß was?«, fragte Noble und blickte von einem zum anderen.

»Offensichtlich hat sie aber zu Ihnen was gesagt«, sagte Banach.

»Ich habe es herausgefunden«, erwiderte Brook.

»Was herausgefunden?«, hakte Noble nach.

»Und ich habe mir gerade vorgestellt, wie Sie auf den Schwulenradar Aufreißerseiten im Internet herumsurfen«, neckte sie ihn.

»Ich habe absolut keine Ahnung, was Sie gerade gesagt haben«, gab Brook zurück.

»Jemand ist schwul?«, riet Noble. Brook und Banach unterbrachen endlich ihr Gespräch. »Caskey?« Keine Antwort. »Rachel Caskey ist eine Lesbe?«

»Leise, John«, zischte Banach.

»Das bleibt unter uns«, sagte Brook. »Sie hat ein Recht auf Privatsphäre.«

»Caskey ist eine Lesbe«, sagte Noble leise, als versuchte er, diesen Satz zu erfassen und seine Bedeutung zu kapieren.

»Sie haben also schon mal von diesen Leuten gehört?«, witzelte Banach.

Noble zwinkerte ihr zu. »Das erklärt, warum sie nicht auf mich angesprungen ist.«

»Himmel«, stöhnte Banach.

Noble grinste sie an. »Was denn?«

»Sie glauben wohl, jede Frau verzehrt sich nach Ihnen?«

»Nur die mit Augen im Kopf.«

»Himmel«, wiederholte Banach. »Darum widerstrebt es homosexuellen Beamten so sehr, sich zu outen. Wenn es nach mir ginge ...«

»Ist die Befragung fertig, Angie?«, erkundigte sich Brook, leerte seinen Becher und streckte ihn ihr so hin, als wollte er ihr damit sagen, sie solle lieber verschwinden. Sie hielt das Tablett unter den Becher und wartete auf Nobles Becher, warf ihm einen letzten mahnenden Blick zu und legte einen Finger auf die Lippen, als sie ging.

»Eine Lesbe«, wiederholte Noble.

»Sind Sie jetzt mit Ihrem Suffragetten-Seminar fertig, John?«

Noble zeigte mit einem Finger auf ihn. »Dieser George, über den Sie mir erzählt haben. Dieser tote Partner war eine Frau.«

»Offenbar ist das heutzutage ganz normal«, bemerkte Brook trocken.

»Schön für sie«, sagte Noble. »Wie haben Sie es herausgefunden? Die reviereigene Gerüchteküche?«

»Das Gegenteil«, sagte Brook. »Es gab keine.«

»Nun, es gibt nicht genug Liebe in der Welt ...«

»Das hat Jason Statham bei der Party von Frazer und Nolan gesagt, richtig?« Brook wandte sich zum Horizont, wo das bleiche Licht der Morgendämmerung bereits begann, den Himmel zu färben. »Ich weiß, das ist kaum was Neues für Sie, aber ich könnte mich doch geirrt haben. Oder besser gesagt, ich hatte unabsichtlich recht.«

»In welcher Hinsicht?«

»Als ich Charlton erzählt habe, es könne eine Verbindung zwischen der Black Oak Farm und dem Champagnermörder bestehen, tat ich das, um ihn abzulenken.«

»Und nun?«

»Nun fange ich an zu glauben, dass es tatsächlich eine Verbindung gibt.«

»Ich höre.«

»Vertrauen Sie meinem Instinkt, John?«

Noble zögerte. »Meistens.«

»Dann vertrauen Sie mir, wenn ich Ihnen sage, dass an dem Tag, als die Thorogoods auf der Black Oak Farm ermordet wurden, jemand etwas gesehen hat, das derjenige nicht hatte sehen wollen. Und ich glaube, das löste bei demjenigen den Impuls zu töten aus.«

»Jemand heißt, es war jemand von der Polizei«, vermutete Noble. Brook wartete, dass er weitersprach.

»Caskey?« Brook hob eine Augenbraue. »Weil sie eine Lesbe ist?«

»Weil sie trauert, John. Sie ist eine sehr aufgewühlte junge Frau, die einen traumatischen Verlust erlitten hat.«

»Sie ist etwas nervös, kann sein ...« Noble verstummte, weil er immer noch versuchte, den Gedanken zu fassen. »Haben Sie irgendwelche Beweise?«

»Nur Indizien«, räumte Brook ein. »Sie war bei den Spezialkräften, trägt Handschellen und könnte sich mit dem Zeigen ihrer Dienstmarke Zutritt zum Haus ihrer Opfer verschaffen. Sie passt perfekt in das Profil.«

»Aber sie hat dieses Profil entworfen«, wandte Noble ein.

»Und Sie haben gehört, wie sie es aus tiefstem Herzen vertrat.«

»Sie klang, als würde sie mit einem Priester sprechen, da gebe ich Ihnen recht. Ein Mörder in Trauer, der das Leben der hingebungsvollen Paare feiert und sie dann zeitgleich erschießt, damit sie bis in alle Ewigkeit zusammen sind.« Er verzog das Gesicht. »Ich bin nicht überzeugt.«

»Ich auch nicht«, stimmte Brook zu. »Aber ein Blick auf ihre Arbeit zeigt, dass sie nach den Morden auf der Black Oak Farm aus dem Tritt geraten ist und seitdem arg zu kämpfen hat.«

»Was genau hat sie denn dort gesehen?«

»Monty und Patricia Thorogood. Tot, in den Armen des anderen.«

»Etwas so Schlimmes könnte jeden umhauen.«

»Besonders dann, wenn das das Schicksal ist, das sie liebend gern mit der Liebe ihres Lebens erlitten hätte.«

»Ihnen ist bewusst, dass das ein großer Sprung ist.«

»Das ist mir bewusst, ja.«

»Wem haben Sie davon erzählt?«

»Nur Ihnen.«

»Gut. Charlton würde die Flöhe kriegen.«

»Glauben Sie?«, witzelte Brook.

»Was machen wir jetzt?«

»Wir können nicht viel tun, außer sie im Auge behalten.«

»Das ist schwer umsetzbar, wenn sie unentschuldigt fehlt«, warf Noble ein. Sein Mund klappte entsetzt auf, und er deutete auf den Tatort. »Warten Sie mal. Sie glauben …«

»Ich glaube, wenn jemand anders der Mörder ist, wäre Fry der ideale Sündenbock.«

»Aber er war hier. Mit einer Schusswaffe.«

»Er passt nicht in das Profil, John. Es ergibt wenig Sinn, wenn er Gibson so tötet.«

»Warum war er dann hier?«

»Er hat da drüben in dem Wäldchen kampiert«, sagte Brook und zeigte auf die Erhebung in einiger Entfernung. »Ich vermute, er hat die Schüsse gehört und ist hergekommen, um nachzusehen.«

»Warum sollte er das tun? Er ist bereits Tatverdächtiger.«

»Sie sagen es selbst. Er kämpft an allen Fronten. Vielleicht hatte er genug davon. Und natürlich hegte er unter Umständen aufrichtige Gefühle für Gibson.«

Noble dachte nach. »Wie lange verdächtigen Sie Caskey schon?«

»Dadurch dass sie das Profil für uns entworfen hat, bot sich mir ein Blick auf ihr Leiden«, erwiderte Brook. »Da fing ich an, ein echtes Interesse an der Black Oak Farm zu entwickeln.«

»Kommen Sie schon«, sagte Noble zweifelnd. »Sie waren schon davor völlig davon eingenommen, und das nicht nur wegen dem, was Mullen gesagt hat. Da ist etwas, das Sie mir nicht erzählen.«

Brook atmete tief durch. »Reardon Thorogood hat eine Beziehung mit meiner Tochter.«

»Sie machen Witze!«

»Ich wünschte, es wäre so. Sie haben sich vor ein paar Jahren an der Universität kennengelernt.«

»Terri ist auch lesbisch?«, fragte Noble und lachte auf, sodass sich die Köpfe einiger Ermittler und Techniker zu ihnen umdrehten.

Brook scheuchte ihn weiter in die Dunkelheit. »Sie ist hilfsbedürftig und schwer mitgenommen, John. Und im Moment weiß sie nicht, was sie ist.« Der Hubschrauber flog über ihre Köpfe hinweg, während ein Van mit einer Hundeführerstaffel am Ende der Straße auftauchte.

Noble runzelte die Stirn. »Ich dachte, Reardon Thorogood hatte mal eine Beziehung mit Jonathan Jemson.«

»Das heißt ja nichts. Sie ist ebenfalls eine junge Frau, die durch die Hand von Männern geschädigt wurde«, antwortete Brook und hob auffordernd eine Braue. »Und die Hilfsbedürftigen fühlen sich zueinander hingezogen.« Noble verstand nicht, was er meinte, weshalb Brook es noch einmal versuchte. »Und Reardon muss sehr verletzlich gewesen sein in den Tagen nach dem Mord an ihren Eltern.«

Nobles Augen wurden groß. »Sie glauben, Caskey und Reardon ...«

Caskey senkte das Fernglas. Nach einer halben Stunde gab es immer noch keine Bewegung in der Wohnung, und die Vorhänge blieben zugezogen. Andererseits war die Sonne kaum aufgegangen. Zitternd lief sie rasch zurück zum Wagen und schaltete den Motor ein, damit die Heizung sie aufwärmte. Nach fünf Minuten, in denen das Gebläse auf höchster Stufe lief, schaltete sie den Motor aus und blickte sich selbst im Rückspiegel in die müden Augen. Zufrieden stellte sie fest, dass die Tropfen geholfen hatten; ihre Augen, die durch Schlafentzug und Tränen rot unterlaufen gewesen waren, sahen nun besser aus. Sie stieg aus dem Wagen und ging über die Straße auf die imposante Tür zu; sie wollte nicht mehr länger warten.

Nach fünf Minuten, in denen ihr Klopfen und Klingeln unbeantwortet geblieben war, erklomm ein junger Mann die Stufen vom Park mit einem Fahrrad über der Schulter. Er schob einen Schlüssel in die angrenzende Tür der Softwarefirma und blickte zu Caskey hinüber, die mit dem Klopfen innehielt.

»Morgen«, sagte er und öffnete seine Tür. »Lange nicht gesehen.«

Caskey drehte sich zu ihm um. Er war einer von den Computerfreaks im Erdgeschoss. »Ja. Hallo.«

»Schlüssel verloren?«

Caskeys schmales Lächeln kostete sie große Überwindung. »Etwas in der Art.« Schließlich schob er sein Rad ins Gebäude und schloss die Tür vor ihrer Nase, und prompt nahm sie das Hämmern wieder auf. Sie drückte den Summer und brüllte in die Gegensprechanlage: »Öffne die Tür, Reardon, sonst breche ich sie auf. Ich meine es ernst.« Sie wartete ein paar Sekunden. »Dann machen wir es also auf deine Art.« Sie senkte eine Schulter und wollte sich gegen die schwere Tür werfen, aber in dem Moment ging diese auf, und eine hübsche, junge Frau steckte den Kopf durch den Spalt und blinzelte ins Tageslicht.

»Weißt du, wie spät es ist? Was willst du?«, knurrte sie. Ihre Stimme war heiser von Zigaretten und Schlaf.

»Wer bist du?«, wollte Caskey wissen, obwohl sie ihr Gesicht von früheren Observationen kannte.

»Ich wohne hier«, sagte die junge Frau hochmütig. »Warum, zum Teufel, drohst du uns damit, die Tür aufzubrechen?«

»Ich bin Polizistin«, sagte Caskey und tastete nach ihrem Dienstausweis.

»Das gibt dir kein Recht einzubrechen.«

»Du weißt nicht besonders viel über Polizeibefugnisse, was?«

»Ich weiß eine Menge«, knurrte das Mädchen, das sich nicht einschüchtern ließ. »Du warst gestern Nacht hier und hast geschrien und geklopft.«

»Ihr wart also beide da.«

»Ja, waren wir. Und dank deiner Aktion war Reardon die ganze Nacht fast verrückt vor Angst. Und wenn du wirklich Polizistin bist, wirst du wissen, warum.«

»Das tut mir auch leid, aber ich muss mit ihr reden.«

»Worüber?«

Caskey zögerte. »Polizeiangelegenheiten.«

»Den Mord an ihren Eltern?«

Caskey war überrascht und konnte die Antwort nicht für sich behalten. »Das stimmt.«

»Eilmeldung, Lady«, sagte die junge Frau. »Der Fall ist abgeschlossen, und der Mörder sitzt im Knast.« Caskey hob eine Braue. »Ja, ich weiß alles darüber. Und wenn du mal an dem Fall mitgearbeitet hättest, wüsstest du, dass Reardon seit dem Tag kaum einen Fuß vor die Tür gesetzt hat, also, was meinst du wohl, was sie dir über irgendetwas erzählen kann, was da draußen passiert? Warum suchst du nicht nach ihrem Bruder?«

»Er ist außer Landes«, erwiderte Caskey.

»Das weißt du nicht.«

»Lässt du mich jetzt rein oder nicht?«

»Nein«, sagte die junge Frau trotzig. »Es passt gerade nicht.«

Caskeys Kiefermuskeln zuckten. »Geh mir bitte aus dem Weg, sonst muss ich dich festnehmen.«

»Das wagst du nicht«, gab die Frau zurück. »Hat mein Dad dich darauf angesetzt?«

Eine Sekunde lang war Caskey aus dem Konzept gebracht. »Dein Dad?«

»Der ach so tolle, mächtige Inspector Damen Brook«, höhnte die junge Frau. Caskey fiel die Kinnlade herunter. »Das hat er doch, oder? Er versucht, mich von Reardon zu trennen, und er besitzt nicht mal so viel Mut, selbst herzukommen. Ich hätte wissen müssen, dass er etwas in der Art versucht. Dieser ganze liberale Scheiß darüber, dass er mich nur glücklich sehen will.«

Caskey stand sprachlos vor ihr. Brooks Weigerung, ihr ein weiteres Gespräch allein mit Reardon zu erlauben, ergab plötzlich so viel mehr Sinn. »Ich ...«

»Ja, du bist aufgeflogen. Und du kannst ihm von mir sagen, dass es nicht funktionieren wird. Reardon und ich lieben uns, und es gibt nichts, was er dagegen tun kann. Jetzt verschwinde.«

Die Tür schloss sich bereits, aber Caskey stellte einen Fuß in die Lücke. Ihr Gesicht drückte Entschlossenheit aus. »Ich muss Reardon sehen«, sagte sie durch zusammengebissene Zähne.

»Nun, du kannst nicht ...«

Caskey griff nach ihren Handschellen, aber eine Sekunde später ging die Tür weiter auf, und Reardons bleiches Gesicht tauchte neben dem von Brooks Tochter auf.

»Hallo, Rachel.«

»Reardon«, sagte Caskey leise.

»Ist schon in Ordnung, Terri. Ich rede mit DS Caskey.«

»Das musst du nicht«, sagte Terri und sah ihr in die Augen. Ihre Miene wurde weich. »Sie hat absolut kein Recht dazu.«

Reardons bleiches Gesicht erteilte ihr eine Absage. »Das geht schon.«

Terri verschränkte die Arme, damit ihr Missfallen von allen bemerkt wurde, bevor sie hinter Reardon zurückwich. »Okay, aber ich bleibe genau hier.«

»Du hast die Schlösser getauscht«, bemerkte Caskey.

»So wie die Sache ausging, dachte ich, das wäre das Beste«, antwortete Reardon.

Caskey nickte, zog den Schlüsselring aus der Tasche und hielt ihn ihr hin. »Der Hausschlüssel ist jetzt nutzlos«, sagte sie und richtete ein halbes Lächeln an Terri. »Aber ich sag jetzt mal, zukünftige Untermieter können die anderen noch nutzen.« Terri starrte verärgert zurück.

»Danke«, sagte Reardon und nahm die Schlüssel. »Du sagtest, du hättest was Polizeiliches zu klären.«

Caskey sah Terri an. »Bei näherem Nachdenken glaube ich, dass ich mir die Fragen für später aufhebe.«

»Gut«, sagte Terri und berührte mit der Tür Caskeys Fuß, damit sie ihn endlich zurückzog. Sie bewegte den Fuß nicht.

»Meine Kette«, sagte Caskey leise. »Die hätte ich gern zurück.« Reardon zögerte, dann drehte sie sich um. »Warte!«, rief Caskey. Beklommen sah sie Terri an. »Und das andere. Das hätte ich dir nicht geben dürfen.«

Reardon zögerte, formulierte ihre Antwort. »Nein, hättest du nicht. Darum habe ich es weggeworfen.« Bevor Caskey antworten konnte, lief sie die Treppe hinauf.

»Du bist also ihre Ex«, sagte Terri mit einem Grinsen.

Caskey erwiderte ihren Blick nicht. »Dir passiert das auch irgendwann.«

»Auf keinen Fall«, sagte Terri mit einer Mischung aus Trotz und Stolz. »Wir lieben uns.«

»Du liebst sie, aber Reardon tut das nicht. Sie kann das gar nicht.«

»Wir arbeiten an ihren Problemen«, sagte Terri überheblich. »Gemeinsam.«

»Schön für euch«, stichelte Caskey.

Das Geräusch von Schritten, die die Treppe herunterkamen, kündigte Reardons Rückkehr an, und ihr blasser Arm streckte sich Caskey entgegen; die Finger umschlossen eine silberne Halskette mit einem klobigen R-Anhänger.

»Danke«, sagte Caskey, zog ihren Fuß aus der Tür und zeigte Terri den Anhänger. »R für Rachel«, sagte sie und wies auf den Buchstaben.

»Schlampe«, zischte Terri und knallte die Tür zu.

Caskeys wilde Freude schwand, und sie kehrte, tief in Gedanken versunken, zu ihrem Wagen zurück, während sie in ihren Taschen nach dem Handy tastete. Aber es lag vom vergangenen Abend noch auf dem Beifahrersitz. Sie schaltete es ein und wurde von einem Dutzend Nachrichten und verpassten Anrufen von Noble überrollt. Statt darauf zu reagieren, tippte sie die einzige Textnachricht von Donald Crump an und las sie.

»Das ist unmöglich«, murmelte sie und sank auf den Fahrersitz, um darüber nachzudenken. »Unmöglich.« Sie drückte auf ein Icon, und nach dem dritten Klingeln nahm Crump ab. »Caskey hier. Sind Sie sicher mit dem Blut?« Sie lauschte, der Blick leer. »Verstehe. Nein, keine Sorge. Wie Sie schon sagten, der Fall ist abgeschlossen. Es besteht kein Grund zur Eile. Ich werde DI Brook informieren, und Sie können ihm ein aktualisiertes Blutschema schicken.«

Sie legte auf, ihre Miene verwandelte sich von Verwirrung zu Erkenntnis, gefolgt von Verbitterung. »Du verdammte Närrin, Rachel.«

28

Draußen vor dem Gemeindezentrum von Ticknall nahm Brook später an diesem Morgen den Plastikdeckel von einem Styroporbecher und trank einen Schluck des äußerst willkommenen Tees. Er wärmte seine Hände an dem Gefäß und starrte hinauf in die bleiche Wintersonne, froh über den klaren Himmel für den Hubschrauber. Eine große Fahndung war in die Wege geleitet, und es war ein geschäftiger Morgen gewesen, an dem sie Straßensperren mit der Verkehrspolizei abgestimmt und Suchtrupps und Hundestaffeln in Absprache mit dem Einsatzleiter losgeschickt hatten, der nun im Hubschrauber saß, der in allen Richtungen systematisch das Umland absuchte.

Brook verabscheute die administrativen Details solch einer Operation, doch es war ein Vorteil, dass ihm ein Großteil der strategischen Arbeit von den Spezialisten aus der Hand genommen worden war, weil in diesem Fall auch Schusswaffen eine Rolle spielten. Selbst Charlton war hier draußen, doch zum Glück hatte er sich auf den Weg zum Haus von Matthew Gibson gemacht, um den neuesten Tatort zu inspizieren.

Brook zog sein Handy aus der Tasche und prüfte das Funksignal.

Es war wieder mal ausgefallen. Er konnte daher nicht auf die Nachricht seiner Tochter reagieren, die diese früher am Morgen geschickt hatte, weshalb er sie nur noch einmal las.

Echt klasse, Dad. NICHT! Bitte schick uns nicht noch mal diese grausliche Schlampe, damit sie einen Keil zwischen Reardon und mich treibt. Wir lieben uns. Komm damit klar!!!!!!!!

»Grausliche Schlampe«, wiederholte er. Er war überzeugt, dass seine Tochter sich auf Caskey bezog. Wer sonst würde an Reardons Tür hämmern? Und wenn Caskey in Nottingham gewesen war, gegen seine ausdrückliche Anweisung übrigens, bestand durchaus die Möglichkeit, dass sie nun Terris Identität kannte.

»Hat Theresa May angerufen?«, witzelte Noble und nickte zu dem Handy in seiner Hand.

»Es ist noch etwas früh für diese Leichtfertigkeit, John«, murmelte Brook. »Irgendwelche neuen Entwicklungen?«

»Nein. Aber das Lokalradio berichtet darüber. Das Fernsehen auch. Wir werden wahrscheinlich bald schon mit Hinweisen überschwemmt, aber die Streife ist vorbereitet.«

»Die Medien werden irgendwie hier reinkommen. Das tun sie immer.«

Caskeys Wagen fuhr vor, und sie sprang heraus und steuerte auf Brook und Noble zu. Ihr Gesicht zeigte eine Vielzahl von Emotionen – allesamt stark.

»Wo haben Sie gesteckt?«, wollte Brook wissen.

Sie gab sich Mühe zu lächeln. »Ich bin so schnell wie möglich hergekommen.«

»Sie sehen schrecklich aus«, sagte Noble. »Wo haben Sie denn gesteckt?«

»Zu Hause«, sagte sie und wich ihren Blicken aus. Es schien sie Überwindung zu kosten zu sprechen, doch dann riss sie sich zusammen und tat so, als wäre alles in bester Ordnung. »Mein Handy war ausgeschaltet. Das habe ich nicht gemerkt.«

»Wir haben einen Streifenwagen zu Ihnen geschickt«, sagte Noble argwöhnisch. »Die haben gesagt, es habe sich nichts gerührt.«

Sie brauchte ein paar Sekunden, um diese Information zu verarbeiten. »Dann müssen sie die falsche Adresse gehabt haben.« Noble sagte ihre Adresse aus dem Gedächtnis auf. »Stimmt, da wohne ich. Warten Sie, ich habe eine Schlaftablette genommen«, sagte sie mit Bestimmtheit und schien sich in ihrem Lügengebäude komfortabel zu fühlen.

»Und Reardon Thorogood?«, fragte Brook.

»Was soll mit ihr sein?« Caskeys Blick bohrte sich in den von Brook, als forderte sie ihn heraus, nachzuhaken.

»Ach, nichts.«

Sie versuchte, sich engagiert zu zeigen. »David Fry also. Ist das endgültig?«

»Er war gestern Abend im Haus von Gibson«, sagte Brook. »Mit einer Schusswaffe.«

»Er hat Gibson am Tag zuvor um mehr Geld angehauen«, fügte Noble hinzu.

»Hat er es bekommen?«

»Tausend Pfund.«

Caskey war verwirrt. »Ich verstehe nicht. Warum tötet er Gibson und seinen Partner, wenn er ausbezahlt wurde?«

»Wenn wir ihn finden, fragen wir ihn das«, sagte Brook.

»Und vielleicht erzählt er uns dann auch, warum er das Geld in Gibsons Garten verstreut hat und weggegangen ist«, fügte Noble hinzu.

Caskey schüttelte den Kopf. »Das ergibt keinen Sinn. Sehen wir ihn wirklich als Täter?«

»Er war im Haus«, wiederholte Brook. »Und es sind Leute gestorben.«

»Sie klingen nicht überzeugt«, sagte Caskey.

»Er ist bewaffnet und irgendwo da draußen, weshalb ich denke, meine Meinung spielt keine Rolle«, sagte Brook.

»Aber das Geld …«

»Fry und Gibson hatten letztes Jahr zu Weihnachten eine kurze Affäre«, sagte Noble. »Da Sie vom Radar verschwunden sind, konnte Ihnen das noch niemand mitteilen.«

Ein verbittertes Lächeln huschte über Caskeys Gesicht. »Haben wir jetzt hier so eine Art Schwulensexmörderracheszenario?« Brook biss auf den Köder nicht an. »Warum dann die Erpressung, wenn es ihm nicht um das Geld ging?«

»Das erlaubte es Fry, ein Treffen zu verabreden«, sagte Noble. »Am wahrscheinlichsten ist wohl, dass sie stritten, und Fry beschloss, Gibson und seinen Partner zu töten. Deshalb blieb er in der Nähe des Hauses und hat auf seine Chance gewartet.«

»Und der Sohn ist ein Kollateralschaden«, schloss Caskey daraus. »Aber warum?«

»Eifersucht?«, spekulierte Noble. »Die Angst, geoutet zu werden?«

»Manche Leute können geradezu besessen davon sein, das Geheimnis ihrer Sexualität zu hüten«, stellte Brook fest.

»Das habe ich auch schon gemerkt«, sagte Caskey und kniff die Augen zusammen. »Und ich sehe auch, wo die Verbindung von Fry zu Frazer und Nolan ist. Aber Gibsons Eltern?«

»Das ist alles theoretisch«, sagte Noble. »Fry war bewaffnet und hier. Er wurde eindeutig identifiziert.«

»Haben wir einen Anhaltspunkt?«

»Noch nicht. Aber er ist zu Fuß unterwegs.«

»Ich bin zuerst zu Gibsons Haus gefahren«, sagte Caskey. »In der Garage standen zwei unberührte Autos.«

»Das sollten Sie lieber notieren, John.«

Caskey starrte ihn finster an. »Ich meine, er läuft nicht weg, oder?«

»Er kämpft mit seiner Sexualität und sieht einem Leben hinter Gittern entgegen«, antwortete Brook. »Fügen Sie noch posttraumatischen Stress hinzu, dann scheint Selbstzerstörung keine so schlechte Option zu sein.«

Ein Polizeimannschaftswagen brauste um die Ecke und kam mit dramatisch quietschenden Bremsen zum Stehen. Ein hochmotorisierter Volvo hielt dahinter. Ein Dutzend Kollegen vom Sondereinsatzkommando in voller Montur – Baseballkappen, Schutzwesten – sprang heraus, ihre Stiefel knirschten auf dem bröckelnden Asphalt vor der provisorischen Einsatzzentrale. Sie trugen halb automatische Glocks im Holster und X26-Taser, und einige von ihnen hielten leistungsstarke SIG Sauer unter dem Arm.

Caskey hob lahm einen Arm und rief einem Beamten einen Gruß zu, der gerade vom Beifahrersitz sprang. Er war groß, gut gebaut, hatte das Gesicht unter einem Vollbart verborgen, der dicht und buschig war. »Hey, Tink.«

»Rachel«, antwortete der Beamte und kam zu ihr herüber. »Ich habe dich auf dem Schießstand vermisst.«

»Kripo«, sagte sie, als wäre das Erklärung genug. »Ich schieße, sooft ich kann.« Sie hob eine Hand und zupfte an seinem Bart. »Seit wann hast du denn dieses Monstrum?« Er grinste, antwortete aber nicht. »Wenn ihr noch eine Pistole und eine Schutzweste übrig habt, kann ich euch gern begleiten.«

Er hob eine Augenbraue. »Wenn es nach mir ginge ...«

»Ich weiß«, lächelte Caskey. »Es gibt Regeln.«

Er wandte sich an Brook und streckte ihm eine große Hand entgegen. »DI Brook? Sergeant Tinkerman vom Sondereinsatzkommando. Bronze Commander.«

Brook schüttelte seine Hand. »Sie genießen einen guten Ruf, Sergeant«, sagte er und merkte, wie Noble fragend den Kopf drehte. »Alex, richtig?«

Tinkermans Lächeln war ebenso fragend. »Nein, Ellis«, korrigierte er.

»Ellis«, nickte Brook. Nobles Verwirrung erreichte ein kritisches Level. »Ihre Arbeit auf der Black Oak Farm war vorbildlich.«

Tinkerman war etwas perplex. »Dafür sind wir da«, antwortete er, um die Stille zu füllen.

Nobles Miene änderte sich, und er blickte Brook an. Verstehen zeichnete sich auf seinem Gesicht ab.

Cooper kam zu ihnen gerannt, eine Karte flatterte im Wind. »Der Hubschrauber hat einen Kontakt gemeldet.«

»Wo?«, fragte Brook.

»Serpentine Wood. Nur etwa eine Meile entfernt, hinter der Calke Abbey.«

»Das kenne ich«, sagte Noble und wühlte bereits nach seinen Schlüsseln und lief los, um den Wagen zu holen.

»Mein Team ist bereit«, sagte Tinkerman. »Wir folgen Ihnen, Inspector. Sie haben kugelsichere Jacken?«

Brook schüttelte den Kopf, weshalb Tinkerman einem seiner Leute zupfiff und so tat, als würde er in eine Jacke schlüpfen, wobei er auf die beiden Polizeibeamten zeigte. Zwei kugelsichere Jacken wurden Brook ausgehändigt.

Caskey war in der Zwischenzeit schon wieder bei ihrem Wagen und warf ihre Jacke in den Kofferraum. Sie zog sich eine Stichschutzweste an und schloss sie über ihrem Oberkörper, bevor sie schützende Keramikplatten in die dafür vorgesehenen Taschen schob.

Noble fuhr vor und öffnete Brook die Beifahrertür. Einer der Beamten der Sondereinsatztruppe rannte vom Volvo mit zwei Helmen herüber und warf sie auf die Rückbank.

Tinkerman drückte einen Knopf auf dem Funkgerät, das an seine Epaulette geklippt war. »Bringen Sie uns hin«, sagte er zu Brook. »Wenn wir Kontakt herstellen können, übernimmt das Krisenmanagement. Die Waffe wurde bereits bestätigt, daher fürchte ich, Sie werden nur Zuschauer sein. Sorgen Sie dafür, dass Sie uns nicht im Weg stehen.«

Eine junge Frau aus seinem Team kam mit Tinkermans Helm angelaufen. Er nahm die Baseballkappe ab und zog sich den Helm über die dunklen Haare. Dann steckte er den Funkgerätknopf ins Ohr. »Einsatzkanal, Leute!« Er justierte den Ohrstöpsel, führte auf dem Weg zum Van ein paar Tests durch. Dann reckte er eine Faust in die Luft, um eine schnelle Abfahrt zu signalisieren.

»Sergeant?«, rief Brook ihm von Nobles Wagen aus nach. »Wie enden solche Sachen normalerweise?«

»Kommt auf die Zielperson an«, sagte Tinkerman mit der Hand über dem Mikro. »Wir geben unser Bestes, um die Sache friedlich zu beenden, aber wenn wir schießen müssen, tun wir es, um zu töten.«

Nachdem sie sich einen Schutzhelm aufgesetzt hatte, rannte Caskey zur Beifahrerseite des Polizeiwagens.

Tinkerman scheuchte sie hinein, dann stellte er sich auf das Trittbrett auf der Beifahrerseite. »Los geht's.«

»Woher wussten Sie das?«, fragte Noble, den Blick auf die Straße geheftet, während sie über verwaiste Landstraßen rasten.

»Sobald ich ihn sah, erinnerte ich mich wieder an seinen Namen aus der Black-Oak-Farm-Akte.«

»Sie haben ihn erkannt?« Noble riskierte einen kurzen Blick zur Seite auf der Suche nach Verstehen.

»Ich habe mir lange genug das Porträt des Polizeizeichners angesehen. Der Bart und die Haare sind neu. Nehmen Sie die weg, passt das Fahndungsfoto auf ihn. Tinkerman ist Maureen McConnells Mann von der Party.«

»Sind Sie sicher?«, fragte Noble.

»Ellis, nicht Alex. Er war auf der Black Oak Farm, John.«

»Dann ist es also nicht mehr Caskey.«

»Ich habe keine Ahnung, aber wenn sie es ist, würde sie David Fry in eine Falle locken. Stattdessen verteidigt sie ihn.«

Noble duckte sich und sah den Hubschrauber in der Ferne. »Was machen Sie jetzt?«

»Ich weiß es nicht.«

»Er ist einer von uns. Sie können ihn nicht zur Rede stellen, solange Sie nicht absolut sicher sind. Nicht jetzt. Nicht solange ein bewaffneter Mörder da draußen unterwegs ist. Wenn Sie sich irren, wird Charlton Sie begraben.«

Auf einer Anhöhe blockierte ein Streifenwagen mit aufblitzendem Blaulicht die Straße, und Noble bremste mit quietschenden Reifen, doch der Einsatzwagen des Sondereinsatzkommandos brauste vorbei und fuhr auf einen Feldweg, wo er schlitternd auf einer Anhöhe in der angrenzenden Wiese zum Stehen kam. Rasch leerte sich das Fahrzeug, und Tinkerman schickte seine Truppen mit geübter Präzision los.

Brook öffnete die Beifahrertür, um ihnen zu folgen. »Treiben Sie Cooper auf. Nicht über Funk; nehmen Sie Ihr Handy, falls Sie ein Signal kriegen. Sagen Sie ihm, er soll sich Tinkermans Akte besorgen und ein Foto von ihm zu Maureen McConnell schaffen. Wenn sie ihn erkennt, gehen Sie seine Akte durch.«

»Um wonach zu suchen?«

»Einer toten Ehefrau.«

Fry starrte durch das Blätterdach nach oben zu dem schwarz-gelben Hubschrauber, der über seinem Versteck in der Luft stand.

»Das war's jetzt, Daveyboy«, murmelte er und streifte seine Tarnjacke ab. Er setzte die Bourbonflasche für einen letzten Schluck an die Lippen, doch sie war bereits leer, und er schleuderte sie ins Unterholz. Er öffnete eine Klappe seines Rucksacks und holte die ungeladene Waffe hervor, um sie in seinen Taillenbund zu stecken. Dann zog er sein Handy aus der Hosentasche und schaltete es ein.

Zu seiner Erleichterung war der Akku noch einigermaßen geladen, doch mit Entsetzen stellte er fest, dass er kein Funksignal hatte.

»Scheißding«, zischte er und wollte das Telefon schon der Flasche hinterher ins Unterholz pfeffern. Er blickte zu dem höher gelegenen Gelände hinter den Bäumen und dachte gründlich nach. Dann traf er eine Entscheidung, drückte auf ein Icon und richtete die Kamera auf sich. Er atmete tief durch, bis er sich beruhigt hatte. Er versuchte sich an einem Lächeln.

»Ich bin's, Süße. Ich habe nicht viel Zeit.« Er brauchte einen Moment, um sich zu sammeln. »Es ist so weit. Du brauchst einen Neuanfang. Wir haben ein paar wundervolle Erinnerungen gemeinsam, aber das ist auch alles. Das hier ist das Beste, und ich glaube, das weißt du auch schon eine Zeit lang.«

Er grinste. »Süße, es tut mir leid, dass ich dich überhaupt geheiratet habe. Nicht, weil ich dich nicht liebe, sondern weil ich es aus tiefstem Herzen tue. Es war nicht fair dir gegenüber. Diese Lüge, die ich gelebt habe. Ich vermute, ich muss dir nicht erzählen, dass ich nicht der Mann bin, den du in mir gesehen hast, und es hat an uns beiden schon länger genagt, als ich mich erinnern möchte. Es war schon da, bevor ich mich zur Armee gemeldet habe in der Hoffnung, dass dort ein Mann aus mir wird. Vielleicht solltest du sie verklagen. Vielleicht ändern sie dann wenigstens diesen Werbespruch.«

389

Er lachte leise über diese Bemerkung und wischte sich die Feuchtigkeit weg, die sich in einem Auge sammelte. »Ich will, dass du weißt, ich habe meinen Frieden gefunden. Keine Gewalt mehr, kein Kampf, kein Sichverbeißen, kein Aufspringen beim ersten falschen Wort, kein Zu-Brei-Schlagen mehr. Ich habe mich lange genug versteckt, Süße, mit allem. Vergiss mich und lebe das Leben, das du verdienst. Ich hoffe, es ist nicht zu spät, um einen netten Kerl zu finden.« Er lachte. »Du, meine ich. Vielleicht kannst du endlich die Kinder haben, die ich dir vor einer Million Jahre versprochen habe.«

Seine Miene wurde hart. »Und wenn Sie auch nur im Entferntesten daran interessiert sind, Inspector Brook – ich habe Matthew nicht getötet, auch nicht seine Familie oder seine Eltern. Das war einer von Ihnen. Ich erschieße die Leute nicht, ich besaufe mich, und dann schlage ich sie nieder, weil ich beweisen will, was für ein echter Mann ich bin.« Er lachte wieder, doch dann verstummte er abrupt. »Staff Sergeant David Fry, Zweites Mercian. Over and out.«

Brooks Handy vibrierte. Er hatte endlich ein Signal und bekam noch eine Nachricht von Terri, die sie nur zehn Minuten nach der ersten geschickt hatte.

Was soll der Scheiß, Dad? Im Ernst??

Brook erreichte die Position von Tinkerman und Caskey im Schutz einer Ansammlung von Bäumen auf einer Anhöhe, von der man auf ein kleines Wäldchen blicken konnte, über dem der Hubschrauber in der Luft stand. Er steckte sein Handy ein, dann setzte er den Helm auf und schlüpfte in die Schutzjacke.

»Hier ist Silver Commander. Halte Position über dem Ziel«, sagte eine Stimme in Tinkermans Funkgerät. »Ziel hat sich nicht bewegt. Kein Situationsbericht über Waffenstatus, over.«

»Bronze Commander. Roger«, sagte Tinkerman, bevor er die Position des Verdächtigen an sein Team weitergab, das Fernglas an seine Augen geheftet. Er saß mit dem Finger über dem Sprechknopf seines Funkgeräts da, das Fernglas auf das kleine Dickicht gerichtet. Frys Camouflagejacke war deutlich unter dem sich lichtenden Blätterdach zu erkennen, obwohl er nicht darin zu stecken schien.

»Holunderbusch«, sagte Tinkerman und identifizierte die einzige Begrünung, die geblieben war, nachdem der Herbstwind viele Blätter weggerissen hatte. Er konnte sogar sehen, wie der Dampf von Frys Körper in die beißend feuchte Luft aufstieg. »Bronze Commander, Ziel erkannt.«

Brook kniete hinter Caskey und beobachtete, wie Tinkerman sein Team in einem ungefähren Kreis unter dem Helikopter in Stellung brachte. Einer nach dem anderen meldeten sie über Funk, dass sie bereit waren.

»AZ neun in Position – Blick aufs Ziel.«

»AZ zehn in Position – Blick aufs Ziel.«

»AZ neun, AZ zehn, halten«, sagte Tinkerman, bevor er zu Brook blickte. »Fünf Augenpaare auf das Ziel gerichtet.«

»Wir wollen ihn lebend«, sagte Brook.

»Wir wollen dasselbe«, sagte Caskey und nahm von Tinkerman das Fernglas. Brook entging nicht, wie sie das Wort »wir« verwendete – die ARU war ihr Zuhause.

Sie hörten ein Geräusch hinter sich und drehten sich um. Charlton rannte geduckt auf ihre Stellung zu und keuchte in seiner schweren Wolluniform, deren glänzende Knöpfe unter der Schutzweste verborgen waren. Noble war bei ihm und wechselte nur kurz einen Blick mit Brook.

»Wo ist das Ziel?«, keuchte der Chief Superintendent, sobald er sie erreicht hatte.

»Direkt unter dem Hubschrauber«, sagte Brook.

»Wir haben ihn umstellt«, sagte Tinkerman.

»Und worauf warten wir noch?«, wollte Charlton wissen.

»Wir geben ihm Zeit, seine Optionen durchzugehen, Sir«, sagte Tinkerman. »Im Moment denkt er über alles unter der Sonne nach, darunter vermutlich auch, ob er an Ort und Stelle bleiben oder mit Glanz und Gloria untergehen soll. Er sitzt in der Falle, weshalb er für die Öffentlichkeit keine Gefahr mehr darstellt. Wir geben ihm Zeit, damit er sich vollständig der Vergeblichkeit seiner Situation bewusst wird. Das könnte am Ende den Verlust von Leben verhindern.«

»Also warten wir«, sagte Charlton, als wäre das seine Idee. Darauf reagierte Tinkerman nicht.

»Er hätte sich ein Auto beim Haus der Gibsons nehmen können, Sir«, sagte Caskey.

Charlton nickte. Ihm entging nicht die Andeutung, die in ihren Worten mitschwang. »Können wir kommunizieren?«

»Er hat ein Handy«, sagte Brook.

»Wir sollten versuchen …«

»Wir verhandeln hier nicht«, unterbrach ihn Tinkerman. »Er hat keine Optionen. Wenn wir ihm sagen wollen, was er zu tun hat, gibt es einen Lautsprecher am Hubschrauber.«

»Lassen Sie mich da runter zu ihm«, sagte Brook. »Ich kann ihn vielleicht zum Aufgeben bewegen.«

»Wir geben ihm keine Geisel an die Hand, Inspector«, sagte Tinkerman. »Er ist bewaffnet. Niemand geht da runter. Keine Ausnahmen. Wir halten die Situation einfach, dann fällt es ihm leichter, sich zu entscheiden.«

Fry suchte mit seinem Feldstecher die höher gelegenen Gebiete ab auf der Suche nach demjenigen, der die Verantwortung trug. Das Funkeln des Sonnenlichts auf einem glänzenden Knopf zog seinen Blick an, und er fand, wonach er suchte. Ein Mann in einer schicken Uniform, Brook hockte direkt neben ihm.

»Inspector Brook«, sagte er und hielt den Blick auf ihn gerichtet. »Da ist ja der Mann, nach dem ich gesucht habe.« Mit einem tiefen Durchatmen ließ er den Feldstecher fallen und brach aus der Deckung hervor, die Arme ausgestreckt, als sollte er gekreuzigt werden, das Hemd aus der Hose gezogen, um die ungeladene Waffe im Hosenbund zu kaschieren. Er begann, den flachen Hügel hochzugehen, auf dessen Kamm Brook Stellung bezogen hatte. Es war nicht leicht – das Gras war dicht und feucht, und er schaute nicht auf seine Füße, sondern hielt den Kopf gedreht, sodass er das Handy in seiner rechten Hand im Blick hatte; sein Daumen schwebte dabei über dem Icon, mit dem er die aufgezeichnete Nachricht an seine Frau schicken konnte, sobald er ein anständiges Signal hatte.

»Bronze Commander. Zielperson ist in Bewegung. Wiederhole, Zielperson ist in Bewegung. Richtung RVP, wiederhole, Richtung RVP. Over.«

Tinkerman wiederholte die Nachricht für alle, die hinter ihm standen, drückte das Funkgerät an seinen Mund und starrte den Hügel hinab. »Ich habe ihn.«

»RVP?«, murmelte Brook.

»Steuert RVP an«, sagte Tinkerman und ignorierte ihn. »Haben Sie Blickkontakt? Bronze over.« Ein halbes Dutzend Kollegen bestätigte, dass sie das Ziel im Blick hatten.«

»Rendezvouspunkt«, erklärte Caskey und zeigte auf den Boden unter sich. »Direkt hier.«

»Er kommt in unsere Richtung?«, fragte Charlton und reckte den Kopf, um mehr zu sehen.

Caskey starrte Brook an. Ein merkwürdiges Lächeln huschte über ihr Gesicht. »Ich mag ihre Tochter. Sie steht für ihre Sache ein.«

Brooks Antwort war angespannt. »Wir haben gerade was anderes zu tun.«

»Vielleicht bekomme ich später nicht mehr die Chance.« Ihre Miene verfinsterte sich. »Bringen Sie sie heim, und lassen Sie sie nicht aus den Augen. Die Monster sind überall.« Sie lächelte, dann verließ sie mit dramatischem Gestus die Deckung und stand auf. Sie blickte zu David Fry am Fuß des Hügels und machte rasch ein paar Schritte auf ihn zu.

»Rachel«, bellte Tinkerman, und dann ins Funkgerät: »Sergeant Caskey. Kommen Sie zurück. Gehen Sie in Deckung.« Caskey zog den Ohrstöpsel ihres Funkgeräts heraus und ließ ihn auf ihre Schutzweste baumeln.

»Was machen Sie da?«, schrie Charlton. »Kommen Sie zurück, Sergeant. Das ist ein Befehl.«

»Silver Commander, Bronze hier«, bellte Tinkerman in sein Funkgerät. »Stellen Sie Kontakt her. Over.«

Der Lautsprecher des Helikopters erwachte zu Leben, die Botschaft wurde langsam und deutlich vorgebracht. »David, legen Sie sich hin. Gesicht nach unten. Breiten Sie die Arme aus. Machen Sie es jetzt, David. Legen Sie sich hin …«

Nachdem er kurz zögerte und zum Hubschrauber aufsah, bemerkte Fry Caskey und machte einen weiteren Schritt den Hügel hinauf. Der Hubschrauber wiederholte die Ansage, doch Fry blieb nicht stehen.

Caskey spiegelte Frys Pose, die Arme ausgestreckt. »Ich bin unbewaffnet«, rief sie. Zum Beweis begann sie, ihre Schutzjacke auszuziehen, während sie sich Schritt für Schritt vorwärtsbewegte und die verschiedenen Rufe hinter sich ignorierte, die sie beschworen, sich zu ducken. Die Nachricht, die vom Hubschrauber ausgesandt wurde, wiederholte sich in Dauerschleife, doch vergebens.

»Wir müssen ihn zu Boden bringen«, sagte Brook.

»Glauben Sie, das weiß ich nicht?«, rief Tinkerman.

»Auf den Boden mit Ihnen, David. Sonst feuern sie«, rief Caskey, während sie sich weiter langsam auf Fry zubewegte. Sie war nur noch ungefähr vierzig Meter entfernt. Sie ließ ihre Schutzjacke in das feuchte Gras fallen.

»Ich kann Sie nicht hören«, rief Fry über den Lärm des Hubschraubers. Er lächelte, schien jedoch verwirrt durch Caskeys Abweichen vom Protokoll. Die Turbulenzen durch die Rotorblätter des Hubschraubers drückten das dichte Gras nieder und blähten sein Hemd. »Verstecken Sie sich hinter einer Frau, Brook«, bellte er. »Ich bin überrascht von Ihnen.« Sein Blick ging zu dem Handy. Immer noch kein Signal.

»Legen Sie sich auf den Boden, David. Sonst schießen sie«, rief Caskey.

»Ich kann Sie immer noch nicht hören«, sagte Fry. Seine Füße suchten sich einen Weg den Hügel hinauf.

»Was hat er da in der Hand?«, fragte Tinkerman über Funk. Seine Augen klebten an seinem Fernglas, während der lächelnde Fry wieder den Kopf bewegte und aufs Display sah. »Er hat da etwas in der rechten Hand.«

Brook riss Tinkerman das Fernglas aus der Hand und richtete

es auf Frys Hand. »Das ist ein Handy.« Er beugte sich vor und griff nach Tinkermans Funkgerät, doch dieser nahm es ihm wieder ab. »Das ist keine Schusswaffe, verdammt. Es ist ein Telefon. Sagen Sie ihnen das.«

»Er ist ein Soldat«, sagte Tinkerman und schnappte sich wieder das Fernglas. »Er könnte eine Waffe versteckt haben oder sogar eine provisorische Sprengfalle. Was zur Hölle treibt Caskey da?«

»Sie hat den Verstand verloren«, sagte Charlton. »Und wenn sie das hier heil übersteht, ist das nicht alles, was sie verliert.« Das herannahende Geräusch eines zweiten Hubschraubers ließ sie die Köpfe drehen. Es war ein Helikopter von Sky News.

»Na wunderbar«, sagte Tinkerman.

»Wie zur Hölle …?«, fing Charlton an.

Tinkerman wandte sich an Brook. »Was ist da los? Sie ist eine von Ihren Leuten.«

Brook erwiderte grimmig den Blick. »Sie ist verletzt, Sergeant. Sie verstehen doch auch was von Trauer, oder?«

»Wie meinen Sie das?«

»Ich meine, wir haben hier einen Selbstmordwettbewerb vor uns«, antwortete Brook. Er stand auf und lief den Abhang hinab, Caskey hinterher.

»Brook! Kommen Sie verdammt noch mal zurück!«, schrie Charlton, ohne aus der Deckung zu gehen.

»Legen Sie das Telefon hin, und gehen Sie auf den Boden«, schrie Brook Fry zu.

»Inspector«, rief Fry über das Schwirren der Rotorblätter und nickte zum Himmel. »Gerade rechtzeitig für die Abendnachrichten.«

»Gehen Sie zurück, Inspector«, schrie Caskey, als sie ihn entdeckte. »Ich schaffe das. Sie sind hier fehl am Platz.«

»Ganz im Gegenteil, Rachel«, rief Brook. »Selbstzerstörung ist meine Spezialität.«

»Was?«

»Sie wird nicht dort sein, Rachel«, sagte er.

»Wer?«

»Georgia.«

Caskey zögerte. »Sie wird nicht wo sein?«

»Wo Sie hingehen. Sie hat nicht auf Sie gewartet. Sie ist fort. Sie ist nirgendwo, Rachel. Sie ist tot, und der einzige Ort, wo sie noch lebt, ist in Ihrem Kopf und Ihrem Herzen. Und wenn Sie heute sterben, ist sie für immer fort.«

Ein Stück weiter unten am Abhang lachte Fry. »Sie begründen eine Religion, Brook? Ich bin dabei.«

»Lassen Sie das Telefon fallen, und legen Sie sich hin«, brüllte Brook. »Es muss nicht so enden.«

»Geht nicht«, sagte Fry und machte noch einen Schritt.

»Aber ... ich ...« Caskey drehte sich zum Hügel hinter sich um und starrte Brook an. Ihr Gesicht hatte alle Farbe verloren, sie flehte ihn an, dass seine Worte Bedeutung bekamen.

»Ich weiß«, sagte Brook. »Sie hätten sie retten können. »Nun, jetzt können Sie es.«

Caskeys Schultern sackten herab, als wäre sie eine Marionette, deren Fäden durchgeschnitten wurden. Sie ging in die Knie.

»Er hat recht, Mädel«, rief Fry. »Geh heim. Das hier ist was für große Jungs.«

»David, werfen Sie das Telefon weg, und legen Sie sich hin«, schrie Brook.

»Das wird nicht passieren«, sagte Fry.

»Legen Sie die Waffe weg, und legen Sie sich hin«, dröhnte der Lautsprecher des Polizeihubschraubers.

»Es ist ein Telefon«, schrie Brook in den Himmel. Dann wandte er sich an Tinkerman. »Halten Sie Ihr Team zurück, um Gottes willen. Ich bringe ihn zu Ihnen.«

Fry machte noch einen Schritt und lächelte, da er endlich ein Signal auf dem Handy bekam. Er drückte mit den Daumen auf die Taste, genau in dem Moment, als eine Böe von den Rotoren des Hubschraubers vom Nachrichtensender an seinem Hemd zerrte und den Griff seiner Waffe im Hosenbund freilegte.

»Waffe gesichtet, over«, knisterte es dringlich über den Kanal in Tinkermans Ohr, Sekunden später gefolgt von einigen scharfen

Knallen, als der Halbkreis aus Sondereinsatzkräften rings um den Abhang das Feuer eröffnete.

»Nein!«, schrie Brook.

Das Lächeln auf Frys Gesicht verkrampfte sich leicht, als er auf die Explosion aus Muskeln und Rippen direkt über seinem Herz hinabschaute. Das Handy fiel ihm aus der Hand, zerschellte an einem Stein, und er sank in die Knie. Sein Atem wurde abgehackt, erinnerte fast an ein Lachen, und nach einer Pause, die wie Minuten schien, aber in Wahrheit nur Sekunden dauerte, fiel er mit dem Gesicht nach unten auf den Boden.

Ich bin bei dir, Dunphy.

29

Montag, 7. November

Da Noble immer noch nicht da war, ging Brook in der Einsatzzentrale das durch, was er an diesem Morgen bei der Besprechung sagen würde, vor allem, da Charlton mit seiner Anwesenheit gedroht hatte, um Hände zu schütteln und Rücken zu klopfen. Soweit es ihn betraf, war ein bewaffneter und gefährlicher Serienmörder mit minimalem Aufwand und ohne weiteren Schaden für die Öffentlichkeit zur Strecke gebracht worden. Und auch wenn man später herausgefunden hatte, dass Frys Waffe leer gewesen war, würde es kein Problem geben, die beteiligten Offiziere von jedem Vorwurf freizusprechen, weil sie eine Gefahr gesehen und darauf reagiert hatten. In Charltons Augen schien die Tatsache, dass Fry im Grunde genommen Selbstmord begangen hatte, nur das Profil eines planvoll vorgehenden und motivierten Serienmörders zu bestätigen, der, als er sich in die Ecke gedrängt sah, lieber den leichten Ausweg gewählt hatte.

»Die Pressestelle vom *Telegraph* gibt an, Matthew Gibson hat auch für sich selbst eine Privatanzeige zur selben Zeit aufgegeben wie die zum Hochzeitstag seiner Eltern«, sagte Cooper. »Sie stand in derselben Woche in der Zeitung.«

»Noch etwas, das er uns nicht erzählt hat«, sagte Brook.

»Was stand drin?«, fragte Banach.

»›Ich liebe dich, Jimmy‹«, antwortete Cooper.

»Wenigstens kurz und bündig«, bemerkte Banach.

In dem Moment marschierte Charlton in den Raum und strahlte breit. »Alle da?«

»DS Noble macht noch seine Aussage zu der Schießerei«, sagte Brook.

»Und Ihre?«

»Vor einer Stunde erledigt.«

Charlton nickte. »Gut. Alles soll nach Handbuch geklärt werden, falls sich das noch mal jemand ansieht. Sie sind für den Dienst freigegeben?«

Brook nickte. »Ich habe keine Waffe abgefeuert.«

»Was ist mit Sergeant Caskey?«, erkundigte sich Banach.

Charlton blickte gereizt zu Brook. »Bestimmt hatte Ihr leitender Ermittler noch nicht die Gelegenheit, Sie zu informieren, aber Sergeant Caskey ist auf unbestimmte Zeit suspendiert, bis sie psychologisch beurteilt und ihr Verhalten untersucht wurde.«

Da sie alle nach den Ereignissen an der Calke Abbey beurteilt worden waren, drückte keiner der anwesenden Detectives seine Überraschung darüber aus.

»Bisschen hart, jemanden zu suspendieren, weil derjenige nicht auf einen Verdächtigen geschossen hat«, bemerkte Banach.

»Angie«, warnte Brook sie.

»Sergeant Caskey war früher ein geschätztes Mitglied der Eingreiftruppe, Constable«, sagte Charlton. »Sie kannte das Protokoll besser als jeder andere, und trotzdem hat sie sich in Gefahr gebracht, und damit auch den Rest der Einheit.«

»Und bis der Seelenklempner mit ihr fertig ist, kann sie froh sein, wenn man ihr erlaubt, beim Jahrmarkt an der Schießbude auf Enten zu schießen«, warf Morton ein.

»Eine sehr anschauliche Beschreibung, Sergeant«, sagte Charlton; sein Lächeln war angespannt.

»Nun, wenn ich bei den Spezialkräften wäre, wäre ich alles andere als erfreut, wenn sie sich einem Bewaffneten im Belagerungszustand nähert«, sagte Cooper. Read, Morton und Smee nickten zustimmend.

»Wie auch immer, abgesehen von Caskeys mangelndem Urteilsvermögen bin ich nur vorbeigekommen, um Ihnen allen zu dem guten Ergebnis zu gratulieren.« Charlton blickte Brook an. »Inspector, ob Sie wohl die Hauptpunkte einer Stellungnahme ausarbeiten könnten und sie vor vier an die Pressestelle weiterleiten, damit sie dort ein Skript verfassen können? Wir treten um sechs vor die Kameras.«

»Sir«, sagte Brook. »Ich schlage vor, wir halten das Schlusswort als Ganzes noch zurück, bis die Ballistik bestätigt, dass Frys Waffe zu den sieben Opfern passt.«

»Es macht mir nichts aus, wenn Sie wieder mit Ihren üblichen Bedenken kommen, aber es besteht kein Zweifel, dass wir unseren Mörder haben«, donnerte Charlton. »Und die Menschen von Derby sollen das wissen.«

»Aber er wurde heute Morgen bei der Obduktion negativ auf Schmauchspuren getestet«, sagte Brook.

»Dann hat er Handschuhe getragen«, sagte Charlton.

»Es waren aber keine in seinen Sachen«, wandte Banach ein.

»Dann hat er sie unterwegs weggeworfen«, erwiderte Charlton, zunehmend irritiert. »Worum geht es hier?«

»Sie haben das Bildmaterial gestern Abend in den Nachrichten gesehen?«, fragte Brook.

»Ich habe einen bewaffneten und selbstmörderischen Verdächtigen gesehen, der sich den Polizeibeamten näherte ...«

»Ich meine Frys Abschiedsnachricht an seine Frau. Und an mich.«

»Das ist ein gefundenes Fressen für die Redaktionen«, sagte Charlton. »Zweifellos hat die nicht so lustige Witwe jetzt ein paar Tausend Pfund mehr, die sie in die Beerdigung stecken kann. Was ist damit?«

»Fry hat geleugnet, dass er Matthew Gibson und seine Familie getötet hat.«

Charlton griff auf seinen sarkastischsten Tonfall zurück. »Verdächtiger leugnet Schuld – Schock!« Ein paar peinliche Lächler trug ihm das unter den versammelten Beamten ein, doch sie schwanden so schnell, wie sie gekommen waren.

»Es war einer von Ihren Leuten.« Brook machte eine Pause, bevor er das Unaussprechliche sagte. »Er hat einen Polizeibeamten der Morde in Ticknall bezichtigt. Sir.«

»Ich hoffe, Sie genießen diese Anschuldigung mit genauso großer Vorsicht wie ich.«

»Natürlich«, log Brook. »Aber wenn wir jetzt ein vorschnelles Urteil fällen, das die Ballistik nicht bestätigt, wird eine Stellungnahme, dass wir in Fry den Champagnermörder sehen, überhastet erscheinen. Oder schlimmer noch, unredlich.«

»Meinen Sie das ernst?«, rief Charlton.

»Ich will nur sichergehen«, sagte Brook. »Wir wollen doch nicht der Vertuschung beschuldigt werden.«

»Worauf genau könnte sich Frys Anschuldigung eines Polizisten gründen?«

»Er hat letzte Nacht in der Nähe von Gibsons Haus kampiert, und wir haben in seinem Rucksack ein Nachtsichtfernglas gefunden, Sir«, sagte Banach.

»Was bedeutet, er kann jeden beobachtet haben, der sich dem Grundstück genähert oder es verlassen hat.«

»Ein Polizist?« Charltons Stimme klang leise und bedrohlich. »Absoluter Quatsch, und ich empfehle Ihnen, darüber kein Wort mehr zu verlieren. Die Augenzeugenberichte, die gegen Fry sprechen, sind erdrückend.«

Noble betrat die Einsatzzentrale, was die Anspannung etwas löste. Er suchte sofort den Augenkontakt mit Brook und nickte knapp.

»Frys Schuld ist nebensächlich«, sagte Brook mit mehr Selbstbewusstsein. »Es wäre vernünftig, den Ballistikbericht abzuwarten.«

»Wir werden eine Erklärung abgeben, Brook. Und jetzt Schluss damit!«

»Sir, Fry …«

»Was soll das, Brook?«, wollte Charlton wissen. Seine Stimme klang flach und hart.

»Ich versuche, die Wahrheit zu finden, Sir.«

»Wir haben ein gutes Ergebnis, und das verdanken wir Ihnen und Ihrem Team, und alle Indizien deuten auf Fry. Er wurde mit einer Waffe am Haus der Gibsons gesehen, und drei Leute wurden dort erschossen. Wie viel deutlicher brauchen Sie es denn noch?«

»Deutlich genug, um zu wissen, dass seine Waffe an allen drei Tatorten benutzt wurde. Auch in Ticknall.«

»Aber wir haben nur eine Waffe bei Fry sichergestellt«, sagte Morton. »In Breadsall und Boulton Moor wurden zwei Waffen benutzt.«

»Noch etwas, das nicht passt«, sagte Brook.

»Ich vermute, er hat sie weggeworfen, als er abgehauen ist«, sagte Morton. »Da ist jede Menge Ackerfläche zwischen Ticknall und Serpentine Wood, wo er eine der Tatwaffen hätte verlieren können.«

»Und Fry ist Exsoldat«, merkte Smee an. »Er hätte ein Dutzend Waffen in seiner Garage verstecken können und sich letzte Nacht beider Mordwaffen entledigt haben. Die Glock, die wir bei ihm sichergestellt haben, muss nicht mal passen, und wir hätten trotzdem den Champagnermörder gefasst.«

Charlton breitete triumphierend die Arme aus und grinste Brook an. »Kluge Worte, Detectives.«

»Dann finden wir diese Waffen und untersuchen sie ebenfalls«, sagte Brook.

»Sie finden?«, fragte Charlton. »DS Morton hat recht. Sie könnten überall sein.«

»Frys Route vom Haus der Gibsons wurde ziemlich genau bestimmt, Sir«, sagte Noble. »Das sollte kein allzu großes Problem sein mit der richtigen Ausrüstung.«

»Ich glaube das einfach nicht«, sagte Charlton. Nach kurzem Nachdenken atmete er scharf ein. »Also gut. Ich werde die Pressekonferenz verschieben, und wenn Frys Waffe die Tatwaffe ist, können Sie die Erklärung abgeben, Inspector. Aber eins ist wohl klar: Ich werde nicht unser Budget aufblähen, um nach Phantomwaffen draußen in Derbyshire zu suchen.« Er seufzte gereizt und schaute auf die Uhr. »Ich habe eine Besprechung.«

»Eine Sache noch, Sir!« Brook nickte zu Noble, der den Projektor einschaltete und das Licht dimmte. »Wir haben den unbekannten Verdächtigen von Frazers und Nolans Verlobungsparty identifiziert.« Sobald sein Computer hochgefahren war, drückte Noble ein paar Tasten und stellte das Foto des halb verdeckten Partygasts neben das Porträtfoto eines Dienstausweises. »Sergeant Ellis Tinkerman, der Bronze Commander von der gestrigen Schießerei.«

Es herrschte entsetztes Schweigen, bis Charlton es schaffte zu sprechen. »Sergeant Tinkerman? Von den Spezialkräften?«

»Ebendieser.«

»Einer der Beamten, die David Fry erschossen haben.« Charltons Stimme war fast unhörbar, wie auch seine Wut und sein Unglaube. »Sie haben seine Identität bestätigt?«

»Ein anderer Partygast, Maureen McConnell, hat sich mit ihm dort unterhalten«, sagte Noble. »Wie Sie schon gestern gesehen haben, hat Tinkerman sich seit damals die Haare und einen Bart wachsen lassen, aber wir haben sein Foto McConnell gezeigt. Die Identität ist hundertprozentig bestätigt.«

Charlton war ernst und dachte über seine Antwort nach. »Er war auf einer Party, die Frazer und Nolan ausgerichtet haben.«

»Ja, Sir.«

»Hat er sie gekannt?«

»Sehr flüchtig. Er ist ihnen in Derby begegnet. Sie hatten Mitleid mit ihm und luden ihn zu ihrer Party ein.«

»Was meinen Sie damit, sie hatten Mitleid?«

»Tinkermans Frau ist vor achtzehn Monaten gestorben. Er hat getrauert.«

»Also luden sie ihn zu einer Schwulenparty ein.«

»Es war einfach eine Party«, sagte Brook.

Charlton war ruhig, suchte nach den richtigen Worten. »Hier gibt's kein Geheimnis. Offensichtlich ging Sergeant Tinkerman mit einer falschen Vorstellung zu dieser Party und war deshalb peinlich berührt, als er es herausfand. Ja, das hätte er uns mitteilen sollen, als Frazer und Nolan ermordet wurden, aber das hat er nicht, aus Gründen, die jeder vernünftige Mensch versteht. Ist das alles, was Sie haben?«

»Es gibt auch noch das Profil, Sir.«

»Das, wonach der Mörder ein professioneller Schütze ist«, knurrte Charlton. »Wie auch David Fry.«

»Fry mag ein anständiger Schütze sein, Sir, aber seine Akte mit Gewalttaten spricht hier gegen ihn.«

»Inwiefern?«

»Wegen der Art, wie der Tatort bei den ersten beiden Morden gehandhabt wurde. Fry hatte nicht die Ausbildung, Opfer zu überwältigen, ohne auf körperliche Gewalt zurückzugreifen. Er war eine desorganisierte Einzelperson, nicht überzeugend genug, um sich Zutritt zum Haus eines Opfers zu verschaffen, ohne dabei Misstrauen und Widerstand hervorzurufen.«

»Und bei näherer Betrachtung waren seine Finanzen in desolatem Zustand«, fügte Morton hinzu. »Beim Bankkonto pfiff er auf dem letzten Loch, keine Kreditkarte, kein regelmäßiges Einkommen.«

»Seit wann muss man denn wohlhabend sein, um jemanden zu ermorden?«, spottete Charlton.

»Ab dem Moment, wenn man beschließt, eine Flasche mit sechzig Pfund teurem Jahrgangschampagner zu den Morden mitzunehmen«, erklärte Brook.

»Fry besaß außerdem keine Handschellen«, sagte Noble.

»Sie haben sein Haus durchsucht?«, fragte Charlton.

»Heute früh«, sagte Smee.

»Die Garage auch«, sagte Noble. »Wir haben nichts Belastendes gefunden. Keine Handschellen, keinen Champagner, keine Recherchematerialien ...«

»Recherchematerialien?«

»Notizen. Die Namen der Opfer und ihre Adressen, die umliegenden Straßen, Zugangspunkte, Details zu ihren Bewegungen und

Gewohnheiten, Exemplare des *Daily Telegraph* mit den markierten Privatanzeigen.« Brook machte eine Pause. »Fry war mit Matthew Gibson intim bekannt und kannte dessen Eltern flüchtig, aber wir haben keine einzige Verbindung zu Frazer und Nolan gefunden. Und er hat kein plausibles Motiv auch nur für einen der Morde.«

»Außerdem besaß er keinen eigenen Wagen«, sagte Banach. »Es wäre problematisch gewesen, nach Breadsall zu gelangen.«

»Was ist mit dem Motorrad?«, fragte Charlton, der nun nachdenklicher wurde.

»Das hat ihn kaum bis nach Ticknall gebracht«, sagte Morton.

»Es hat ihn aber nach Ticknall gebracht und hätte ihn auch nach Breadsall bringen können«, blaffte Charlton. »Und was das Motiv angeht, hatten Fry und Matthew Gibson eine Affäre …«

»Ich bestreite nicht, dass man einen Fall konstruieren könnte«, beharrte Brook. »Aber wenn Fry ein Problem mit Gibson hatte, warum hat er dann sechs andere Leute getötet?«

»Sie haben doch die letzte Nachricht an seine Frau gehört«, wandte Charlton ein. »Er schämte sich für seine Sexualität. Er hat Gibson und seinen Partner ermordet, damit niemand erfuhr, dass er schwul war. Sean Trimble kam ihm in die Quere. Gibsons Eltern haben es vielleicht herausgefunden, deshalb mussten sie auch sterben.«

»Aber warum hat er die Morde dann inszeniert?«, wandte Banach ein.

Charlton war einen Moment lang still. Er verschränkte die Finger wie zum Gebet. »Sie haben ein Motiv für Sergeant Tinkerman?«

»Meiner Meinung nach zeigen die Tatorte und das Vorgehen, dass der Champagnermörder von einer Trauer angetrieben wird, die sein ganzes Leben verändert hat«, sagte Brook.

»Laut seiner Personalakte hat der Tod seiner Frau Tinkerman schwer mitgenommen«, fügte Noble hinzu. »Er war eine Weile außer Dienst und hat psychologische Beratung in Anspruch genommen. Für sechs Wochen hat er sich vom Einsatz bei den Spezialkräften ferngehalten.«

»Trauer könnte jeden so treffen«, wandte Charlton ein.

»Natürlich. Aber für manche kann sie zu einer Obsession werden«, sagte Brook. »Tinkerman war verzweifelt. So sehr, dass er sich vielleicht wünschte, er wäre an der Seite seiner Frau gestorben.«

»Und als er Frazer und Nolan trifft, kommt er auf die Idee«, sagte Noble. »Er sieht, wie glücklich sie sind, und beschließt, sie zu töten, damit sie niemals getrennt werden können.«

»Es läuft gut«, sagte Brook. »Tatsächlich ist er so zufrieden, dass er die Privatanzeigen im *Derby Telegraph* durchgeht und nach weiteren Paaren sucht, denen er die ewige Glückseligkeit schenken kann.«

Charlton schüttelte den Kopf. »Er würde nicht so lange warten, bis er mit dem Morden anfängt. Es muss eine Art Trigger gegeben haben.«

»Die Black Oak Farm, Sir«, sagte Brook.

»DI Fords Fall?«

»Tinkerman war an jenem Tag für die Einsatzkräfte zuständig«, sagte Brook. »Er und Sergeant Caskey haben die Thorogoods gefunden, die einander im Tod in den Armen lagen. Das hat den Keim gelegt. Als Frazer und Nolan ihn zu sich nach Hause eingeladen haben, wusste er, was er zu tun hatte.«

»Indem er sie getötet hat, hat er ihnen wohl kaum ihre Gastfreundschaft vergolten«, spöttelte Charlton.

»Auf eine verdrehte Art dachte er, das hätte er getan«, sagte Noble.

»Es war sein Geschenk«, sagte Brook. »Wie Sie oder ich Champagner mitbringen.«

»Und sobald die Idee Wurzeln geschlagen hatte, wäre es nicht mehr weit, bis er weitere Angriffe plant und ausführt. Insbesondere, da er Experte darin ist, in Häuser einzudringen und sein Gegenüber zu beruhigen«, sagte Noble. »Alles, was er brauchte, waren die richtigen Opfer.«

Charlton stand auf und steuerte die Tür an. »Nun, das war zumindest mal recht interessant. Schade, dass Sie sonst keine Beweise haben.«

Cooper hob unsicher eine Hand. »Die Pressestelle vom *Telegraph* hat uns heute früh gemailt, Sir. Vor einem Monat haben sie Matthew

Gibsons Namen und seine Kreditkartendetails für zwei Privatanzeigen, die er in einer Ausgabe im August bestellt hatte, herausgegeben. Die Anfrage kam von jemandem, der vorgab, von der Pressestelle der Countypolizei in Ripley zu kommen.«

»Wo die Spezialkräfte stationiert sind«, sagte Brook.

»Und eine Kreditkarte führt zu einer Adresse«, warf Noble ein.

»Zwei Adressen«, sagte Banach. »Gibson gehörte das Haus von seiner Mutter und seinem Vater. Er könnte ihm dorthin gefolgt sein.«

Charlton starrte Brook an und schien unfähig zu sein, eine Antwort zu formulieren, weshalb Brook seinen Standpunkt verdeutlichte. »Sir, wir brauchen einen Durchsuchungsbeschluss für Tinkermans Haus, alle Fahrzeuge, die er besitzt und seinen Spind auf dem Schießstand in Ripley. Wenn wir etwas von den Recherchematerialien aufstöbern können, über die wir gesprochen haben …«

»Solange Sie Tinkerman nicht mit der telefonischen Anfrage in Verbindung bringen, lautet die Antwort Nein«, antwortete Charlton.

»Sir?«

»Im Ernst, Brook. Glauben Sie wirklich, ich werde einen Durchsuchungsbeschluss autorisieren, damit das Haus eines respektierten Polizeibeamten auf Basis so dünner Indizienbeweise durchsucht wird?«

»Habe ich Sie schon mal enttäuscht, Sir?«

»Zu oft, um es noch zu zählen.«

»Sir …«

»Halt«, befahl Charlton. »Ich bin nicht immun gegen Ihre Überzeugungskraft, aber ich werde mich nicht auf diese Weise angreifbar machen. Die Gewerkschaft würde in die Luft gehen.«

»Sir, wir haben zwei unabhängige Morde in fünf Tagen«, sagte Noble. »Beim Champagnermörder gibt es eine Eskalation, und niemand kann sagen, wie bald …«

»Sergeant Tinkerman ist vom Dienst befreit worden«, sagte Charlton. »Er hat keinen Zugriff auf die Waffen der Spezialkräfte, bis der Ausschuss seine Aussage zur Schießerei gehört hat. Der Beamte, der für die Asservate zuständig ist, hat alle Waffen des gestrigen Einsatzes in seine Obhut genommen und …«

»Er hat keine offizielle Waffe benutzt, Sir«, sagte Brook.

»Unmöglich«, warf Morton ein. »Jeder Stutzen, jeder Taser und jede Handwaffe haben eine bis ins Detail nachvollziehbare Datenspur. Waffen werden jeden Tag ausgetragen und wieder eingetragen, egal ob für das Training oder einen bewaffneten Einsatz. Er muss ein paar stille in seinen Besitz gebracht haben.«

»Ein paar was?«

»Stillgelegte Waffen«, sagte Noble. »Wenn eine Einheit einen Überschuss oder überflüssige Waffen hat, werden diese entweder zerstört, einer anderen Division übergeben oder verkauft. Es gibt eine Menge Möglichkeiten, wie eine Waffe verloren gehen kann.«

»Das ist in Nottingham ein Problem«, stimmte Morton zu. »Schlimmer ist es noch bei der Polizei in Nordirland.«

»Wir sind aber nicht in Nordirland, Sergeant«, schimpfte Charlton.

»Rob hat recht«, sagte Brook. »Wenn …«

»Genug«, blaffte Charlton und blickte wieder auf die Uhr. »Ich will nicht länger darüber diskutieren. Brook, ich schlage vor, Sie beschleunigen die ballistische Untersuchung von Frys Waffe und den Kugeln, die in Ticknall sichergestellt wurden. Wenn sich erst einmal zeigt, dass sie eine Verbindung zu den anderen Morden aufweisen, können wir alle mit unserem Leben weitermachen und so tun, als hätte dieses Gespräch nie stattgefunden.«

»Und wenn sie nicht passen?«

»Dann haben Sie eine Karte, die Sie ausspielen können«, sagte Charlton. »Wenn Tinkerman auf der Party von Frazer und Nolan war, haben Sie jedes Recht, ihn herzubringen und ihm die Frage zu stellen.«

»Danke, Sir«, sagte Brook und schaute zu Noble.

»Ich kenne den Blick, Brook. Verstehen Sie das nicht als Einladung, einen geachteten Polizeioffizier zu beschuldigen. Gehen Sie sehr, sehr behutsam vor, und ich will *keine* Gerüchte über Ihre Verdächtigungen außerhalb dieses Raums hören, bis der ballistische Vergleich reinkommt.« Charlton funkelte die versammelten Detectives an, um seinen Standpunkt zu verdeutlichen. »Von niemandem.«

30

Mittwoch, 9. November

»Er soll seinen Anwalt mitbringen«, sagte Charlton.

»Das werden wir ihm empfehlen«, gab Brook lächelnd zurück. »Aber er wird eine weitere Runde zur Fry-Schießerei erwarten, und wenn er seinen Anwalt mitbringen soll, wird ihn das vorwarnen.«

»Ich will, dass er vorgewarnt ist«, sagte Charlton.

»Dann werden wir es ihm empfehlen.«

»Gut. Aber Sie werden ihn nicht direkt nach der Fry-Schießerei befragen, verstanden?« Brook nickte. »Ich vermute, Tinkerman hat keine Ahnung, dass Sie ihn befragen.«

»So ist der Plan, Sir.«

»Dann machen Sie ihm deutlich, dass er einen Anwalt haben kann«, beharrte Charlton. »Er könnte sonst später behaupten, dass Sie ihn reingeritten haben.«

»Ich werde ihn auch reinreiten«, bemerkte Brook.

»Nein, werden Sie nicht. Sie befragen ihn zu der Party und seiner Bekanntschaft zu Frazer und Nolan, und das ist alles.«

»Und zu dem einen oder anderen Thema, das noch aufkommt«, warf Noble ein.

»Zum Beispiel?«, wollte Charlton wissen.

»Wenn wir Frazer und Nolan erwähnen, können wir bestimmt auch das Profil ihres Mörders umreißen«, sagte Noble.

»Aber nur im theoretischen Sinne«, fügte Brook hinzu. »Sir.«

Brooks beruhigendes Lächeln hatte den gegenteiligen Effekt,

und Charlton sah die beiden zweifelnd an. »Vielleicht sollte ich mich dazusetzen.«

»Ist das klug?« Brook starrte den Chief Super ungerührt an, zwang ihn damit, sich an seinen katastrophalen Beitrag bei der Befragung eines Verdächtigen im Vorjahr zu erinnern und an das nachfolgende Gefühl der Peinlichkeit, damit er sich nicht ein zweites Mal einbrachte.

»Vielleicht sehe ich auch nur auf dem Monitor zu.«

Brook lächelte breit. »Ihre Sache, Sir.«

Tinkerman blickte überrascht auf, als Brook und Noble eintraten, Letzterer mit ein paar heißen Getränken. »Inspector?«, fragte er mit einem Grinsen. »Sie übernehmen als Betreuer nach einem Vorfall?«

Brooks Lächeln war knapp und professionell, wie auch seine Anweisungen für die Aufzeichnung.

»Ihr Anwalt ist nicht hier«, bemerkte Brook. »Möchten Sie, dass wir uns so lange vertagen?«

»Ich habe alle Besprechungen nach dem Einsatz absolviert«, sagte Tinkerman, wobei seine Leutseligkeit schwand. »Ich dachte, es handelt sich hier nur um einen Handschlag und einen ›Machen Sie weiter wie bisher‹-Rückenklopfer. Sie waren dort, Brook. Fry hatte eine Waffe. Der Schuss war berechtigt.« Er zuckte mit den Schultern. »Wenn es hier um Caskey und ihren kleinen Stunt geht, dann hat sie das Vorgehen nicht von mir gelernt.«

»Es geht nicht um Caskey.«

»Worum dann? Irgend so einen Medienscheiß?«, fragte Tinkerman, allmählich sauer. »Wenn es das ist, haben die das nicht von mir. Ich rede nicht mit der Journaille.«

Brook sah Noble an, der eine Auswahl von Fotos auf dem Tisch auslegte – ein paar vom Tatort bei Frazer und Nolan, ihre Leichen Seite an Seite in ihrem Zuhause in Breadsall, daneben die Obduktionsfotos der toten Männer.

Tinkerman starrte ohne Ausdruck darauf, seine dunklen Augen huschten von einem Bild zum nächsten, während Brook und Noble auf eine Reaktion warteten. Wenn ein Mörder mit dem Bild eines

Lebens konfrontiert wird, das er genommen hat, schiebt er die Fotografien oft wegwerfend von sich, was ein unbewusstes Schuldeingeständnis und Widerwillen zeigen würde. Oder er schaut hin und dreht dann den Kopf weg.

Tinkerman machte nichts von beidem, sondern bedachte Brook stattdessen mit einem nonchalanten Schulterzucken. »Sie wollen eine Einschätzung der Schießkunst? Dann brauche ich die Entfernung.«

»Nicht mehr als drei Meter«, sagte Noble.

Tinkerman dachte nach. »Im Gebäude? Nicht schwierig, vor allem dann nicht, wenn die Opfer stillhalten. Einer ins Herz, richtig?«

»Richtig.«

»Geht zumindest schnell.«

»Erkennen Sie die Opfer?«, erkundigte sich Brook.

Tinkerman zögerte. »Klar. Frys erster Mord. Das schwule Paar in Breadsall vor etwa sechs Wochen.«

»Erinnern Sie sich an die Namen?«

Tinkerman schüttelte langsam den Kopf. »Nicht, dass ich wüsste.«

»Was ist mit diesem Mann?«, fragte Brook und legte zwei neue Fotos dazu.

Tinkerman zog die Fotos näher heran – Sean Trimble, auf dem Rücken liegend auf dem Kiesweg. »Ist das der Tatort in Ticknall? Das ist ein gekonnter Schuss.«

»Inwiefern?«, wollte Noble wissen.

»Ein Schuss in der Nacht, ein sich bewegendes Ziel. Herz und Kopf. Klassisch. Aber das Herz hält ihn auf, der Kopfschuss dient nur als Rückversicherung, gewöhnlich aus nächster Nähe abgefeuert, sobald das Ziel am Boden liegt. Man geht aufs Herz. Wenn man es verfehlt, richtet man trotzdem großen Schaden an. Verfehlt man den Kopf, kann das Ziel immer noch leben. Und der Schädel ist ziemlich hart, wenn man ihn im falschen Winkel trifft. Die Kugel kann einfach abprallen.«

»Beeindruckend«, murmelte Noble.

»Basics«, sagte Tinkerman grinsend. »Jeder aus meinem Team wird Ihnen dasselbe erzählen.«

»Sie haben also auf Frys Herz gezielt?«, fragte Brook.

Tinkerman versteifte sich. »Sie wissen ganz genau, dass ich das getan habe.«

»Ein guter Schuss.« Keine Antwort von Tinkerman. »Verfehlen Sie auch mal Ihr Ziel, Sergeant?«

»Nie«, sagte Tinkerman. »Ich bin dreimal die Woche auf dem Schießstand.«

»Was ist mit diesem Opfer?«, fragte Noble und zeigte auf das Foto.

»Sein Name lautet Sean Trimble«, sagte Brook.

»Okay«, sagte Tinkerman, wobei etwas Vorsichtiges in seiner Stimme mitschwang. »Der Soldatenjunge kannte sich aus.« Er zuckte mit den Schultern. »Infanterie, richtig? Sehen Sie, mir tut es leid, dass Fry tot ist. Er hat für sein Land gekämpft, doch es hieß entweder er oder ich. Oder jemand aus meinem Team. Ich habe meine psychologische Untersuchung hinter mir, und es geht mir gut damit. Kann ich jetzt gehen?«

»Die ersten Opfer, Frazer und Nolan, starben zusammen«, sagte Brook. »Aber Sean starb allein.«

»Das werden die meisten von uns«, sagte Tinkerman. »Wir müssen einfach damit klarkommen, oder?«

Brook lächelte. »Ja, müssen wir.«

»Das Problem ist, die Ballistiker konnten Frys Waffe nicht mit einer der früheren Schießereien in Verbindung bringen«, sagte Noble. »Nicht mit der in Ticknall oder Frazer und Nolan in Breadsall oder Mr und Mrs Gibson in Boulton Moor.«

Tinkerman streichelte seinen dichten Bart und nickte. »Sie glauben, er besaß eine zweite Waffe und hat sie nach den Schüssen weggeworfen. Ergibt Sinn. Ein Profi hätte eine Reserve.«

»Das haben wir uns auch gedacht«, sagte Noble, der das Foto des mysteriösen Partygasts auf den Tisch legte, zusammen mit dem Phantombild, das nach Maureen McConnells Beschreibung erstellt worden war.

Tinkerman starrte auf beide. Er wurde rot.

»Sie haben sich die Haare und einen neuen, buschigen Bart

wachsen lassen«, sagte Noble. »Aber das sind Sie auf einer Party, die Stephen Frazer und Iain Nolan gegeben haben, die ersten beiden Opfer des Champagnermörders. Die Frau, mit der Sie dort gesprochen haben, hat Sie identifiziert. Maureen.«

»Oh Gott.«Tinkerman legte den Kopf in die Hände und stöhnte. Er fuhr sich mit den Händen durch den Bart und traf eine Entscheidung. »Es ist nicht so, wie es aussieht.«

»Wie sieht es denn aus?«, erkundigte sich Nolan.

»Als Alison …« Tinkerman schaffte es, dass sie ihn ansahen. »Meine Frau. Sie ist gestorben.«

»Das wissen wir. Es steht in Ihrer Personalakte. Zusammen mit einem Bericht über Ihre Besuche bei einem Trauerpsychologen.«

»Das ist über ein Jahr her. Ich habe meine Frau geliebt. Tue ich immer noch. Ich war untröstlich. Wir hatten geplant, eine Familie zu gründen.«

»Hat Sie hart getroffen, keine Frage«, sagte Noble.

»Es macht mir nichts aus, das zuzugeben«, sagte Tinkerman. »Oder dass es eine Zeit dauerte, bis ich darüber hinweg war. Haben Sie nie jemanden verloren, der Ihnen nahestand? Ich meine, so nahe, dass er Teil Ihres eigenen Selbst geworden ist, sodass man nur gemeinsam existiert oder gar nicht?« Er blickte auf das Foto. »Ich merke schon, ich hätte etwas sagen sollen, als sie ermordet wurden, aber …«

»Es war Ihnen peinlich.«

Er nickte. »Verstehen Sie mich nicht falsch. Ich habe nichts gegen Schwule. Stephen und Iain waren nette Kerle, sehr aufmerksam und fürsorglich …«

»Aber wenn Ihr Team das herausgefunden hätte …«

»Exakt. Ich war an einem Tiefpunkt, und als sie mich zur Party einluden, brauchte ich einfach etwas Gesellschaft. Ich wusste, dass es ein Fehler war, sobald ich dort eintraf. Ein paar Jungs aus meiner Einheit hätten das nicht verstanden. Zumindest wäre ich für den Rest meiner Tage zur Zielscheibe ihres Spotts geworden, und ich war damals mental nicht stark genug für diese Art Aufmerksamkeit. Ich muss diese Leute führen, Brook. Sie müssen wissen, was das heißt, wenn man die Zügel in der Hand hat. Ich muss wissen, dass die Jungs mir vertrauen. Ich bin darauf nicht stolz, aber es ist ja nicht so, als hätte ich irgendwelche Informationen beitragen können.«

»Also haben Sie geschwiegen.«

Er senkte den Kopf. »Das darf doch nicht wahr sein!« Er zeigte auf die Fotos. »Warum ist das hierfür relevant?«

»Ich glaube, ich sollte Sie daran erinnern, dass Sie ein Recht auf Ihren Anwalt haben, damit der Ihre Interessen vertritt.«

»Aber ich habe nichts Falsches getan.« Brook und Noble schwiegen, damit er selbst darauf kam und Charlton keinen Grund zum Klagen hatte. »Herr im Himmel. Sie glauben, ich bin der Serienmörder?«

»Sind Sie's?«

»Nein! Warum sollte ich diese Leute umbringen?«

»Sagen Sie es uns.«

»Ich habe das nicht getan.«

»Nicht mal Sean Trimble?«, fragte Brook und schob dessen Foto wieder in Tinkermans Richtung.

»Er wurde erschossen, nachdem der Mörder seinen Vater und dessen Partner getötet hat«, sagte Noble.

»Wenigstens sind sie zusammen gestorben«, sagte Brook. »Wie die Thorogoods auf der Black Oak Farm.«

»Black Oak Farm?«, fragte Tinkerman und runzelte die Stirn.

»Das war eine hässliche Geschichte«, sagte Brook.

Tinkerman starrte ihn an. »Ich erinnere mich. Ich war dort.«

»Zwei Menschen, die in den Armen des anderen starben«, sagte Brook. »So will man doch gehen, oder?«

Tinkerman lächelte bitter. »Sie glauben, ich habe auch sie ermordet?«

»Ganz und gar nicht«, sagte Brook. »Aber ich glaube, Sie haben die Art, wie sie gestorben sind, bewundert.«

Tinkermans Lächeln erstarrte auf seinen Lippen. »Bin ich festgenommen?«

»Nein, Sergeant«, sagte Brook. »Wir führen nur ein nettes Gespräch, das absolut vertraulich ist, natürlich. Das hier geht nicht raus.«

Tinkerman schob abrupt den Stuhl zurück und starrte ihn an. »Dann bin ich hier weg.«

»Was denken Sie?«, fragte Noble, als sie wieder vor dem Verhörraum standen.

Brook dachte nach. »Er war sehr überzeugend.«

»Das ist Ihnen aufgefallen?«

»Aber das trifft auf alle planvoll vorgehenden Serienmörder zu. Sie spielen in Gedanken das Endspiel eine Million Mal durch, bis sie die perfekten Worte draufhaben.«

»Die Trauer ist immer noch frisch«, fügte Noble hinzu. Brook nickte zweifelnd. »Stimmt irgendwas nicht?«

»Seine Reaktion auf Sean Trimble.«

»Vielen Dank auch, dass Sie so umsichtig vorgegangen sind«, beklagte sich Charlton, während er auf sie zukam.

»Wir haben ihn nicht beschuldigt, Sir«, sagte Noble. »Diese Tür hat er selbst aufgestoßen.«

»Trotzdem will ich, dass Sie beim Chief Constable anrufen. Erklären Sie ihm das.«

»Das wird nicht nötig sein«, sagte Brook. »Tinkerman wird sich nicht darüber beschweren. Wir haben vertraulich miteinander gesprochen.«

»Sie sind sich Ihrer Sache sehr sicher.«

»Er hat nicht seine Verbindung zu Frazer und Nolan so lange verheimlicht, um jetzt mit seinem Anwalt zu reden. Wir haben nicht die Spur eines Beweises, und das weiß er. Solange wir nicht den ersten Zug machen, wird er abwarten.«

»Ich weiß nicht«, sagte Charlton.

»Außerdem«, fuhr Brook fort, »war er es nicht.«

Charlton starrte ihn an. »Freut mich, das zu hören«, sagte er verhalten. »Woher wissen Sie das?«

»Sean Trimble war unser Punkt, an dem wir Druck aufbauen konnten«, sagte Noble. »Er hat es nicht verdient, alleine zu sterben.

Das gehörte nicht zum großen Plan, und der Mörder hätte Reue empfunden.«

»Aber Tinkerman hat uns nichts davon gezeigt«, sagte Brook. »Nicht einen Funken Reue.«

»Was haben Sie denn erwartet?«

»Sobald sich die Situation für einen Serienmörder beginnt zuzuspitzen, ist das der Anfang vom Ende«, sagte Brook. »Er arrangiert sich damit, dass es vorbei ist.«

»Und sobald das Spiel beendet ist«, sagte Noble, »geht es nur noch darum, der Welt von dem wunderschönen Kunstwerk zu erzählen, das er erschaffen hat. Und warum.«

»Solange er also nicht unter einer extremen Form von dissoziativer Störung leidet, ist Tinkerman nicht unser Mann. Sonst wäre er in sich zusammengefallen und hätte uns alles erzählt.«

»Nun gut«, sagte Charlton und nickte. »Okay. Da ich mal annehme, dass Sie nicht jeden einzelnen Mann der Spezialkräfte in diesem County befragen wollen, würde ich lieber vorschlagen, wir verfolgen Frys Route von Ticknall und finden seine anderen Waffen …«

Banach stürzte in die Einsatzzentrale. »Inspector, Ihre Tochter ist hier.«

»Meine Tochter?« Brooks verwirrter Blick machte Besorgnis Platz, als er Banachs ernste Miene sah. »Was?«

Brook stand draußen bei der unscheinbaren Häuserzeile in Ripley. Der Scheinwerfer eines Polizeiwagens fiel ihm ins Auge, und er ging zur Fahrerseite, wo ein Detective von der lokalen Polizei das Fenster herunterließ und ihn grüßte. »Inspector Brook.«

»DS York«, sagte Brook, der sich dank Nobles kürzlicher Erwähnung an den Namen erinnerte.

»Meine DCs überwachen die Rückseite. Sie ist definitiv zu Hause. Sagen Sie Bescheid, wenn es losgeht.«

»Macht es Ihnen was aus, wenn wir reingehen und sie holen?«, fragte Brook. »Ich würde es gerne ohne viel Aufsehen machen.«

»Ihnen ist bewusst, dass Sie damit in unserem Revier wildern«, sagte York.

Brook lächelte. »Natürlich. Aber sie ist eine von uns.«

»Und bewaffnet ...«

»Wenn es losgeht, können Sie mit schwerem Geschütz nachrücken«, sagte Brook. Nach ein paar Sekunden nickte York. »Das wissen wir zu schätzen.«

Brook gab den Kollegen ein Zeichen und näherte sich dem Gartentürchen, während Banach, Smee und Read Noble aus einer anderen Richtung folgten.

Noble beendete gerade einen Anruf. »Das war Cooper«, sagte er. »Caskey war bei Frazer und Nolan ebenso außer Dienst wie beim Mord an Gibsons Eltern.«

»Und unerlaubt abwesend bei den Erschießungen in Ticknall«, fügte Brook hinzu.

»Sie glauben doch nicht ernsthaft, dass sie dazu in der Lage ist?«, fragte Banach.

»Jeder ist dazu in der Lage, Angie«, sagte Brook.

»Sie ist es nicht«, beharrte Banach. »Vertrauen Sie mir.«

»Sie haben das Überwachungsvideo aus Reardons Wohnung gesehen«, sagte Noble. »Sie hat mit einer Waffe herumgefuchtelt und versucht, sich Zutritt zu verschaffen.«

»Und erst vor ein paar Tagen hat sie versucht, sich bei einer bewaffneten Pattsituation erschießen zu lassen«, sagte Brook. »Das ist die klassische Art, wie ein Serienmörder Schluss macht, wenn sich alles für ihn zuspitzt.«

»Ihre Partnerin wurde ermordet«, sagte Banach. »Sie hat Probleme.«

»Oder sie hatte Schuldgefühle wegen des Tods von Sean Trimble«, sagte Noble.

»Genug.« Brook zeigte auf das Haus. »Bringen wir es hinter uns. Alles Weitere dröseln wir im Revier auseinander.«

»Ich denke immer noch, wir sollten die Jungs mit dem schweren Geschütz zuerst reinschicken«, sagte Noble. »Sie ist bewaffnet, vergessen Sie das nicht, und eine Meisterschützin.«

»Wir machen es so, und schon fühlt sie sich in die Enge gedrängt und schießt«, sagte Brook und klopfte an die Tür. »Sie ist versöhnt, vertrauen Sie mir. Wir versuchen es erst einmal mit Vernunft.«

Die Tür ging auf, und Caskeys müder Blick wandelte sich zu einem Lächeln. Sie wirkte kleiner, als Brook sie in Erinnerung hatte, geschrumpft. Sie lehnte am Türrahmen ihres unscheinbaren Reihenhauses, trug ein weißes T Shirt und eine Jeans, die über dem Knie aufgerissen war; die Haare waren aus dem ungeschminkten Gesicht gekämmt.

»Inspector Brook. John. Angie. Was für eine nette Überraschung. Seid ihr gekommen, um mich für den Dienst freizugeben?« Sie lächelte, obwohl alle so ernst waren. »Ich vermute nicht. Wenigstens habt ihr keinen Gummianzug dabei.«

»Sie bekommen eine faire Anhörung, Rachel«, sagte Banach und versuchte, mitfühlend zu klingen. »Es ist ein professioneller Prozess.«

»Ach, wenn ich nur wieder dieselbe wäre, was?«

»Wir sollten das nicht auf der Türschwelle besprechen«, sagte Brook.

»Klar. Kommen Sie rein, und machen Sie es sich bequem.« Caskey drehte sich um und ging barfuß über den nackten Boden des Flurs zu der kahlen Küche; die Schritte ihrer drei Kollegen dröhnten auf den Dielenbrettern hinter ihr. Brook blickte in das winzige Wohnzimmer, als sie daran vorbeigingen. Es bot nur Platz für einen abgewetzten Sessel, der auf ein elektrisches Feuer mit drei Stäben ausgerichtet war. Keine Lampen, keine anderen Möbel und kein Fernseher. Nichts bis auf das abgegriffene Bild einer attraktiven, jungen blonden Frau, die von einer Plattform des Eiffelturms die Fotografin anlachte; es war nachlässig mit Tesafilm an die schmuddelige Tapete des Kaminsimses geklebt.

Banach starrte mit großen Augen Brook und Noble an, als sie die Leere des Raums sah.

»Eine Tasse Tee?«, fragte Caskey und wedelte mit einem Arm zu dem winzigen Küchentisch mit drei altmodischen Holzstühlen darum. Keiner setzte sich.

»Wir wollen kei…«

»Warum nicht?«, unterbrach Brook Noble und ignorierte dessen anklagenden Blick. »Wir haben Zeit.«

»Gut«, sagte Caskey grinsend und schaltete den Wasserkocher ein. Sie drehte sich wieder um und bemerkte, wie ihre Kollegen den leeren Raum anstarrten. »Ich wette, Sie haben nicht mehr so ein gemütliches Heim gesehen, seit Sie das letzte Mal eine Crackhöhle hochgenommen haben.«

»Ich habe schon Schlimmeres gesehen«, sagte Brook mit angespannter Stimme. Caskey schien ihren Frieden gemacht zu haben – wie es oft war, wenn ein Schicksal erst besiegelt war. Die Unruhe, weil man so lange ein Geheimnis bewahrt hatte, war für viele zu viel, und es brachte ihnen Erleichterung, beinahe Leichtsinn, diese Bürde abzuladen.

Er beobachtete, wie sie drei nicht zueinanderpassende Becher abwusch und in jeden einen Teebeutel hängte, dann blickte sie zu ihrem Publikum auf, das mit versteinerter Miene zusah, wie sie heißes Wasser in die Becher goss. »Tut mir leid. Keine Milch, kein Zucker.«

»Was ist das?«, fragte Brook und nickte zu einem Stapel Unterlagen auf dem Tisch.

»Ein Transkript Ihrer Unterhaltung mit Luke Coulson«, sagte Caskey.

Etwas in ihrer Stimme weckte Brooks Interesse. Er nahm den Stapel Papier in die Hand und steckte ihn in seine Manteltasche. »Sie wurden von dem Fall abgezogen, schon vergessen?«

Sie erwiderte seinen Blick finster, den Kopf hocherhoben, bevor der Anflug eines Lächelns über ihre Lippen huschte. »Vage.«

»Ich werde Ihnen eine Frage stellen, Sergeant«, sagte Brook. »Und ich will eine ehrliche Antwort.«

»Fragen Sie nur. Ich bin Profi. Zumindest war ich das vor der Black Oak Farm, richtig?«

Brook formulierte es schlicht. »Befinden sich irgendwelche illegalen Handfeuerwaffen in Ihrem Besitz?«

Caskey lehnte sich gegen den Herd und verschränkte die nackten Arme vor ihrer Brust. »Reardon hat sich wohl alle Zeit der Welt gelassen, bevor sie Ihnen davon erzählt hat?«

»Beantworten Sie bitte die Frage.«

Caskeys Atmung schien sich zu beschleunigen, und ihre Augen funkelten. »Ich bin fertig, oder?« Dieses Mal fand Banach keine tröstenden oder ermutigenden Worte für sie.

»Sergeant, wenn wir Ihr Haus durchsuchen müssen, werden wir das tun. Wir haben einen Beschluss.«

»Das, was Sie gedacht haben, hatte ich nicht vor«, sagte Caskey.

»Und was war das?«

»Mir das Hirn vor Ihren Augen wegblasen. Das würde ich nie tun. Nicht nach dem, was Sie gesagt haben, wie ich meine Georgie lebendig halten kann. Hier drin.« Sie schlug sich mit der Faust gegen den Brustkorb, dann an den Kopf. »Und hier drin.«

»Das freut mich zu hören«, sagte Brook kalt. »Möchten Sie, dass ich wiederhole ...«

»Ich habe eine Glock 17.«

»Nur die eine?«

Caskey zögerte. »Ja.«

»Können wir die bitte haben?«

Caskey starrte ihn an, dann tappte sie zu dem Sessel im Wohnzimmer, wobei ihr Blick von dem Foto auf dem Kaminsims angezogen wurde. Brook nickte Noble zu, der ihr folgte. Sie zeigte auf das Sesselpolster, und Noble hob das Kissen an, unter dem die Glock lag. Er zückte einen Asservatenbeutel aus Plastik, zog ihn über seine Hand und nahm die Waffe, bevor er den Beutel darum schloss und versiegelte. Er überprüfte den Sicherheitshahn durch das Plastik, dann geleitete er Caskey zurück in die Küche, wobei er ihren Arm nicht losließ. Banach trat hinter sie, um ihr die Handschellen anzulegen.

»Ist sie geladen?«, fragte Brook. Caskey schüttelte den Kopf. »Wo?«

Sie nickte zu einem Küchenschrank, und Banach öffnete die Schublade und schob einen weiteren Asservatenbeutel über ein zehnschussiges Neunmillimetermagazin. Sie zeigte es Brook.

»Sonst noch Munition im Haus?« Caskey schüttelte den Kopf. »Wo haben Sie diese Waffe aufgetrieben?«

»Das Sondereinsatzkommando hat einen Pub in Gillingham hochgenommen, als ich noch in Kent stationiert war. Das war, nachdem meine Georgie …« Sie senkte den Kopf, atmete tief durch. »Der Geheimdienst berichtete uns, der Eigentümer würde mit unregistrierten Waffen der Polizei von Nordirland handeln. Als ich das Gebäude betrat, wurde ich von den Kollegen getrennt und landete in einem Raum, in dem mehrere Waffen auf dem Tisch lagen.«

»Und Sie haben eine für Ihre persönlichen Zwecke mitgehen lassen.«

»Georgie war gerade erst ermordet worden«, erklärte Caskey.

»Die Waffe diente also Ihrem Schutz«, sagte Noble. Sie nickte.

»Keine Selbstzerstörung«, deutete Brook an.

Sie funkelte ihn an. »Ich bin hier, oder?«

»Und Sie sind sicher, dass es die einzige Handfeuerwaffe ist, die Sie gestohlen haben.«

Caskey erwiderte seinen Blick ungerührt. »Wie klaut man etwas, das bereits geklaut wurde?«

»*Haben* Sie eine zweite Schusswaffe an sich genommen?«, beharrte Brook.

»Sie haben eine ziemlich geringe Meinung von mir, oder?«

»Ich ringe noch damit«, sagte Brook. »Beantworten Sie die Frage.« Caskey senkte den Blick und nickte. »Wo ist sie?«

»Ich habe sie in den Fluss geworfen.«

»Warum?«

Sie starrte ihn an, entschied sich dann aber für einen konservativeren Kurs. »Kein Kommentar.«

»War das auch eine Glock?«, fragte Noble. Keine Antwort. »Handelte es sich ebenfalls um …«

»Ja.«

»Wo ist sie?«, fragte Brook leise und langsam. »Im Ernst.«

Caskey blickte an ihm vorbei, den Kopf hochgereckt. »Habe ich Ihnen schon gesagt. Im Fluss.«

»Zeigen Sie ihr den Durchsuchungsbeschluss, John.« Noble hielt ihn vor Caskeys Gesicht. »Wo waren Sie in der Nacht des 5. November, als wir Sie nicht erreichen konnten?«, fragte Brook.

»Ich war hier.«

»Davor«, sagte Noble.

»Fragen Sie Ihre Tochter.«

»Sie sind also zu Reardon Thorogoods Haus gefahren«, nickte Brook. »Was geschah dort?«

»Sie hat die Tür nicht geöffnet.«

»War sie da?«

»Das dachte ich. Sie ist immer da. Ich beschloss, wieder zu fahren, und zu Hause setzte ich mich zu Georgie.«

»Wo?«

»Im Wohnzimmer, wo Sie sie gesehen haben.«

»Ein Streifenwagen von der örtlichen Polizei kam her«, sagte Noble. »Sie haben an Ihre Tür geklopft.«

Sie zuckte mit den Schultern. »Das Licht war aus. Ich habe nicht aufgemacht. Sie sind wieder gegangen.«

»Tatsächlich hätten Sie also überall sein können«, sagte Brook.

»Ich war hier.«

»Und am nächsten Morgen? Am 6. November?«

»Ich bin zu Reardon zurückgefahren«, sagte Caskey. »Frühmorgens. Wir hatten noch Fragen an sie, schon vergessen?«

»Aber dieses Mal haben Sie Ihre Waffe mitgenommen.«

Sie sah Brook an. »Ja.«

»Reardons Haustür hat eine Sicherheitskamera«, sagte Brook. »Sie sind in ihrer Wohnung gewesen. Sie müssen gewusst haben, dass Sie gefilmt wurden.«

»Das war mir egal.«

»Warum haben Sie dann Ihre Waffe mitgenommen?«

»Ich wollte sichergehen, dass sie mich reinlässt.«

»Wollten Sie jemanden umbringen?«

Caskey war entsetzt. »Nein.«

»Sich selbst? Reardon? Meine Tochter?«

»Nein, habe ich gesagt!«, rief Caskey. »Warum, um alles in der Welt, sollte ich Ihre Tochter töten?«

»Ich weiß nicht«, sagte Brook. »Aber sie hatten ein Gespräch mit Reardon und meiner Tochter und gingen wieder. Ein paar Minuten später kehrten Sie mit der Waffe in der Hand zurück und hämmerten an die Tür, Sie schrien und riefen. Warum?«

»Ich musste noch mal mit Reardon sprechen«, sagte Caskey.

»Sie hatten gerade mit ihr gesprochen«, sagte Brook. »Entgegen meiner ausdrücklichen Anweisung.«

»Weil Sie nicht wollten, dass ich herausfinde, dass sie was mit Ihrer Tochter hat.« Caskey wandte sich an Banach und Noble, doch deren Mienen gab nichts preis. Sie wussten bereits davon.

»Die Beziehung meiner Tochter zu Reardon Thorogood ist nebensächlich«, sagte Brook. »Ihre allerdings nicht. Warum haben Sie die Waffe mitgenommen? Reardon war außer sich vor Angst.«

»Pech«, höhnte Caskey.

»Wie sah Ihr Plan aus? Wen wollten Sie töten?«

»Ich wollte niemanden töten. Reardon hat mich zum Narren gehalten, und ich wollte es ihr heimzahlen.«

»Wie Sie es ihr heimgezahlt haben, indem Sie den Autounfall verursacht haben.«

Caskey atmete tief durch und schloss die Augen. »Nach dem Mord an ihren Eltern fingen Reardon und ich an, uns zu treffen. Ich weiß, ich hätte mich nicht mit einem Opfer einlassen dürfen, aber ich konnte nicht anders. Sie brauchte mich, und ich brauchte … jemanden. Ich bin darauf nicht stolz, und ich habe das so nicht geplant. Es ist einfach passiert.«

»Und der Unfall?«

»Manchmal blieb ich über Nacht in ihrer Wohnung in Nottingham. An dem Tag saß ich mit ihr im Wagen. Es war das erste Mal, dass sie seit dem Überfall draußen war.«

»Sind Sie gefahren?«

»Nein, Reardon. Sehen Sie, es ging ihr immer besser. Sie trug Make-up, ging wieder vor die Tür.« Ihre Miene wurde hart. »Ich habe ihr geholfen, so weit zu kommen. Ich meine, ich habe ihr wirklich geholfen.«

»Und Sie dachten, alles wäre bestens.«

»Wir haben uns geliebt. Das dachte ich jedenfalls. Nach Georgie ...« Ihre Miene wurde bitter. »Da waren wir also, fuhren dahin, und plötzlich hörte ich Reardon die Worte sagen, doch ich konnte sie nicht begreifen. ›Es geht mir besser‹, sagte sie. ›Wir haben das hier so weit getrieben, wie es ging. Ich war verletzlich nach dem Tod meiner Eltern, Rachel, aber jetzt will ich versuchen, wieder auf eigenen Füßen zu stehen.‹ Verfluchte Schlampe.«

»Sie waren wütend.«

»Sie haben ja keine Ahnung. Nach allem, was ich ihr gegeben habe, nachdem ich meine Georgie so verraten habe, wollte ich uns beide einfach nur tot sehen.«

»Gemeinsam tot«, sagte Brook. Sie nickte. »Wie Sie es sich mit Georgie gewünscht hätten. Wie Reardons Eltern gestorben sind.«

Caskey sah ihn mit zusammengekniffenen Augen an. »Wohl so etwas. Ich weiß, das war dumm, aber ich stand unter Schock. Ich wartete, bis sie etwas beschleunigte, dann griff ich ins Lenkrad und lenkte den Wagen gegen eine Mauer.«

»Und das hat Sie wieder zur Vernunft gebracht.«

»Vermutlich.«

»Und um Ihrer Karriere willen brachten Sie Reardon dazu, zu versprechen, Sie nicht im Unfallbericht zu erwähnen«, sagte Brook. Caskey bestätigte dies durch das Senken ihrer Augenlider. »Im Gegenzug haben Sie akzeptiert, dass die Beziehung vorbei war.«

»Ja.«

»Aber Sie haben es nicht akzeptiert, richtig?«

»Ich akzeptiere es jetzt«, sagte sie säuerlich. »Ich war ein Dummkopf, und ich verdiene alles, was jetzt auf mich zukommt. Was Reardon betrifft ...«

»Was denn?«

Caskey starrte Brook an. »Ach, egal.«

31

Brook geleitete Caskey zu dem Wagen und manövrierte sie auf die Rückbank, während Noble und Banach Read und Smee holten, damit sie gemeinsam mit DC York und den uniformierten Kollegen der lokalen Behörde das Haus gründlich durchsuchen konnten. Als sie zum Wagen zurückkamen, startete Noble den Motor.

»Sie geben uns Bescheid, wenn sie die zweite Waffe finden«, sagte Noble.

»Sie verschwenden Ihre Zeit«, sagte Caskey. »Ich habe sie nicht. Das sagte ich schon.«

»Wir haben ein kleines Vertrauensproblem, Sergeant«, sagte Brook, wobei ihm die Enttäuschung aus allen Poren quoll.

»Hat Ihre Tochter Ihnen von Reardon und mir erzählt?«

»Ich habe es herausgefunden«, sagte Brook.

»Und die Aufnahme von Reardons Überwachungskamera?« Keine Antwort von Brook. »Lassen Sie mich raten. Reardon wollte nichts über die Waffe sagen, aber Ihre Tochter hat sie dazu überredet.«

»Ich glaube, Sie sollten nichts mehr sagen, bis Sie mit Ihrem Anwalt gesprochen haben«, sagte Brook.

»Warum sind wir hier?«, fragte Caskey und reckte den Hals, als sie auf den Parkplatz in Butterley Hall fuhren.

»Der Durchsuchungsbeschluss umfasst alle Räumlichkeiten«, sagte Noble. »Das schließt auch Ihren Spind in St Mary's und den hier auf dem Schießstand mit ein.«

Caskey zuckte mit den Schultern. »Tun Sie, was Sie nicht lassen können.«

Noble sprang aus dem Wagen und holte Caskey vom Rücksitz. Gemeinsam machten sie sich auf den Weg zu der unterirdisch gelegenen Schießanlage.

»Würde es Ihnen was ausmachen?«, fragte Caskey oben auf der Treppe und wedelte mit den hinter ihrem Rücken gefesselten Händen. »Ich war mal eine gute Polizistin, und hier kennt man mich.«

Brook schüttelte den Kopf, und Noble eskortierte sie die Treppe hinab zum Eingang, die Hände weiter gefesselt. Sergeant Preston blickte auf, erst bestätigend, dann bestürzt.

»Hi, Freddie«, sagte Caskey.

»Tut mir leid, was man von dir hört, Süße. Du weißt, du darfst nicht schießen, bis du die Freigabe erhältst.«

Caskey lächelte, ohne es so zu meinen, und drehte sich, damit er ihre gefesselten Hände sah. »Ich fürchte, es ist noch viel schlimmer, Freddie.«

Noble händigte ihm eine Kopie des Beschlusses aus. »Wir brauchen Zugang zu DS Caskeys Spind. Es wird nicht lange dauern.«

Preston las den Durchsuchungsbeschluss, dann ließ er alle hinein, und sie gingen an der Waffenkammer vorbei zum Umkleideraum.

»Ich habe meinen Spindschlüssel nicht dabei«, sagte Caskey.

»Sie haben einen Generalschlüssel?«, erkundigte sich Noble. Preston nickte und suchte nach seinen Schlüsseln, sprang dann aus seiner Kabine und folgte ihnen.

Brooks Handy vibrierte. »Dave.« Er folgte den anderen, doch als er merkte, dass die Verbindung zu Cooper schlechter wurde, je tiefer er in die unterirdisch gelegene Anlage vordrang, lief er zurück zum Eingang. »Kleinen Moment, Dave«, sagte er, fing Nobles Blick auf und bedeutete ihm, er solle schon mal weitermachen. Er stand unten an der Treppe und sagte zu Cooper: »Schießen Sie los.«

»Wie konnten Sie das tun, Rachel?«, fragte Banach, während sie weitergingen.

»Wie konnte ich *was* tun?«, wollte Caskey wissen. »Reardon?«

»Fangen wir damit an«, sagte Banach.

»Sie glauben, ich habe sie ausgenutzt?«

»Ihre Eltern waren kurz zuvor abgeschlachtet worden, und sie wurde vergewaltigt, um Himmels willen. Sie war verletzlich.«

Caskeys Augen glänzten. »Sie war wunderschön. Und hilfsbedürftig. Ich konnte nicht anders.«

»Obwohl Sie wussten, wie falsch das war?«

»Das Herz will, was das Herz will, Angie. Was können Sie dagegen tun?«

»Das ist gleichbedeutend mit Missbrauch.«

»Ich weiß, was ich getan habe, Constable«, fauchte Caskey. »Aber ich war verliebt.«

»Verliebt?«, rief Banach. »Rachel, sieben Menschen sind tot.«

Caskey blickte sie fragend an. »Was hat das eine mit dem anderen zu tun?«

»Wir haben eine E-Mail von Crumpet bekommen mit einem aktualisierten Blutschema für die Black Oak Farm«, sagte Cooper. »Er hat bereits mit Caskey darüber gesprochen, deshalb dachte ich, Sie wüssten gerne Bescheid.«

»Was steht darin über die Fingerabdrücke am Fensterrahmen?«, fragte Brook, der mit leerem Blick auf die Kabine hinter der Plexiglasscheibe starrte. Dampf stieg von einer einladenden Tasse heißem Tee auf und machte ihm den Mund wässrig.

»Das Blut stammte von Patricia Thorogood ...«

Brook begann, mit seinen Gedanken vom Gespräch abzudriften, als er die umkreisten Artikel auf einer eselsohrigen Seite des *Derby Telegraph* bemerkte. Er starrte auf die kleinen, banalen Sprüche, erdacht, um die unsterbliche Liebe zu einem Partner auszudrücken. Er ließ das Handy an seinem Ohr leicht sinken. Dann wurde sein Blick vom Foto einer Frau mittleren Alters angezogen, die ihn aus einem Rollstuhl anlächelte, ein schwarzes Band lag über einer Ecke des Rahmens. Ein jüngerer Sergeant Preston stand hinter ihr und hielt die Griffe des Rollstuhls umfasst.

Eine Sekunde später rannte Brook über die Gummimatten und stürzte in den Umkleideraum. Caskey, Banach und Noble standen zusammen vor einem offenen Spind. Alle drei waren wie angewurzelt und starrten an Brook vorbei. Die Tür schloss sich hinter ihm, und er drehte sich um.

Sergeant Preston stand vor einem anderen offenen Spind, zwei Flaschen Champagner waren zwischen seinen Beinen sichtbar. Er hielt in jeder Hand eine Waffe, ruhig und unerschütterlich. Mit einem Schwenk des Handgelenks bedeutete er Brook, sich von der Tür zu entfernen.

»Es ist vorbei, Sergeant«, sagte Brook und blickte in den Lauf einer Glock.

Preston lächelte. Brook sah seine Erleichterung. »Ich weiß. Darüber bin ich froh.«

»Sein Name war Sean Trimble«, sagte Noble.

Prestons Miene verfinsterte sich. »Das mit dem Jungen tut mir leid. Ich dachte, er sei unterwegs.«

»Nun, er ist zurückgekommen«, sagte Noble.

»Und alleine gestorben«, fügte Brook hinzu.

»Ich weiß, wie sich das anfühlt«, sagte Preston. »Meine Janet ... Es tut mir leid. Wirklich.« Er verstummte, als Brook versuchte, sich ihm zu nähern. »Glauben Sie nicht, meine linke Hand ist nicht so gut wie meine rechte, Inspector«, bellte er und umfasste die Glock fester, um seine Worte zu unterstreichen.

Brook streckte seine Hände aus, um Prestons Können anzuerkennen, und versuchte zugleich, die Entfernung zwischen ihnen abzuschätzen. Sieben Meter, vielleicht acht. Er schob sich ein paar Zentimeter nach rechts, dann sah er Noble an. Der DS reagierte nicht, doch Brook konnte an einer leichten Bewegung zu seiner Linken erkennen, dass er verstand. Wenn sie Prestons Blickfeld verbreitern konnten, gelang es vielleicht einem von ihnen, ihn zu überraschen.

»Was ist mit Seans Vater und seinem Partner, Freddie?«, fragte Brook.

»Das lief gut«, sagte Preston. »Sie haben sich ein wenig gewehrt, weil sie es zuerst nicht kapiert haben, aber ich glaube, sie haben verstanden, als das Ende kam, und es gefiel ihnen. Jetzt sind sie für immer zusammen. Sie werden nie erleiden müssen, was ich erlitten habe.«

»Sie haben Gibson über die Privatanzeigen gefunden.«

»Gut gemacht«, sagte Preston. »Er hat zum Hochzeitstag seiner Eltern eine Anzeige geschaltet. Das, was ich da las, gefiel mir, und ich dachte, ich statte ihnen einen Besuch ab, aber als ich das Haus in Ticknall beobachtete, sah ich nur Gibson und seinen Partner. Ich dachte schon, ich hätte einen Fehler gemacht, aber an dem Morgen folgte ich ihm zu dem Haus in Boulton Moor, und dort habe ich Edith und Albert gesehen. Ich beobachtete sie, als sie über die Felder spazierten. Sie waren das perfekte Paar für meine Hilfe – glücklich, doch ich konnte sehen, wie Albert dahinsiechte und bereits an Schmerzen litt. Edith war so liebevoll. Ich wollte nicht, dass sie durchmachen musste, was ich mit Janet ertragen habe, und es gefiel ihr, mit ihrem Albert zu gehen.« Preston lächelte. »Es war ein wundervoller Moment, als sie gemeinsam hinübergingen.«

»Und Frazer und Nolan?«

»Mich zum Reden bringen«, sagte Preston lächelnd. »Sehr gut. Sie!«, wandte er sich an Noble und wedelte mit der Waffe vor seiner Nase herum. »Da rüber zum Inspector mit Ihnen. Bewegung.«

Widerstrebend trat Noble zu Brook.

»Sie auch.« Er bedeutete Banach, ihm zu folgen.

»Nein«, sagte Banach und stellte sich neben Caskey.

»Dafür ist jetzt keine Zeit«, sagte Preston und zielte auf sie. »Rüber mit Ihnen.«

»DC Banach hat ein kleines Kind, Sergeant«, sagte Brook.

»Ich bin nicht hier, um Kollegen zu töten«, sagte Preston mit gequälter Miene. Er lächelte Caskey an. »Außer solchen wie Rachel, die gehen wollen. All die schmerzlichen Blicke auf das Mädel in deinem Spind. Sie war sehr schön.«

»Danke«, lächelte Caskey. »Das war sie.«

»Ich habe dich beobachtet, Liebes«, sagte Preston. »Die Trostlosigkeit, der Schmerz. Das geht nie weg, oder?«

»Niemals«, sagte Caskey. »Es definiert mich.«

»Mich auch«, stimmte Preston zu. »Dich anzusehen war, als würde ich in einen Spiegel blicken. Ich wünschte, du wärst in der Lage gewesen, mir zu erzählen, was mit ihr geschehen ist. Es tut mir leid, dass ich dich so lange habe leiden lassen, wo ich dir doch hätte helfen können. Aber es ist vorbei, und jetzt kann ich dich befreien.«

»Tod ist keine Freiheit«, sagte Brook. »Freiheit ist ein Konstrukt des Verstands. Eines lebenden, denkenden Verstands.«

»Sie!« Preston zeigte auf Banach. »Auf meinem Schreibtisch, das gerahmte Foto. Ich will es haben. Und bleiben Sie nicht zu lange, sonst töte ich das Mädel hier.«

»Ich gehe nicht«, sagte Banach.

»Ist in Ordnung, Angie«, sagte Caskey und schob sie weg. »Mir geht's gut.«

Brook nickte ihr zu, dass sie gehen sollte, und sein Gesichtsausdruck gab ihr zu verstehen, sie solle nicht zurückkommen. Widerstrebend bewegte Banach sich zur Tür, und nach einem letzten Blick zurück ging sie hinaus.

»Sie müssen sich echt großartig fühlen, wenn Sie Leute mit der Waffe in der Hand herumkommandieren«, höhnte Noble.

Preston blieb ungerührt. »Das hilft.«

»Und was passiert, wenn Sie das Foto Ihrer Frau bekommen?«, fragte Brook.

»Wie Sie schon sagten, Inspector. Es ist vorbei. Idealerweise hätte ich es bevorzugt, Ellis und Rachel gemeinsam auf den Weg zu bringen. Sie haben beide genug durchlitten, und wenn ihre Lieben nicht gewartet haben, haben sie wenigstens noch einander als Gesellschaft.«

»Ach, wie hübsch«, höhnte Brook. »Haben Sie ein bestimmtes Musikstück im Sinn?«

»Sparen Sie sich den Sarkasmus, Klugscheißer«, sagte Preston und richtete die Waffe auf Brooks Kopf. »Rachel und ich wissen, was Schmerz bedeutet.« Er lächelte sie bedauernd an. »Tut mir leid, Süße. Sieht aus, als müsstest du auf der Reise stattdessen mit mir vorliebnehmen.«

Caskey nickte. »Das ist in Ordnung, Freddie. Wir sollten jetzt gehen.«

»Sobald meine Janet hier ist.«

»Sie sind also ein Experte in Sachen Schmerz«, sagte Brook, um ihn am Reden zu halten.«

»Die Leute erzählen mir viel, ja«, sagte Preston.

»Die Kollegen vom Sondereinsatzkommando?«

»Hier kommen sie runter«, bestätigte Preston. »Hier erledigen sie die bösen Jungs, die sie tagsüber nicht erschießen dürfen. Ich

429

bin wie ihr Priester. Sie erzählen mir die Dinge, die sie im Einsatz sehen. Und zu Hause. Die Dinge, die ihnen wehtun.«

»Über Liebe und Verlust?«, fragte Brook mit einem süffisanten Lächeln.

»Das verstehen Sie nicht. Tink – Sergeant Tinkerman – war ein gebrochener Mann, als seine Alison ging. Nichts, was ich sagte, konnte ihn aufmuntern.« Preston lächelte bitter. »Das kann es nie, oder? Worte sind kein Ersatz für die Umarmung eines Seelengefährten. Aber er hat es so sehr versucht, das alles hinter sich zu lassen.«

»Er hatte Erfolg«, sagte Brook. »Die Menschen kommen weiter.«

Preston lächelte bedauernd. »Manche tun das. Tink nicht. Vor einem Jahr erzählte er mir von dem Paar in Findern, das in den Armen des anderen starb. Das hat mich wirklich berührt. Er erzählte mir, wie sehr er sie beneidete, und so kam mir die Idee, dass ich den Leuten wirklich helfen kann. Liebevollen Paaren, die lieber sterben würden, statt das zu ertragen, was ich durchgemacht habe.«

»Und er hat Ihnen von der Party bei Frazer und Nolan erzählt?«

»Das hat er.« Preston lachte. »Ich musste schwören, es für mich zu behalten. Tja, viele Jungs hier hätten das nicht verstanden. Ich schon. Liebe siegt über alles. Schwul oder hetero, das bedeutet mir nichts.«

»Sie sind also ein Serienmörder mit Sinn für Gleichberechtigung«, spöttelte Brook.

Prestons Miene wurde hart. »Verspüren Sie einen Todeswunsch, Inspector?«

»Tut er«, warf Noble ein. »Ignorieren Sie alles, was er sagt. Er will, dass Sie ihn erschießen.«

»Stimmt das?«, lächelte Preston. »Dann seien Sie vorsichtig, was Sie sich wünschen, Kumpel.«

»Ich bin nicht Ihr Kumpel, sondern Ihr vorgesetzter Offizier.«

»Das bedeutet nichts mehr für mich.« Preston blickte zur Tür. »Wo steckt Ihre Kollegin? Sie sollte längst zurück sein.«

»Sie wird nicht kommen«, sagte Brook.

»Wie meinen Sie das?«

»Ich habe ihr gesagt, sie soll Alarm schlagen.«

Preston starrte Brook an. »Wie haben Sie das geschafft?«

»Ich bin Telepath«, gab Brook zurück.

»Und was soll ich nun davon halten?«, knurrte Preston und packte die Glocks fester. Brook antwortete nicht. »Sie haben gehört, wie ich sagte, ich erschieße den Jungen hier, wenn Sie irgendwelche Tricks versuchen?« Er zielte mit einer Pistole auf Noble, doch Brook trat in seine Visierlinie.

»Tut mir leid, aber das kann ich nicht erlauben«, sagte er. »Raus hier mit Ihnen, John.«

»Sie haben verdammt noch mal Nerven«, sagte Preston, nun erregt. »Zurück mit Ihnen.«

»Nein«, sagte Brook. »Gehen Sie zur Tür, John. Ich gebe Ihnen Deckung.«

»Warum machen Sie das ständig?«, wollte Noble wissen.

»Raus!«, befahl Brook. »Das ist ein Befehl.«

»Sehen Sie?«, sagte Noble. »Der Todeswunsch.« Er benutzte Brook als Schutzschild und schlüpfte aus der Tür, bevor Preston reagieren konnte.

Jetzt wurde Preston wütend. »Ich will Janet«, schrie er. »Bringt mir meine Janet.«

»Warum blasen Sie sich nicht Ihr erbärmliches Hirn weg und suchen sie?«, fragte Brook.

Preston runzelte fassungslos die Stirn. »Der Junge hat recht. Sie wollen, dass ich Sie töte.«

»Ich will, dass Sie die Waffen aus der Hand legen«, sagte Brook. »Dieser Quatsch geht jetzt lange genug.«

»Ich mag Sie nicht, Brook.«

»Stellen Sie sich hinten an«, knurrte Brook. Er platzierte sich geschickt vor Caskey. »Sie sind die Nächste, Sergeant.«

»Nein!«, rief Caskey und trat hinter ihm hervor. »Ich bleibe.«

Preston fand sein Grinsen wieder. »Sieht aus, als wären Sie überstimmt, Inspector.«

Brook stellte sich wieder vor Caskey und hielt sie mit den Händen fest. »Bleiben Sie dort. Sie gehen.«

»Nein«, sagte Caskey und wehrte sich. »Ich habe keine Angst vor dem Sterben.«

»Georgia wird nicht auf Sie warten, Rachel«, sagte Brook.

»Das Risiko bin ich bereit einzugehen.«

»Gehen Sie weg von ihr«, sagte Preston.

»Halten Sie die Klappe, Sergeant«, sagte Brook. »Das ist ein Befehl.«

»Ein Befehl?«, wiederholte Preston grinsend. »Rachel und ich sind darüber hinaus, Befehlen zu gehorchen.«

Plötzlich hörte Brook auf, mit Caskey zu ringen. Resigniert sah er Preston an. »Sie haben recht. Warum kümmert mich das überhaupt? Tot sind Sie besser dran. Beide.«

Caskey bewegte sich zur Seite, und Preston hob direkt eine Waffe und zielte auf ihr Herz, während er mit der anderen zu Brook winkte. »Sie können jetzt gehen, Inspector.«

Brook nickte. »Nur ein Gedanke noch«, sagte er. »Was wird Ihre Janet sagen, wenn Sie im Leben nach dem Tod mit einer attraktiven, jüngeren Frau an Ihrer Seite auftauchen?«

Prestons Waffen senkten sich um eine Winzigkeit, und er starrte Caskey an. »Meine Janet? Wie können Sie es wagen, ihren Namen auszusprechen?«

»Sie haben recht«, fuhr Brook lächelnd fort. »Ich bin sicher, das geht für sie in Ordnung.«

»Hören Sie nicht auf ihn, Freddie.«

Prestons Atmung war gequält. »Entschuldige, Liebes. Er hat recht. Sie würde das nicht verstehen.« Ohne weiteres Aufheben rammte er sich eine Waffe unter das eigene Kinn und zielte mit der anderen auf Brooks Herz. »Wenigstens kann ich hier noch etwas Gutes tun.«

»So ist's richtig«, sagte Brook und hob die Hände. »Wollen Sie das Foto nicht mehr?«

Preston schüttelte den Kopf. »Ich erinnere mich an jedes Detail, jede Falte ihres Gesichts, jedes Haar auf ihrem Kopf. Und wenn ich sie das nächste Mal sehe, wird sie so gut wie neu sein, wie sie vor dem Krebs gewesen ist.«

»Nicht noch ein Glas Schampus, bevor wir gehen?«, erkundigte sich Brook.

»Er ist nicht gekühlt«, witzelte Preston. Er atmete tief durch und suchte Brooks Blick. Zu seiner Verwirrung lächelte der Inspector. »Bin unterwegs, meine Schöne«, sagte er, als er beide Abzüge drückte. Die doppelte Explosion dröhnte in der unterirdischen Kammer nach wie eine Atombombe.

Während er noch stand, sah Brook, wie der obere Teil von Prestons Kopf weggesprengt wurde und sein Gehirn in alle Richtungen spritzte wie eine Pfanne mit heißem Gelee, die in die Luft geschleudert wurde.

Eine Millisekunde später wurde er von Blut ins Auge getroffen, als die zweite Kugel in die hechtende Caskey eindrang und sie nach hinten warf. Sie hatte die volle Wucht mit der Brust abgefangen, und ihr Körper, der von dem Stoß zurückgeschleudert wurde, warf Brook zu Boden.

Er schrie voller Qual, doch kurzfristig taub konnte er keinen Ton davon hören. Beißender Rauch und das Aufblitzen der Schüsse blendeten ihn, und er sah nur noch das ausgeworfene Projektil, das durch die Luft wirbelte und zu Boden fiel.

Sobald die Schockwellen vorbei waren, war die Welt still, und Brook konnte glauben, dass er tot war. Das gefiel ihm. Alles war friedvoll, und eine eigentümliche Ruhe durchströmte ihn. Dann jedoch, gefühlt in Zeitlupe, begannen Leute durch die Tür auf ihn zuzurennen. Brook entdeckte Noble mit seinem guten Auge. Auch Banach. Die beiden zerrten Caskeys ausgestreckten Körper an Armen und Beinen nach draußen auf den Schießstand, wo die Luft nicht verpestet war.

Brook saß betäubt auf dem Boden des Umkleideraums, sein linkes Auge schmerzte und sah nichts. Er hob die Hand und spürte die unverwechselbare Konsistenz warmem Bluts. Noble kam zurückgeeilt und half ihm auf die Beine, und gemeinsam stolperten sie schwankend durch den Teppich aus Blut und Hirn.

Ein Taschentuch gegen sein Auge gedrückt, sah Brook die Schusswaffenausbilder und uniformierten Kollegen, die sich um Caskey drängten, während Banach die Kollegin von Mund zu Mund beatmete. Jemand fing die Schlüssel von Noble auf und öffnete die Handschellen um ihre Handgelenke. Brook konnte sehen, wie Banach zwischen jeder Beatmung etwas rief, aber er hörte keinen Laut. Dann tauchte aus dem Nirgendwo ein Mann mit einer Sauerstoffmaske auf, die Banach Caskey sogleich auf das Gesicht hielt, bevor sie ihr Handgelenk umfasste, auf der Suche nach einem Puls. Noble untersuchte Brooks Kleidung und versuchte, sich damit zu trösten, dass er nicht getroffen war.

»Mir geht's gut, mir geht's gut«, schrie Brook, und er war froh, denn er hörte seine eigenen Worte als ein fernes Quieken. Er kam auf die Knie und arbeitete sich zu Caskey vor, ihr Blut immer noch in seinem Auge. Plötzlich setzte Panik ein, und er hörte Banach kreischen: »Ich habe einen Puls!«

Er versuchte, nach Caskeys anderer Hand zu greifen, und sie öffnete ein glasiges Auge und starrte ihn an. Er drückte ihre Hand, weil ihm nichts Besseres einfiel, und mit einem Lächeln beschwichtigte er sie. Er konnte sehen, wie sie versuchte, hinter der Maske etwas zu ihm zu sagen.

»Was?«, fragte er und brachte sein Ohr dicht an ihren Mund. Mit großer Kraftanstrengung zog sie die Maske beiseite. »Nein«, sagte Brook und versuchte, sie ihr wieder aufzusetzen. Sie umklammerte seine Hand, um ihn daran zu hindern. »Was wollen Sie sagen? Seid still«, rief Brook. »Ruhe, sie versucht zu sprechen.«

Über das Hintergrundgeräusch der Lüftungsanlage lauschte er angestrengt. Caskey leckte ihre Lippen. »Schutz … für … Reardon.«

»Reardon ist in Sicherheit«, sagte er und lächelte ihr erschlaffendes Gesicht an. »Jetzt setzen Sie die Maske wieder auf.«

Caskey blinzelte ihm zweimal zu und leckte noch mal über ihre Lippen, bevor sie die Augen schloss und das Bewusstsein verlor.

Eine Sekunde später kamen die Rettungssanitäter herein, eine Trage zwischen sich. Sie verbrachten ein paar Sekunden damit, Caskey zu untersuchen und vorzubereiten, bevor sie sie geübt auf die Trage hoben und die Treppe hinaufgeschleppten. Der Schießstand leerte sich rasch, da die Kollegen ihnen folgten.

»Sir?«, flehte Banach ihn an. Brook winkte mit müder Hand ab, und Banach sprang in den Krankenwagen, der sich bald mit großem Tempo entfernte.

Etwa acht Stunden später fuhr Brook aus dem Royal Derby Hospital weg. Die Straßen waren rutschig vom Winterregen und dem glitschigen Laub. Er war wie betäubt und hatte jegliches Zeitgefühl verloren; er nahm nur noch die weißen Linien auf der A52 wahr, die auf ihn zuschossen wie Kugeln, die in der Nacht abgefeuert wurden. Drei Worte kreisten durch seinen Kopf. *Schutz für Reardon. Schutz für Reardon.*

Nachdem er sein Cottage in Hartington betreten hatte, schaltete er den Wasserkocher an und sank an den Küchentisch, wobei er den schmerzenden Kopf in beide Hände legte. Sein vibrierendes Handy brachte ihn wieder zu sich.

»Wie geht es ihr?«, erkundigte sich Noble.

»Immer noch im OP«, antwortete Brook.

»Sie ist eine Kämpferin«, sagte Noble.

Brook zog eine Grimasse. »Warum sagen die Leute das immer?«

»Weil die meisten Leute sich an ihr Leben klammern, bis ihre Finger bluten.«

»Es muss doch auch die geben, die sagen: ›Okay, dann ist es halt vorbei.‹«

»Sie meinen Leute wie Sie.«

»Ich meine solche wie Caskey. Sie hat sich vor mich geworfen, John. Warum sollte sie das tun? Sie kennt mich kaum, und was sie über mich weiß, gefällt ihr nicht.«

»Sie haben Preston gehört. Sie leidet. Sie verspürte ebenfalls einen Todeswunsch.«

Brook seufzte. »Ich habe keinen Todeswunsch, John.«

»Ich war da, schon vergessen? Sie wollten, dass Preston lieber Sie erschießt.«

»Das ist etwas anderes. Ich bin ihr Chef, ich habe die Pflicht, meine Leute zu schützen.«

Noble schüttelte den Kopf. »Wenn Sie das sagen. Was hat Charlton gesagt?«

»Ich hab mich verdünnisiert, als er kam.«

»Kluger Schachzug. Und was jetzt?«

»Jetzt? Wir arbeiten an dem Fall, sammeln die Beweise gegen Preston und schnüren ein hübsches Paket, sodass nicht mal Charlton noch länger David Fry die Schuld in die Schuhe schieben kann.«

»Das wird ihn nicht zurückbringen«, sagte Noble.

»Nein.« Brook goss heißes Wasser in einen Becher.

»Noch jemand mit einem Todeswunsch.«

»Danke, John«, grollte Brook. »Die Nachricht ist angekommen.«

»Sie haben die E-Mail von Crumpet gesehen?«

»Cooper hatte mir gerade davon erzählt, als ich die Zeitung auf Prestons Schreibtisch entdeckte. Er hat das Blutschema für die Black Oak Farm revidiert.«

»Wichtig?«

Brook hielt nachdenklich inne. »Ich lasse es Sie wissen.«

Brook nippte an seinem Tee, während er Crumps E-Mail las. Nach kurzem Nachdenken holte er alle Dokumente zur Black Oak Farm aus seinem Büro und suchte Reardons Aussage über die Ereignisse in ihrem Schlafzimmer an jenem schicksalhaften Tag heraus. Nichts schien das Blut ihrer Mutter auf dem Fensterrahmen zu erklären.

Aus seinem Mantel zog er das Transkript von Luke Coulsons Befragung in Wakefield, das er bei Caskey mitgenommen hatte. Er las bis zu der Stelle, wo Coulson auf den Mord an Jonathan Jemson in Reardons Schlafzimmer einging. Wieder nichts. Kein Hinweis darauf, wie Patricia Thorogoods Blut auf das Fenster gelangt sein konnte, wenn man beiden Aussagen traute.

Er blätterte den Rest des Transkripts durch und blieb bei einer Seite hängen, auf der Rachel Caskey handschriftliche Notizen gemacht hatte. Irgendwann vor ihrer Festnahme hatte Caskey ein paar Sätze dreifach unterstrichen, in denen Coulson das Gefühl beschrieb, das ihn neben den Leichen von Monty und Patricia Thorogood überwältigt hatte.

Als ich mich über sie beugte, spürte ich, wie ihre Seelen ihre Körper verließen.
Als würden sie direkt durch mich hindurch zu Jesus aufsteigen.

Daneben hatte sie »Quatsch« geschrieben, und in Großbuchstaben stand am Rand: »Zeitrahmen?«.

Brook dachte darüber nach, doch ihm fiel nichts dazu ein. Also zog er den Stapel mit Tatortfotos zu sich heran. Es handelte sich um die Schwarz-Weiß-Kopien, die Terri für Reardon ausgedruckt hatte. Er überblätterte die Fotos mit Reardons Eltern, die im Tod erstarrt waren und deren Anblick Caskey und Tinkerman so sehr bewegt hatte, ebenso wie Luke Coulson, und kam zu den zwei Fotos mit dem verschmierten Blut in der Nähe des Schlafzimmerfensters. Wie schon beim ersten Sichten waren die Schwarz-Weiß-Fotos zu undeutlich, darum nahm er die Farbfotos zur Hand und überblätterte die Bilder von Patricia und Monty Thorogood und Jonathan Jemson, bis er zu den entsprechenden Fotos kam.

Die Blutflecke waren so unscheinbar. Doch irgendwie wusste Brook, dass sie wichtig waren – wegen ihres Fundorts am Fenster. Er legte die beiden Stapel zurück auf den Tisch und nahm einen Schluck Tee, bevor er herzhaft gähnte. Es war nach Mitternacht, und er war völlig ausgelaugt. Er leerte den Tee und ging zur Treppe, doch dann erstarrte er für ein paar Sekunden, bevor er zurück zum Tisch raste, nach den Tatortfotos grapschte und beide Stapel durchblätterte; ein Gefühl der Erregung und Beklommenheit überwältigte ihn, als er auf das Foto mit dem herabbaumelnden Telefon in der Küche starrte.

32

»Sie haben sie ganz knapp verpasst«, sagte Reardon.

Brook stieg die letzte Stufe zu dem großen Treppenabsatz hoch, die niedrig stehende Wintersonne strömte durch das Oberlicht. Reardon Thorogood hielt ihm die Tür auf, und er trat in das hübsche Apartment. Als sie die Tür hinter ihm schloss, erkannte er, dass sie anders aussah. Zunächst einmal trug sie Make-up. Und ihre Kleidung war ansprechender als die formlosen Sachen, an die er sich bei ihr fast schon gewöhnt hatte.

»Wissen Sie, wann sie zurückkommt?«

»Sie hat Sargent für seine Morgenrunde mitgenommen«, sagte Reardon und lächelte. »Er ist ein bisschen schwierig. Sie müssten im Park sein, wenn Sie sie sofort sehen wollen.«

»Mir macht es nichts aus zu warten. Wenn das okay ist.«

»Natürlich. Tee?«

»Danke.« Brook setzte sich auf das Sofa, während Reardon in die Küche ging und den Wasserkocher einschaltete. »Sie sehen gut aus«, rief er ihr nach.

»Danke«, rief sie zurück, bevor sie wieder im Türrahmen auftauchte. »Nach unserem Gespräch habe ich ausgiebig über das nachgedacht, was Sie gesagt haben. Sie hatten recht. Wenn ich mich weiter im Haus verstecke, lebe ich nicht. Darum strenge ich mich jetzt an.« Sie lächelte ihn lieb an. »Das verdanke ich Ihnen.«

Brook nickte. »Haben Sie schon die Nachrichten gesehen?«

Reardons Miene verwandelte sich zu Entsetzen. »Wir haben es gestern Abend im Fernsehen gesehen. Ich fühle mich schrecklich. Wir konnten es nicht glauben. Ich wollte ja Rachel nicht melden, aber Terri bestand darauf. Nun, sie besaß eine Pistole. Wie geht es ihr?«

»Sie ist heute Morgen gestorben.«

»O mein Gott.« Reardon schlug eine Hand vor den Mund. »Das tut mir so leid. Rachel war eine nette Person. Sie hatte auch ihre Probleme, ich weiß.« Sie schüttelte den Kopf. »Schrecklich. Einfach schrecklich.«

»Sie wird Sie nicht mehr behelligen, wenn Sie sich deshalb Sorgen gemacht haben.«

Reardon starrte ihn an. »Das habe ich nicht. Sie sehen müde aus. Die Sache mit Rachel muss nervenaufreibend gewesen sein.« Sie huschte zurück in die Küche, wo der Wasserkocher sich gerade abschaltete, und kam mit zwei Bechern Tee zurück. Brook nahm seinen Becher mit zur Feuerschutztür. »Darf ich?«

»Natürlich.«

Er öffnete die Tür und ließ den beißend kalten Morgen herein. Sonnenlicht strömte herein. Reardon nahm ihre Zigaretten und trat auf die schmiedeeiserne Treppe, wo sie sich mit einem freudigen Seufzer eine ansteckte.

»Sie werden also wieder vor die Tür gehen und die Welt da draußen erkunden?«

»Wir wollen zur Mittagszeit raus in die Peaks«, sagte Reardon. »Damit Sargent mal ordentlich Auslauf bekommt, und auf dem Rückweg noch in einen Pub. Ich kann's kaum erwarten.«

»Werden Sie dann Terri erklären, dass sie ihre Schuldigkeit getan hat?«

Reardon sah Brook forschend an. »Das tut sehr weh. Und es stimmt nicht.«

»Sie haben recht«, sagte Brook und nahm einen Schluck Tee. »Genau genommen wird es das zweite Mal sein, dass Sie sie wegstoßen müssen. Sie war nützlich, als Sie sie das erste Mal an der Universität trafen. Sie konnten sie über mich ausquetschen. Darüber, wann ich Urlaub nehme, wer die anderen DIs in der Mordkommission sind.«

Reardon war erstaunt. »Warum, um alles in der Welt, sollte ich das tun?«

»Weil Ihr Hof an der Grenze von Derby zum Landkreis liegt, und bei dem, was Sie und Jonathan Jemson planten, dachten Sie, es wäre klüger, Ihre Eltern zu ermorden, wenn jemand wie DI Ford im Dienst war.«

Ihr Gesicht wurde weiß. »Das ist eine ungeheuerliche Unterstellung.«

»Unanständig auch, könnte man meinen«, erwiderte Brook. »Es muss für Sie ein Schock gewesen sein, als Sie mit einer so fähigen Ermittlerin wie Rachel Caskey konfrontiert wurden. Zum Glück war sie emotional verletzlich, anderenfalls hätte sie durchschaut, wie Sie sich ihr an den Hals geworfen haben, um sie von der Ermittlung abzulenken.«

»Ich glaube, Sie arbeiten zu viel, Inspector«, sagte Reardon.

»Das tue ich bestimmt«, lachte Brook. »Aber nur, weil Sie so schlau sind. Ich bin beeindruckt. Nicht zuletzt wegen Ihres schauspielerischen Talents.«

»Schauspielerisches Talent?«

»Muss ein schwieriger Balanceakt gewesen sein, das Opfer zu spielen, damit Leute wie Rachel und Terri sich um Sie kümmerten und Sie unterstützten, während Sie die ganze Zeit Ihr Leben weiterleben und das Erbe verprassen wollten. Dann, als Sie DS Caskey losgeworden waren und aus Ihrem Kokon kamen, erzählte Terri Ihnen von dem Brief, den ich bekommen hatte, und Sie mussten sich wieder in die Welt der Schlamperklamotten und ungewaschenen Haare zurückziehen, um noch ein wenig das traumatisierte Opfer zu spielen. Das muss ätzend gewesen sein.«

»Ich glaube, Sie sollten jetzt gehen, Inspector.«

»Aber Sie haben noch gar nicht meine Neuigkeiten gehört.«

»Die will ich gar nicht hören, vielen Dank …«

»Ihr Bruder ist tot.«

Reardon atmete scharf ein und starrte ihn an. »O mein Gott. Wie ist das passiert?«

Brook lächelte. »Das weiß ich noch nicht. Aber wenn ich wetten sollte, würde ich mal vermuten, dass ihm die Kehle von hinten durchschnitten wurde, als er am wenigsten damit rechnete. So wie Ihr Vater.«

»Sie haben also …«, setzte Reardon an, bevor sie verstummte.

»Nein, wir haben seine Leiche nicht gefunden«, sagte Brook. »Noch nicht.« Reardons Augen füllten sich mit Tränen. »Aber das werden wir, weil wir jetzt danach suchen. Der Garten seines Cottages steht ganz oben auf der Liste. Mir ist aufgefallen, dass Sie noch nicht verfügt haben, das Haus zu verkaufen. Hatten Sie noch keine Gelegenheit, ihn anderswo zu verstecken?«

Die Tränen fingen an zu rollen. »Sie abscheulicher Mann. Wie können Sie so schreckliche, schreckliche Dinge sagen? Meine Eltern ...«

»... standen Ihnen im Weg. Alles, was Sie Ray zur Last gelegt haben – der Neid, der Spott über ihren Geschmack, die Abscheu, weil sie ihr Geld verschwendeten oder ihr Leben genossen –, das waren Ihre Gedanken, nicht die von Ray. Darum haben Sie beschlossen, Ihre Familie zu töten und Ihrem Bruder die Schuld in die Schuhe zu schieben. Nach der Komplexität des Plans schließe ich darauf, dass Sie ihn von langer Hand vorbereitet haben. So viel Feindseligkeit, die Sie gehegt haben. War Ray der Liebling von Mum und Dad? Haben sie ihm wirklich Geld verweigert, wenn er es brauchte, oder gaben sie es ihm gerne?«

Reardon trocknete sich die Augen und zog an der Zigarette. »Ich glaube, ich muss mich setzen.« Sie schob sich an Brook vorbei und drapierte ihren wohlgeformten Körper auf dem Sofa. »Gerade jetzt, wo ich anfing, Fortschritte zu machen.«

»Hören Sie auf damit«, sagte Brook. »Sie haben Ihre Familie kaltblütig ermordet und Sex benutzt, um zu bekommen, was Sie wollten. Sie haben sich sogar von JJ schlagen lassen, wenn das bedeutete, dass Sie das Geld in die Finger bekamen. Und es hat prima funktioniert. Nachdem Sie so viel einstecken mussten, konnte niemand ernsthaft glauben, dass Sie Ihre Familie nur um des Profits willen ermordet haben könnten, zumal Sie die Erbschaft nicht sofort antreten konnten. So ein kluger Schachzug, dass die Immobilie vorerst gebunden blieb. Aber Sie waren bereit zu warten. Sie hätten Jahre gewartet. Wie kommen denn die Anwälte im Moment voran?«

Reardon nahm einen tiefen Zug, ihre Hand zitterte.

»Ich habe Sie verärgert«, sagte Brook. »Wollen Sie, dass ich gehe? Oder wäre es klüger, mich reden zu lassen und so herauszufinden, wie viel ich weiß?«

Sie starrte zurück, dann reckte sie trotzig das Kinn. »Wenn Sie sich unbedingt in dieser kranken Fantasie ergehen wollen, höre ich lieber alles, bevor Terri zurückkommt und sich Ihr Gift anhören muss. Wer weiß noch von diesem Scheiß, den Sie hier verbreiten?«

»Niemand. Solange ich Rays Leiche nicht finde, habe ich keine Beweise.«

»Und bis dahin?« Keine Antwort von ihm. Reardon lächelte ihn an. »Wie wollen Sie daraus einen Fall konstruieren, Inspector? Erwarten Sie ein Geständnis für das Aufnahmegerät, das Sie ohne Zweifel heimlich dabeihaben?«

Brook öffnete seinen Mantel, damit sie sehen konnte, dass sein Hemd eng an seinem Oberkörper anlag. »Das ist nicht mein Stil, selbst wenn es in diesem Fall erlaubt wäre.«

»Wie wollen Sie mich dann überführen? Sie werden nichts finden, das mich mit Rays Verschwinden in Verbindung bringt. Wenn wir mal davon ausgehen, dass er tatsächlich tot ist.«

»Er ist tot, das steht außer Frage. Abgesehen vom Ablageort seiner Leiche ist das einzige Detail, das ich noch nicht weiß, ob Sie oder JJ ihn umgebracht haben.«

»Und was sagt Ihnen Ihr Instinkt?«

Brook überlegte. »Da bin ich noch nicht zu einer Entscheidung gekommen, aber es war Ihre Gier, Ihr Entschluss zu handeln, bevor nichts mehr da war. Ihr Plan. Es war ein Leichtes, Jemson zu rekrutieren, ein alter Freund, vom Glück verlassen. Und er war doch die perfekte Wahl. Ich vermute, es brauchte nicht viel Überzeugungsarbeit, damit er das Geld und Ihre sexuellen Gefälligkeiten annahm und an Bord kam.« Bei diesen Worten hob Reardon eine Braue. »Noch besser war, dass er den perfekten Sündenbock mitbrachte. Oder zumindest einen von ihnen.«

»Einen von ihnen?«, hakte sie nach.

»Sie brauchten zwei Sündenböcke«, sagte Brook. »Einen, der die Schuld für die Morde auf sich nahm, und den anderen, den man für die Planung verantwortlich machen konnte, denn niemand würde davon ausgehen, dass Coulson oder auch JJ ein kriminelles Superhirn war. Nein, das musste Ray sein, Ihr intriganter Bruder. Aber Coulson war der Schlüssel. Er hatte eine ganze Palette von Gründen, zum Hof zu kommen, und, was noch wichtiger war, er hatte sogar ein Motiv, Ihren Vater zu töten.«

»Inspector, vor diesem Tag hatte ich mit Luke nicht mehr gesprochen, seit wir die Schule abgeschlossen hatten«, knurrte Reardon.

»Das glaube ich Ihnen sogar. Aber das brauchten Sie auch nicht. Sie wussten ja bereits alles, was Sie wissen mussten. Sie erinnerten sich an seine Besessenheit während der Schulzeit, und natürlich hatten Sie gesehen, wie er Sie aus der Ferne gestalkt hatte, wie er Sie beobachtet hatte und sich nach Ihnen verzehrt hatte. Ihr Vater sah ihn auch und verjagte ihn. Er hat es vermutlich erwähnt, aber Sie haben es mit einem Schulterzucken quittiert und so getan, als wüssten Sie nicht, wer Coulson war. Aber das wussten Sie. Tatsächlich haben Sie ihn ermutigt, haben seine Fantasien befeuert. Nicht so, dass er es durchschaute, natürlich. Er dachte wohl, dass er Sie in Unterwäsche in Ihrem Schlafzimmer herumstolzieren sah, war ein glücklicher Zufall, dass Sie eine unschuldige, keusche Schönheit waren, die sich der hässlichen Welt da draußen gar nicht bewusst ist.« Brook machte eine kurze Pause.

»Nein, Luke war leicht«, fuhr er fort. »Ihr Bruder allerdings war ein anderes Kaliber. Er musste verschwinden. Für immer. Darum haben Sie ihn in der Woche vor dem Überfall ermordet, damit er aus dem Weg war. Sie haben sich das bis kurz vorher aufgehoben, denn wenn er früher verschwunden wäre, wäre das zu riskant gewesen. Zum einen hätte es Ihren Eltern auffallen können. Aber sobald Sie so weit waren, würde es nicht schwierig sein. Ich vermute, Sie haben ihn eines Abends in seinem Cottage besucht und ihn dort überrascht. Das wäre das Einfachste. Das Schwierige würde sein, es für den Rest der Woche so aussehen zu lassen, als wäre er noch am Leben, doch wenn Sie ihm erst einmal den Mord an Ihren Eltern in die Schuhe geschoben hätten, wäre das ein Selbstläufer. Wenn Ray wirklich plante, seine Eltern und seine Schwester zu töten, wäre es ganz natürlich, dass er danach vom Radar verschwindet.«

»Sie haben also beschlossen, dass ich Ray ermordet habe?«

»Alles in allem denke ich schon. Er würde keinen Verdacht hegen. Sie kämen eines Abends vorbei, er dreht Ihnen den Rücken zu, Sie schlitzen ihm die Kehle auf. Egal wie, JJ wird in der Nähe gewesen sein, damit er die Leiche vergraben konnte, sein Handy deaktivieren, seinen Reisepass und seine Geldbörse an sich nehmen, damit er die Kreditkarten bis zum Anschlag belasten konnte, was alles zu Ihrer Hintergrundstory über die Schulden und seine Liebe zum Geld beitrug und es so aussehen ließ, als plante er sein Verschwinden. Der Trick mit dem Porsche war besonders gut.« Reardon kniff die Augen zusammen. »Ja, ich habe es herausgefunden, obwohl ich Ihrer Miene ansehe, dass Sergeant Caskey davon nichts erwähnt hat. Das freut mich. Ich habe mich schon gefragt, ob sie verzweifelt genug war, um ein paar Häppchen von unserer Ermittlung preiszugeben, damit Sie sich verpflichtet fühlen, sie zurückzunehmen.«

»Ich weiß wirklich nicht, wovon Sie reden, Inspector.«

»Schade, denn das war ein Meisterstück. JJ klaut einen Van, der groß genug ist, damit Sie beide den Porsche zum East Midlands Airport fahren konnten, sodass es aussah, als wäre Ray auf der Flucht. Natürlich half Ihnen, dass Ford bereits Coulson als Mörder ausgemacht hatte und nicht daran interessiert war, nach der Wahrheit zu suchen. Zumal Sie seinen DS böse reingelegt haben. Sie haben nach dem Überfall begriffen, dass Caskey die bessere Ermittlerin war. Darum sind Sie aktiv geworden, und nach dem Tod ihrer Partnerin war Caskey nicht vorbereitet auf Ihre …« Brook zögerte, da er unsicher war, welche Worte passten.

Reardon zündete sich noch eine Zigarette an. »Meine verführerische List?«

»Ungefähr so. Ich kann mir nur vorstellen, wie Sie ihr Dampf machten, wie Sie das hilflose Opfer spielten, das von Männern verraten worden war, hilfsbedürftig und wehrlos. Ich bin sicher, sie hat sich heftig verliebt.«

»Sie schmeicheln mir«, sagte Reardon.

»Ich glaube nicht. Nach dem, was ich gesehen habe, hätte sie alles für Sie getan.«

»Alles?«

»Ich glaube nicht, dass sie Beweise vernichtet hätte, nein. Aber es hat genügt, dass sie von Schlüsselaspekten des Verbrechens abgelenkt war, wie zum Beispiel der Jagd nach Ray. Nach ein paar Monaten, sobald sich die Aufregung gelegt hatte, haben Sie sie fallen lassen. Wie Sie es bestimmt auch mit Terri tun werden, sobald Sie sich sicher fühlen.«

»Das ist faszinierend«, sagte Reardon. »Ich hoffe, Sie sind fertig, wenn sie zurückkommt. Sie wird nicht besonders erfreut sein, dass Sie so gemeine Sachen zu mir sagen und damit die ganzen Fortschritte gefährdet sind, die ich gemacht habe.«

»Dann versuche ich mal, mich zu beeilen«, sagte Brook und schaute auf die Uhr. »Aber ich will Ihre Leistung auch nicht kleinreden. Sie ist in ihrer Komplexität atemberaubend.«

»Ich kann's kaum erwarten zu hören, wie brillant ich war.«

»Klopfen Sie sich nicht zu voreilig auf die Schulter«, sagte Brook. Seine Miene wurde hart. »Es gab auch Mängel.« Reardon hob eine Augenbraue. »Zunächst mal Sargent.«

»Mein Hund? Was ist mit ihm?«

»Es hat mich gestört, dass er überlebt hat«, sagte Brook. »Nicht, dass ich ihn tot sehen wollte, aber ich habe mich gefragt, warum zwei kaltblütige Kriminelle sich die Mühe machen sollten, ihn zu betäuben und nicht zu vergiften. Das wäre viel leichter und birgt nicht die Gefahr, dass der Hund aufwacht.«

»Vielleicht waren JJ und Luke Tierfreunde.«

»Nein, JJ hatte die strikte Anweisung von Ihnen. So wie es sich darstellt, wusste Luke nichts über den Überfall, sonst hätte er nicht mitgemacht. Er kannte natürlich den Hund von den vielen Stunden, in denen er Sie aus der Ferne beobachtet hat. Aber es war Jemson, der das präparierte Fleisch mitbrachte, Jemson, der den Grundriss vom Haus bei sich hatte und die Liste der Wertgegenstände, die Ray aufgestellt hatte.«

»Ich dachte, für Sie ist Ray ein Sündenbock«, spottete sie.

»Noch so ein hübsches Detail. Nachdem Sie ihn getötet hatten, durchwühlten Sie sein Cottage auf der Suche nach der Kombination des Safes und Möglichkeiten, ihn in das Verbrechen hineinzuziehen. Ray hatte den Grundriss des Hauses für die Sicherheitsfirma aufgezeichnet, und eine Liste der Wertsachen führte er für eine Versicherungspolice, die er im Namen seiner Eltern hatte abschließen wollen. Aber mit dem richtigen Dreh Ihrerseits konnten sie genauso gut als eine Karte für Einbrecher und eine Einkaufsliste ausgewählter Gegenstände durchgehen, von denen Sie aber die meisten schon vorher aus dem Safe genommen haben, falls JJ gierig wurde. Ich habe Kopien von dem Versicherungsunternehmen im Revier, wenn Sie sie sehen wollen.« Reardons Blick wurde glasig, und sie drückte die Zigarette so heftig aus, als wünschte sie, der Aschenbecher sei Brooks Gesicht.

»Und so begann der Überfall«, sagte Brook, zufrieden, sie verunsichert zu sehen. »Oder sollte zumindest. Sie hatten bereits das Sicherheitssystem ausgeschaltet und das Video vom Vorabend gelöscht, wobei Sie Jemsons Anweisungen befolgten − ein bisschen Wissen brachte er auch mit ein, das Sie nicht vortäuschen mussten. Und gegen Mittag kamen die beiden auf den Hof.«

»Faszinierend.«

»Ab hier muss ich improvisieren«, sagte Brook. »Ich vermute, Jemson hat Luke losgeschickt, damit er im Haus nach Wertsachen suchte, während er direkt in Ihr Schlafzimmer ging, um Ihnen die Kleidung vom Leib zu reißen. Wäre ich an JJs Stelle gewesen, hätte ich Luke erzählt, dass Ihre Eltern weg waren, damit er keinen Verdacht schöpfte. Ich hätte ihm auch den Grundriss ausgehändigt. Schließlich ist es wichtig, dass er den Weg zurück ins Schlafzimmer findet, damit er sich mit dem wehrlosen Opfer vergnügen und seine DNA für die Polizei dort hinterlassen kann. Doch als er in die Küche kommt, findet er Ihre Mutter tot und Ihren Vater tot oder sterbend, der Boden war ein einziger See aus Blut.«

»Luke Coulson hat meine Eltern getötet«, sagte Reardon. Ihr Blick bohrte sich in Brooks.

»Nein, hat er nicht.«

»Die Geschworenen wären da anderer Meinung.«

»Das liegt daran, dass sie nicht alle Fakten hatten«, sagte Brook. »Sehen Sie, Sie hatten die beiden schon mindestens eine halbe Stunde vor dem Einbruch von Luke und JJ getötet.«

»Was? Sind Sie verrückt?«

»Ihr Vater wurde von hinten angegriffen, Reardon. Luke hätte ihn nicht so überraschen können. Ein völlig Fremder, der unangekündigt in sein Haus spaziert? Er hätte ihn zur Rede gestellt, ihn herausgefordert.« Brook schüttelte den Kopf. »Sie haben ihm von hinten die Kehle durchgeschnitten, haben ihn ausgeschaltet, damit er Ihre Mutter nicht beschützen konnte, auf die Sie immer wieder eingestochen haben. Ein Angriff, der so kaltblütig war, so brutal, dass niemand ein Familienmitglied verdächtigen würde. Oder vielleicht war es Ihre Rückversicherung, falls Sie gefasst wurden, damit die Heftigkeit Ihres Angriffs von einem eingebildeten Missbrauch in der Vergangenheit kündete. Ich weiß es nicht.«

»Sie vergessen etwas, Inspector«, sagte Reardon. »Ich habe die Akten gesehen, die Terri mitgebracht hat. Im Obduktionsbericht stand, meine Eltern wären zwischen zwölf und ein Uhr mittags getötet worden. Ich kann sie unmöglich ermordet haben, denn sonst wäre das auf dem Video.«

»Das war brillant«, sagte Brook. »Ich wünschte, ich könnte behaupten, dass ich das selbst herausgefunden habe, aber Rachel Caskey war schneller. Oh ja, sie wusste es. Sie hat es herausgefunden. Darum ist sie zu Ihnen gekommen. Um Sie damit zu konfrontieren.«

»Sie hatte eine Waffe«, fauchte Reardon. »Ich war wie versteinert. Fragen Sie Ihre Tochter.«

»Ich kann ihre Handlungen nicht entschuldigen, aber damals war sie ein emotionales Wrack. Und da sie tot ist, vermute ich, die Pistole diente dazu, Ihnen ein paar Antworten abzutrotzen und Sie dann, hoffentlich, festzunehmen.«

»Das werden wir nie erfahren, nicht wahr?«, sagte Reardon und lächelte.

Brook war ernüchtert. »Nicht mit absoluter Sicherheit, nein. Aber während sie um ihr Leben kämpfte, erkannte sie, dass Sie damit davonkommen könnten, weshalb sie mir einen Hinweis gab.«

»Einen Hinweis?«

»Ich komme gerade vom Hof, Reardon.« Er schüttelte bewundernd den Kopf. »Brillant. Sie haben Ihre Eltern gegen halb zwölf ermordet, dann haben Sie die Fußbodenheizung in der Küche angestellt. Der Thermostat ist direkt neben dem Telefon. Die Wärme hat sie gerade so warm gehalten, um den geschätzten Todeszeitpunkt um eine halbe bis ganze Stunde nach hinten zu schieben.«

»Das richtig Schlaue aber war, dass Sie die Heizung vor laufender Sicherheitskamera ausgeschaltet haben, die Sie selbst kurz zuvor wieder gestartet hatten. Sie kamen in die Küche, vorgeblich um zu prüfen, ob Ihre Eltern noch am Leben waren, und versuchten dann, Hilfe zu rufen. Sie kontrollierten, ob das Festnetz funktionierte, obwohl Sie ganz genau wussten, dass es das nicht tat, dann lehnten Sie Kopf und Arm gegen die Wand, offenbar völlig überwältigt, während Sie heimlich den Thermostat wieder ausdrehten. Aber vorher, als Luke hereinkam, lief die Heizung noch. Als er Ihre sterbenden Eltern fand, tat er, was sich in so einer Situation schickte, er kontrollierte, ob es noch Lebenszeichen gab, wobei seine Kleidung und Schuhe blutig wurden. Aber als er das tat, bemerkte er auch die Hitze, die von ihren Leichen ausging; er erzählte mir, er dachte, es seien ihre Seelen, die in den Himmel aufstiegen.«

»Luke ist ein Idiot.«

»Das glauben Sie nicht ernsthaft, oder?«

»Ich war mit dem Kretin in der Schule. Warum sollte ich das nicht glauben?«

»Weil er schlau genug war zu erkennen, dass Sie die Mörderin waren, Reardon. Oh, ich bin sicher, im Vorfeld hat JJ immer von Ray tut dies, Ray tut das gesprochen, doch Luke wusste, dass Sie es getan haben.« Reardon kniff den Mund zusammen. »Aber das haben Sie schon gewusst, denn er hat den Spieß umgedreht, und letztlich hat er *Sie* benutzt.«

»Wovon, zur Hölle, reden Sie?«

»Er hat Ihr Spiel mitgespielt, Reardon, und er hat es gut gespielt. Sie brauchten Lukes Schweigen, und er war einverstanden. Mehr noch, er tat es direkt vor den Sicherheitskameras. Und um den Handel zu besiegeln, schaute er zur Kamera hoch und gab uns damit ein

Motiv für seinen Angriff auf ihren Vater. Ziemlich schnelle Reaktion unter diesen Umständen.«

»Sie wissen ja nicht, wovon Sie reden.«

»Tue ich nicht? Als ich ihn in Wakefield im Gefängnis besucht habe, versuchte er, mich von der Wahrheit abzulenken, und erzählte immer, Ray sei schlau und würde nicht zurückkommen. Er muss erraten haben, dass Ray tot war, aber er spielte weiter mit, er bewahrte Ihr Geheimnis. Weil er Sie liebt. Und der Preis für sein Schweigen war gering. Er wollte ein Versprechen von Ihnen, voller Liebe und Hingabe, und im Gegenzug würde er von Herzen gerne den Rest seiner Tage im Gefängnis verbringen, getröstet von Ihren Worten und dem Wissen, dass Sie ihn brauchten.

Sie haben ihm das Versprechen gegeben, kurz bevor er Sie gehen ließ. Ein heimliches Flüstern in Ihr Ohr. ›Sag mir, dass du mich für immer lieben willst, Reardon, dann nehme ich die Schuld auf mich.‹ Ihre Antwort kennen wir. ›Natürlich tue ich das.‹«

»Wenn Sie das Video gesehen haben«, sagte Reardon leise, »müssen Sie bemerkt haben, wie groß meine Angst war. Luke hatte ein Messer, verdammt noch mal. Ich war total gelähmt – ich bebte förmlich –, als ich ihm über den Weg lief.«

»Das bezweifle ich nicht«, sagte Brook. »Sie haben improvisiert. Luke war eine tickende Zeitbombe. Er hatte nichts so gemacht, wie JJ und Sie es erwartet hatten, weshalb Sie sich im Blindflug befanden. Und es war richtig von Ihnen, dass Sie Angst hatten. Er kooperierte nicht, als es um die Sache im Schlafzimmer ging. Er ist nicht wie JJ, der von Gier und Lust getrieben war. Als JJ versuchte, eine Vergewaltigung zu inszenieren und Luke zu zeigen, wie man das machte, riss es ihn mit, und er ließ es zu real aussehen, und als er dann noch anfing, Sie zu schlagen, hat Luke nicht gezögert und JJ umgebracht, um das Einzige zu verteidigen, das er je geliebt hat.«

Brook machte eine Pause, um wieder zu Atem zu kommen. »Alles, was Sie wollten, war eine DNA-Probe von Luke auf Ihnen, um die Geschichte zu komplettieren. Aber Luke liebt Sie, nicht Ihren Körper. Eine reine Liebe, die Sie einfach nicht verstanden haben. Da JJ tot war und damit Ihr Plan in Gefahr geriet, mussten Sie schnell umdisponieren, denn – sehen wir der Wahrheit doch ins Gesicht – Sie hatten all das nicht auf sich genommen, um dann an der letzten Hürde zu scheitern.

Während JJ verblutete, mussten Sie sich eine andere Abfolge der Ereignisse überlegen. JJ war tot, darum konnte er nicht als Mörder und Rays Mitverschwörer den Kopf hinhalten. Niemand wusste von Ihrer erneuten Beziehung zu ihm – es war ein Geheimnis. So weit, so gut. Dann mussten Sie wirklich all Ihren Mut zusammennehmen und aus Ihrem Zimmer hinausgehen, um die Kameras einzuschalten und Ihre Rolle als trauernde Tochter zu spielen, obwohl Sie wussten, dass Luke mit einem Messer herumlief. Aber Sie waren der Aufgabe mehr als nur gewachsen. Sie dachten sogar daran, Rays Namen vor laufender Kamera zu sagen, um Ihrer Aussage mehr Gewicht zu verleihen, dass er über Nacht auf dem Hof gewesen war.

Letztlich lief alles ganz wunderbar. Luke spielte mit und lief davon, und Sie holten, offensichtlich völlig verängstigt, Hilfe. Tatsächlich hat Luke Ihnen Arbeit gespart.«

»Nämlich welche?«, fragte Reardon, inzwischen missmutig.

»Sie hatten bereits beschlossen, Jemson zu töten, sobald sich die Dinge beruhigt hatten.«

»Und warum sollte ich JJ töten?«, fragte Reardon gespielt gleichgültig.

»Weil er unzuverlässig war. Sie konnten ihm nie völlig vertrauen, und weil er trank, wussten Sie nicht, ob er irgendwann anfangen würde zu reden. Nein, JJ musste verschwinden. Sie hatten bereits das Prepaidhandy in seiner Wohnung versteckt, damit man es fand, wenn seine Leiche entdeckt wurde. Sie hatten zwei Telefone gekauft und sie mit Textnachrichten gefüllt, die Sie sich ausgedacht haben, damit es so aussah, als hätten Ray und JJ den Überfall geplant. Das andere Handy – das von Ray – haben Sie weggeworfen, aber wir brauchten ja nur ein Handy, um die Interaktion zwischen den beiden nachzuvollziehen. Irgendwann in naher Zukunft, wenn man Jemson tot in seiner Wohnung fand, würde sich der ganze Plan für uns erschließen. Wie Jemson sich mit Ray verbündete, um Ihre Familie zu töten und Luke Coulson die Schuld in die Schuhe zu schieben. Natürlich würde DI Ford daraus schließen, dass Ray zurückgekommen ist, um Jemson zum Schweigen zu bringen. Das war brillant, abgesehen von einem Punkt.«

»Ich bin gespannt«, sagte Reardon.

»Sie haben die Nachrichten mit Rays Namen unterschrieben. Zwei Prepaidhandys, die nur für die Kommunikation untereinander genutzt wurden, und aus irgendeinem Grund verspürte Ray das Bedürfnis, Jemson immer wieder daran zu erinnern, mit wem er gerade kommuniziert. Es klang einfach nicht richtig. Da fing ich an, mir Fragen über Ray zu stellen. Wo war er? Außer Landes, wie sein Wagen am Flughafen nahelegen sollte? Zweifelhaft. Wenn er also lebte und am Tag des Angriffs im Lande gewesen war, musste er entweder auf dem Hof gewesen sein, damit der Plan Erfolg hatte, oder irgendwo Meilen davon entfernt, damit er ein todsicheres Alibi hatte. Er konnte nicht an beiden Orten sein, doch es ergab keinen Sinn, dass er an keinem von beiden war.«

»Ihre Zeit ist fast abgelaufen, Inspector. Terri wird jeden Augenblick zurück sein.«

Brook hob die Hände. »Das ist alles, abgesehen von einem weiteren Ausrutscher. Nachdem Sie Ihre Eltern getötet hatten, zogen Sie sich in der Küche aus und packten Ihre blutige Kleidung und die Schuhe in eine Plastiktüte. Sie kehrten nackt ins Schlafzimmer zurück und duschten, um das Blut aus den Haaren zu waschen. Ihre Haare waren auf dem Überwachungsvideo noch feucht. Sie haben die Teelichter rings um die Badewanne angezündet, dann haben Sie eine Freundin angeschrieben, als hätten Sie alle Zeit der Welt, und warteten auf JJ, damit er Ihnen die Kleider vom Leib riss. Aber bevor es dazu kam, traten Sie ans Fenster und öffneten es, um die Tüte mit der Kleidung rauszuwerfen, die Sie später mitnehmen und entsorgen mussten, was vermutlich JJs Aufgabe war, nachdem Sie zu zweit Luke Coulson die Kehle aufgeschnitten hätten …«

»Klingt vernünftig.«

»War es auch. Nur muss die Tüte ein kleines Loch gehabt haben, und das Blut Ihrer Mutter hinterließ Flecken auf dem Teppich am Fenster, genug, dass es auf dem Blutschema verzeichnet wurde.

Schlimmer noch, Sie hatten auch etwas davon an der Hand, und als Sie das Fenster öffneten, hinterließen Sie einen Fingerabdruck an der Unterseite des Rahmens mit dem Blut Ihrer Mutter.«

»Wenn Ihre Version der Geschichte stimmig sein soll, ist so ein Blutfleck unmöglich, denn Sie haben ja die Leichen Ihrer Eltern erst ›entdeckt‹, nachdem Sie sexuell missbraucht worden waren. Die Kameras zeigen, dass Sie nicht mehr in Ihr Schlafzimmer zurückgekehrt sind, nachdem Sie in der Küche waren, Sie können also definitiv nicht das Blut Ihrer Mutter an das Fenster geschmiert haben. Das beweist, dass Ihre Geschichte, in der Sie das Opfer sind, eine Lüge war. Als Luke Sie laufen ließ, sind Sie geflohen, wichen dabei den Kameras aus, holten selbst die Tüte und fanden bei der Suche nach Hilfe ein passendes Plätzchen, wo Sie diese bis später versteckten. Riskant, aber Sie haben halt improvisiert.« Brook lächelte.

»Was ist so lustig?«

»Die Tatsache, dass meine Tochter Sie verraten hat. Unabsichlich natürlich.«

»Ich höre.«

»Die ausgedruckte Akte, die sie gestohlen hat. Ich habe sie mir gestern Abend angeschaut.«

»Was ist damit?«

»Die Farbfotos, die von der Kriminaltechnik gemacht wurden, sind in chronologischer Reihenfolge der Ereignisse auf dem Hof sortiert, aber so, wie wir sie sehen. Die falsche Reihenfolge, wie sich herausstellt.«

»Ich verstehe nicht.«

»Die schwarz-weißen Aufnahmen, die Terri Ihnen aushändigte, waren in einer anderen Reihenfolge, nachdem Sie sie angeschaut haben. Der richtigen. Ohne nachzudenken, haben Sie sie neu sortiert und dabei die Fotos mit den Blutflecken von Ihrer Kleidertüte vor Jemsons Tod platziert, weil es in der Reihenfolge passiert ist. Die Kriminaltechniker sortierten sie nach Jemsons Tod ein, weil sie glaubten, die Flecke stammten von Luke Coulsons Kleidung oder seinen Schuhen, nachdem er JJ die Kehle aufgeschlitzt hatte. Als ich erkannte, was Sie getan haben, verstand ich.«

Ein paar Momente lang herrschte Stille, und ihre Blicke trafen sich. Reardon erwiderte eiskalt seinen Blick, bevor sie aufstand. Sie ging zur offenen Feuerschutztür.

»Fertig?«, fragte sie und drehte sich um. Brook zuckte mit den Schultern. »Was für ein kranker Kopf denkt sich so eine Geschichte aus?«

»Ich habe die Angewohnheit, das Schlimmste von den Leuten zu denken, muss ich gestehen.« Seine Miene wurde hart. »Doch ich irre mich nicht oft.«

»Aber wenn Sie das Überwachungsvideo gesehen haben«, sagte sie, »müssen Sie wissen, dass ich hier das Opfer bin.«

»Nein, Sie sind eine gierige, ichbezogene, kaltherzige Frau.« Reardon starrte ihn unbewegt an. »Und was jetzt?«

»Jetzt?« Brook blieb unbeeindruckt. »Ich erzähle Terri die ganze Geschichte und nehme sie mit. Wenn nötig, während sie um sich tritt und schreit.«

»Sie nehmen mich nicht fest.«

»Ohne Rays Leiche habe ich keinen Beweis. Luke wird nicht nachgeben. Er hat seine blutigen Sachen im Range Rover gelassen, um Ihre Geschichte zu stützen, obwohl er sie jederzeit auf der M1 hätte wegwerfen können. Tatsächlich hat er mich, bevor ich ging, sogar noch mal gebeten, Ihnen auszurichten, dass Sie in Sicherheit sind. Was ist das für ein Beweis seiner Liebe und Loyalität? Es gibt immer noch den Fingerabdruck, doch der ist bestenfalls ein Hinweis. Es wird nicht schwierig sein zu behaupten, dass Sie das Blut Ihrer Mutter von Lukes Kleidung abbekommen haben, als er Jemson ermordet hat.«

»Nein«, sagte Reardon nachdenklich. »Das wäre es nicht.« Sie lächelte. »Nun, wenn das alles ist, sollten Sie gehen, denke ich.«

»Schön«, sagte Brook und knöpfte seine Jacke zu. »Aber entspannen Sie sich nicht zu sehr. Ein forensisches Team nimmt sich noch einmal ausgiebig Rays Cottage und den Garten mit Bodenradar vor.«

Reardon zuckte mit den Schultern. »Irgendwo hoffe ich schon, dass Sie ihn finden. Dann wissen wir, dass er seinen Frieden gefunden hat und dass JJ nicht nur ein Vergewaltiger, sondern auch ein Mörder ist, der seine wohlverdiente Strafe bekommen hat.«

»Merkwürdig ist daran nur, dass Sie in Ihrer Aussage Ray am Vorabend des Überfalls auf dem Hof gesehen haben wollen.«

»Das ist über ein Jahr her«, erwiderte Reardon mit einem Lächeln und hielt den Kopf hoch erhoben. »Wenn Sie Rays Tod auf die Woche vor dem Überfall datieren können, lege ich mir selbst die Handschellen an. Sie haben gar nichts.« Sie zeigte auf die Tür. »Wenn es Ihnen jetzt nichts ausmacht, habe ich noch eine Beziehung zu beenden.«

Brook war traurig, und die Niederlage machte seinen Blick matt. Er spielte die letzte Karte aus. »Eine Sache haben Sie vergessen.«

»Und die wäre?«

»Ich weiß, was Sie getan haben. Und wenn Sie Terri auch nur ein bisschen zugehört haben, was mich betrifft, ist Ihnen bewusst, dass ich nicht ruhen werde, bis ich Sie der Gerechtigkeit zugeführt habe.«

Reardon war für einen Moment still. Sie zündete sich noch eine Zigarette an und stand vor dem grellen Sonnenlicht, das durch die offene Tür zur Feuertreppe hereinfiel.

»Sie haben recht«, sagte sie und warf ihre Zigarette nach nur einem Zug auf die Feuertreppe. Sie ging kurz in die Küche und tauchte mit einer Waffe wieder auf. »Ich werde nie sicher sein, solange jemand davon weiß.«

»Caskeys zweite Waffe«, sagte Brook und schloss die Augen, weil er sich Vorwürfe machte. *Schutz für Reardon.*«

»Was?«

»Sie hat versucht, es mir zu sagen, aber ich habe es nicht verstanden. Darum war sie also bewaffnet, als sie herkam, um Sie zu konfrontieren.«

Reardon lachte. »Das ist nicht Ihre beste Stunde gewesen, was, Inspector?« Brook machte einen Schritt auf sie zu, doch blitzschnell löste sie den Sicherungshebel und zielte mit der Waffe auf ihn. »Glauben Sie nicht, Rachel habe mir nicht gezeigt, wie man damit umgeht.«

Brook erstarrte mitten in der Bewegung. »Sie glauben, Sie können mich erschießen und kommen damit davon?«

»Ich? Sie erschießen?«, erwiderte Reardon entsetzt. »Gott, nein! Ich bin eine ängstliche kleine Maus, schon vergessen? Aber während Sie sich hier hervorgetan haben, habe ich mir eine neue Geschichte ausgedacht. Darüber, wie Sie hier reingestürmt sind auf der Suche nach Terri und in der Hoffnung, sie aus meinen liebevollen Armen zu reißen, weil Sie die Vorstellung nicht ertrugen, dass Ihr wunderschönes, verletztes kleines Baby mit einer perversen Lesbe ins Bett fällt.«

»Jeder, der mich kennt, wird wissen, dass das Quatsch ist.«

»Ganz im Gegenteil. Ob es Ihnen gefällt oder nicht, aber die Leute, die Sie kennen, werden Sie nur aufgrund Ihrer psychischen Erkrankung beurteilen.« Sie grinste.

Brook kniff die Augen zusammen. »Mein Gott, was sind Sie für ein Monster.«

»Eins von der gründlichen Sorte«, krähte sie. »Terri hat mir alles über Sie erzählt. Ihr Zusammenbruch, Ihre Labilität. Ich vermute, das ist alles gut dokumentiert. Wie auch Ihre abgöttische Liebe zu Ihrer Tochter. Sie würden sich durch nichts und niemanden davon abhalten lassen, sie zu beschützen, Sie würden sogar eine Ihrer Ermittlerinnen herschicken, damit sie sich zwischen unsere Beziehung drängt. Leider ist die kürzlich verstorbene Sergeant Caskey nicht mehr da, um diese Aussage zu bestätigen oder zu bestreiten, aber zum Glück ist ja alles auf dem Überwachungsvideo, von dem Terri Ihnen erzählt hat.«

»Und dann sind da noch die Nachrichten auf Terris Handy, die zeigen, wie Sie versucht haben, uns zu entzweien. Darum sind Sie heute hergekommen, um einen letzten Versuch zu unternehmen. Als Terri sich weigerte, wurden Sie wütend und haben mich bedroht, weshalb Terri die Waffe nahm, die ich dummerweise von Ihrer toten Kollegin zur Selbstverteidigung angenommen habe. Sie hat Sie erschossen und dann, als sie erkannte, was sie ihrem eigenen Vater angetan hat, die Waffe gegen sich selbst gerichtet.« Reardon zielte mit der Waffe auf Brooks Herz. »Was denken Sie?«

»Ich glaube nicht, dass das klappt«, sagte Brook leise. »Aber zielen Sie zwischen meine Augen, wenn Sie selbstbewusst genug sind.«

»Ihre Augen?« Reardon schüttelte den Kopf. »Sie kannten Rachel nicht besonders gut, oder? Der Schädel ist hart. Ein Profi zielt auf das Herz.« Sie richtete die Waffe auf das erwähnte Organ, doch eine Sekunde später senkte sie den Lauf, weil eine Tür aufgestoßen wurde und ein Hund bellte. »Und da ist schon die tragische Tochter, wie auf ihr Stichwort.«

Sie hob die Waffe erneut und feuerte, wobei sie Brook voll in die Brust traf. Er stand da, zuckte vor Schmerz und Schock zusammen, seine Hand umklammerte sein Herz, bevor er in die Knie ging. Eine Sekunde lang starrte er ungläubig auf das Blut auf seiner Hand, dann fiel er mit dem Gesicht voran und einem dumpfen Schlag auf den Boden.

»Ich bin hier drin, Terri!«, schrie Reardon. »Hilf mir!«

Die Tür krachte auf, und sie hob die Waffe und zielte auf die zwei bulligen Offiziere auf der Schwelle. Auf einem Knie geduckt, in voller Schutzmontur, richteten sie im Gegenzug ihre Waffen auf sie.

»Nehmen Sie die Waffe runter! Auf den Boden!«, schrien sie ohrenbetäubend laut immer wieder, bis Reardon die Waffe entsetzt fallen ließ. Die beiden Schützen rannten auf sie zu, warfen sie zu Boden und drehten sie auf den Bauch. Mit wenigen Handgriffen wurde sie in Handschellen gelegt, dann wieder auf die Füße gerissen. Ein deutscher Schäferhund tauchte auf und stellte sich auf die Hinterbeine, nur mühsam vom Hundeführer zurückgehalten.

»Er hat mich angegriffen!«, schrie sie.

Noble rannte in das Apartment. Sein Blick irrte suchend umher. »Inspector!«, schrie er, als er Brooks Körper entdeckte, der mit dem Gesicht nach unten auf dem Boden lag. Im Bruchteil einer Sekunde war er an seiner Seite und berührte ihn an der Schulter. »Inspector.«

»Er hat mich angegriffen«, wiederholte Reardon, der Tränen in die Augen stiegen. »Ich hatte keine Wahl.«

»Bringen Sie sie raus«, rief Noble und zog an Brooks Schulter, um ihn auf den Rücken zu rollen. Brooks Gesicht war von Schmerz verzerrt, die Augen hatte er geschlossen.

Morton rannte durch die Tür.

»Inspector! Himmel. Rob, rufen Sie einen Krankenwagen.«

Das Geräusch von entweichender Luft stieg vom Boden auf, und Brook öffnete die Augen und sog frische Luft ein. »Autsch!« Er verzog das Gesicht, während Noble ihn überrascht musterte. Vorsichtig kam er auf die Füße, kramte in seiner Brusttasche und zog eine Keramikplatte heraus, in der ein Krater prangte, wo die Kugel eingeschlagen war.

»Sie Mistkerl«, kreischte Reardon, die gegen den stämmigen Beamten kämpfte, der sie hielt. »Sie waren tot. Ich habe das Blut gesehen.«

Brook steckte eine Hand in die Jackentasche, dann hielt er die Finger so hoch, dass sie sie sah. »Ketchup«, sagte er und verzog das Gesicht, während er mit der anderen Hand seine Brust rieb.

Noble gab dem Beamten ein Zeichen, der Reardon daraufhin grob zur Treppe zerrte, wobei sie weiter fluchte und kreischte.

»Die Jacke ist hin«, bemerkte Brook.

Nobles Miene war grimmig. »Ich kaufe Ihnen eine, die dieses Jahrhundert genäht wurde.« Brook warf ihm einen Seitenblick zu. »Egal. Das haben Sie verdient. Wussten Sie, dass sie eine Waffe hatte?« Brook sah weg. »Wussten Sie das?«

»Caskey hat ihr eine zum Schutz überlassen.«

»Trotzdem sind Sie hier reinmarschiert. Schutzlos«, rief Noble. »Sie wollten, dass sie schießt, richtig?«

»Wir hatten keinen Beweis, John«, verteidigte Brook sich. »Ich musste sie zum Handeln zwingen.«

»Und sich umbringen lassen?«

»Ich habe die Keramikplatte über meinem Herz platziert, oder?«

»Sie haben ein verflucht gefährliches Spiel getrieben.«

»Eigentlich nicht«, sagte Brook und steuerte, immer noch mit verzerrtem Gesicht, die Tür an.

»Was, wenn sie auf Ihr Gesicht gezielt hätte?«

»Nach dem, was mit ihrer Partnerin passiert ist, hätte Caskey Reardon auf jeden Fall gezeigt, wie man schießt.«

»Darauf haben Sie Ihr Leben verwettet?« Noble runzelte die Stirn.

»Ich habe recht behalten, oder?«, fragte Brook und versuchte trotz Schmerzen zu lächeln.

»Machen Sie das nie wieder.« Noble stieß ihn dort, wo die Kugel ihn getroffen hatte, dann stolzierte er kopfschüttelnd davon und ließ Brook zurück, der sich die schmerzenden Rippen rieb.

Sobald er wieder zu Atem kam, sah er Tinkerman, der nach seiner Runde durch das Apartment wieder im Wohnzimmer auftauchte. »Krach unter Liebenden?«, fragte er beiläufig und nahm den Helm ab.

»Berufliche Meinungsverschiedenheit«, sagte Brook.

»Die Wohnung ist sauber.«

»Danke, Sergeant.«

»Wir sind da, um zu helfen«, sagte er ohne Lächeln.

»Grollen Sie mir noch?«

Tinkerman schniefte. »Sagen wir einfach, Sie schulden mir was.«

Terri sprang aus dem Streifenwagen, als Reardon auftauchte, die sich immer noch gegen ihre Fesseln wehrte. Banach hielt Terri zurück, während zwei Polizisten sie in den Wagen bugsierten.

»Reardon«, rief Terri und ruderte mit den Armen in dem Versuch, zu ihr zu gelangen. Sie riss sich los und lief zum Wagen, bevor sich die Tür schloss. »Was ist hier los?«, rief sie. »Wo bringen Sie sie hin?«

Reardons Miene wurde hart. »Du dumme, kleine Fotze. Warum konntest du nicht wegbleiben? Alles lief großartig, bis du deinen verdammten Vater in die Sache reingezogen hast.«

Terris Hand löste sich von der Tür, und Terri brach in Tränen aus, als diese vor ihrer Nase zugeknallt wurde. Brook kam aus dem Haus und hielt sich die Brust. Seine Schultern sackten nach unten, als er ihr Elend sah, und er ging zu ihr, um sie in die Arme zu schließen, doch sie stieß ihn von sich und stapfte schluchzend davon.

»Ich hasse dich«, heulte sie. Sargent bellte und zog an seiner Leine, um zu ihr zu gelangen.

Brook verzog das Gesicht. »Es tut echt weh, wenn man angeschossen wird.« Sobald die Worte aus seinem Mund waren, taten sie ihm schon wieder leid. »Das hätte ich nicht sagen sollen.«

»Sie können sich persönlich bei Caskey entschuldigen«, sagte Noble.

»Was?«

»Cooper sagt, sie sei vor einer Stunde wieder zu sich gekommen. Sieht ganz so aus, als würde sie es schaffen.«

»Das sind großartige Neuigkeiten.« Brook nickte, doch der Anflug eines Lächelns schwand sofort wieder, als er sah, wie die aufgelöste Terri ihr Gesicht am Hals des Hundes barg.

Noble gab Brook einen Klaps auf die Schulter, was ihn erneut zusammenzucken ließ. »Machen Sie sich keine Sorgen. Terri kommt drüber hinweg.«

Brook dachte ein paar Sekunden darüber nach, ehe er zu seiner Tochter ging.

Dank

Liebe und Dank gelten meiner Frau Carmel für ihre Unterstützung und Ermutigung. Ich danke Jeff Fountain für seine redaktionellen Kommentare, die immer zutreffend und aufschlussreich sind. Außerdem danke ich Keith Perch für die Hilfe bei meiner Webseite.

Mein ganzes Team bei Headline, dessen Fähigkeiten so viel für die DI-Brooks-Serie bewirkt haben, allen voran meine unersetzliche Lektorin Vicki Mellor und Elizabeth Masters, die Meisterin der Pressearbeit.

Ganz besonders möchte ich denen danken, die mich durch alle Details der britischen Polizeiarbeit geführt haben: Steven Matthewman, Myles Lound und Joseph McDonald für ihren unschätzbaren Rat bei den diversen Aspekten einer Ermittlung.

Ich danke meinem Agenten David Grossman, der immer an mich geglaubt hat und seine Kompetenz eingesetzt hat, um die Serie in der ganzen Welt zu verbreiten.

Eine warme Umarmung geht an meine Lieblingsbuchhandelskette Waterstones, denn sie haben leidenschaftliche und kundige Mitarbeiter, die mich so oft bei sich willkommen hießen, wenn ich mit meinen Büchern hausieren ging. Besonders hervorheben möchte ich die engagierten Mitarbeiter in den Läden in Derby, Burton-upon-Trent, Loughborough, Chesterfield und Nottingham, insbesondere Dan Donson, Glenys Cooper, Matthew Brigg und Dawn Godfrey Jones, um nur einige der freundlichen Menschen zu nennen, die mir geholfen haben, die Fans der Serie in den East Midlands zu erreichen.

Schließlich geht noch ein großer Dank an Tracy Fenton von The Book Club (TBC), die sich für meine Bücher einsetzt und DI Brook einem ganz neuen, begeisterten Publikum bei TBC vorgestellt hat. Besonders erwähnen muss ich natürlich die Superfans Sharon Bairden, Helen Boyce, Timea Cassara, Lynda Deutrom, Alexina Golding, Amanda Oughton, Susan Hunter. Ich wünschte, ich könnte euch alle aufzählen, aber ihr wisst, dass ihr's seid.

Und schließlich ein Hallo an Jason Isaacs.